JN411897

사회복지
윤리와 **철학**

서동명 장연진 김성용 곽민영 공저

Social Welfare
Ethics and Philosophy

SJ 신정

머리말

흔히 사회복지사는 클라이언트라고 불리는 사회복지를 필요로 하는 사람에게 적절한 서비스와 상담 및 치료 등을 제공하는 전문가로 알려져 있다. 그러나 때로는 서비스 제공 이외에도 클라이언트와 함께 행동하고 대변하는 옹호자의 역할도 수행한다. 이는 곧 사회복지사는 직접적인 복지서비스를 제공하는 역할을 수행하는 것과 함께 이러한 서비스를 필요로 하는 사람들의 권익을 대변하거나 그들의 인권을 옹호하는 역할을 해야 한다는 것을 의미한다.

즉 사회복지사는 높은 도덕성을 요구하는 전문직이라고 할 수 있으며, 다른 휴먼서비스 전문가보다 더 도덕적이고 더 윤리적이어야 한다고 할 수 있다.

이에 우리나라를 비롯한 많은 나라에서 '사회복지사 윤리강령'을 제정하여 사회복지사들이 윤리강령에 따라 실천할 것을 요구하고 있다. 또 사회복지사를 양성하는 교과과정에 '사회복지 윤리와 철학'이 교과목으로 포함되면서 윤리적 민감성을 갖춘 사회복지사로 성장할 수 있도록 하고 있다.

그러나 과목명만으로 생각했을 때 '사회복지 윤리와 철학'은 재미없고 지루한 과목으로 오해받을 수 있다.

- *윤리도 어려운데 철학이라니. 도대체 왜 사회복지사가 이 과목을 들어야 하는 것일까?*
- *윤리와 철학을 배우면 사회복지실천현장에서 도움이 되는가?*

이 책은 이러한 질문에 답을 찾고자 하는 목적에서 출발하였다. 특히 사회복지사가 되기 위해서 준비하는 예비사회복지사가 사회복지실천현장에 나가기 전에 알고 고민해야 할 내용에 대해서 쉽게 이해하도록 하는 데 초점을 두었다. 또 실제 사회복지현장에서 부딪치게 되는 다양한 윤리적 상황들에 대한 민감성과 이해를 높이고, 올바른 윤리적 결정 과정을 모색해 볼 수 있는 능력을 갖추는 데 목표를 두었다.

이 책은 크게 6개 부분으로 나누어져 있다. 먼저 제1부는 가치와 윤리, 철학을 중심으로 제1장에서 윤리적 민감성의 개념과 사회복지실천과의 관계 등에 대해서 살펴보고, 나아가 윤리와 철학의 개념 그리고 주요 윤리이론 등에 대한 내용으로 구성하였다.

제2부는 사회복지사 윤리강령과 윤리적 의사결정모델을 중심으로 살펴보았다. 이를 위해서 제2장에서 한국 사회복지사 윤리강령의 내용과 역사, 그리고 미국과 일본 등 외국 사회복지사 윤리강령과 우리나라 윤리강령을 비교 분석하였다. 이러한 윤리강령에 대한 이해를 토대로 제3장에서는 윤리적 문제와 딜레마를 해결하기 위한 윤리적 의사결정모델에 대해서 설명하였다.

제3부에서 제5부까지는 '사회복지실천과 윤리적 쟁점'이라는 주제로 사회복지사가 다양한 실천현장에서 겪게 되는 윤리적 상황들에 대해서 다루었다.

제3부에서는 직접적 실천윤리라는 주제로 사회복지실천과 관련하여 중요하게 논의되는 자기결정, 비밀보장과 알권리, 이중관계에 대해서 제4장부터 제6장에 걸쳐 살펴보았다.

이어서 제4부에서는 간접적 실천윤리라는 주제로 제7장에서는 평등과 분배, 제한된 자원배분, 제8장에서는 사회복지사조사와 연구에서 제기되는 윤리적 문제에 대한 논의 내용을 담고 있다. 또 제9장에서는 최근 관심이 되는 사회복지조직 내부의 갈등과 세대 간 갈등 사례에 대해서 살펴보았다.

제5부는 사회복지실천 윤리의 실제로 이슈별 실천윤리를 4가지 영역으로 나누어서 살펴보았다. 구체적으로 제10장에서는 생명보호와 윤리적 실천이라는 주제로 낙태와 생명중단결정을, 제11장에서는 정신건강 영역에서의 윤리적 실천을 살펴보았다. 제12장에서는 최근 우리나라에서 이슈가 되는 문화적 다양성과 윤리적 실천에 대해서, 그리고 제13장에서는 아동 분야에서의 윤리적 실천을 아동학대와 입양을 중심으로 살펴보았다.

마지막으로, 제6부에서는 인권과 윤리라는 주제로 인권관점에 기반을 둔 사회복지실천에 대해서 정리하였다. 이를 통해 인권의 이해 그리고 사회복지와 인권의 관계 등에 대해서 제시하였다.

이 책의 차별점은 무엇보다 사회복지실천현장과 윤리강령의 최근 변화를 비교적 충실하게 반영하였다는 점이다. 예를 들어 최근 개정된 한국과 미국, 일본의 사회복지윤리강령의 내용을 비교 분석하여 정리하였다. 우리나라에 공식 번역본이 존재하지 않는 미국과 일본의 사회복지윤리강령에 대한 번역작업을 진행하였다는 점에서 더욱 의의가 있다고 할 것이다. 또 모든 장에 다양한 사례를 제시함으로써 고민할 거리를 많이 제공하였다는 점도 기존의 책과 다른 부분이라고 할 수 있다. 이중관계의 경우에는 2001년부터 현재까지의 20년 동안의 연구결과를 분석하여 이와 관련하여 인식과 경험이 어떻게 변화하였는지 등에 대해서 자세하게 제시하였다.

그러나 한편으로는 아쉬움이 남는다. 처음에 저자들이 이 책을 준비하고자 했던 가장 큰 이유는 기존 사회복지윤리와 철학 교재들이 학생들에게 조금 어렵다는 생각 때문이었다. 이에 실제 수업에서 학생들이 좀 더 쉽게 이해할 수 있는 책을 만들고자 하는 목적으로 준비하였다. 그러나 이 책 역시 처음의 의도가 충분히 반영되지 못한 것은 아닌가 하는 아쉬움이 남는다. 특히 학생들이 좀 더 편하게 수업을 듣고, 더욱더 많은 고민을 할 수 있도록 하는데 한계가 있었다는 점 역시 고백하고자 한다. 이러한 아쉬움은 추후 개정판을 만들 때 반영하도록 노력하겠다.

사회복지 윤리와 철학 교과목은 사회복지사 1급 자격증 시험과목도 사회복지사 자격증 필수과목도 아니다. 또 장애인복지론, 아동복지론, 노인복지론 등 대상과 분야가 명확한 과목도 아니다. 따라서 학생들이 이 과목을 들어야 할 필요성도 낮게 인식되어 온 것이 주지의 사실이며, 출판사 입장에서 보면 많이 팔릴 수 있는 책이 아니다. 그럼에도 흔쾌히 출판을 결정하고, 편집과 출판과정에서 전폭적인 도움을 주신 신정출판사 측에 진심으로 감사를 드린다.

아무쪼록 이 책이 사회복지사가 되고자 하는 예비사회복지사들과 사회복지 현장에서 근무하고 있는 사회복지사들에게 조금이나마 도움이 되기를 바란다.

2024년 초여름

저자일동

차례

PART 02 윤리강령과 윤리결정모델

CHAPTER 02 | 사회복지 전문직과 윤리강령

CHAPTER 03 | 윤리적 의사결정

PART 03 사회복지실천과 윤리적 쟁점 1: 직접적 실천윤리

PART 04 사회복지실천과 윤리적 쟁점 2: 간접적 실천윤리

CHAPTER 07 | 평등과 분배, 제한된 자원 배분

PART 06 인권과 윤리

CHAPTER 14 | 인권관점에 기반을 둔 사회복지실천

PART

01

가치와 윤리

가치와 윤리

본 장에서는 먼저 윤리적 민감성에 대해 살펴보고, 윤리와 철학의 개념, 주요 윤리이론, 사회복지 윤리와 철학의 필요성에 대해 다룬다. 사회복지실천현장에서는 다양한 상황이 발생하며, 각각의 상황에서 바람직하거나 혹은 올바른 선택과 결정을 내리기란 쉽지 않다. 클라이언트마다, 또 사안마다 각자의 생각과 맥락이 다르기 때문이다. 사회복지사 윤리강령이 길잡이 역할을 해주고 있지만 개별 상황에 대한 구체적 안내는 제공해 주지 못하기 때문에, 사회복지사 개개인의 윤리적 민감성이 요구된다. 윤리적 민감성 증진은 〈사회복지 윤리와 철학〉 교과목의 주요 수업 목표이며, 본 과목을 수강하는 학생들은 학습하는 내내 자신의 윤리적 민감성을 계속해서 점검해 보게 될 것이다. 윤리학은 철학이라는 학문의 한 뿌리이며, 무엇이 올바른가에 대한 판단을 내리기 위해 우리가 지니고 있는 가치가 무엇인지에 대한 질문을 끊임없이 던진다. 각자의 가치 기준은 다르기 때문에, 어떤 가치를 더 우선시하는가에 대한 윤리이론들이 있으며, 이 이론들은 우리가 윤리적 판단을 내릴 때 도움을 준다. 인간존엄성과 사회정의는 변치 않는 사회복지실천의 핵심 가치이나, 시대와 사회, 문화의 변화에 따라 그 사회에서 수용하는 가치와 윤리는 변화할 수 있다. 따라서 사회복지사의 윤리적 민감성은 전문적 실천을 위해 쉼 없이 갈고 닦아야 할 핵심 역량이다.

1. 윤리적 민감성의 개념

사례 1-1 **소개를 받고 찾아온 클라이언트**

B는 아동상담 담당 사회복지사이다. 어느 날 B의 명성을 듣고 찾아왔다는 H씨와 그 딸을 면담하던 도중, 사회복지사 B는 H씨가 자신의 자녀를 가르치고 있는 담임교사의 가까운 친척이라는 것을 알게 되었다. H씨는 그 담임교사에게 B를 소개받았다면서 자신의 딸을 특별히 신경 써서 상담해달라고 부탁한다. 당신이 사회복지사 B라면 이 상황에서 어떤 문제나 측면들을 고려해야 한다고 생각하는가?

출처: 최명민(2008). p.16 〈표 3〉

위에서 제시한 사례는 사회복지사 윤리적 민감성 검사 도구(Social Workers' Ethical Sensitivity Test: SWEST)의 사례 일부이다. 이 도구는 한국 사회복지사들이 일상에서 접하는 다양한 상황에 포함된 윤리적 이슈를 발견하고 해석해낼 수 있는 능력, 즉 윤리적 민감성을 사정할 수 있는 검사도구로 개발되었다. 일반적 설문 형태의 검사가 아닌 '상황판단검사' 형식을 취하고 있으며, 이는 제시된 상황을 판단하도록 함으로써 그 판단의 내용이 얼마나 윤리적으로 민감한지를 보고자 하는 것이다. SWEST는 사전에 윤리적 민감성 검사 사실을 명시하지 않은 비구조화된 질문에 대한 지필검사 방식으로, 이를 통해 얻은 서술형 답변을 구조화된 채점기준에 따라 질적으로 분석하는 방식으로 이루어진다.

라부인(Rabouin, 1998)은 윤리적 민감성을 윤리적 이슈의 존재를 인식하고 그 상대적 중요성을 결정할 수 있는 능력이라고 보았고, 레스트(Rest, 1983)는 특정 상황에 있는 윤리적 이슈를 규명하고 다양한 행위과정을 인식하는 능력이라고 하였다(최명민, 2008에서 재인용). 윤리적 민감성은 특정 상황 속에 내포된 윤리적 이슈들을 지각하고 상황을 해석하며, 자신의 행동 결과가 타인의 복지에 미치는 영향을 헤아릴 수 있는 능력으로, 주어진 상황에 윤리적 이슈가 존재하는지를 파악하고 관련된 다양한 윤리적 문제의 상대적 중요성을 결정할 수 있는 능력이라고 정의할 수 있다(Rest, 1983; 이지혜, 2005에서 재인용).[1] 최명민(2008)은 윤리적 민감성을 전체 윤리적 결정 과정의 시작 단계부터 요구되는 요소로서 개인이 당면한 상황에 윤리적 이슈가 존재하는지를 파악해 내고 그 상대적 중요성을 결정할 수 있는 능력이라고 정의하였다. 종합하면, 윤리적 민감성이란 결정을 내려야 할 사항에 직면하였을 때 그 상황에 윤리적으로 고려해야 할 요소가 포함되어 있는지를 알아차리고 관련된 윤리적 이슈를 발견하고 그 비중을 판단해 낼 수 있는 능력이다. 더불어, 각 윤리적 상황에 관련된 체계들과 그들에게 미치는 결과를 이해하고 이에 대한 자신의 핵심 감정을 이해하는 능력까지 포함하는 것이다.

이러한 윤리적 민감성은 옳음에 대한 판단과 결정, 그리고 행위와 관련된 정서적 통제가 함께 작용하는 다차원적 요소로 구성된다. 만일 윤리적 민감성이 부족하면 그 이슈를 인지하지 못하고 분석하지도 못하기 때문에 윤리적 의사결정의 단계를 진행하거나 또는 그에 맞추어 해결하기 어려운 문제점이 발생된다. 따라서 사회복지사는 언제나 자신의 윤리적 민감성을 점검하고 클라이언트의 문제에 당면하여 윤리적 이슈를 점검하는 과정을 정례화해야 한다(우국희 외, 2015: 93-94).

〈표 1-1〉은 사회복지사 윤리적 민감성 검사도구 개발과정에서 도출된 〈사례 1-1〉에 대한 답변을 기반으로 채점 기준을 제시한 것이다. 위 기준에 따라 자신의 답을 채점해 본다면, 몇 점 정도인가? 현재의 답변과 〈사회복지 윤리와 철학〉 과목 학습 이후 자신의 답변을 비교 점검해 보기 바란다.

---

1) 이지혜(2005), 박균열 외(2011) 등의 연구에서는 윤리적 민감성 대신에 도덕적 민감성(moral sensitivity)이라는 단어를 사용하고 있다.

표 1-1 채점 기준

점수	기준	유형	답변의 실제 예
0점	아무런 윤리적 이슈를 발견하지 못하는 수준	-무응답 -윤리적 이슈를 전혀 고려하지 않거나, 윤리적 이슈 외에 다른 실천적 측면만을 언급한 경우 -해당 사례에 직접적 관련성이 없는 이슈들만을 언급한 경우	-(아무 고려사항 없이) 계속 상담한다. -더 신경을 써준다. -클라이언트의 자기결정권을 존중한다.
1점	윤리적 이슈를 발견하기는 하나, 단순한 인식에 그치는 수준으로 그에 대한 배경적 인식이 결여됨	-가장 흔하게 인지되는 공정성(동일 처우원칙)을 인식하여 당위적으로 '공정해야 한다.'는 수준에 머물지만, 배경이 되는 이슈들은 인식하지 못하고 상담을 그대로 진행하는 경우	-특별한 관계라는 사실을 무시하고 다른 클라이언트와 같이 대우하며, 상담에 집중해야 한다. -사회복지사도 인간인지라 고민이 되겠지만 모든 클라이언트에게 최선을 다해야 하므로, 특별한 부탁을 받았다고 차별대우 하지 말고 공정하게 대우한다.
2점	윤리적 이슈를 발견하고 이에 대해 논의할 수 있으나, 전형적인 인식에 머무는 수준	-1점 수준에서 언급한 형평성의 당위 수준에서 더 나아가 그 배경이 되는 이슈 중 하나를 같이 인식하거나 상담 자체를 재고려하는 경우 (예) 배경적 이슈: 이중관계, 전문관계를 이용한 사회이익 추구, 타 클라이언트의 불이익, 사회관계로 인한 객관적 판단의 어려움 등	-double stand(position)로 인한 윤리적 문제가 생길 수 있음을 설명하고, 다른 전문가나 기관으로 안내하는 것을 고려한다. -개인적 친분이나 사적 관계가 상담과정에 개입될 수 있으므로 객관적 상담이 이뤄지지 않을 수 있다는 것을 설명한다.
3점	이슈들 간의 관계, 다양한 체계, 여러 경우 등을 포괄적이고 정교하게 고려하는 성숙한 인식수준	-당위의 수준을 넘어 배경적 이슈 중 2개 이상을 같이 인식하는 경우 -2점 수준에서 더 나아가 관련된 다양한 체계들을 함께 고려하거나, 문화적 요소에 대한 인식까지 포괄하는 등 더 큰 체계들을 고려하는 경우 (예) 배경적 이슈: 이중관계, 전문관계를 이용한 사회이익 추구, 타 클라이언트의 불이익, 사회관계로 인한 객관적 판단의 어려움 등	-윤리적 이슈인 이중관계에 해당된다. 과연 B가 H씨의 딸에 대한 객관적 평가를 할 수 있는지, 다른 클라이언트와 동일하게 대하며 차별 없는 개입이 가능한지, 만약 동등하지 않다면 다른 클라이언트가 받을 시간과 배려가 H씨의 딸에게 불평등하게 배분되는 것은 아닌지…. -B는 특별한 인간관계 때문에 H씨의 딸을 특별대우해서는 안 된다. 다른 대기자들이 불이익을 당하기 때문이다. 우리나라의 상황에서 공인들이 가장 흔하게 유혹받는 윤리적 문제이다.

출처: 최명민(2008). p.17 〈표 4〉.

사회복지사 윤리적 민감성 검사도구 중 양적 척도로 개발된 것도 있다. 전오진 외(2015), 최소원(2018)의 연구에서는 루첸(Luzen, 1993)이 개발한 도덕적 민감성 질문지(Moral Sensitivity Questionnaire: MSQ)를 사용하여, 간호영역에서만 적용되는 3개 문항을 제외한 것을 사회복지사 윤리적 민감성 검사도구로 활용하였다. 원래 30문항 7점 기준으로 구성되었던 것을 27문항 5점 기준(전혀 그렇지 않다~매우 그렇다)으로 수정해서 사용하였다. 이것은 간호 영역의 도덕적 민감성 검사도구를 변형한 것이기 때문에, 사회복지사의 윤리적 민감성을 정확하게 측정하는 데는 한계가 있으나, 주관식 검사도구에 비해 답변과 채점이 용이하다는 장점이 있다.

사회복지사 윤리적 민감성 검사도구

1. 나는 클라이언트의 모든 상황에 대해 알고 있는 사회복지사로서 책임성을 가지고 있다.
2. 나는 나의 업무가 클라이언트의 생활 향상이라고 생각한다.
3. 나는 나의 업무에서 클라이언트로부터 긍정적인 반응을 이끌어내는 것이 중요하다고 생각한다.
4. 나는 클라이언트의 의지에 반한 어떠한 결정을 해야 할 경우, 무엇이 옳은 서비스인지에 대해 나의 생각에 따를 것이다.
5. 만약 내가 클라이언트의 신뢰를 잃게 된다면, 나의 직무는 의미가 없다고 느낄 것이다.
6. 클라이언트를 위해 어려운 결정을 해야 할 경우, 클라이언트들에게 정직해야 한다고 생각한다.
7. 나는 클라이언트의 자기결정을 존중해 주는 것이 좋은 서비스라고 생각한다.
8. 나는 종종 클라이언트에게 어떻게 접근해야 할지 갈등 상황에 직면할 때가 있다.
9. 나는 클라이언트를 보호하기 위해 확고한 원칙을 가지는 것이 중요하다고 생각한다.
10. 나는 클라이언트를 위해 무엇이 윤리적으로 옳은지 결정하는 데 어려움을 겪을 때도 있다.
11. 만약 클라이언트의 사례에 대해 잘 모를 때, 나는 이용 가능한 규칙이나 규정을 따를 것이다.
12. 나는 가장 중요한 복지서비스는 클라이언트와의 관계라고 생각한다.
13. 나는 종종 클라이언트를 위한 어떤 결정을 해야 할지 어려움을 겪는 경우가 있다.

14. 비록 클라이언트가 반대하더라도, 나는 항상 무엇이 최선의 조치인지 사회복지 지식과 관점에서 행동하는 것을 기본으로 하고 있다.
15. 나는 항상 클라이언트를 위한 의사결정이 최고의 복지서비스라고 생각한다.
16. 나는 나의 클라이언트에 대한 어떤 확신이 없을 때 동료 사회복지사의 지식에 종종 의지한다.
17. 무엇보다도, 내가 옳은 결정을 했는지 클라이언트의 반응을 보면 알 수 있다.
18. 나는 가끔 내 행동에 영향을 미치는 나의 가치와 규범에 대해 생각한다.
19. 종종 윤리적으로 옳은 것이 무엇인지 판단하기 어려운 상황에서 나의 경험이 이론보다 유용하다.
20. 클라이언트가 나의 조치를 거절할 때 나의 규칙에 따르도록 하는 것이 중요하다.
21. 나는 좋은 서비스는 클라이언트의 참여가 필요하다고 믿는다.
22. 나는 종종 클라이언트 없이 의사결정을 해야 하는 경우에 처하기도 한다.
23. 나는 클라이언트의 의지에 반하여 선의의 조치를 해야 하는 어려움이 종종 있다.
24. 무엇이 옳은 것인지 알지 못하는 상황에서 나는 무엇을 해야 하는지 동료에게 자문을 구한다.
25. 나는 클라이언트를 위한 어려운 결정을 해야 할 때 거의 나의 느낌에 의존한다.
26. 나는 사회복지사로서 클라이언트에 대해 복지서비스를 제공하는 자격을 갖추고 있다.
27. 나는 비록 클라이언트의 문제를 성공적으로 도와주지 못할지라도, 나의 역할을 잘 알고 있다.

(4, 16, 19, 20, 25 역채점 문항)

출처: 전오진 외(2015); 최소원(2018).

사회복지사의 윤리적 민감성은 사회복지사의 연령과 학력, 경력, 사회복지 관련 수강과목 수 등과 관련이 있다. 또 윤리적 이슈가 있는 실천현장에 노출된 기간과 경험, 교육도 영향을 미친다. 그러나 실무경험이 많다고 하여 반드시 윤리적 민감성이 높은 것은 아니다. 사회복지현장과 클라이언트가 계속 변화함에 따라 사회복지사 윤리도 계속해서 변화하고 있기 때문에, 윤리적 민감성을 높이기 위해서는 지속적인 교육과 훈련이 매우 중요하다. 예를 들어, 코로나19와 같은 팬데믹 상황, SNS와 온라인 커뮤니티 등 과거에는 경험해 보지 못했던 상황에서 윤리적 갈등이 발생하고 이에 대한 윤리적 판단이 계속해서 요구되기 때문에, 사회복지사 역시 윤리적 민감성을 높이기 위해 끊임없이 노력해야 한다.

2. 윤리적 민감성과 사회복지실천

윤리적 민감성은 윤리적 이슈에 대한 의사결정 과정에서 특히 중요하다. 사회복지사의 합리적이고 적절한 윤리적 의사결정을 위한 과정모델들은 연구자들에 따라 단계를 구분하는 기준이나 구성 내용에 차이가 있기는 하나, 어떤 모델이든지 특히 초반부에 윤리적 민감성을 갖고 각 사례에 내포된 가치 갈등이나 윤리적 쟁점을 발견하고 인식하는 과업을 중시하고 있다(Congress, 1999; Joseph, 1985; Mattison, 2000; Reamer, 1999; 서미경 외 역, 2000; 최명민, 2005에서 재인용). 즉 윤리적 상황에 닥쳤을 때, 사회복지사는 윤리적 민감성을 가지고 윤리적 판단, 그리고 윤리적 결정을 하여야 하며, 이러한 결정을 통해 궁극적으로 윤리적 행동을 하여야 할 것이다. [그림 1-1]은 '윤리적 의사결정과정'에서 윤리적 민감성의 위치를 잘 보여주고 있다.

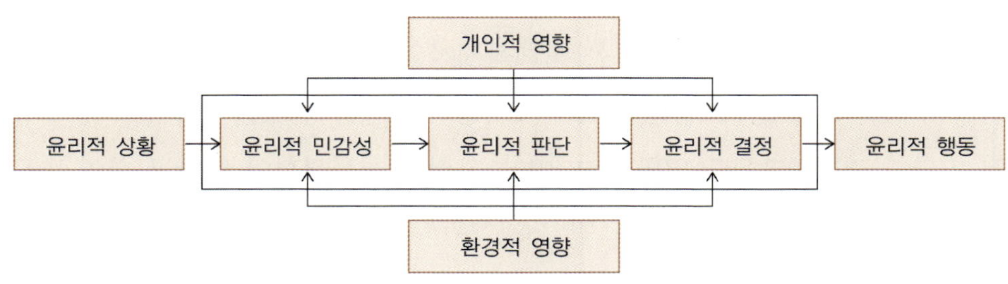

그림 1-1 윤리적 의사결정의 일반 행동 모형

출처: Wittmer(2000).

사회복지실천에서 이러한 윤리적 민감성이 강조되는 이유는 다음과 같이 설명할 수 있다(최명민, 2005). 첫째, 사회복지실천의 3대 구성 요소인 지식, 기술, 가치 중 특히 가치는 윤리적 측면을 포괄하는 요소로서 사회복지사에게 필수적인 측면이다. 둘째, 사회복지사가 전문직이라고 할 때, 전문직 구성요소 중 하나인 윤리성을 갖추어야 한다. 셋째, 사회복지사는 사회적 약자 및 소수자를 주된 대상으로 하는 전문직이다. 이들은 자신들이 먼저 어떤 윤리적 기준을 요구하기 어려우며, 잘못된 처우를 받더라도 이에 항거하거나 자기옹호를 하기 힘들다. 따라서 이들을 지원하는 사회복지사 스스로 윤리적 차원에서 자정 능력이 없다면 그만큼 사회복지사는 별다른 의식 없이 자신의 힘을 남용하는 등 윤리적 차원의 이슈를 간과할 가능성이 크다. 넷째, 사회복지사는 업무 특성상 실천현장에서 윤리적 이슈와 관련된 사례가 다수 존재하게 된다. 따라서 실천현장의 사회복지사들은 가치판단과 윤리적 이슈를 적절히 이해하고 이에 유능하게 대응할 것을 요구받고 있다(신후경, 2010: 25-26).

복지의 대상을 모든 사람으로 설정할 것인가? 우선적으로 필요한 사람으로 설정할 것인가? 1명의 위급한 사람을 위해서 비용을 지불할 것인가? 10명의 상대적으로 덜 위급한 사람을 위해서 비용을 지불할 것인가? 이처럼 사회복지사가 행하는 모든 활동에서 사회복지사는 윤리적 결정을 내려야 하는 상황에 직면하게 된다. 그리고 때로는 이러한 윤리적 결정과 관련된 가치판단의 기로, 윤리적 딜레마 상황을 경험하게 된다. 이런 의미에서 사회복지사에게 있어 윤리적 실천은 선택이 아닌 의무라고 할 수 있으며(Reamer, 1995), 사회복지사는 윤리적 민감성을 필수적으로 갖추어야 한다.

3. 윤리와 철학의 개념

1) 철학의 정의와 하위분과

철학(哲學)의 어원을 살펴보면 밝을 철(哲), 배울 학(學)으로 지혜에 대한 학문, 깨달음에 대한 학문, 슬기로움에 대한 학문, 도리에 대한 학문을 의미한다. 철학(philosophy)은 그리스 어원적으로 지혜에 대한 사랑을 뜻한다. 인간과 매우 밀접하게 관련된 주제들에 관한 논리적이고 조직적이고 체계적인 고찰을 철학이라 말한다(김기덕, 2002: 26에서 재인용).

그렇다면, 철학적 질문이란 어떤 것들인가? 아래와 같은 질문들을 살펴보자.

철학적 질문

- 실재에 대한 궁극적 성질은 무엇인가?
- 세상이 존재하는 방식과 세상을 보는 개념 차이는 무엇인가?
- 나를 나답게 하는 것은 무엇인가?
- 도덕적으로 옳은 것은 무엇인가?
- 옳다는 것, 그르다는 것의 기준은?
- 신은 존재하는가?
- 인간의 존재 의미는?

출처: Litch(2002). p.8.

이와 같은 질문들 중에 내가 평소 가져보지 못한 의문들도 있지만, 나를 나답게 하는 것, 옳고 그름의 기준에 대한 질문들은 인생을 살면서 누구나 한번은 품어봄직한 질문들 중에 하나이다. 결국 철학적 질문은 철학자만이 던질 수 있는 질문이 아니라 누구나 던질 수 있는 질문이며, 그런 의미에서 우리 모두는 철학자라고 볼 수 있다. 철학은 결코 멀리 있는 것이 아니라 바로 우리 가까이에 있다.

다양한 철학적 질문들을 구분하여 구성한 철학의 하위분과들은 다음과 같다(김기덕, 2002: 26-32).

철학의 하위분과

1) 존재론(ontology): 형이상학
   궁극적 존재자의 존재여부와 존재의 이유를 논함
2) 인식론(epistemology): 지식이론
   무엇이 참이고 무엇이 거짓인가. 합리론과 경험론
3) 가치론(axiology): 가치 연구. 도덕철학(윤리학), 종교철학
4) 논리학(logic): 부정확한 추론과 정확한 추론을 구별해내는 방법과 원칙
5) 미학(aesthetics): 미와 기호에 관한 철학적 탐구

2) 가치와 윤리의 개념

가치와 윤리의 개념은 철학의 하위분과 중 가치론에서 다루어지는 개념이다. 가치(value)의 어원은 Valere로 Valor(라틴어)에서 기원하였다. 강하다, 힘있다, 중요하다, 목적을 갖는다, 타당하다 등의 의미로 사용되었으며, '중요하다', '탁월한 의미를 갖는다'의 뜻을 가지기도 한다. 가치는 넓은 의미에서 사실(fact)과 구별되는 개념이다. 아래 문장에서 가치판단의 문장은 사실에 대한 의견을 담고 있는 문장을 의미한다.

사실판단 vs. 가치판단

1. 히틀러의 일부 행동은 간접적으로 몇백 만 명의 사람들의 죽음을 야기했다. (사실판단)
2. 히틀러의 일부 행동은 도덕적으로 잘못되었다. (가치판단)

좁은 의미에서 가치는 선호하는 것, 바람직한 것이라 믿는 개인, 집단, 조직, 사회의 주관적 신념을 뜻한다. 신념(belief)은 특정 현상에 대한 이해로, 사실 또는 정확한 인식에 기반하기도 하지만 허구나 오해, 그릇된 추론에 기반할 수 있다.

윤리는 사회적 존재인 인간이 사회 속에서 여러 사람과 더불어 사는데 필요한 원초적으로 지켜야 하는 도리와 이치이며 규범이다. 사람들과의 관계에서 마땅히 행해야 하는 옳은 행위 혹은 삶에서 선(좋은 것)을 구성하는 것이다. 윤리(ethics)의 어원은 그리스어 ethos에서 나온 관습, 습관, 품성 등의 의미를 가지며, 동양의 윤리는 사람의 무리 또는 질서를 의미하는 윤(倫)과, 사람이 따라야 할 도리와 이치를 의미하는 리(理)로 이루어져 결국 윤리란 인간관계에서 지켜야 할 도리를 의미한다. 윤리는 인간으로서 살아가는 데 지켜야 할 도리이며 기본적인 사회생활의 규범으로서, 관심의 초점은 한 사회 안에서 단순하게 실행되는 풍습이나 습관이 아니라, 그 사회 안에서 반드시 실천되어야 할 인간의 행위이다.

가치가 바람직한 것에 대한 어떤 신념이라면, 윤리는 그러한 신념에 따라 무엇을 해야 되고, 그러한 신념을 어떻게 적용할 것인지와 관련된 것이다. 개인이 갖고 있는 가치에 대해 옳고 그름의 규범적 기준을 부여하는 것이 바로 윤리이다. 즉, 무엇이 맞고 옳은가에 대한 행동규범을 의미한다(예: 배가 고플 때 길을 가다가 제과점에 진열된 빵을 보면서 동물적인 욕구로는 훔쳐 먹고 싶지만, 훔쳐 먹지 않는 것이 옳다고 느끼는 것).

가치 vs. 윤리

가치는 선호 혹은 선택에 대한 기준이자, 선택된 행위들의 바람직한 상태이다. 무엇이 좋고 바람직한지에 관심을 뜻한다. 사람마다 가지고 있는 가치는 다를 수 있고, 서로 갈등을 일으킬 수 있다(예: 가치 갈등). 반면, 윤리는 인간이 마땅히 지켜야 할 도리이며, 행동화된 가치(Levy, 1976)이다. 무엇이 옳고 바른지에 대한 관심을 뜻한다. 같은 상황에 상반된 윤리 기준을 적용할 수 있고, 어떤 윤리가 반드시 더 옳다고 할 수 없는 경우에 딜레마에 빠지게 된다(예: 윤리적 딜레마).

어떤 사람이 어떤 가치를 가지고 있느냐에 따라 적용하는 윤리(옳고 그름의 기준)가 달라질 수 있다. 예를 들어, "효율성"의 가치를 추구하는 사람은 적은 돈으로 많은 성과를 낼 수 있는 프로그램을 선호할 것이다. 반면 "효과성"의 가치를 추구하는 사람은 다소 비용이 많이 들더라도 꼭 필요한 대상에게 프로그램을 시행하고자 할 것이다. 이 두 사람이 어떤 프로그램에 투입된 비용이 바르게 쓰였는지 판단(윤리적 판단)할 때 적용하는 기준은 다를 수 있다.

3) 인접 개념과의 유사점과 차이점

(1) 도덕

도덕은 윤리적인 기준과 일치하는 행동을 가리킨다. 옳은 행위에 대한 기준을 규정하는 행위의 원칙 혹은 규칙이다. 한 사회에서 모든 사람에게 적용되는 일련의 규칙으로, 입법기관을 통해서가 아니라 많은 사람들의 합의를 거쳐 수용 변화된다. 오늘날 대부분의 경우 윤리와 도덕을 구분하지 않고 사용하는 경향이 있다.

도덕 vs. 윤리

도덕은 어떤 사회에서 관습화된 행동 원칙들을 가치 판단 없이 기술적으로 서술한 것이라면, 윤리는 어떤 사회의 관습화된 행동이 과연 옳은가 그른가를 비판적으로 검토하고 따지는 작업을 가리킨다(옳고 그름을 판단하여 도덕에 관하여 연구하는 학문을 윤리학이라고 한다).

(2) 법

법은 사적이거나 공적인 권력이 남용되거나 불공평하게 사용되는 것으로부터 사람들을 보호하는 정부와 시민 사이의 규범적 관계를 규정한다. 사람들에게 할 수 있는 것은 무엇이고 할 수 없는 것은 무엇인지 알려주며, 법 규정을 어겼을 때 무슨 일이 일어날 것인지에 대해 알려주는 장치이다(입법기관에서 제정, 법원에서 해석 및 처벌). 한 나라의 법을 준수하는 것은 국민의 의무이다.

법 vs. 윤리

법은 의무로서 준수되고, 처벌에 대한 두려움으로 강화되는 반면, 윤리는 자발적으로 지켜지고 가치에 대한 도덕적 배려에 의해 강화된다(비난이나 자격 박탈). 법은 단정적인 성격이나 윤리는 모호성과 불확실성을 띤다. 법은 시간의 흐름에 따라 변화되고(법 개정) 해석도 달라지지만, 윤리는 법에 비해 쉽게 달라지지 않는다. 단, 법과 윤리 모두 사회의 변화를 반영해 수정될 수 있다.

4. 주요 윤리이론

윤리학의 가장 근본적이면서 핵심적인 질문 중 하나는 어떤 행위의 옳고 그름, 좋음과 나쁨을 판단하는 객관적인 기준과 근거는 무엇인가이다. 예를 들어, 불치병 환자의 고통을 덜기 위해 안락사를 행한 의사의 행위는 옳은가? 여러 사람의 생명을 구하기 위해 한 사람의 생명을 죽이는 것이 옳은가? 다음의 예를 살펴보자.

사례 1-2 구명보트에 남겨진 사람들

1884년 여름, 영국 선원 네 명이 작은 구명보트에 올라탄 채 육지에서 1,600킬로미터 떨어진 남대서양을 표류했다. 구명보트에는 달랑 통조림 두 개뿐, 마실 물도 없었다. 선장 토머스 더들리, 일등 항해사 스티븐슨, 일반 선원 브룩스, 잡무를 보던 열일곱 살 남자아이 리처드

파커는 구명보트에서 18일을 버텼다. 8일째 되던 날 이미 음식은 바닥났지만, 열흘을 더 버틴 것이다. 파커는 다른 사람의 충고를 무시하고 바닷물을 마셔 병이 나서 구명보트에 누워 있었다. 19일째 되던 날 선장 더들리는 제비뽑기를 해서 다른 사람을 위해 희생할 사람을 정하자고 했지만, 브룩스가 거부하는 바람에 실행에 옮기지 못했다. 다음 날도 구조선은 보이지 않았고, 더들리는 브룩스에게 고개를 돌리라고 말하고 스티븐슨에게 몸짓으로 파커가 희생되어야 한다고 말한 후, 파커의 경정맥 급소를 찔렀다. 양심상 그 섬뜩한 하사품을 거절하던 브룩스는 나중에는 자기 몫을 받았고, 나흘간 세 남자는 파커의 살과 피로 연명했다. 24일째 되던 날 아침식사를 하고 있을 때, 구조선이 나타나 생존자 세 명이 구조되었다. 이들은 영국으로 돌아가자마자, 재판에 회부되었다.

출처: Sandel(2010). pp.51-52.

그림출처: https://westcountrywriter.co.uk/tag/dudley-and-stephens

위 사례에 대해 당신은 어떤 판결을 내릴 것인가?

1) 윤리적 절대주의와 윤리적 상대주의

(1) 윤리적 절대주의(윤리적 보편주의)

윤리적 절대주의에서는 도덕적 가치판단의 보편원리, 다시 말해 어떤 행위의 옳고 그름을 말해 주는 보편적인 절대적, 객관적 법칙이 존재한다고 주장한다. 최고의 도덕 원리가 존재하며 모든 사람은 이를 결코 무시할 수 없으며 어느 누구도 예외가 없다. 절대적 도덕 규칙과 그 핵심적 개념들에 대한 우리의 이해는 변화할 수도 있지만 개념들 자체의 본질은 결코 변화하지 않으며, 도덕성이 공유되고 안정된 부분이 존재한다는 것이다(Johnson, 2008: 178). 그 근거는 인간에게 주어진 이성에 있으며, 이성에 근거한 합리성은 범문화적 가치판단의 기준으로 보편적 정당성을 갖기 때문이다. 소크라테스, 플라톤, 칸트, 밀, 롤즈, 콜버그 등이 주장하였다.

(2) 윤리적 상대주의

윤리적 상대주의는 보편적으로 타당한 어떤 윤리 법칙도 존재하지 않는다고 주장하거나, 만약 윤리 법칙이 존재한다면 그것은 특정한 문화집단에 상대적이거나 특정한 역사적 맥락에서만 유효하다고 주장한다(Johnson, 2008: 30). 옳고 그름, 선과 악, 정의와 부정의에 대한 판단들의 기준이 되는 하나의 객관적이고 보편적인 도덕성이란 존재하지 않으며, 이러한 판단들은 맥락에 따라 상대적이라고 본다. 프로타고라스(인간은 만물의 척도), 스키너 등이 주장하였다. 구체적 도덕표준 및 규칙과 궁극적 도덕원리와의 관계를 분명하게 밝히지 않고 있음에도 불구하고, 자신의 관점을 도덕적 판단까지 진전시키면 윤리적 주관주의로 변이된다.

오늘날 각 문화에 따른 다양성을 인정하는 문화적 상대주의는 일반적으로 받아들여지고 있으나, 개별 문화의 특수성을 받아들이는 것과 그 문화의 윤리까지 받아들이는 것에는 차이가 있다. 예를 들어, '개 식용 문화'[2)]에 대해 일부 문화에서는 허용된다고 인식하는 것은 문화적 상대주의의 입장이나, 그것이 윤리적으로 올바른가에 대해서는 사람에 따라 윤리적 상대주의의 입장 혹은 윤리적 절대주의의 입장을 각각 취할 수 있다. 윤리적 상대주의가 극단적으로 발전되면 윤리학의 성립가능성을 거부하는 윤리적 회의주의나 가치 판단을 거부하는 윤리적 허무주의까지 이르게 된다.

---

2) 한국은 「개의 식용 목적의 사육·도살 및 유통 등 종식에 관한 특별법」이 2024년 1월 9일 국회 본회의를 통과하여, 2027년부터는 식용을 목적으로 개를 사육, 도살하거나 조리, 유통, 판매행위가 금지된다.

- **문화적 상대주의**: 문화는 다양하며 인간의 인식과 가치관은 문화에 따라 다르다고 본다. 개별 문화는 자율성과 독자적인 가치체계를 가지며, 인간의 사고방식과 행동은 그가 속하는 문화의 가치판단에 따라 규정되고, 개인의 인식과 행위는 문화의 맥락에서 이해되고 평가되어야 한다는 주장이다.
- **윤리적 회의주의**: 규범적 주장 자체를 부인하지는 않지만 그것을 간단하게 규정할 수 없다고 보면서 윤리학의 성립가능성을 거부한다.
- **윤리적 허무주의**: 바람직하다 혹은 바람직하지 않다는 어떤 주장도 무의미하다는 입장이다.

2) 목적론과 의무론

(1) 목적론(결과론)

목적론은 행위의 윤리적 정당성이 오직 그 행위의 목적, 달리 말하면 결과에 따라 규정된다고 본다. 즉, 어떤 행위의 옳고 그름이라는 도덕적 평가는 도덕과 무관한 결과의 좋고 나쁨, 다시 말해 그 행위가 초래하는 결과의 가치에 종속된다. 결과주의는 개별적 행동이나 행동유형이 어떤 목적에 대한 수단으로서 갖는 도구적인 가치에 근거하여 판단된다는 의미에서 목적론적이라 이르기도 한다.

목적론적 윤리설의 대표적인 학설은 공리주의이다. 공리주의는 윤리, 도덕의 근거, 즉 올바른 행위의 보다 객관적인 기준을 결과의 공리성, 즉 유용성(utility)에 둔다. 만약 한 행위가 유용하다면 그 행위는 옳다는 것이 공리주의의 기본 원리이다. 공리주의는 도덕적으로 무엇이 가장 바람직한 것인가는 구체적인 행위로서 판단되어야 한다고 주장하는 행위 공리주의와 어떤 행동을 하는 것이 바람직한 것을 결정하고자 할 때는 구체적인 행위보다는 규칙을 먼저 고려한다는 규칙 공리주의로 구분할 수 있다.

① 행위 공리주의

어떤 행위는 그러한 행위에 영향을 받을 수 있는 많은 사람들의 이익을 극대화시키는 행위가 도덕적으로 옳은 행위라고 본다.

- **쾌락주의적 공리주의(벤담)**: 어떤 행위나 규칙은 그것이 인간의 좋음을 최대화시키는 한 옳은 것인데, 여기서 핵심적 개념인 좋음은 벤담에게 있어 유쾌한 느낌과 동일시되는 쾌락을 의미했다. "최대 다수의 최대 행복"이다(박종원, 2007:119). 벤담은 쾌락을 총합적 방식으로 규정하면서 행복의 양을 계산하는 과정에서 누구나 한 사람으로 고려되어야 하고 어느 누구도 한 사람 이상으로 고려되어서는 안 된다는 원칙을 천명하였는데, 이 때문에 그는 평등주의를 지향한 것으로 평가되었다. 그러나 "최대 다수의 최대 행복의 원리가 갖는 총합적 원리"는 소수의 희생을 정당화한다는 점에서 비판을 받는다.

- **행복주의적 공리주의(밀)**: 밀은 쾌락의 질을 가리지 않고 총합적 쾌락을 우선한 벤담과 달리 쾌락은 질적 차이를 갖는다고 보았다. 쾌락을 우월한 쾌락(고급 쾌락)과 열등한 쾌락(저급 쾌락)으로 구분한 밀은 사람들이 질적으로 더 가치있는 쾌락을 좋아한다고 보았으며, 쾌락을 질이 아닌 양으로만 단순 비교하는 것은 인간을 동물과 같다고 보는 것이라 주장하며, 행복의 최대 질을 이타성에서 찾았다. 이는 벤담의 공리주의가 당시 "돼지철학(pig philosophy)", "최대의 동물적 행복원리"라고 불리던 것에 대한 반박으로, 밀은 "만족한 돼지보다 불만족한 소크라테스가 낫다"고 행복의 질을 강조함으로써 공리주의를 한층 더 옹호하는 입장을 고수한 것이다.

- **결과주의적 공리주의(무어)**: 결과주의 공리주의에서는 행동에 대한 도덕적 판단의 준거를 결과적으로 특정한 의미의 좋음을 얼마나 증진시켰는가에 두며, 만약 어떤 행동을 함으로써 좋은 결과를 낳는다면 그 행동은 도덕적으로 옳다고 주장될 수 있으며, 그 행동의 결과가 나쁘면 그 행동이나 그러한 유형의 행동은 그르다고 판단된다. 행동의 옳고 그름을 판단하는 기준은 그 행동이 갖는 결과의 좋음과 나쁨에 근거하는 것이다. 즉, 내가 좋은

의도를 갖고 했다고 해도 결과가 나쁘면 나쁜 행동이 될 수 있다. 예를 들어, 무거운 출입문을 대신 잡아주다가 상대방이 넘어져 사망한 사건이 발생한 경우[3], 결과주의적 공리주의의 입장에서 문을 잡아준 행동은 잘못된 것으로 판단할 수 있다.

② 규칙 공리주의(수정 공리주의)

사람들이 따르는 규칙의 효용을 비교함으로써 선을 규정하는 방식으로, 영향을 받는 모든 사람들에게 가장 큰 효용을 안겨주는 규칙을 먼저 확인하고 그러한 규칙에 따라 행하는 것이 도덕적으로 옳은 행위라고 본다. 예를 들어, 거짓말을 해서는 안 된다는 규칙과 거짓말을 해도 좋다는 규칙이 있을 경우, 일반적으로 거짓말을 하지 말라는 규칙에 따라 행동을 하는 것이 모든 사람에게 보다 나은 결과를 초래한다는 것이 명백하기 때문에, 거짓말을 안 하는 것이 도덕적으로 옳다고 보는 것이다. 버클리, 브란트와 같은 학자들이 주장하였다.

(2) 의무론(동기론)

의무론은 어떤 한 행동이 도덕규칙에 따르면 옳고, 위반하면 그르다고 판단한다. 의무론의 역사적 배경은 그리스도교에서 찾을 수 있다. 모세의 십계명은 우리가 무엇을 행해야 할지 규정하는데, 이러한 당위는 신의 계명으로 해석되어 그 자체로 더이상 근거를 내세울 필요가 없다. 의무론은 보편적 도덕원리, 즉 궁극적 규범이나 의무의 최고원리인 도덕규칙이 선험적으로 존재한다는 것을 전제로 하며, 대표적인 학자는 독일의 철학자 칸트(Kant, 1724~1804)이다. 칸트는 교양 있는 사람이라면 단지 생활을 즐기고 행복을 얻으려고 하는 삶으로부터 진정한 만족을 얻을 수 없다고 보고, 행복한 삶보다는 도덕적 삶이 우

---

3) 2019년 4월 16일, 제주도 서귀포시 한 빵집에서 출입문을 열지 못하고 있는 여성(76세)을 대신해 문을 열다가 넘어지게 해 사망에 이르게 한 관광객은 과실치사 혐의로 입건 후 기소유예 처분이 내려진 바 있다(연합뉴스, 2019. 11. 21. 기사 참조).

위에 있음을 주장했다.

의무론자들은 행동을 옳거나 그른 것으로 만드는 것은 행동의 결과가 아니라 행동의 종류라고 주장한다. 만약 한 행동이 모든 도덕행위자가 행해야 할 의무를 갖는 종류에 속한다면 그 행동은 옳으나, 그 행동이 모든 도덕행위자가 금해야 할 의무를 갖는 종류에 속하는 것이라면 그 행동은 그르다. 행위자의 인격을 존중하는 입장이기 때문에 문화 수준이 낮은 사회에서는 현실성이 떨어지는 단점이 있다.

목적론과 의무론 둘 중에 어느 것이 적합한가의 논란이 발생되는 배경은 결과와 동기의 불일치 현상에 기인한다. 어느 한쪽만을 선택하는 것은 극단적 주장이 되기 쉽다. 위에 제시된 〈사례 1-2〉에 대해 윤리적 절대주의와 상대주의, 목적론과 의무론의 입장에서 각각 어떤 주장을 할 수 있을지 생각해 보자.

5. 사회복지 윤리와 철학의 필요성

1) 사회복지 윤리의 필요성

사회복지현장에서는 상반된 가치들에 대해 타협하는 경우가 많다. 모든 결정의 배후에는 결정에 참여한 사람들의 상반된 가치가 격렬히 부딪치게 되기 때문에 철학적이고 도덕적인 성격을 가지게 된다. 사회복지 입법과 행정 조치, 사회복지사의 문제해결방식은 모두 상반되는 가치의 타협을 필요로 한다. 사회복지학은 타 학문 분야에 비해 특정 가치의 중요성을 인정하고 수용하는 강도가 높다(예: 인간존중, 사회정의). 그러므로 가치, 문화, 윤리에 대해 공부하는 것은 어찌 보면 사회복지 전문직에게 있어서 필수적이고, 당연하다.

사회복지를 사회사업(social work)과 사회정책(social policy)으로 구성되어 있다고 본다면, 사회사업에는 윤리(개별적인 해당 업계에서 통용되는 비교적 높은 수준의 보편성 강조), 사회정책에는 이데올로기(이념/사회질서의 유지, 개혁, 재건 등의 문제와 관련된 정치권력 현상)라는 용어가 주로 사용된다. 윤리는 사회복지 실천 전문직에게 비교적 보편적으로 요구되는 반면, 이데올로기는 반드시 요구되는 것은 아니며 추구하는 방향성에 따라 대립이 발생하기도 한다.

대표적인 사회복지 윤리 학자인 리머(Reamer, 1999)는 사회복지 윤리의 필요성을 아래와 같이 제시하였다.

① 전문가 자신의 가치관이 다른 사람들의 가치관과 어떻게 다른가에 대한 체계적인 확인 필요
② 윤리적 딜레마에 대한 사전대비
③ 상이한 가치들에 대한 관계 혹은 위계설정 (자유와 평등과 같은 상충될 수 있는 가치)
④ 현행 사회복지 주류가치가 얼마나 정당한가에 대한 반성 및 시대적 조류에 맞는 가치 정립
⑤ 사회복지 실천방법을 개발하거나 전문가의 전문경력을 발전

2) 사회복지 윤리의 발달 과정

리머(Reamer, 1999)는 사회복지 윤리에 대한 전문적 실천 관심의 전개 과정을 총 4단계의 시기로 나누어 제시한 바 있다(우국희 외, 2015: 25-29). 리머의 4단계 시기를 중심으로 사회복지 윤리의 발달 과정을 살펴보면 다음과 같다.

(1) 도덕성의 시기(morality period): 19세기 후반~20세기 초

사회문제의 대부분이 도덕성, 특히 청교도적 윤리의 부재에 기인하는 것으로 인식하던 시기로서, 실천가들의 활동은 빈민들의 도덕성과 정직을 고양시키려는 가부장적 노력의 형태를 띠었다. 이 시기는 19세기 후반부터 전문직 윤리강령이 확립되기 전 시기인 20세기 초까지로 본다. 19세기 후반 초창기 사회복지 윤리의 발달 과정에서 많은 영향을 미친 대표적인 두 조직으로 자선조직

협회와 인보관을 들 수 있다. 1900년대에 들어서면서부터는 사회복지 전문가 윤리의 필요성이 대두되기 시작한 한편, 과학적 사고 강조로 인한 가치와 윤리 탐구 회피 경향이 대립하였다.

① 자선조직협회(Charity Organization Society: C.O.S)

1869년에 설립된 영국의 자선조직협회가 최초로 알려져 있다. 이 당시의 도덕적 관심은 전문가가 취해야 할 바람직한 가치나 행위가 아니라 그들이 돕는 개인과 사회의 도덕심에 집중되었다. 그 대표적인 노력이 자선조직협회에 소속된 우애방문원들의 활동이었다. 구제의 주요 대상층이었던 빈민들은 인격적으로, 도덕적으로 결함을 가진 사람들로 인식되었다. 빈민들은 결국 게으르거나 나태해서, 알코올중독과 같은 개인적 결함으로 인해 빈곤한 상태에 처하게 되었기 때문에 이들을 구제하는 방법은 단순한 일회적인 물질적 도움보다는 그들의 도덕성을 고양시켜 주는 것이 먼저 전제되어야 했다. 이 당시는 아직 인간 존엄성이라는 보편적 가치가 등장하지 않았으며, 도움을 받는 사람과 도움을 주는 사람과의 관계를 도덕적으로 열등한, 결함 있는 존재와 도덕적으로 우위에 있는 존재로 구분하는 관점이 지배적이었다.

② 인보관(Settlement House)

최초에 설립된 인보관은 1884년 설립된 영국의 토인비 홀이다. 토인비(A. Toinbi)의 영향을 받아 1889년 시카고에 헐 하우스를 설립한 제인 아담스(J. Addams)는 박애주의에 만족하지 않고 주택, 교육, 위생환경을 개선하고 향상시키기 위한 정치적 행동을 추진하였다. 인보관 활동가들의 윤리적 의무는 사회정의의 실현이었다. 사회정의의 실현은 사회의 모든 구성원이 의무뿐만 아니라 기본적 권리, 기회, 혜택까지도 똑같이 갖는 이상적인 상황을 의미하며, 기회나 권리가 제한되고 박탈된 사람들에게 그것을 회복시켜 주는 것에 초점을 두게 된다. 모든 인간은 본래적 존엄성과 가치를 갖는다는 신념을 존중하는 방식으로 행동할 것이 강조되었다.

③ 1920년대~1930년대

1920년대와 1930년대는 자선의 전문직화에 대한 노력이 있었는데, 특히 전문직이 되기 위해서는 적어도 분명한 가치와 윤리적 토대를 갖추어야 한다는 플렉스너(Flexner)의 주장(1915년 플렉스너 보고서)에 자극받아, 이때부터 전문직의 정체성에서 가치가 중요한 요소라는 인식이 싹트기 시작하였다. 그러나 당시 사회사업의 과학화에 대한 열망은 의도적으로 윤리와 가치문제를 회피하는 경향으로 이어졌는데, 그 이유는 윤리는 경험적으로 입증하기가 어렵기 때문에 비과학적이라는 실증주의적 사고가 당시 지배적이었기 때문이었다.

(2) 가치의 탐색 시기(exploration of values): 1950년대~1970년대 중반

1950년대 들어 분리된 여러 조직들이 하나의 단일실체로서 통합되고(1955년 미국 사회복지사협회(NASW) 창립), 사회복지가 하나의 전문직으로 체계화되어 감에 따라 실천활동과 관련된 윤리적 기준이 필요하게 되었다. 전문직 단체의 출현과 함께 사회복지전문가들이 지켜야 할 전문직 윤리강령의 현대적 기틀이 마련되었다. 빈민이나 사회의 도덕성에 집중되었던 관심이 전문가가 행해야 하는 실천활동의 윤리로 이동하였다.

이후 1970년대 중반에 들어서면서 사회복지 훈련 프로그램이나 워크숍, 문헌 등에서 전문직 윤리에 대한 내용이 다루어지기 시작했고, 비밀보장, 자기결정의 한계, 제한된 자원의 할당 등 사회복지사가 결정내리기 어려운 윤리적 딜레마를 해결하는 데 도움이 될 수 있는 지침에 대한 필요성이 늘어났다.

(3) 윤리이론과 의사결정의 시기(ethical theory and decision making): 1980년대

사회복지 윤리학이 하나의 학문으로서 발전되기 시작한 시기로서, 이 시기에는 도덕철학자들의 이론, 즉 윤리원칙, 규범, 윤리기준 등을 전문가들이 현실적인 문제를 해결할 때 좀 더 실용적, 직접적으로 적용하는 데 관심이 집중되었다. 다원화된 사회에서 상이한 가치와 윤리에 대한 존중이 강조되었고, 사회복지사가 의사결정을 내리는 데 도움이 되는 윤리적 의사결정 전략 및 의사결정 단계에 대해 관심의 초점이 맞추어졌다. 내적으로는 사회복지가 전문직으로서의 어느 정도 안정적으로 성숙된 시기였으며, 외적으로는 타 전문직 분야에서의 응용윤리학, 특히 생명공학윤리의 발전이 있었다.

(4) 윤리기준의 성숙 및 위기관리의 시기(maturation of ethical standards and risk management): 1990년대 이후

1920년 메리 리치몬드(M. Richmond)가 최초의 윤리강령 초안을 만들기 시작한 후 미국 사회복지사협회(NASW)가 출범 5년째인 1960년 윤리강령 14개 조항을 시작으로, 1999년 개정에서 155개 조항으로 대대적으로 확대되었다.[4] 이러한 새로운 윤리강령의 등장배경에는 실천과정에서 발생된 업무과실에 대한 소송이 급증하자 이에 대한 책임성을 명확히 하고 위기를 어떻게 관리 대응할 것인지에 대한 고민도 포함되어 있었다. 즉, 사회복지사들의 윤리적 인식수준을 높이는 것과 더불어 사회복지사들에게 제기된 불만이나 소송에 대한 판결의 근거를 제공하는 데 도움이 되고자 하였다.

3) 사회복지 전문직의 주요 가치

(1) 인간 존엄성(human dignity)

모든 사람은 본래적인 가치와 존엄성을 갖는다. 존엄성이란 개념에는 '모든 인간은 존중받을 권리가 있다'는 의미가 내포되어 있다. 따라서 사회복지 실천

---

4) 2021년 제9차 개정 미국 사회복지사협회 윤리강령은 총 173개 조항으로 구성되어 있다.

가들은 성별, 종교, 지위 고하(高下)에 관계없이 모든 사람들을 똑같이 대우해야 한다. 또한 이 개념에 근거하여 모든 사람은 인간으로서 기본적 욕구를 갖고 있으며, 이들 욕구를 충족시킬 수 있는 기회를 똑같이 가져야 한다는 사실을 인식하게 되었다. 효과적인 실천을 하는 사회복지 실천가들은 개개인의 독특성을 존중하고 그들 각자의 이해가 타당함을 수용하며 그들이 말하는 것을 주의 깊게 경청한다.

(2) 사회정의(social justice)

사회정의는 사회가 구성원들에게 자원을 제공하는 방식을 말한다. 사회정의는 사회의 모든 구성원이 기본적 권리, 기회, 보호, 의무, 사회적 혜택을 똑같이 갖는 이상적인 상황이다. 그러나 사회는 인간의 권리를 침해하고, 구성원 중 일부에 대해 편견적 태도를 갖는 것이 다반사이다. 이러한 태도는 기회, 자원에 대한 동등한 접근을 거부하고 제한한다. 특히 지배집단에 의해 자행되는 사회적 불의는 차별과 억압적인 상황을 창출한다. 사회복지 실천가들은 불의(injustice)의 결과를 이해하고 사회 및 경제정의를 달성하기 위해 개입한다. 사회복지 실천가들이 사회정의를 실현하는 방법은 사회제도가 제공하는 기회와 자원을 확대시키는 데 기여하는 것이다. 책임감 있는 사회복지 실천가들은 보건, 교육, 고용, 사회복지 등 다양한 분야에서의 공정한 사회 및 경제정책을 촉진시키는 데 적극 참여한다.

(3) 사회복지사 윤리강령에 제시된 전문직 가치

미국 사회복지사협회(NASW) 윤리강령 전문에는 사회복지 전문직의 핵심가치에 대해 다음과 같이 6가지로 구분하여 제시하고 있다.

① **서비스(service)**: 사회복지사의 주요 목표는 도움이 필요한 사람들을 돕고 사회 문제를 해결하는 것이다. 사회복지사는 자기이익보다 타인에 대한

서비스를 더 중요하게 생각한다. 사회복지사가 된 이유를 물을 때, 대부분의 사회복지사는 다른 사람들을 돕는 것이 의미있는 일이기 때문에 이 직업을 선택했다고 대답하는데, 이는 가치로서의 서비스를 표현하고 있는 것이다.

② **사회정의**(social justice): 사회복지사는 사회적 불의에 도전한다. 사회복지사는 특히 취약하고 억압받는 개인 및 집단과 함께, 그리고 이들을 대신하여 사회 변화를 추구한다. 사회복지사의 사회 변화 노력은 주로 빈곤, 실업, 차별 및 기타 형태의 사회적 불공정 문제에 초점을 맞추고 있다. 또한 억압과 문화적, 인종적 다양성에 대한 감수성과 지식을 증진하기 위해 노력한다.

③ **인간의 존엄성과 가치**(dignity and worth of the person): 사회복지사는 인간 존엄성 존중에 높은 가치를 부여한다. 사회복지사는 개인의 차이와 문화적, 인종적 다양성을 염두에 두고 각 사람을 배려하고 존중하는 방식으로 대한다. 사회복지사는 클라이언트의 능력과 변화할 수 있는 기회와 그 자신의 요구를 충족시킬 수 있는 기회를 향상시키려고 노력한다.

④ **인간관계의 중요성**(importance of human relationships): 사회복지사는 인간관계의 중요성을 인식한다. 인간관계는 효과적인 실천에 필수적인 부분으로, 관계를 통해 클라이언트를 도울 수 있으므로, 관계는 변화의 중요한 수단임을 이해한다.

⑤ **성실성**(integrity): 성실성은 사회복지사가 정직하고, 신뢰할 수 있게, 그리고 책임감 있게 일하는 것에 관련된다. 이러한 태도는 모든 사람들에게 적용되는 가치이지만, 사회복지사에게 특히 더 높은 기준이 요구되는 부분이다. 왜냐하면 사회복지사가 관여하는 사람들이 사회적으로 억압받는 약자인 경우가 많기 때문이다. 이들과의 관계에서는 무엇보다 정직을 바탕으로 한 신뢰 구축이 더 절실히 필요하다.

⑥ **역량**(competence): 사회복지사는 자신의 전문성 영역 내에서 실천하고 전

문적 지식·기술을 개발 및 강화한다. 역량은 전문적 과업을 수행하는 데 요구되는 지식, 기술, 자기이해 등을 갖추고 있음을 의미한다.

2023년 4월 11일 개정 공포된 제5차 한국 사회복지사 윤리강령에서 제시하고 있는 "가치와 원칙"은 다음과 같다.

사회복지사는 인간 존엄성과 사회정의라는 사회복지의 핵심 가치에 기반을 두고 사회복지 전문직의 사명을 다하기 위해 노력해야 한다. 이러한 핵심 가치와 관련해 사회복지 전문직이 준수해야 할 윤리적 원칙을 제시한다.

핵심 가치 1. 인간 존엄성

윤리적 원칙: 사회복지사는 인간의 존엄성과 가치를 인정하고 존중한다.

- 사회복지사는 개인적·사회적·문화적·정치적·종교적 다양성을 고려하며 개인의 인권을 보호하고 존중한다.
- 사회복지사는 클라이언트의 자율성을 존중하고, 자기 결정을 지원한다.
- 사회복지사는 클라이언트가 역량을 강화하고, 자신과 환경을 변화시킬 수 있도록 지원한다.
- 사회복지사는 사회복지 실천 과정에서 클라이언트의 개입과 참여를 보장한다.

핵심 가치 2. 사회정의

윤리적 원칙: 사회복지사는 사회정의 실현을 위해 앞장선다.

- 사회복지사는 개인적·집단적·사회적·문화적·정치적·종교적 차별에 도전하여 사회정의를 촉진한다.
- 사회복지사는 개인, 가족, 집단, 지역사회의 다양성을 존중하는 포용적 지역사회를 만들기 위해 노력한다.
- 사회복지사는 부적절하고 억압적이며 불공정한 사회제도와 관행을 변화시키기 위해 사회의 다양한 구성원들과 협력한다.
- 사회복지사는 포용적이고 책임 있는 사회를 만들어 가기 위해 연대 활동을 한다.

생각해보기

심장과 폐를 공유하고 있는 샴쌍둥이는 분리수술을 하지 않으면 두 아이 모두 오래 살지 못하고, 분리수술을 하면 한 아이의 생명은 포기해야 한다. 이러한 경우 샴쌍둥이의 분리수술은 윤리적으로 올바른 선택인가? 윤리적 절대주의와 윤리적 상대주의를 적용하여 생각해보자.

사례 1-3 샴쌍둥이의 분리수술

실시 여부를 둘러싸고 논란이 벌어졌던 영국의 샴쌍둥이 여아 '조디'와 '메리'의 분리수술이 7일 완료됐으나 쌍둥이 중 더 강한 쪽인 조디는 생존한 반면 상대적으로 약한 메리는 숨졌다고 의사들이 밝혔다.

영국 맨체스터의 세인트 메리 병원은 이날 성명을 통해 6일부터 7일 새벽 5시(현지시간)까지 만 하루 가까이 진행된 '마라톤 수술' 끝에 분리가 완료됐으며 강한 쪽인 조디는 "생존을 장담할 수는 없지만 안정된 상태"를 보이고 있다고 밝혔다.

성명은 그러나 "의료진이 최선을 다했음에도 불구하고 약한 쪽인 메리는 예상대로 숨지고 말았다"고 밝혔다. 병원 대변인은 윤리적· 법적 논란에도 불구하고 쌍둥이 중 강한 쪽에게 상대적으로 더 정상적인 생활을 할 수 있는 기회를 주기 위해 20명의 의료진이 만 하루 동안 분리수술을 실시하게 됐다고 덧붙였다.

몸이 거꾸로 맞붙은 채 태어난 샴쌍둥이 분리수술에서 가장 어려운 부분은 붙어 있는 척추신경 분리작업으로, 이 과정에서 약한 쪽 쌍둥이는 혈액공급이 차단되기 때문에 숨지게 된다.

샴쌍둥이 조디와 메리는 지난 8월 태어났으며 의료진은 분리수술 허가를 법원에 제출했으나 부모들이 종교적 이유로 이에 반대, 고등법원에 항소했다가 패소함으로써 수술이 허가됐다.

출처: 중앙일보(2002.2.25.). https://www.joongang.co.kr/article/769870#home 일부 발췌.

PART

02

윤리강령과 윤리결정모델

사회복지 전문직과 윤리강령

사회복지사는 다양한 사회복지실천현장에서 클라이언트에게 전문적 서비스를 제공하는 역할을 담당한다. 지식과 기술뿐 아니라 가치와 윤리에 기반한 전문성을 강조하기 위해 흔히 사회복지사를 사회복지 전문직이라고 부를 때가 많다. 이 장에서는 사회복지사를 어떤 기준에서 전문직이라고 부를 수 있을지 윤리강령에 초점을 맞추어 살펴보고, 윤리강령이 사회복지사의 전문성과 어떤 관련이 있는지 알아보고자 한다. 특히 최근 개정된 우리나라의 사회복지사 윤리강령을 미국과 일본의 윤리강령과 비교함으로써 윤리강령의 공통점과 차이점에 대해서도 알아본다.

1. 사회복지 전문직과 윤리강령

1) 사회복지 전문직과 윤리강령의 관계

흔히 전문직이라고 부르는 직종들의 경우 협회를 만들고 윤리강령을 제정하여 소속된 전문직 종사자들이 이를 준수하도록 한다. 이러한 방식으로 전문가 윤리를 규율하는 이유는 역사적으로 전문직이 성장·발전해온 과정과도 밀접한 관련이 있다.

전문직(profession)은 전문적인 지식이나 기술이 필요한 직업을 뜻하며, 전문직에 종사하는 사람들을 전문가라고 부를 수 있다. 전문직(profession)이라는 용어의 어원을 살펴보면, 서양에서 종교 단체에 입회할 때 서약하는 행위를 가리키기 위해 사용되었고, 시간이 지나면서 '자신이 능숙하다고 공언하는 직업'을 의미하게 되었다. 또한 이러한 서약의 과정에서는 개인의 이익보다는 더 숭고한 선을 위해 헌신하는 직업을 택하는 소명의 의미도 포함되어 있다. 어떤 직업을 새로 종사하게 될 때 사람들은 선서를 통해 직업적 소명을 다짐하게 되는 경우를 종종 볼 수 있는데, 가장 잘 알려진 예로 의사들의 히포크라테스 선서를 들 수 있다. 새로운 직업을 가지게 되는 전문직들은 이러한 선서를 통해 자신의 지식과 기술을 선한 목적을 위해 윤리적으로 사용하고, 정직하고 신뢰할 수 있는 전문가가 될 것을 다짐하는 것이다.

선서를 통한 전문가 윤리의 준수는 자연스럽게 현대에 이르러 윤리 강령으로 발전하였다. 전문가 집단이 일반적인 직업 집단과 구별되는 독점적 권력과 사회적 통제력을 가지기 위해서는 법적 통제보다 더 엄격한 실천규범을 가져야 하며, 자율적인 자기규제를 필요로 하였다. 이에 전문가 집단에서는 전문가가 준수해야 할 가치, 원칙 및 윤리적 기준을 자연스럽게 윤리강령의 형태로 발전시켜 왔다.

한편, 사회복지사가 전문직인지에 대해서 역사적으로 많은 논쟁이 있었다. 대표적으로 플렉스너(Flexner)는 어떤 직업이 전문직이 되기 위해서는 다음과 같은 6가지 기준을 충족해야 하지만, 당시의 사회복지직은 그렇지 않기 때문에 전문직이 될 수 없다고 주장하였다.

전문직의 기준

① 광범위한 개인의 책임성을 기초로 한 지적인 활동일 것
② 과학과 학습을 통해 그들의 기초자료를 이끌어낼 것
③ 자료는 실질적이고 명확한 결론을 이끌어낼 것
④ 전수 가능하며 고도의 전문화된 교육훈련을 통해서 구사하고 전수할 수 있어야 할 것
⑤ 직능집단을 결성할 수 있고, 집단의식을 갖고 활동이나 의무 및 책임을 유지하면서 전문가조직을 구성할 것
⑥ 전문가들은 이타성을 증가하고 사회적 목적 달성을 위해 노력할 것

플렉스너의 주장은 당시의 사회복지직을 비판하기 위한 것이었으나, 역설적으로 사회복지를 전문직으로 자리매김하는데 도화선이 되었다. 메리 리치몬드를 비롯한 당시의 미국 사회복지실천가들은 사회복지직을 전문직으로 인정받기 위해, 대학에 사회복지학과를 설치하고 사회복지사협회를 설립하고, 당시 최신의 과학적 지식인 정신의학 중심의 기술 및 행동주의 이론을 사회복지실천에 도입하여 적용하고자 노력하였다. 그리고 이러한 일련의 노력 중에서 하나가 1951년 미국 사회복지사협회의 사회복지사 윤리강령 채택이었다(우국희 외, 2015).

사회복지직의 전문직으로 인정받기 위한 사람들의 노력은 실제 미국 사회복지의 성장으로 이어졌음에도 불구하고, 사회복지직이 전문직인지에 대한 논쟁은 계속되었다. 20세기 중반 미국에서는 특정 직업이 전문직으로서의 자격을 갖추기 위해서 갖추어야 할 핵심 특성이 무엇인지에 대한 연구가 대두되었다. 이러한 특성 이론(속성론)을 주장하는 학자들은 저마다 전문직의 특성 기준이 무엇인지 연구하였고, 대체로 ① 체계적 지식에 기반한 전문 지식, ② 전문 교육 및 자격, ③ 고객이 인정하고 사회 전반이 승인하는 권위, ④ 전문가 협회에 의해 유지되는 전문 문화, ⑤ 윤리강령 또는 직업 서약 등을 전문직의 주요 특성이라고 생각하였다(Greenwood, 1957; Koehn, 1994; Millerson, 1964). 그 과정

에서 대체로 의사, 법률가, 성직자와 같은 전통적인 전문직을 통해 전문직 특성이 도출되었기 때문에 간호사나 사회복지사와 같은 돌봄 직종은 전문직에서 제외되거나 준전문직으로 평가되기도 하였다.

한편, 전문직으로 인정받기 위한 노력과 함께 전문가주의에 대한 비판 또한 지속적으로 제기되면서 전통적인 전문성과 다른 관점이 등장하였다. 20세기 중반부터 전문직에서 회원의 신규 진입을 강력하게 통제하고, 전문성을 활용하여, 지위와 권력을 획득하는 것에 초점을 두는 것에 대한 비판과 반성의 흐름이 나타났다. 즉, 의사나 교사, 사회복지사와 같은 전문가들이 개인의 삶에 대한 통제권을 오히려 박탈한다는 주장이 제기되었고(Illich et al., 1977), 영국의 사회복지실천현장에서는 서비스 이용자와의 파트너십에 초점을 맞추는 새로운 전문성 개념이 등장하기 시작하였다. 기존의 전통적인 전문성(traditional professionalism) 개념은 학계뿐만 아니라 서비스 이용자와 대중들로부터 비판을 받았고, 서비스 이용자의 권리를 보장하기 위한 캠페인과 소비자주의 운동이 많은 국가에서 나타났다. 이러한 관점에서는 서비스 이용자야말로 자신의 삶과 문제에 대한 전문가이며, 사회복지사는 이들이 자신의 권리를 인식하고 최선의 결정을 내릴 수 있도록 지원하는 인권전문직이라고 본다.

이러한 새로운 전문성 개념을 '탈전문직화(deprofessionalization)' 또는 '민주적 전문성(democratic professionalism)'이라고 부르는데, 이는 윤리강령에도 영향을 미쳤다. 즉, 대체로 초기의 윤리강령은 선언적인 선서 혹은 짧고 간명한 내용을 담는데 그쳤으나, 점차 특정 상황에서 사회복지사가 취해야 할 구체적인 행동을 세세히 규정하는 방식으로 변화하였다. 예를 들어, 1955년 미국 사회복지사협회(NASW)가 결성된 후 1960년에 발표된 최초의 윤리강령은 한 페이지 분량에 불과했으나(Brill, 1998), 가장 최근의 미국 윤리강령은 6장 173개 조항으로 구성되어 있다. 1982년 제정된 우리나라의 윤리강령 또한 전문과 10개 조항으로 만들어졌으나, 2023년 5차 개정된 윤리강령은 5장 69개 조항으로 보다 구체적이고 많은 내용이 담겨져 있다.

2) 사회복지 윤리강령의 목적과 필요성

앞에서 전문직의 성장과정에서 윤리강령은 다른 일반직과 달리 전문직이라면 가져야 할 주요 특성 중의 하나가 되었음을 살펴보았다. 특히 사회복지직은 사회적 약자를 서비스 대상으로 한다는 점에서 다른 직종보다 더 높은 수준의 윤리성을 요구받는다. 왜냐하면 사회복지 서비스를 이용하는 과정은 본질적으로 불평등한 권력관계를 내재하고 있어 클라이언트가 부당한 처우를 받고도 쉽게 항의하지 못하는 경우가 구조적으로 나타날 수 있기 때문다. 특히 아동, 노인, 장애인 중 일부는 자기결정 및 자기옹호에 어려움을 겪을 수 있다. 또한 사회복지사는 개인뿐 아니라 가족이나 집단, 지역사회, 국가 차원에서 다양한 갈등 상황에 부딪치게 되고, 한정된 자원 속에서 우선순위를 염두에 두고 윤리적 민감성에 기반한 결정과 판단을 내려야 한다. 이러한 복잡하고 불명확한 상황 속에서 가장 최선의 판단을 내리기 위한 실천지침이 필요하다.

사회복지 전문직의 윤리강령이 필요한 이유에 대해 리머는 다음과 같이 설명하였다(Reamer, 2013; 심상용, 2020에서 재인용). 첫째, 전문가로서의 사회복지사 자신의 가치와 다양한 가치들의 공통점과 차이점을 체계적으로 확인하기 위해 필요하다. 둘째, 윤리적 딜레마를 이해하고 이에 대처할 수 있는 역량을 갖추기 위해 필요하다. 셋째, 다양한 가치 간의 위계설정을 위해 필요하고, 넷째, 사회복지의 현행 주류 가치가 얼마나 정당한지를 성찰하고 사회복지 전문직의 사회적 책무를 이행하기 위한 가치를 정립하기 위해 윤리강령이 필요하다. 다섯째, 사회복지 전문직이 전문적인 실천활동의 방식을 새로이 개발하고 사회적 신뢰를 제고하기 위해 윤리강령이 필요하다.

즉, 윤리강령은 사회복지직의 가치를 실천현장에 적용할 때 유용한 실천지침이 되는 것이라고 볼 수 있는데, 이러한 내용은 일반적으로 윤리강령의 목적에 제시되어 있다. 보웬은 윤리강령의 목적을 첫째, 윤리강령은 행동의 도덕적 지침과 전문적 표준을 제공하고, 둘째, 전문가들 사이에 자부심, 관용, 책임감을 촉진하기 위한 전문적 행동을 규정하는 것이라고 설명하였다(Bowen, 2010; 김기덕 외, 2017, 재인용).

뱅스는 윤리강령이 다음과 같은 5가지의 기능을 가지고 있음을 설명하였다(Banks, 2020). 첫째, 신뢰할 수 있는 전문가가 되겠다는 공개적인 서약과 전문가에게 기대할 수 있는 사항을 명시함으로써 서비스 사용자를 보호한다. 둘째, 윤리적 인식과 성찰을 장려하거나 명시적인 규칙을 통해 전문가가 행동하는 방법과 윤리적 결정을 내리는 방법에 대한 지침을 제공한다. 셋째, 윤리 강령의 존재를 통해 전문직의 지위를 향상시키는 역할을 한다. 넷째, 바람직한 서비스, 주요 윤리적 원칙, 전문가에게 기대되는 자질 및 요구되는 행동 기준을 명시함으로써 직업적 정체성을 창출하고 유지한다. 다섯째, 전문가 그룹의 구성원에게 강령 준수를 요구하고 위법 행위 발생 시 징계 목적으로 강령을 사용함으로써 전문가를 규제한다.

실제 미국 사회복지사협회 윤리강령에서는 윤리강령의 목적을 다음과 같이 6가지로 제시하고 있다(NASW, 2024). 첫째, 사회복지의 사명의 기반이 되는 핵심가치들을 식별하고, 둘째, 전문직의 핵심 가치를 반영하는 광범위한 윤리원칙을 요약하고 사회사업 실천을 안내하는 데 사용해야 하는 일련의 구체적인 윤리 기준을 수립하며, 셋째, 사회복지사가 직업적 의무가 충돌하거나 윤리적 불확실성이 발생할 때 관련 고려사항을 파악하는 데 도움이 되기 위해서이다. 넷째, 일반 대중이 사회복지 전문직에 책임을 물을 수 있는 윤리적 기준을 제공하고, 다섯째, 사회복지의 사명, 가치, 윤리적 원칙, 윤리적 기준을 사회복지사에게 교육하기 위해서이며, 여섯째, 사회복지사 스스로가 비윤리적 행위를 했는지 평가할 수 있는 기준을 명확히 제시하기 위한 목적을 가진다.

최근 개정된 한국 사회복지사 윤리강령에서도 윤리강령의 목적이 신설되었다. 즉, 윤리강령은 사회복지 전문직의 가치와 윤리적 실천을 위한 기준을 안내하고, 윤리적 이해가 충돌할 때 고려해야 할 사항을 제시하기 위한 것임을 선언하고 있으며, 미국과 유사하게 6가지의 구체적 목적을 제시하고 있다.

2. 한국의 사회복지사 윤리강령

1) 한국 사회복지사 윤리강령의 연혁

한국 사회복지사협회는 1973년 2월에 윤리강령 초안을 제정 결의를 하였고, 1982년 1월 10개 조항으로 구성된 사회복지사 윤리강령을 제정하였다. 이후 5차례의 윤리강령의 개정이 이루어졌고, 가장 최근에는 2023년 4월 11일에 윤리강령 5차 개정이 이루어졌다. 이러한 사회복지사 윤리강령의 연혁을 간단히 정리하면 아래 〈표 2-1〉과 같다.

표 2-1 한국 사회복지사 윤리강령 연혁

구분	일자	주요 내용
윤리강령 초안제정 결의	1973년 2월	- 윤리강령 초안제정 결의
윤리강령 제정	1982년 1월	- 전문 및 10개 조항으로 작성
윤리강령 1차 개정	1988년 3월	- 전문 및 8개 조항으로 개정 - 주요용어(사회복지사, 클라이언트)
윤리강령 2차 개정	1992년 10월	- 전문 및 10개 조항으로 개정 - 주요용어(복지대상자)
윤리강령 3차 개정	2001년 12월	- 전문, 기본적 윤리기준, 클라이언트/동료/사회/기관에 대한 윤리기준, 윤리위원회 구성과 운영
윤리강령 4차 개정	2021년 7월	- 자구 수정 (성 취향 → 성적지향)
윤리강령 5차 개정	2023년 4월	- 윤리강령의 목적, 가치와 원칙 신설 - 윤리기준 항목 순서 변경 - 시대적 변화와 세계적 기준 반영 - 인권감수성에 기반한 용어변경 - 사회복지사 인권 보호 조항 추가

출처: 한국 사회복지사협회(2022). 사회복지사 윤리강령 개정 공청회 자료집.

(1) 한국 사회복지사 윤리강령 제정(1982)

1982년 제정된 최초의 윤리강령에서는 클라이언트의 인간으로서의 존엄성과 사회사업가의 전문성, 사회사업의 공공성 및 사회성을 강조하였는데, 전문과 10개 조항의 강령으로 구성되었다. 제정 윤리강령에서는 사회사업가의 입장에서 서술되어 '우리'라는 표현이 반복되고, '사회사업', '피조자(클라이언트)'이라는 용어가 사용된 것이 특징이다.

(2) 한국 사회복지사 윤리강령 1차 개정

1988년 3월 1차 개정에서 주요 특징은 용어의 변경으로 '사회사업' 또는 '사회사업가'라는 표현을 '사회복지', '사회복지사'로 변경하였다. 또한 종전의 '우리'라는 표현을 통해 사회사업가의 입장에서 윤리강령을 서술한 것을 '사회복지사는'으로 서술되도록 서술방식을 수정하여 윤리강령이 객관성을 담보하고자 하였다.

한편, 1차 개정에서 윤리강령은 종전의 전문과 10개 강령에서 전문과 8개 강령으로 수정하였는데, 내용적으로도 추상적이고 선언적인 내용이 많았던 기존의 윤리강령 전문과 강령을 보다 간결하고 행위 중심으로 수정하였다.

(3) 한국 사회복지사 윤리강령 2차 개정

1992년 10월의 2차 윤리강령 개정에서는 윤리강령 항목을 8개에서 10개로 변경·추가하여 개정하였다. 전문과 강령의 내용을 전반적으로 수정하였는데, '클라이언트'를 '복지대상자'로 용어를 변경하고, 사회복지사의 전문성을 보다 강조하는 내용으로 수정되었다. 또한 복지대상자의 자기결정권이 처음으로 윤리강령에 포함되었다.

(4) 한국 사회복지사 윤리강령 3차 개정

2001년 12월에 제3차 사회복지사 윤리강령 개정이 진행되었다. 사회복지사의 헌신성, 전문성, 진보성을 포함하는 방향으로 개정이 진행되었고, 전문, 기본적 윤리기준, 클라이언트에 대한 윤리 기준, 동료에 대한 윤리기준, 사회에 대한 윤리기준, 기관에 대한 윤리기준, 윤리위원회의 구성과 운영에 관한 부분으로 구성되었다.

그러나 3차 개정 이후에도 윤리강령이 사회복지실천현장의 변화된 현실을 충분히 반영하지 못해 개정이 필요하다는 목소리가 많았다. 김욱 등(2012)은 3차 개정된 윤리강령이 사회복지 실천영역에의 확대와 더불어 나타나고 있는 사회복지 전문직 정체성에 대한 문제제기, 개인에 대한 공적 대응으로서의 사적영역과 공적영역 간의 역할분담과 협력의 문제, 사회복지전문가들에 대한 윤리적 교육과 규율기능의 강화 등과 같은 현실을 담기에 무리가 있다고 하였다. 그리고 당시 윤리강령 이 현실을 반영할 수 있는 내용의 충분성과 실천현장에서 활용할 수 있는 체계의 구체성 면에서 한계가 있음을 지적하였다.

(5) 한국 사회복지사 윤리강령 4차 개정

2021년 7월 제4차 윤리강령 개정은 자구 수정에 국한되었다. 2장의 사회복지사의 기본적 윤리기준 중에서 전문가로서의 자세의 2번 조항인 '사회복지사는 클라이언트의 종교 · 인종 · 성 · 연령 · 국적 · 결혼 상태 · 성 취향 · 경제적 지위 · 정치적 신념 · 정신, 신체적 장애 · 기타 개인적 선호, 특징, 조건, 지위를 이유로 차별 대우를 하지 않는다'에서 '성 취향'을 '성적 지향'으로 수정하였다.

2) 한국 사회복지사 윤리강령

2001년 3차 개정 이후 약 20년 동안 윤리강령의 개정이 이루어지지 않다가 2021년 7월 제4차 윤리강령 개정이 이루어졌지만, 자구 수정에만 그쳤다. 윤리강령의 개정 필요성이 지속적으로 제기되어 2023년 4월 11일에 윤리강령의 5차 개정이 이루어졌다. 5차 개정의 주요 내용은 다음과 같은 특징이 있다.

첫째, 구조적 측면에서는 윤리강령의 목적, 가치와 원칙을 신설하고 항목 간 순서를 변경하고, 소분류를 제시하는 등 큰 변화가 있었다. 즉, 6가지의 윤리강령의 목적을 추가하고, '인간 존엄성'과 '사회정의' 두 가지를 윤리강령의 핵심가치로 설정하였다. 사회복지의 윤리기준으로 사회복지사가 갖추어야 할 '기본적 윤리기준'을 먼저 제시하고, 두 번째로 클라이언트에 대한 윤리기준을 제시하고, 사회복지사의 동료 및 기관, 사회에 대한 윤리기준을 차례로 제시하여 체계를 갖추고자 하였다.

둘째, 내용적 측면에서는 먼저 인권감수성에 기반한 용어 변경이 있었다. 그리고 사회복지 실천지침으로서 실질적 활용이 가능하도록 추상적 표현은 지양하고 구체적으로 기술하고자 하였으며, 시대적 변화와 세계적 기준을 반영하고자 하였다. 사회복지사 인권 및 권리를 보호하는 조항이 추가되었다.

아래에서는 한국 사회복지사 윤리강령의 구조를 간략히 제시하였다. 전체 윤리강령은 〈부록 1〉에 첨부하였다.

한국 사회복지사 윤리강령(구조) (2023.04.11. 5차 개정)

전문

[윤리강령의 목적]

[윤리강령의 가치와 원칙] 핵심 가치 및 윤리적 원칙

[사회복지사의 윤리기준]

Ⅰ. 기본적 윤리기준(31)

Ⅱ. 클라이언트에 대한 윤리기준(17)

Ⅲ. 사회복지사의 동료에 대한 윤리기준(13)

Ⅳ. 기관에 대한 윤리기준(3)

Ⅴ. 사회에 대한 윤리기준(5)

사회복지사 선서문

* 주: 괄호 안의 숫자는 윤리기준 조항 수를 표시한 것임.

3. 사회복지사 윤리강령의 국제비교

여기서는 2023년 5차 개정된 우리나라의 윤리강령을 중심으로 미국, 일본의 윤리강령의 구성과 내용 측면에서 간략히 비교하고자 하며, 그에 앞서 미국과 일본의 윤리강령의 특징과 연혁을 간략히 소개하면 다음과 같다.

먼저 미국 사회복지사협회 윤리강령은 1960년에 제정되어 2021년까지 총 9차례에 걸쳐 개정되었다. 2021년에 개정된 미국 사회복지사협회 윤리강령은 크게 개요, 전문, 목적, 윤리적 원칙, 윤리기준으로 구분·작성되어 있다. 전문은 사회복지 전문직의 사명과 핵심적 가치를 요약하고 있으며, 목적은 윤리강령의 주요 기능과 사회복지실천현장에서의 윤리적 이슈, 딜레마를 다루는 방법을 제시하고 있다. 윤리적 원칙은 사회복지실천의 핵심적 가치를 서비스(service), 사회정의(social justice), 인간의 존엄과 가치(dignity and worth of the person), 인간관계의 중요성(importance of human relationships), 성실성(integrity), 역량(competence)으로 선정하고 이에 대응한 사회복지사의 행동지침을 윤리적 원칙으로 기술하고 있다.

미국 윤리강령의 가장 큰 특징은 윤리기준이다. 미국 윤리강령의 윤리기준은 사회복지사의 실천을 안내하고 윤리적 판단을 위한 세부적 지침을 다양한 영역에서 아주 구체적으로 기술하고 있다. 이는 미국이 다민족으로 구성된 이민국가의 특성과 실용주의를 강조하는 실천적 경향이 반영된 것으로 볼 수 있다. 즉, 미국의 사회복지실천현장에서는 다양성을 존중하면서도 갈등상황에 직접 적용할 수 있는 실천 지침을 직접적으로 기술하는 것을 선택한 결과로 볼 수 있다. 미국 윤리강령의 윤리기준은 총 6장 173개 조항으로 방대하고 자세하게 기술하고 있는데, ① 클라이언트에 대한 사회복지사의 윤리적 책임, ② 동료에 대한 윤리적 책임, ③ 실천현장에서의 윤리적 책임, ④ 전문가로서 윤리적 책임, ⑤ 사회복지 전문직에 대한 윤리적 책임, ⑥ 사회전반에 대한 윤리적 책임 영역으로 구성되어 있다.

2017년에는 고지된 동의, 역량 실천, 이해충돌, 사생활 보호와 비밀보장, 성관계, 성희롱, 서비스 방해, 동료의 비윤리적 행위, 슈퍼비전과 자문, 교육과 훈련, 클라이언트 기록, 평가와 연구 등의 내용이 전면 개정되었다. 이러한 개정 내용은 윤리강령의 목적, 윤리기준 중 클라이언트, 동료, 직장, 사회복지 전문직, 사회에 대한 윤리적 책임 부분에 반영되어 있다. 또한 가장 최근의 2021년 개정에서는 사회복지사 자신에 대한 보호(self-care)와 코로나 19, 인종 차별과 사회정의 위기 상황 속에서 사회복지사들이 직면한 사회적 · 정치적 옹호, 미디어를 활용한 서비스 전달, 문화적 역량 등 최근 등장한 이슈에 대응하기 위해 윤리강령의 일부 내용을 개정하였다.

일본 사회복지사 윤리강령은 1986년에 제정되었고, 가장 최근의 개정은 2020년에 있었다. 일본 윤리강령의 가장 큰 특징은 구조적으로는 윤리강령의 내용을 행동 수준으로 구체화한 행동규범을 별도로 채택하고 있으며, 내용적으로는 국제적 흐름에 보조를 맞추고자 한다는 점을 들 수 있다.

이러한 특징을 가지게 된 배경에는 일본 사회복지단체의 발전과정에서 찾을 수 있다. 일본에는 의료사회사업협회, 소셜워커협회, 정신보건복지사협회, 사회복지사회가 별도로 조직되어 있고 각각 윤리강령을 제정하여 왔다.[1] 4개 협회는 국제사회복지사연맹(International Federation of Social Workers: IFSW)에 개별적으로 가입하였는데, IFSW로부터 공통의 사회복지사 윤리강령을 제정할 것을 요구받아 공통의 사회복지사 윤리강령을 2005년 제정하였다. 이후 각 협회는 공통의 윤리강령을 준수하면서 동시에 독자적인 윤리강령 혹은 행동규범을 개정하면서 유지하고 있다.

---

1) 일본 의료사회사업협회에서 1961년 최초로 윤리강령을 제정하였고, 1986년 일본 소셜워커협회, 1988년 일본 정신보건복지사협회, 1993년 일본사회복지사회에서 각각 윤리강령을 제정하였다. 일본이 국제사회복지사연맹(IFSW) 가입을 계기로 공통의 사회복지사 윤리강령을 제정할 것을 요구받아, 2005년 4월 1일 개최된 사회복지 전문직단체협의회 전체회의에서 공통윤리강령으로 각 단체에서 비준하였다.

이러한 방식은 일본의 사회문화적 분위기가 사회 및 소속된 조직의 기존 관행과 문화를 존중하면서도 서로 조화하는 것을 선호하는 것과도 관련이 있는 것으로 보인다.

일본 윤리강령은 전문, 원리(윤리원칙), 윤리기준의 3가지 영역으로 구분되어 있으며, 원리의 경우 인간의 존엄, 인권, 사회정의, 집단적 책임, 다양성의 존중, 전인적 존재 등 6가지를 포함하고 있다. 윤리 기준은 클라이언트에 대한 윤리 책임, 조직 및 직장에 대한 윤리 책임, 사회에 대한 윤리 책임, 전문직으로서의 윤리 책임 등 4가지로 구분되어 있으며, 각 항목별 세부내용이 제시되어 있다. 그리고 별도의 행동규범을 통해 윤리기준의 내용을 행동지침 수준으로 구체화하고 있는데, 행동규범은 2005년 개정에서 처음 도입되었다.

2020년 개정에서는 사회환경 변화에 따른 사회복지 전문직 역할의 다양화, 국제사회사회복지사연맹(IFSW)과 국제사회복지교육협의회(IASSW)에서 2014년 7월 승인된 '사회복지 전문직의 글로벌 정의(Global definition of social work profession)'를 전문에 반영하는 한편, 윤리기준에서도 글로벌 사회에 대한 활동, 정보처리기술의 적절한 사용 등의 시대적 변화를 담고자 하였고, 윤리강령의 이해 촉진 조항을 추가함으로써 윤리강령이 실천현장에서 사회복지 실천의 지침으로 활용될 수 있도록 하였다.

1) 윤리강령의 구조

한국과 미국, 일본의 윤리강령 전체 구조를 비교하면 〈표 2-2〉와 같다. 한국의 윤리강령은 앞서 설명한 바와 같이 전문, 윤리강령의 목적, 윤리강령의 가치와 원칙, 윤리기준, 사회복지사 선서문으로 구성되어 있다.

미국의 윤리강령은 크게 전문, 목적, 윤리적 원칙, 윤리기준으로 구성되어 있다. 미국 윤리강령은 한국과 비교해보았을 때 구성과 전반적 내용은 유사한 편이나 몇 가지 차이점이 있다.

첫째, 6가지 핵심 가치인 서비스, 사회 정의, 인간의 존엄성과 가치, 인간관계의 중요성, 성실성, 전문성을 제시하고 윤리원칙 또한 핵심가치에 대응하여 서술하고, 윤리적 원칙의 지침이 되는 세부 기준을 추가적으로 상술하고 있다. 한국의 경우 핵심가치가 인간의 존엄성과 사회정의 2가지로 압축적으로 제시되어 있고, 마찬가지로 핵심가치에 대응하는 2개의 윤리적 원칙을 제시하고 있다. 다만, 미국과 달리 각 윤리적 원칙의 지침을 4가지의 세부 조항으로 추가 상술하는 형태로 제시하는 차이가 있다.

둘째, 미국의 윤리강령은 한국에 비해 다루는 내용이 매우 다양하고 구체적이다. 윤리강령의 핵심이라 할 수 있는 윤리기준을 살펴보면, 클라이언트, 동료, 실천현장, 전문가, 사회복지직, 사회의 6개 영역에 걸쳐 173개 조항으로 구성되어 있다. 한국의 경우 5차 개정에서 윤리기준의 세부 조항이 대폭 증가했음에도 불구하고, 기본적 윤리기준, 클라이언트, 동료, 기관, 사회의 5개 영역 69개 조항으로 구성된 것에 비하면 미국의 윤리강령은 실천 현장에서 사회복지사들이 경험할 수 있는 다양한 상황에 대해 세분화하여 지침을 제시하려는 실용적 목적이 크다고 볼 수 있다. 예를 들어, 클라이언트 비밀보장과 관련된 조항은 우리나라의 경우 클라이언트 사생활 보호 및 비밀보장 1개 조항과, 기록·정보관리에서 2개 조항에 불과하다. 이에 비해 미국의 경우 프라이버시 및 비밀보장 23개 조항으로 세분화하여, 사회복지사가 다양한 실천현장 및 상황에서 클라이언트의 사생활과 비밀을 어떻게 보장할 것인지 세부 지침을 제시하고 있다.

셋째, 윤리기준의 항목은 코드화되어 있어 실천현장에서 윤리적 갈등이 발생할 때 윤리강령의 어떤 항목을 참조하면 되는지 쉽게 파악하고 적용할 수 있다. 또한 코드 번호를 통해 문서화나 의사소통이 보다 효율적으로 진행될 수 있는 장점이 있다. 또한 시대의 변화나 새로운 윤리적 기준이 필요할 때 새로운 조항을 추가하거나 수정하기 편리한 실용적 장점이 있다.

한편, 일본 윤리강령은 글로벌 정의를 포함한 전문, 원리(윤리원칙), 윤리기준으로 비교적 간명하게 구성되어 있으며, 별도의 행동규범을 채택하여 구체적인 행동지침을 제시하고 있다. 윤리원칙은 인간의 존엄성, 인권, 사회정의, 집단적 책임, 다양성의 존중, 전인적 존재 등 6가지 조항으로 구성되어 있고, 윤리기준 또한 클라이언트에 대한 윤리적 책임, 조직 및 직장에 대한 윤리적 책임, 사회에 대한 윤리적 책임, 전문직으로서의 윤리적 책임 등 4가지 영역 29조항으로 간단하게 구성되어 있다. 다만, 윤리기준에 대응한 행동규범에서는 4장 89조항으로 행동 수준의 지침을 상술하고 있다. 예를 들어 클라이언트의 비밀보장과 관련해서는 프라이버시 존중과 비밀유지 1개 조항으로 포괄적으로 제시하고 있으나, 행동규범에서는 7개 조항으로 구체적으로 기술하고 있다.

이러한 일본 윤리강령의 구조는 공통의 윤리강령에서는 사회복지 전문직의 윤리를 간명하게 명문화하고 국제사회의 일원으로 동참하고 있음을 강조하는 한편, 질서와 조화를 중요시하는 일본의 사회문화적 특성에 따라 각 실천현장의 특성과 상황을 반영한 실무지침에 따라 별도의 행동규범을 채택한 것으로 이해할 수 있다.

표 2-2 윤리강령의 전체 구조 비교

구분	한국	미국	일본
구조	전문 윤리강령의 목적(6가지) 윤리강령 가치와 원칙(2개 핵심가치, 2개 원칙, 8개 하위조항) 윤리기준(5장 69조항) 사회복지사 선서문	전문 목적(6가지) 윤리원칙(6개 핵심가치, 6개 윤리원칙) 윤리기준(6장 173조항)	전문 원리(6개 윤리원칙) 윤리기준(4장 29조항) ※ 행동규범(4장 89조항)
선포/개정일	2023. 4. 11. 5차 개정	2021. 2. 19. 승인	2020. 8. 3. 채택 (행동규범 2021. 3. 20. 채택)

한국의 윤리강령의 구조와 성격은 미국과 일본의 윤리강령 특성과 유사한 부분이 많다. 즉, 시대의 변화에 따라 점차 윤리강령의 내용이 구체적으로 변

화해 왔는데, 1982년 제정된 초기 윤리강령은 전문과 10개 조항으로 간단하게 만들어졌으나, 점차 윤리기준의 영역을 세분화하고 시대적 요구에 맞게 윤리적 기준의 내용이 대폭 보강되었다.

그러나 각국의 사회문화적 특성에 따라 세부적으로는 차이점도 존재하는데, 이에 대해서는 아래에서 구체적으로 살펴본다.

2) 윤리기준의 구성

윤리강령에서 사회복지사가 지침으로 삼을 수 있는 구체적 기준은 윤리기준에 담겨져 있다. 한국의 경우 크게 5장 69개 조항으로 구성되어 있는데 비해, 미국은 6장 173개 조항으로 구체적으로 기술되어 있다. 일본의 윤리강령에서 윤리기준은 4장 29개 조항으로 간명하게 구성되어 있고, 행동규범을 별도로 채택하여 상세히 기술하는 구조를 가지고 있다. 각 영역의 순서는 미국과 일본의 경우 클라이언트에 대한 윤리적 책임이 가장 먼저 제시되어 있으나 우리나라의 경우 전문가로서의 사회복지사가 갖추어야 할 기본적 윤리기준이 가장 먼저 제시되어 있다.

각 장에 포함된 조항 또한 약간의 차이가 나타난다. 예를 들어 동료에 대한 윤리기준의 경우 한국과 미국은 별도의 장에서 비교적 상세히 다루고 있으나, 일본의 윤리강령에는 조직·직장에 대한 윤리책임에서 1개 조항으로 언급하고, 행동규범에서도 2개 조항으로 간단히 언급하고 있다.

표 2-3 윤리기준의 구성 비교

한국	미국	일본
5장 69개 조항	6장 173개 조항	4장 29개 조항 (행동규범 4장 89개 조항)
Ⅰ. 기본적 윤리기준(31) 1. 전문가로서의 자세(8) 1) 인간 존엄성 존중(5) 2) 사회정의 실현(3) 2. 전문성 개발을 위한 노력(8) 1) 직무 능력 개발(4) 2) 지식기반의 실천 증진(4) 3. 전문가로서의 실천(15) 1) 품위와 자질 유지(7) 2) 자기 관리(2) 3) 이해 충돌에 대한 대처(3) 4) 경제적 이득에 대한 실(3)	4. 전문가로서의 사회복지사의 윤리적 책임(15) 1) 전문성(3) 2) 차별(1) 3) 사적 행위(1) 4) 부정직, 사기, 기만(1) 5) 손상(2) 6) 허위진술(3) 7) 권유(2) 8) 공로 인정(2) 5. 사회복지 전문직에 대한 사회복지사의 윤리적 책임(22) 1) 전문직의 성실성(5) 2) 평가 및 연구(17)	Ⅳ. 전문직으로서의 윤리적 책임(23) 1. 전문성 향상(3) 2. 전문직 계발(3) 3. 신용실추행위 금지(2) 4. 사회적 신뢰 유지(3) 5. 전문직 옹호(2) 6. 교육·훈련·관리 책임(5) 7. 조사·연구(3) 8. 자기 관리(2)
Ⅱ. 클라이언트에 대한 윤리기준(17) 1. 클라이언트의 권익옹호(1) 2. 클라이언트의 자기 결정권 존중(2) 3. 클라이언트의 사생활 보호 및 비밀보장(1) 4. 정보에 입각한 동의(1) 5. 기록·정보 관리(4) 6. 직업적 경계 유지(5) 7. 서비스의 종결(3)	1. 클라이언트에 대한 사회복지사의 윤리적 책임(76) 1) 클라이언트에 대한 헌신(1) 2) 자기결정(1) 3) 고지된 동의(9) 4) 전문성(5) 5) 문화적 역량(5) 6) 이해상충(8) 7) 사생활과 비밀보장(23) 8) 기록에 접근(3) 9) 성적 관계(4) 10) 신체적 접촉(1) 11) 성희롱(1) 12) 경멸적 언어(1) 13) 서비스비용 지불(3) 14) 의사결정능력 없는 클라이언트(1) 15) 서비스 중단(1) 16) 서비스 의뢰(3) 17) 서비스 종결(6)	Ⅰ. 클라이언트에 대한 윤리적 책임(46) 1. 클라이언트와의 관계(5) 2. 클라이언트 이익의 최우선(3) 3. 수용(2) 4. 설명책임(4) 5. 클라이언트의 자기결정 존중(3) 6. 참여 촉진(3) 7. 클라이언트 의사결정에 대한 대응(3) 8. 사생활 존중과 비밀유지(7) 9. 기록공개(2) 10. 차별, 학대 금지(4) 11. 권리 옹호(4) 12. 정보처리기술의 적절한 사용(6)
Ⅲ. 사회복지사의 동료에 대한 윤리기준(13) 1. 동료(9) 2. 슈퍼바이저(4)	2. 동료에 대한 사회복지사의 윤리적 책임(23) 1) 존중(3) 2) 비밀보장(1) 3) 학제간 협력(2)	Ⅱ. 조직·직장에 대한 윤리적 책임(12) 2. 동료 존중(2)

	4) 동료 관련 분쟁(2) 5) 자문(3) 6) 성적 관계(2) 7) 성희롱(1) 8) 동료의 손상(2) 9) 동료의 능력부족(2) 10) 동료의 비윤리적 행위(5)	
Ⅳ. 기관에 대한 윤리기준(3)	3. 실천현장에서 사회복지사의 윤리적 책임(30) 1) 슈퍼비전과 자문(4) 2) 교육 및 훈련(4) 3) 업무성과평가(1) 4) 클라이언트 기록(4) 5) 청구(1) 6) 클라이언트 이전(2) 7) 행정(4) 8) 보수교육과 직원역량 개발(1) 9) 고용주에 대한 약속(7) 10) 노사분쟁(2)	Ⅱ. 조직·직장에 대한 윤리적 책임(12) 1. 최선의 실천을 할 책임(2) 3. 윤리강령의 이해 촉진(1) 4. 윤리적 실천 촉진(2) 5. 조직 내 옹호활동 촉진(2) 6. 조직 개혁(3)
Ⅴ. 사회에 대한 윤리기준(5)	6. 사회전반에 대한 사회복지사의 윤리적 책임(7) 1) 사회복지(1) 2) 대중 참여(1) 3) 공공 응급 상황(1) 4) 사회적·정치적 행동(4)	Ⅲ. 사회에 대한 윤리적 책임(8) 1. 사회통합(2) 2. 사회에 대한 기여(3) 3. 글로벌 사회에 대한 활동(3)

* 주: 괄호 안의 숫자는 윤리기준 조항 수를 표시한 것으로, 일본의 경우 행동규범 조항 수를 표시.

3) 윤리강령의 내용

(1) 전문

한국 사회복지사 윤리강령의 전문은 다음과 같다. 윤리강령 전문은 2001년 3차 개정에서 수정된 이후 유지되고 있다. 전문의 내용은 크게 사상 및 가치, 사회복지사의 노력, 사회복지사의 다짐으로 구성되어 있다. 가장 앞부분에서는 사회복지의 사상적 기초 및 기본 가치에 대해 언급하고 있으며 사회복지사의 사명은 이러한 가치를 실현하는 것임을 선언하는 것이다. 또한 이러한 사명을 실천하기 위한 사회복지사의 노력과 다짐을 제시하고 있는데, 사회복지사의 다짐은 윤리강령의 마지막 부분에서 사회복지사선서문으로 다시 반복된다. 이러한 점은 윤리강령의 준수에 대한 실천적 의지를 담아내기 위한 것이라고 볼 수 있다.

한국 사회복지사 윤리강령 전문

사회복지사는 인본주의·평등주의 사상에 기초하여, 모든 인간의 존엄성과 가치를 존중하고 천부의 자유권과 생존권의 보장 활동에 헌신한다.

특히 사회적·경제적 약자들의 편에 서서 사회정의와 평등·자유와 민주주의 가치를 실현하는 데 앞장선다. 또한, 도움을 필요로 하는 사람들의 사회적 지위와 기능을 향상시키기 위해 저들과 함께 일하며, 사회제도 개선과 관련된 제반 활동에 주도적으로 참여한다. 사회복지사는 개인의 주체성과 자기 결정권을 보장하는 데 최선을 다하고, 어떠한 여건에서도 개인이 부당하게 희생되는 일이 없도록 한다.

이러한 사명을 실천하기 위하여 전문적 지식과 기술을 개발하고, 사회적 가치를 실현하는 전문가로서의 능력과 품위를 유지하기 위해 노력한다. 이에 우리는 클라이언트·동료·기관 그리고, 지역사회 및 전체사회와 관련된 사회복지사의 행위와 활동을 판단·평가하며 인도하는 윤리기준을 다음과 같이 선언하고 이를 준수할 것을 다짐한다.

이러한 한국 윤리강령의 전문의 내용을 미국과 일본의 윤리강령 전문과 주요 단락별로 비교·요약하면 〈표 2-4〉와 같다. 먼저 미국의 윤리강령 전문에는 기본 사명과 이중 초점, 사회복지사의 노력, 핵심가치로 구성되어 있다. 사회복지사의 기본 사명이 인간의 복지증진과 욕구 충족이며 특히 사회적 약자에 대한 관심임을 명시하고, 더불어 사회복지역사를 통해 형성된 개인과 사회에 대한 이중초점과 환경에 대한 관심이 사회복지 전문직의 특징임을 분명히 밝히고 있다. 그리고 이러한 전문직의 핵심 가치는 서비스, 사회적 정의, 개인의 존엄성과 가치, 인간관계의 중요성, 성실성, 전문성에 뿌리를 두고 있으며, 사회복지의 고유한 목적이자 관점의 토대가 되고 있다고 언명하고 있다.

일본의 윤리강령 전문에도 마찬가지로 사회복지의 가치와 전문직임을 천명하는 내용이 포함되어 있으며, 이를 실천하기 위한 사회복지사의 노력으로 구성되었다. 한 가지 특징은 국제적 기준에 발맞춘 사회복지실천을 위해 사회복지 전문직의 글로벌 정의를 전문에 포함시키고 있다는 점이다.

표 2-4 전문의 내용 비교

한국	미국	일본
〈사상 및 가치〉 -인본주의·평등주의 사상에 기초 -인간의 존엄성과 가치 존중 -천부의 자유권과 생존권 보장 활동에 헌신 -사회정의와 평등·자유와 민주주의 가치 실현 -클라이언트 사회적 지위와 기능향상을 위해 함께 일함 -사회제도 개선에 주도적 참여	〈기본 사명 및 초점〉 -기본사명은 인간의 복지 증진 및 기본적 욕구 충족, 취약하고 억압받고 빈곤한 사람들의 욕구와 역량 강화에 관심 -사회적 맥락에서 개인의 복지와 사회의 복지에 대한 전문직의 이중 초점	〈가치 인식 및 전문직 천명〉 -모든 사람이 인간으로서의 존엄성을 가지고, 가치 있는 존재이며, 평등하다는 것을 깊이 인식 -평화 옹호, 사회정의, 인권, 집단적 책임, 다양성 존중, 전인적 존재의 원칙에 기초 -전문직의 목표: 사람들이 연결성을 느낄 수 있는 사회로의 변화와 사회통합 실현 -다양한 사람 및 조직과 협력
〈사회복지사의 노력〉 -개인의 주체성과 자기결정권 보장에 최선 -전문적 지식과 기술 개발 -사회적 가치를 실현하는 전문가로서의 능력과 품위 유지 노력	〈사회복지사의 노력〉 -클라이언트와 함께, 클라이언트를 대신하여 사회 정의와 사회 변화를 촉진 -문화적, 인종적 다양성에 민감하며 차별, 억압, 빈곤 및 기타 형태의 사회적 불의를 종식시키기 위해 노력 -사람들이 자신의 욕구를 스스로 해결할 수 있는 역량을 강화하기 위해 노력 -개인의 욕구와 사회 문제에 대한 조직, 지역사회 및 기타 사회 기관의 대응성을 증진하기 위해 노력	〈사회복지사의 노력〉 -사회 시스템 및 자연적-지리적 환경과 사람들의 삶이 상호 연관됨을 주목 -사회복지사의 직책에 대한 일반사회 및 시민의 이해를 깊게 하고 그 계발에 노력
〈사회복지사의 다짐〉 -사회복지사의 행위와 활동을 판단·평가하며 인도하는 윤리기준을 선언하고 준수할 것을 다짐함	〈사회복지의 핵심가치〉 -서비스, 사회적 정의, 개인의 존엄성과 가치, 인간관계의 중요성, 성실성, 전문성 -6개 핵심가치는 전문직의 역사를 통해 사회복지사들이 받아들인 것으로, 사회복지의 고유	〈국제적 기준에 근거한 실천〉 -국제사회사업가연맹과 국제사회사업교육학교연맹이 채택한 다음의 「사회사업전문직의 글로벌 정의」(2014년 7월)를 사회사업실천의 기초로 인식, 실천 근거로 삼음

	한 목적과 관점의 토대	〈서약〉 –사회복지의 지식·기술의 전문성과 윤리성을 유지·향상시키는 것이 전문직 책무임을 인식 –윤리강령 준수 서약

(2) 윤리강령의 목적

5차 개정에서는 그 전까지 없었던 윤리강령의 목적이 아래와 같이 신설되었다. 사회복지 전문직의 가치와 윤리적 실천을 위한 기준을 안내하고, 윤리적 이해가 충돌할 때 고려해야 할 사항을 제시하는 것임을 명확히 하였고, 구체적으로 6가지의 목적이 있음을 열거하는 방식을 취하고 있다.

윤리강령의 목적

한국 사회복지사 윤리강령은 사회복지 전문직의 가치와 윤리적 실천을 위한 기준을 안내하고, 윤리적 이해가 충돌할 때 고려해야 할 사항을 제시하고자 한다. 한국 사회복지사 윤리강령의 목적은 다음과 같다.

1. 윤리강령은 사회복지 전문직의 사명과 사회복지 실천의 기반이 되는 핵심 가치를 제시한다.
2. 윤리강령은 사회복지 전문직의 핵심 가치를 실현하기 위한 윤리적 원칙을 제시하고, 사회복지 실천의 지침으로 사용될 윤리기준을 제시한다.
3. 윤리강령은 사회복지 실천 현장에서 발생하는 윤리적 갈등 상황에서 의사 결정에 필요한 사항을 확인하고 판단하는 데 필요한 윤리 기준을 제시한다.
4. 윤리강령은 사회복지사가 전문가로서 품위와 자질을 유지하고, 자기 관리를 통해 클라이언트를 보호할 수 있도록 안내한다.
5. 윤리강령은 사회복지의 전문성을 확보하고 외부 통제로부터 전문직을 보호할 수 있는 기준을 제공한다.
6. 윤리강령은 시민에게 전문가로서 사회복지사의 역할과 태도를 알리는 수단으로 작용한다.

이러한 신설된 윤리강령의 목적은 미국과 그 구조가 유사하다. 미국의 경우 윤리강령 목적을 6가지로 설명하고 있는데 우리나라의 윤리강령 목적과 내용적으로도 비슷하다. 반면, 일본은 윤리강령의 목적을 별도로 규정하지 않고 있다.

표 2-5 윤리강령 목적 비교

구분	한국	미국	일본
비교	6개 목적으로 구성	6개 목적으로 구성	명시적인 목적 없음
목적	① 핵심가치 제시 ② 윤리적 원칙과 윤리기준 제시 ③ 윤리적 갈등상황의 의사결정에 필요한 윤리기준 제시 ④ 전문가로서의 품위·자질 유지 및 자기 관리의 기준 안내 ⑤ 사회복지 전문성 확보 및 보호 기준 제공 ⑥ 시민에게 사회복지사의 역할과 태도를 알리는 수단 제공	① 핵심가치 식별 ② 구체적인 윤리기준 수립 ③ 직업적 의무 충돌 및 불확실성 해결에 도움 ④ 대중에게 사회복지 전문직 책임 청구의 기준 제공 ⑤ 신규 사회복지사에 대한 교육 및 정보 제공 ⑥ 사회복지사의 비윤리적 행위에 대한 자기평가 기준 제시	

(3) 가치와 윤리원칙

개정된 한국 윤리강령에서는 2개의 핵심가치와 이에 대응한 2개의 윤리원칙이 있고 각 윤리원칙은 4개씩 총 8개 세부 윤리원칙으로 구성되어 있다. 첫 번째 핵심가치인 인간 존엄성에 대한 윤리적 원칙으로 '사회복지사는 인간의 존엄성과 가치를 인정하고 존중한다'라고 제시한 이후 이에 대한 세부 윤리원칙으로 다양성, 클라이언트의 자기결정, 역량강화, 참여보장과 같은 내용을 상술하고 있다. 두 번째 핵심가치인 사회정의에 대해서도 '사회복지사는 사회정의의 실현을 위해 앞장선다'라고 윤리적 원칙을 제시한 이후, 차별도전과 사회정의 촉진, 포용적 지역사회 조성, 불공정한 사회제도와 관행을 변화시키기 위한 협력, 포용 및 책임 있는 사회를 위한 연대활동을 구체적인 윤리원칙으로 제시하고 있다.

미국의 경우는 서비스, 사회적 정의, 개인의 존엄성과 가치, 인간관계의 중요성, 성실성, 전문성의 6개 핵심가치를 전문에 간략히 제시하고, 다시 가치와 윤리원칙을 부연하여 다시 설명하는 방식을 취하고 있다. 그리고 각 핵심가치에 일대일 대응하는 윤리원칙을 제시하고, 이에 대해 한 단락씩 상술하여 이해를 돕고 있다.

일본의 윤리원칙은 '원리'라고 설명하고 있고, 각 원리의 항목주제를 괄호 안에 표시하고 이에 대한 설명을 한 문장씩 제시하여 보다 간명한 방식을 취하고 있다. 이는 핵심가치에 따른 윤리원칙 내용을 선언하고, 사회복지사의 실천현장의 상황에 따른 구체적인 행동지침은 별도의 행동규범에서 자세히 기술하고 있다.

표 2-6 가치와 윤리원칙 비교

구분	한국	미국	일본
비교	2개 핵심가치, 2개 윤리원칙, 8개 세부윤리원칙	6개 핵심가치, 8개 윤리원칙	6개 가치, 6개 윤리원칙
가치	① 인간 존엄성 ② 사회정의	① 서비스 ② 사회적 정의 ③ 개인의 존엄성과 가치 ④ 인간관계의 중요성 ⑤ 성실성 ⑥ 전문성	① 인간의 존엄성 ② 인권 ③ 사회정의 ④ 집단적 책임 ⑤ 다양성 존중 ⑥ 전인적 존재
윤리원칙	① 인간의 존엄성과 가치 인정·존중 -다양성 고려한 인권 보호와 존중 -클라이언트 자율성과 자기결정 지원 -클라이언트 역량강화, 변화 지원 -실천과정에서 클라이언트의 참여 보장 ② 사회정의의 실현을 위해 앞장섬 -차별 도전과 사회정의 촉진 -포용적 지역사회 조성 노력 -불공정한 사회제도·관행 변화를 위한 협력 -포용·책임 있는 사회를 위한 연대활동	① 도움이 필요한 사람들을 돕고 사회 문제를 해결 ② 사회적 불의에 도전 ③ 인간의 타고난 존엄성과 가치를 존중 ④ 인간관계의 중요성을 인식 ⑤ 신뢰할 수 있는 방식으로 행동 ⑥ 자신의 전문성 영역 내에서 실천하고 전문적 지식·기술을 개발 및 강화	① 모든 사람들을 출신 등 차이에 관계없이 존중 ② 천부인권을 가진 존재로 인식하고 권리침해 불허 ③ 사회정의의 실현 지향 ④ 집단의 힘과 책임을 인식 ⑤ 다양성을 인식하고 존중 ⑥ 사람들을 전인적 존재로 인식

미국과 일본의 윤리강령은 핵심가치에 대응하는 윤리원칙을 제시하는 형식을 갖추고 있는데, 우리나라는 2가지 핵심가치에 2가지 윤리원칙을 제시하고는 있으나, 추가적인 세부 윤리원칙을 상술하고 있어 차이가 있다.

(4) 윤리기준

윤리강령의 가장 핵심적인 내용은 윤리기준에 상세히 기술되어 있다. 대체로 윤리기준은 사회복지사의 기본적 윤리기준, 클라이언트에 대한 윤리기준, 동료에 대한 윤리기준, 기관 및 사회에 대한 윤리기준 등의 영역별로 구분하고 있다. 아래에서는 개정된 우리나라의 윤리강령에 포함된 윤리기준을 기준으로 미국과 일본의 윤리강령을 비교하여 설명한다.

① 사회복지사의 기본적 윤리기준

우리나라의 윤리강령에서는 사회복지사가 갖추어야 할 기본적 윤리기준을 가장 먼저 1장에 제시하고 있으며, 전문가로서의 자세, 전문성 개발을 위한 노력, 전문가로서의 실천 항목으로 설명하고 있다.

종전과 가장 큰 차이로는 하위 조항을 새로 추가하여 행동지침을 보다 세분화하고 내용도 보강한 점인데, 예를 들어 전문가로서의 실천 항목을 새로 추가하여 사회복지사가 전문가로서 가져야 할 품위와 자질, 자기 관리에 대한 내용을 추가하고, 이해충돌에 대한 대처 항목을 추가하여 클라이언트의 이익을 우선시하고 원만히 해결할 수 있는 절차를 명확히 반영하였다.

구체적으로는 전문가로서의 자세에 대한 하위 항목으로 인간 존엄성 존중 5개 조항, 사회정의 실현 3조항으로, 전문성 개발을 위한 노력에 대한 하위 항목으로는 직무 능력개발 4개 조항, 지식기반의 실천 증진 4개 조항으로, 전문가로서의 실천에 대한 하위 항목으로 품위와 자질 유지 7개 조항, 자기 관리 2개 조항, 이해 충돌에 대한 대처 3개 조항, 경제적 이득에 대한 실천 3개 조항으로 상술하고 있다.

기본적 윤리기준의 일부 사례를 발췌해서 살펴보면, 아래와 같이 1-1)-나 항목을 신설하여 윤리강령의 핵심가치인 인간 존엄성을 존중하는 것이 사회복지사의 전문가로서의 자세임을 다시 한 번 상세히 기술하고 있다. 또한 1-1)-라와 1-1)-마 항목에서는 문화적 민감성과 역량에 기반한 사회복지실천을 할 것을 강조하고 있어 시대변화를 반영하고 있다. 그리고 1-2)-나와 1-2)-다 항목에서도 윤리강령의 두 번째 핵심가치인 사회정의를 실현하기 위한 사회복지사의 인식과 노력이 전문가로서의 기본적 자세임을 상술하고 있다.

Ⅰ. 기본적 윤리기준 (31)

1. 전문가로서의 자세 (8)

1) 인간 존엄성 존중 (5)

나. 사회복지사는 모든 인간의 고유한 존엄성과 가치를 인정하고 존중하며, 이를 기반으로 사회복지를 실천한다.

라. 사회복지사는 다양한 문화의 강점을 인식하고 존중하며, 문화적 역량을 바탕으로 사회복지를 실천한다.

마. 사회복지사는 문화적으로 민감한 실천을 제공하기 위해, 사회복지 실천 과정에서 자신의 개인적·사회적·문화적·정치적·종교적 가치, 신념과 편견이 클라이언트와 동료 사회복지사에게 미칠 수 있는 영향을 고려하여 자기 인식을 증진하기 위해 힘쓴다.

2) 사회정의 실현 (3)

나. 사회복지사는 사회, 경제, 환경, 정치적 자원에 대한 평등한 접근과 공평한 분배가 이루어지도록 노력한다.

다. 사회복지사는 개인적·집단적·사회적·문화적·정치적·종교적 특성에 근거해 개인이나 집단을 차별·억압하는 것을 인식하고, 이를 해결 또는 예방하기 위해 노력해야 한다.

이와 비교하여 미국의 윤리강령에서는 4장 전문가로서의 사회복지사의 윤리적 책임, 5장 사회복지 전문직에 대한 사회복지사의 윤리적 책임으로 나누어 제시하고 있다. 전문가로서의 사회복지사의 윤리적 책임에서는 전문성, 차별, 사적 행위, 부정직 · 사기 · 기만, 손상, 허위진술, 권유, 공로 인정 등의 8개 하위항목 15개 조항으로 상세히 설명하고 있다. 여기에는 우리나라와 사회문화적 차이로 인한 규정들이 있는데, 예를 들어 허위진술에서는 사회복지사가 개인적 언행과 조직에 속한 사회복지사로서의 언행을 구분해야 한다고 규정되어 있으며, 공로인정에서는 자신이 수행하고 기여한 공로만을 인정받고 타인의 공로와 구분해야 된다고 규정되어 있다.

한국 윤리강령에서는 지식기반의 실천 증진 항목에서 4개 조항이 새롭게 추가되어 평가와 연구조사에서의 행동지침이 크게 보강되었으나, 미국 윤리강령에서는 5장 사회복지 전문직으로서의 윤리적 책임에서 전문직의 성실성 5개 조항, 평가 및 연구 17개 조항으로 설명하고 있어 우리나라보다 구체적인 행동지침을 제공하고 있음을 알 수 있다.

표 2-7 사회복지사의 기본적 윤리기준 비교

한국	미국	일본
Ⅰ. 기본적 윤리기준(31) 1. 전문가로서의 자세(8) 1) 인간 존엄성 존중(5) 2) 사회정의 실현(3) 2. 전문성 개발을 위한 노력(8) 1) 직무 능력 개발(4) 2) 지식기반의 실천 증진(4) 3. 전문가로서의 실천(15) 1) 품위와 자질 유지(7) 2) 자기 관리(2) 3) 이해 충돌에 대한 대처(3) 4) 경제적 이득에 대한 실천(3)	4. 전문가로서의 사회복지사의 윤리적 책임(15) 1) 전문성(3) 2) 차별(1) 3) 사적 행위(1) 4) 부정직, 사기, 기만(1) 5) 손상(2) 6) 허위진술(3) 7) 권유(2) 8) 공로 인정(2) 5. 사회복지 전문직에 대한 사회복지사의 윤리적 책임(22) 1) 전문직의 성실성(5) 2) 평가 및 연구(17)	Ⅳ. 전문직으로서의 윤리적 책임(23) 1. 전문성 향상(3) 2. 전문직 계발(3) 3. 신용실추행위 금지(2) 4. 사회적 신뢰 유지(3) 5. 전문직 옹호(2) 6. 교육·훈련·관리 책임(5) 7. 조사·연구(3) 8. 자기 관리(2)

* 주: 괄호 안의 숫자는 윤리기준 조항 수를 표시한 것으로, 일본의 경우 행동규범 조항 수를 표시.

일본의 경우 4장 전문직으로서의 윤리적 책임에 전문성 향상, 전문직 계발, 신용실추행위 금지, 사회적 신뢰 유지, 전문직 옹호, 교육·훈련·관리 책임,

조사·연구, 자기 관리 8가지 조항으로 비교적 간명하게 사회복지사가 가져야 할 기준을 제시하고 있으며, 구체적인 행동지침은 행동규범에서 별도로 기술하고 있다.

② 클라이언트에 대한 윤리기준

5차 개정에서 크게 보완된 부분이 클라이언트에 대한 윤리기준이다. 종전에는 클라이언트와의 관계 9조항, 동료의 클라이언트와의 관계 2조항에 불과하였으나, 개정 윤리강령에서는 클라이언트의 권익옹호, 자기결정권 존중, 사생활 보호 및 비밀보장, 정보에 입각한 동의, 기록·정보 관리, 직업적 경계 유지, 서비스의 종결 등 하위조항을 구분하여 내용을 대폭 보강하였다.

특히, 5-1) 항목에서와 같이 클라이언트에 대한 실천 기록을 중립적이고 객관적으로 작성할 것과 5-4) 항목과 같이 법적 사유 등으로 제 3자에게 공개할 때 동의를 받을 것을 규정하는 등 보다 구체적인 행동지침을 제시하였다. 또한 6-1)~5)의 직업적 경계 유지 항목을 추가·보완하여 실천현장에서 사회복지사와 클라이언트와의 관계를 직업적 관계 중심으로 명확히 맺도록 하였다. 7-1)~3)의 서비스 종결 항목도 새롭게 추가하여 사회복지사와 클라이언트 간의 전문적 관계를 다양한 상황에 맞게 중단·거부하거나 타 기관에 의뢰할 수 있도록 기준을 명확히 하였다.

Ⅱ. 클라이언트에 대한 윤리기준(17)

5. 기록·정보 관리(4)

1) 클라이언트에 대한 사회복지 실천 기록은 사회복지사의 윤리적 실천의 근거이자 평가·점검의 도구이기 때문에 중립적이고 객관적으로 작성해야 한다.

4) 사회복지사가 획득한 클라이언트 관련 정보나 기록을 법적 사유 또는 기타 사유로 제3자에게 공개할 때는 클라이언트에게 안내하고 동의를 얻어야 한다.

6. 직업적 경계 유지 (5)

1) 사회복지사는 클라이언트와의 전문적 관계를 자신의 개인적 이익을 위해 이용해서는 안 된다.
2) 사회복지사는 업무 외의 목적으로 정보통신기술을 사용해 클라이언트와 의사소통을 해서는 안 된다.
3) 사회복지사는 어떠한 상황에서도 클라이언트와 사적 금전 거래, 성적 관계 등 부적절한 행동을 해서는 안 된다.
4) 동료의 클라이언트를 의뢰받을 때는 기관 및 슈퍼바이저와 논의하는 과정을 거쳐야 하며, 클라이언트에게 설명하고 동의를 얻은 후 서비스를 제공한다.
5) 사회복지사는 정보처리기술을 이용하는 것이 클라이언트의 권리를 침해할 위험성이 있다는 사실을 인식하고 직업적 범위 안에서 활용한다.

7. 서비스의 종결 (3)

1) 사회복지사는 클라이언트에게 제공되는 서비스가 더 이상 클라이언트의 이해나 욕구에 부합하지 않으면 업무상 관계와 서비스를 종결한다.
2) 사회복지사는 개인적 또는 직업적 이유로 클라이언트와의 전문적 관계를 중단하거나 종결할 때 사전에 클라이언트에게 충분히 설명하고, 다른 기관 또는 다른 전문가에게 의뢰하는 등 필요한 조치를 취한다.
3) 사회복지사는 클라이언트의 고의적·악의적·상습적 민원 제기에 대해 소속 기관, 슈퍼바이저, 전문가 자문 등의 논의 과정을 거쳐 서비스를 중단하거나 거부권을 행사할 수 있다.

미국 윤리강령에서는 클라이언트에 대한 윤리기준이 1장에서 가장 먼저 다루고 있으며, 총 76개 조항으로 아주 구체적으로 다루고 있는 점이 한국 윤리강령과의 차이점이라고 할 수 있다. 또한 사회문화적 특성으로 인한 차이점도 나타나는데, 사생활과 비밀보장 항목에서는 23개 조항으로 아주 구체적인 상황에 대한 지침을 제공하고 있다. 예를 들어 사생활이 보장되지 않는 공공장소에서 비밀정보에 대해 논의해서는 안 되고, 클라이언트의 기록이나 정보에 대한 무단접근이 있을 때는 법률 등에 따라 공개해야 한다는 규정이 있다.

일본 윤리강령에서 클라이언트에 대한 윤리기준은 1장에서 다루고 있으며 가장 많은 12개 조항으로 구성되어 있어 중요하게 다루고 있으며, 행동규범에서도 46개 조항으로 비교적 구체적으로 기술하고 있다. 예를 들어 사생활 존중과 비밀유지 항목에서는 '사회복지사는 클라이언트의 사생활을 존중하고 비밀을 유지한다'라고만 간명하게 규정하고 있으나, 행동규범에서는 사회복지사가 각 항목에서 지켜야 할 행동지침을 7개 조항으로 상술하고 있다.

표 2-8 클라이언트에 대한 윤리기준 비교

한국	미국	일본
Ⅱ. 클라이언트에 대한 윤리기준(17) 1. 클라이언트의 권익옹호(1) 2. 클라이언트의 자기 결정권 존중(2) 3. 클라이언트의 사생활 보호 및 비밀보장(1) 4. 정보에 입각한 동의(1) 5. 기록·정보 관리(4) 6. 직업적 경계 유지(5) 7. 서비스의 종결(3)	1. 클라이언트에 대한 사회복지사의 윤리적 책임(76) 1) 클라이언트에 대한 헌신(1) 2) 자기결정(1) 3) 고지된 동의(9) 4) 전문성(5) 5) 문화적 역량(5) 6) 이해상충(8) 7) 사생활과 비밀보장(23) 8) 기록에 접근(3) 9) 성적 관계(4) 10) 신체적 접촉(1) 11) 성희롱(1) 12) 경멸적 언어(1) 13) 서비스비용 지불(3) 14) 의사결정능력 없는 클라이언트(1) 15) 서비스 중단(1) 16) 서비스 의뢰(3) 17) 서비스 종결(6)	Ⅰ. 클라이언트에 대한 윤리적 책임(46) 1. 클라이언트와의 관계(5) 2. 클라이언트 이익의 최우선(3) 3. 수용(2) 4. 설명책임(4) 5. 클라이언트의 자기결정 존중(3) 6. 참여 촉진(3) 7. 클라이언트 의사결정에 대한 대응(3) 8. 사생활 존중과 비밀유지(7) 9. 기록공개(2) 10. 차별, 학대 금지(4) 11. 권리 옹호(4) 12. 정보처리기술의 적절한 사용(6)

* 주: 괄호 안의 숫자는 윤리기준 조항 수를 표시한 것으로, 일본의 경우 행동규범 조항 수를 표시.

③ 사회복지사의 동료에 대한 윤리기준

우리나라는 사회복지사 동료에 대한 윤리기준을 3장에서 다루고 있는데, 동료 9조항, 슈퍼바이저 4조항으로 구분하고 있다. 종전 윤리강령에 비해 동료에 대한 비윤리적 행위를 금지하는 규정은 6개 조항에서 9조항으로 보강되었다. 신설된 조항은 1-6) 항목의 정보통신기술을 사용한 비윤리적 행위를 금하는 조항이 추가되어 시대적 변화에 맞추고자 하였고, 1-7)과 1-8) 항목과 같이 동료가 부당한 조치를 당했을 때 변호하고 원조하며, 차별이나 부당한 행동에 가담하지 말 것을 규정하는 조항이 추가되어 조직 내에서 부당한 상황에 처한 동료를 돕고 연대할 것을 행동지침으로 제시하고 있다.

Ⅲ. 사회복지사의 동료에 대한 윤리기준(13)

1. 동료(9)

4) 사회복지사는 다른 전문직의 동료가 행한 비윤리적 행위에 대한 윤리강령과 제반 법령에 따라 대처한다.

6) 사회복지사는 동료들에게 정보통신기술을 사용한 비윤리적 행위를 하지 않는다.

7) 사회복지사는 동료가 적법하게 업무를 수행하는 과정에서 부당한 조치를 당하면 동료를 변호하고 원조해 주어야 한다.

8) 사회복지사는 동료에게 행해지는 어떤 형태의 차별, 학대, 따돌림 또는 괴롭힘과 자신의 전문적 권위를 행사하는 다른 동료와의 부적절한 성적 행동에 가담하거나 이를 용인해서는 안 된다.

미국 윤리강령에서는 동료에 대한 윤리기준을 10개 하위항목에서 총 23개 조항으로 상세히 다루고 있다. 사회문화적 차이로 인해 우리나라와 다른 점이 있는데, 예를 들어 학제간 협력을 다루는 조항이 포함되어 있어 다양한 직역들로 구성된 팀 기반 접근을 시행하는 미국의 실천현장의 특성을 엿볼 수 있다.

Ⅲ. 사회복지사의 동료에 대한 윤리기준(13)

1. 동료(9)

3) 사회복지사는 동료의 윤리적이고 전문적인 행위를 촉진해야 하며, 동료가 전문적인 판단과 실천이 미흡하여 문제를 발생시켰을 때 윤리강령과 제반 법령에 따라 대처한다.

9) 사회복지사는 슈퍼바이지, 학생, 훈련생, 실습생, 자신의 전문적 권위를 행사하는 다른 동료와의 성적 행위나 성적 접촉과 성적 관계에 관여해서는 안 된다.

[미국 사회복지사 윤리강령]

2. 동료에 대한 사회복지사의 윤리적 책임(23)

2.06 성적 관계(2)

(a) 슈퍼바이저 또는 교육자로 활동하는 사회복지사는 슈퍼바이지, 학생, 수련생 또는 자신이 전문적 권한을 행사하는 다른 동료와 성적 활동이나 접촉(구두, 서면, 전자적 또는 신체적 접촉 포함)을 해서는 안 된다.

(b) 사회복지사는 이해 상충의 가능성이 있는 경우 동료와 성적인 관계를 맺지 않아야 한다. 동료와 성적 관계에 관여하거나 관여할 것으로 예상되는 사회복지사는 이해 상충을 피하기 위해 필요한 경우 전문적 책임을 이양해야 할 의무가 있다.

2.09 동료의 능력부족(2)

(a) 사회복지 동료의 능력부족을 직접적으로 알고 있는 사회복지사는 가능한 경우 해당 동료와 상담하고 동료가 시정 조치를 취하도록 지원해야 한다.

(b) 사회복지사 동료가 무능하며, 능력부족을 해결하기 위한 적절한 조치를 취하지 않았다고 여겨진다면, 사회복지사는 고용주, 기관, NASW, 면허 및 규제 기관 및 기타 전문조직이 만들어진 적절한 경로를 통해 조치를 취해야 한다.

또한 성적 관계에 대한 규정에서도 차이가 있다. 한국의 윤리기준에서는 '사회복지사는 슈퍼바이지, 학생, 훈련생, 실습생, 자신의 전문적 권위를 행사하는 다른 동료와의 성적 행위나 성적 접촉과 성적 관계에 관여해서는 안된다'라고 모든 성적 관계를 엄격히 금지하는 방식으로 포괄적으로 제시하는 것에 비해, 미국의 윤리강령에서는 업무상 권력 관계가 있거나 이해 상충의 가능성이 있는 경우로 한정하여 성적 관계를 맺지 않도록 규정하고 있으며, 이해상충이 예상되는 경우에는 역할과 책임을 이양할 의무가 있다고 규정하고 있다.

그 밖에 동료의 능력부족에 대해 한국의 윤리강령에는 문제가 발생할 때에 윤리강령과 제반법령에 따라 대처하도록 되어 있으나, 미국의 경우 동료의 능력부족을 알게 될 때 해당 동료와 상담하여 시정조치를 할 수 있도록 하고, 적절한 조치가 이루어지지 않는 경우 기관이나 협회 등에 이를 알려 적절한 조치가 이루어지도록 하는 규정이 있다. 이러한 부분은 개인의 역할과 책임이 명확하고 개인주의적 성격이 강한 미국의 사회문화적 특성으로 인한 차이로 이해할 수 있다.

표 2-9 동료에 대한 윤리기준 비교

한국	미국	일본
Ⅲ. 사회복지사의 동료에 대한 윤리기준(13) 1. 동료(9) 2. 슈퍼바이저(4)	2. 동료에 대한 사회복지사의 윤리적 책임(23) 1) 존중(3) 2) 비밀보장(1) 3) 학제간 협력(2) 4) 동료 관련 분쟁(2) 5) 자문(3) 6) 성적 관계(2) 7) 성희롱(1) 8) 동료의 손상(2) 9) 동료의 능력부족(2) 10) 동료의 비윤리적 행위(5)	Ⅱ 조직 · 직장에 대한 윤리 책임 2. 동료 존중(2) Ⅳ 전문직으로서의 윤리 책임 4. 사회적 신뢰 유지(3) 5. 전문직 옹호(2)

* 주: 괄호 안의 숫자는 윤리기준 조항 수를 표시한 것으로, 일본의 경우 행동규범 조항 수를 표시.

일본의 윤리강령에서는 동료에 대한 윤리기준을 별도의 장으로 제시하지는 않고 있으며, 조직 · 직장에 대한 윤리적 책임을 다루는 2장에서 동료를 존중할 것을 선언적으로 규정하고 있으며, 행동규범에서도 2개 조항으로 비교적 간명하게 제시하고 있다. 또한 4장 전문직으로서의 윤리적 책임 부분에서 다른 사회복지사가 사회적 신뢰를 훼손하는 경우 본인에게 알리고 필요한 대응을 하도록 하며, 부당한 비판으로 받을 경우 전문직으로서 연대하고 옹호할 것을 규정하도록 하고 있다. 이러한 점은 개인보다는 조직의 화합을 중요시하는 일본의 사회문화적 특성으로 인해 동료와의 관계도 사회 또는 조직 문화의 일부로 이해하고 있는 것으로 볼 수 있다.

④ 기관에 대한 윤리기준

5차 개정에서 기관에 대해 사회복지사가 가져야 할 윤리기준은 종전의 3개 조항이 그대로 유지되었으나, 사회복지 윤리위원회의 구성과 운영을 다루는 장이 삭제되면서 기관의 부당한 정책이나 요구가 있을 때 사회복지 윤리위원회에 보고해야 한다는 조항이 삭제되고, 제반 법령과 규정에 따르도록 변경되었다.

> **Ⅳ. 기관에 대한 윤리기준(3)**
> 1) 사회복지사는 기관의 사명과 비전을 확인하고, 정책과 사업 목표를 달성하기 위해 노력해야 한다.
> 2) 사회복지사는 소속 기관의 활동에 적극적으로 참여함으로써 기관의 성장과 발전을 위해 노력해야 한다.
> 3) 사회복지사는 기관의 부당한 정책이나 요구에 대해 전문직의 가치와 지식을 근거로 대응하고, 제반 법령과 규정에 따라 해결하도록 노력해야 한다.

미국 윤리강령에서는 기관에 대한 윤리기준을 3장 실천현장에서의 윤리기준으로 다루고 있는데, 사회복지사와 기관과의 관계뿐 아니라 이를 포함한 보다 넓은 개념인 실천현장에서 사회복지사가 어떻게 행동할 지에 대해 구체적으로 기준을 제시하고 있다. 한국 윤리강령의 기관에 대한 윤리기준과 유사한 항목은 고용주에 대한 약속 항목으로 볼 수 있고, 한 가지 눈에 띄는 점은 노사분쟁 항목이 있어 근로자로서의 사회복지사가 노동조합 결성과 참여를 할 수 있도록 규정한다는 점이다. 그리고 사회복지사가 실천현장에서 슈퍼비전과 자문, 교육·훈련, 업무성과 평가, 청구, 행정 등 실제 업무수행을 할 때의 지침을 제공하고 있는 점이 우리나라와 차이가 있다.

표 2-10 기관에 대한 윤리기준 비교

한국	미국	일본
Ⅳ. 기관에 대한 윤리기준(3)	3. 실천현장에서 사회복지사의 윤리적 책임(30) 1) 슈퍼비전과 자문(4) 2) 교육 및 훈련(4) 3) 업무성과평가(1) 4) 클라이언트 기록(4) 5) 청구(1) 6) 클라이언트 이전(2) 7) 행정(4) 8) 보수교육과 직원역량 개발(1) 9) 고용주에 대한 약속(7) 10) 노사분쟁(2)	Ⅱ. 조직·직장에 대한 윤리적 책임(12) 1. 최선의 실천을 할 책임(2) 3. 윤리강령의 이해 촉진(1) 4. 윤리적 실천 촉진(2) 5. 조직 내 옹호활동 촉진(2) 6. 조직 개혁(3)

* 주: 괄호 안의 숫자는 윤리기준 조항 수를 표시한 것으로, 일본의 경우 행동규범 조항 수를 표시.

일본 윤리강령에서는 조직·직장에 대한 윤리적 책임을 2장에서 다루고 있는데, 사회나 조직에서의 화합을 강조하는 일본의 문화적 특성이 반영되어 있는 점이 차이가 있다. 즉, 조직·직장에 대한 윤리적 책임이 앞부분에 위치하고 있을 뿐 아니라, 최선의 실천을 할 책임을 가장 앞에 두어 사회복지사가 자신이 속한 조직의 기본적 사명과 이념을 인식하고 최선의 업무를 수행할 것을 규정하고 있다.

⑤ 사회에 대한 윤리기준

사회복지사는 사회의 구성원으로서 사회에 대해 지켜야 할 윤리기준도 있다. 종전의 윤리강령에서는 사회복지사가 사회적 약자를 옹호·대변하며, 사회서비스 개발 및 사회환경 변화를 위한 사회정책 수립에 적극적으로 참여해야 한다는 조항이 있었는데, 개정된 윤리강령에서는 Ⅴ-3)~5) 항목과 같이, 사회재난과 국가 위급상황에서의 활동, 국가뿐 아니라 전 세계적 복지 증진에 노력해야 한다는 내용이 포함되었고, 환경 속의 인간 및 생태주의 실천에 대한 조항이 추가되었다.

> Ⅴ. 사회에 대한 윤리기준(5)
>
> 1) 사회복지사는 자신이 일하는 지역사회를 이해하고, 클라이언트가 지역사회에서 서로 도우며 함께 살아가도록 지원해야 한다.
> 2) 사회복지사는 정치적 영역이 클라이언트의 권익과 사회복지 실천에 미치는 영향을 인식하여 사회정의 실현을 위한 사회정책의 수립과 법령 제·개정을 지원·옹호해야 한다.
> 3) 사회복지사는 사회재난과 국가 위급 상황에서 문제를 해결하기 위해 적극적으로 활동해야 한다.
> 4) 사회복지사는 지역사회, 국가, 나아가 전 세계와 그 구성원의 복지 증진, 삶의 질 향상을 위해 적극적으로 노력해야 한다.
> 5) 사회복지사는 인간과 자연이 서로 떨어져 살 수 없음을 깨닫고, 인간과 자연환경, 생명 등 생태에 미칠 영향을 생각하며 실천해야 한다.

미국의 윤리강령에서는 6장 사회 전반에 대한 사회복지사의 윤리적 책임에서 사회에 대한 윤리기준 내용이 담겨져 있는데, 사회복지의 영역이 지역에서 세계 수준까지, 인간의 욕구 충족에서부터 사회 정의의 실현을 위한 문화·제도 변화에 이른다고 명시하면서, 사회복지사의 대중 참여, 공공 응급 상황에서 전문서비스 제공, 사회적·정치적 행동을 통한 옹호 활동 등을 폭넓게 규정하고 있다.

일본 윤리강령에서는 사회통합, 사회에 대한 기여, 글로벌 사회에 대한 활동 3가지 항목으로 사회에 대한 윤리적 책임을 설명하고 있다. 2020년 윤리강령 개정에서 주목할 점으로는 글로벌 사회에 대한 활동에 대해 행동규범에서는 3개 조항으로 보다 상세히 기술하고 있는 점으로, 국제 사회와의 문화적·사회적 차이를 인식하고 다양성을 존중하며, 연대활동을 강조하고 있다.

표 2-11 사회에 대한 윤리기준 비교

한국	미국	일본
Ⅴ. 사회에 대한 윤리기준(5)	6. 사회전반에 대한 사회복지사의 윤리적 책임(7) 1) 사회복지(1) 2) 대중 참여(1) 3) 공공 응급 상황(1) 4) 사회적 · 정치적 행동(4)	Ⅲ. 사회에 대한 윤리적 책임(8) 1. 사회통합(2) 2. 사회에 대한 기여(3) 3. 글로벌 사회에 대한 활동(3)

* 주: 괄호 안의 숫자는 윤리기준 조항 수를 표시한 것으로, 일본의 경우 행동규범 조항 수를 표시.

생각해보기

01. 한국 사회복지사 윤리강령은 미국과 일본의 윤리강령과 어떤 유사점과 차이점이 있는지 찾아보자.

02. 각국의 사회복지사 윤리강령에서 유사점이 있는 이유는 무엇인가? 만약 차이가 있다면 어떤 이유 때문이라고 생각하는가?

윤리적 의사결정

윤리적 가치와 원칙에 근거하여 실천하는 것은 사회복지실천에서 가장 중요하고 근본적인 부분이다. 그러나 실제 실천 과정에서 때때로 클라이언트와 사회의 이익이 충돌하거나 제한된 자원 속에서 공정한 분배의 기준이 모호한 경우 등 윤리적 가치와 원칙 간의 갈등이 생기기도 한다. 본 장에서는 윤리적 갈등 상황, 즉 윤리적 딜레마의 정의와 종류에 대해 알아보고 이러한 윤리적 딜레마를 마주했을 때 대처할 수 있는 윤리적 의사결정 모델에 대해 학습하도록 한다.

1. 윤리적 문제와 딜레마

1) 윤리적 딜레마의 정의

사회복지실천에서 윤리적 측면은 항상 존재한다. 예를 들어, 지역사회에서 독립생활이 어려운 독거노인에게 필요한 재가서비스를 연결한다고 할 때, 단순히 욕구를 사정하여 필요한 서비스를 신청하여 받도록 연계하는 기술만 필요해 보이나 더 근본적으로는 사회복지정책 안에서 제한된 자원을 누구에게 우선적으로 공정하게 분배하는가와 같이 윤리적 가치가 연관되는 측면이 존재한다. 또는 사례관리에서 클라이언트와 함께 개입 목표를 설정한다고 할 때 어떤 목표를 더 우선순위에 두고 개입을 할지 결정하는 과정에서도 가치와 윤리의 문제는 등장할 수 있다. 따라서 사회복지실천에서 윤리적 딜레마는 특별한 상황에서 발생하는 예외적인 경우라기보다는 늘 존재할 수 있음을 염두에 두어야 한다.

윤리적 딜레마의 개념을 이해하기 위해 먼저 윤리적 문제와 윤리적 딜레마를 구분하여 살펴보도록 하겠다(Banks, 2020). 윤리적 문제란, 사회복지사가 윤리적 결정을 내리기 쉽지 않은 상황이지만 어떤 것이 옳고 그른 결정인지는 명확할 때를 일컫는다. 예를 들어, 소득지원이 필요한 클라이언트가 기초생활보장 수급 신청을 하였으나 수급자격요건을 갖추지 못해 신청을 거절해야 할 때와 같은 상황이다. 한편, 윤리적 딜레마란 상호배타적이고 선호되지 않는 대안들 가운데 그 어떤 것을 선택해도 명확한 답이 없다는 "딜레마"라는 개념의 특성이 반영되어야 한다. 즉, 특정 상황에서 선택가능한 대안들이 윤리적 가치와 원칙 면에서 서로 충돌하므로 우선순위를 정해 결정해야 하나, 그 대안들 가운데 어떠한 것이 더 올바른 선택인지는 불명확할 때 윤리적 딜레마로 정의할 수 있다(Banks, 2020). 예를 들어, 소득지원과 의료서비스가 필요한 노숙인 클라이언트가 서비스 신청을 거절하는 경우 사회복지사는 클라이언트의 자기결정권을 존중할지, 클라이언트의 이익을 우선시하여 서비스를 받도록 하게 할지 더 올바른 선택을 결정하기 쉽지 않다.

윤리적 딜레마에 처했을 때 어떠한 선택이 더 나은 선택인가를 결정하는 것은 불확실하므로 이를 해결하기 위한 정해진 공식은 없다. 오히려 각 사례에 따라 적절한 윤리적 결정은 다양할 수 있다. 그러나 윤리학자들은 윤리적 딜레마에 처했을 때 최선의 윤리적 결정을 하기 위해 체계적 접근은 필요하다고 공통적으로 주장한다(Reamer, 2018). 체계적인 고찰 과정을 통해 사회복지사들은 전문성을 가지고 윤리적 결정을 하는 것이 가능해지며, 의식적으로 숙고한 결정은 대체로 더 효과적이고 윤리적으로 옳은 방향으로 이루어진다.

2) 윤리적 딜레마의 종류

사회복지사들이 실천과정에서 마주하게 되는 윤리적 딜레마들을 학자에 따라 다음과 같이 분류하고 있다.

먼저, 리머(Reamer)는 개인과 가족에 대한 직접적 서비스에서 발생하는지, 사회복지 정책과 프로그램의 설계와 실행 영역에서 발생하는지, 동료들과의 관계에서 발생하는 문제인지에 따라 구별하였다(Reamer, 1983a). 먼저 직접적 실천에서 겪게 되는 딜레마는 클라이언트와의 관계에서 알권리 보장, 비밀보장과 사생활 보호, 클라이언트와 기관에 대한 충실성의 상충, 비자발적인 서비스 종결이나 제공과 같은 것들이 포함된다. 예를 들어, 치매 진단 사실을 가족들이 클라이언트에게 알리지 않고자 할 경우, 클라이언트인 노인 당사자의 알권리를 져버린 채 계속 사회복지사도 숨길 것인지, 학교 사회복지사로서 상담개입이 필요한 아동에 대해 아동은 상담을 받고자 하나 부모가 개입을 거부한다면 이대로 상담을 종결하는 것이 옳은 것인지 등과 같은 사안들이 이에 해당한다.

한편, 사회복지 정책과 프로그램 수준에서 발생하는 윤리적 딜레마는 주로 제한된 자원의 공정한 분배, 복지에 대한 권리와 이를 보장하는 정부의 역할과 관련되어 있다. 사회복지사들은 제한된 자원을 배분하는 데 있어 결정을 내리는 역할을 맡기도 한다. 큰 틀에서는 사회복지정책 차원에서 수급자격과 급여수준이 결정되지만, 자격요건의 해석과 적용에서는 사회복지사의 역할이 중요하다. 또한 기관에서 모집된 자원의 배분이나 모금기관에서 지원하는 프로그램 선정 과정 등에서도 평등과 공평성, 사회정의, 효용성과 같은 이슈들이 발생할 수 있다.

마지막으로, 사회복지사 또는 다른 전문직 동료와의 관계에서 발생하는 딜레마들은 동료가 전문적 역량이 부족하거나 비윤리적 또는 불법적 행동을 했을 때 대처하는 것들과 관련된다. 조직 내에서 업무의 재배치나 제재를 가해 해결하거나 때로는 공익신고와 같은 외부적 절차를 이용하여 해결해야 하기도 한다.

뱅스(Banks)는 사회복지실천에서 발생하는 윤리적 딜레마의 범주를 4가지로 분류하였다(Banks, 2020). 첫 번째는 개인의 권리와 복지 영역이다. 클라이언트의 자기결정권 보장, 알권리, 비밀보장 등과 같은 서비스 이용자로서 클라이언트의 권리들과 이를 위한 사회복지사의 책임과 관련된 영역이다. 예를 들어 도와줄 가족 없이 홀로 살고 있는 노인 클라이언트가 부상으로 독립적인 생활이 어려워 가사지원 서비스가 필요함에도 거부하는 상황일 때 사회복지사는 클라이언트의 자기결정권을 존중할지, 아니면 클라이언트의 복지 증진을 위해 계속 설득하여 제공할지 결정을 내리기 어려운 상황이 놓이게 된다.

두 번째로 공공복지와 관련된 영역이다. 이는 서비스 이용자가 아닌 다른 이들의 이해와 권리, 사회 및 사회복지기관에 대한 사회복지사의 책임 간에 충돌이 일어나는 경우이다. 최대다수의 최대행복을 추구할지, 아니면 클라이언트의 이익과 권리를 보호할지에 대해 윤리적 갈등이 발생하는 상황이다. 예를 들어 노인요양보호시설에서 코로나19로 인해 가족 면회 제한이 있는 상황에서 곧 죽음을 앞둔 클라이언트를 위해 면회 제한의 예외를 허용할지, 아니면 모두의 안전을 위해 면회 제한을 그대로 유지할지와 같은 딜레마가 이에 해당한다.

세 번째는 평등, 다양성, 구조적 억압과 관련된 영역이다. 평등을 증진시키고 사회의 변화를 위해 구조적 억압에 맞서야 하는 사회복지사의 책임과 관련된 상황들이 이에 해당한다. 예를 들어 정부의 보조금을 받아 운영되는 사회복지관에서 이주노동자들을 지원하는 프로그램에 미등록 이주노동자에게도 동등한 참여를 보장할지 여부를 결정하는 과정에서 평등과 사회정의의 가치와 공공의 책임이라는 가치 간에 갈등이 발생할 수 있다.

마지막으로 전문적 역할, 경계 설정 및 관계에서 발생하는 딜레마이다. 특정 상황에서 사회복지사가 어떤 역할(예: 상담가, 통제자, 옹호자, 조사자, 홍보자, 동료 등)을 취해야 할지 모호할 때이다. 예를 들어, 사회복지 실습 과정에서 실습생이 클라이언트와 개인적인 연락처를 주고받았을 경우 실습이 끝난 후 친구로서 연락을 주고받아도 되는지, 아니면 전문적 관계로 경계를 두어야 할지 어려워하는 상황이 이에 포함된다.

윤리적 딜레마는 단순하지 않고 복잡하게 얽혀있는 상황이 많으므로 위의 범주화들이 절대적으로 적용되지 않을 수 있다. 그러나 이러한 범주들을 살펴봄으로써 윤리적 딜레마가 발생할 수 있는 영역과 상황이 다양할 수 있음을 숙지하는 데 도움이 된다.

2. 윤리적 의사결정 모델

이번 절에서는 돌고프, 해링턴, 로웬버그가 제시한 윤리적 의사결정 모델, 리머가 제시한 윤리적 의사결정 모델, 콩그레스가 제안한 윤리적 의사결정 모델의 내용을 살펴보면서 가상의 사례에 적용해 보도록 한다.[1)]

1) 돌고프, 해링턴과 로웬버그의 윤리적 의사결정 모델

돌고프, 해링턴과 로웬버그(Dolgoff, Harrington, & Loewenberg, 2012)의 윤리적 의사결정 모델은 크게 두 부분으로 나뉘어 구성되어 있다. 하나는 사회복지실천의 일반적인 의사결정 과정에 대한 절차로서 의사결정 과정에서 고려해야 할 체계적 사고 과정을 순서화하고 있다. 다른 하나는 사회복지사가 마주하

1) 윤리적 의사결정 과정에서 제시된 각각의 가상 사례에 대한 해결책은 절대적인 것이 아니며, 윤리적 의사결정 모델의 적용방안을 이해하기 위해 만들어진 것이다. 제시된 사례에서 주어진 정보가 제한되었으므로 이와 유사한 실제 사례들에서는 해결책이 다르게 만들어질 수 있음을 염두에 둔다.

는 윤리적 상황을 명확히 하고 상충하는 가치와 원칙들의 우선순위를 고려하는 데 도움을 주도록 구성되어 있다. 다음의 사례에 적용하여 의사결정 모델을 이해하도록 하자.

사례 3-1 노인 클라이언트의 약 복용 도움 거부

김OO씨는 농촌 지역에서 홀로 주택에 살고 있는 82세 여성이다. 고혈압, 당뇨병, 갑상선기능저하증을 진단받고 치료를 받고 있으며 독립적인 일상생활은 가능한 편이었다. 최근 병원 방문시 혈압이 높아졌고 당화혈색소 수치도 높다는 검사 결과가 나왔으나 할머니께서는 자신은 약을 잘 챙겨먹고 있다고 하였다. 또한 마을 어르신들과 함께 김씨 할머니께서 보건소에서 치매선별 검사를 진행한 결과 인지기능 저하에 대한 우려가 나타나는 것으로 보였다. 사회복지사는 할머니께서 실제로 약을 잘 챙겨 드시는지와 혼자 생활하시는 데 다른 어려움은 없으신지에 대해 걱정이 되었다. 근처 읍내에서 생활하고 있는 아들에게 이런 부분에 대한 도움을 요청할 수 있는지 할머니에게 여쭈어보았으나 할머니께서는 아들 내외에게 부담을 주기 싫다며 도움 요청하기를 거절하신 상태이다.

(1) 윤리적 의사결정 과정: 일반적 의사결정 모형

일반적 의사결정 모형은 사회복지사가 클라이언트가 겪고 있는 상황에서 적합한 개입방안에 대해 이성적으로 계획하고 실행할 역량을 가지고 있음을 전제로 하고 있다. 일반적 의사결정 모형을 적용함으로써 비이성적이고 충동적인 행동을 최소화하여 최선의 윤리적 의사결정을 하도록 돕는다. 다음의 7가지 질문을 통해 의사결정 과정을 체계화한다.

1. 문제가 무엇인지, 이 문제에 관련된 이해관계자, 기관들, 클라이언트, 전문가, 지지 체계, 피해자, 이 문제와 관련된 이들을 파악한다.
2. 이들 중 누가 의사결정에 참여해야 할지 정한다.
3. 클라이언트와 사회복지사를 포함하여 의사결정에 참여하는 관련자들이 가지고 있는 가치를 규명한다.

4. 문제를 해결하거나 경감시킬 수 있도록 목적(goals)과 목표(objectives)를 정한다.
5. 대안적 개입 전략과 표적대상을 정하고, 목적에 적합한 각 대안들의 효과성과 효율성을 조사한다.
6. 가장 적절한 전략을 선택한다.
7. 예상하지 못한 결과가 있는지 주의하여 실행과정을 모니터링한다. 결과에 대해 평가하고 추가적인 문제가 발생했는지, 다른 기회나 선택의 여지가 있는지 파악한다.

일반적 의사결정모형을 김씨 할머니 사례에 적용한다면 먼저 이 상황과 관련된 이해관계자들을 파악하고 이 중 누가 의사결정에 참여할지 정해야 한다. 김씨 할머니 사례에서는 클라이언트 당사자와 사회복지사가 의사결정에 포함되어야 하고, 김씨 할머니의 인지능력에 따라 스스로를 옹호할 능력이 부족하다면 아들부부도 의사결정에 포함되어야 할 것이다. 본 사례에서는 인지능력의 경미한 저하가 있으나 스스로의 이익을 옹호하는 결정을 내리기에는 충분하다고 판단하고 할머니와 사회복지사가 의사결정과정에 포함될 수 있다. 의사결정에 참여하는 사람들의 가치를 본다면, 클라이언트인 김씨 할머니의 가치는 독립과 자율성을 가장 중요하게 생각하고 있고 사회복지사는 클라이언트의 생명보호와 삶의 질 향상을 중요한 가치로 보고 있다. 궁극적으로 달성하고자 하는 목적은 김씨 할머니가 독립적으로 생활하면서 건강을 유지하는 것이고, 이를 성취하기 위한 구체적인 목표는 할머니께서 약을 규칙적으로 섭취하기, 일상생활 영위를 위해 필요한 도움이 있다면 적절한 지원을 받기가 될 것이다. 그러나 이를 달성하기 위한 대안을 선택하는 과정에서 클라이언트는 스스로의 힘만으로도 충분히 할 수 있다고 생각하고 있으며, 사회복지사는 성인자녀의 도움을 받는 것을 제안하고 있어 사회복지사와 클라이언트 간에 차이가 존재하는 상황이다. 이 상황에서 윤리적 이슈가 무엇인지 더 명확히 하기 위해 윤리적 사정 심사를 하도록 한다.

(2) 윤리적 사정 심사와 윤리적 원칙의 우선순위 결정

이 단계에서 소개하는 내용들은 의사결정과정을 진행하면서 윤리적 의사결정의 내용적 측면에서 도움이 되는 부분이다. 즉, 윤리적 딜레마의 내용을 명확히 하고 상충하는 가치나 원칙들 가운데 무엇을 선택할 것인지에 대한 지침을 제공한다.

① 윤리적 사정 심사(Ethical Assessment Screen: EAS)

윤리적 사정 심사는 윤리적 딜레마 상황에서 문제가 되는 윤리적 측면을 명확하게 규명하고 의사결정 과정에서 윤리적 측면을 잘 통합할 수 있도록 돕는다.

1. 의사결정에 연관된 사회적 가치가 무엇인지 명확히 한다.
2. 개인적, 사회적, 전문적 가치 사이의 갈등을 최소화하기 위해 무엇을 할 수 있는가?
3. 윤리적 대안들을 규명한다.
4. 이 대안들 가운데 클라이언트, 사회복지사, 사회의 권리 간의 갈등을 최소화하며, 클라이언트와 타인의 권리와 복지, 사회의 권리와 이익을 최대한 보호할 수 있는 윤리적 선택은 무엇인가?
5. 이러한 대안들 가운데 가능한 해를 최소화하면서도 무엇이 가장 효율적이고, 효과적이고, 윤리적인 선택인가?
6. 단기적 또는 장기적 윤리적 결과에 대해 고려해 보았는가? 어느 것에 더 비중을 둘 것인가?
7. 마지막으로, 선택된 대안이 공정하고, 일반화가 가능하며 정당한지 확인한다.

위의 과정을 통해 윤리적으로 민감하게 상황을 파악하고 그에 맞는 대안을 마련하도록 한다. 이러한 윤리적 사정 심사 과정에서 사회복지사는 클라이언트의 권리라는 개념이 절대적으로 변화하지 않는다기보다는 법과 제도의 변화에 따라 바뀔 수 있다는 점을 인식하여 현재의 관점에서 평가할 수 있어야 할 것이다. 또한 사회복지사는 클라이언트 개인의 권리 옹호뿐만 아니라 사회의 가치와 이익의 관점에서도 균형 잡힌 시각을 갖고 윤리적 대안을 모색할 수 있어야 한다(Dolgoff et al., 2012).

윤리적 사정 심사 과정을 거치면서 대안을 탐색할 때 어떤 문제의 경우 긍정적인 대안이 없는 경우도 있다. 이때는 최소해악의 원칙을 적용해야 하는데, 최소해악의 원칙을 적용하여 선택한다는 의미는 위해의 강도나 범주가 가장 적도록, 위해가 가장 덜 영속되도록, 위해의 결과가 가장 쉽게 되돌릴 수 있는 결정을 선택하는 것을 의미한다. 그리고 대안을 비교할 때 효율성과 효과성을 기준으로 선택할 수 있다. 효과성은 그 선택이 얼마나 원하는 결과를 성취하였는가와 관련이 있으며 효율성은 유사한 결과를 성취하는 데 더 적은 자원(예: 예산, 인력 투입 등)을 사용하는 것과 관련된다(Dolgoff et al., 2012). 따라서 윤리적 사정 심사에서는 클라이언트의 권리 옹호, 사회의 이익 보호, 최소해악의 원칙, 효율성과 효과성이라는 기준을 사용하여, 윤리적 딜레마에서 관련된 이해관계자들의 가치와 권리들을 명확히 하고 이들의 갈등을 최소화하는 효과적이고 효율적인 대안을 탐색하도록 한다.

윤리적 사정 심사의 마지막 단계에서 선택된 대안이 공정한지 살펴본다는 뜻은 클라이언트와 입장을 바꾸어 사회복지사가 클라이언트 입장일 때에도 같은 선택을 하겠는지 스스로 묻는 것이다. 또한 사회복지사가 마주한 상황과 유사한 상황에서도 비슷한 대안을 선택하는지도 고민해 보도록 한다. 유사한 상황에서 적용 가능한, 즉 일반화가 가능한 선택이라면 더욱더 정당성이 보장될 수 있다. 마지막으로 선택된 대안을 다른 사람에게도 설득가능한지 확인해 보는 것도 도움이 된다. 이 과정을 통해 클라이언트의 이익과 전문가의 가치에 부합하는 결정인지 돌아보도록 하여 최선의 윤리적 결정을 내릴 수 있다.

② 윤리적 원칙 우선순위 결정: 윤리적 규칙 심사와 윤리적 원칙 심사

앞서 논의한 윤리적 사정 심사에는 어떠한 기준들을 중심으로 대안을 모색할 수 있는가를 보여주었지만, 두 가지 이상의 가치와 원칙들이 상충할 때 어떻게 결정할지에 대해서는 제시하지 못한다. 따라서 윤리적 갈등이 일어날 때 윤리적 원칙들 간의 우선순위를 설정하는 지침이 필요하다. 돌고프, 해링턴, 로웬버그는 이를 위해 윤리적 규칙 심사(Ethical Rules Screen: ERS)와 윤리적 원칙 심사(Ethical Principles Screen: EPS)를 제시하였다. 윤리적 규칙 심사를 먼저 적용해 본 후 충분하지 않을 때 윤리적 원칙 심사를 사용하도록 한다.

윤리적 규칙 심사(Ethical Rules Screen: ERS)

사회복지사 윤리강령이 적용가능한지 확인한다. 사회복지사 윤리강령은 사회복지사의 개인적 가치보다 우선하여 적용되어야 한다.

→ 윤리강령이 하나 또는 그 이상 적용가능할 때: 사회복지사 윤리강령을 따른다.

→ 윤리강령이 특정한 문제를 해결하지 못하거나 여러 윤리강령이 상충될 때: 윤리적 원칙 심사를 사용한다.

윤리적 원칙 심사(Ethical Principles Screen: EPS)에서는 윤리적 규칙 심사로 해결하기 어려운 경우 더 중요한 윤리적 가치를 판단하는 데 도움이 된다. 전문가 윤리 강령에서는 중요한 원칙과 가치, 기준이 무엇인가에 대해 서술할 뿐 어느 원칙이 더 중요한가에 대한 언급은 없다. 그러므로 이러한 원칙들 가운데 갈등이 발생할 경우 이들 중 선택해야 할 때 윤리적 원칙 심사에서 제시하는 위계를 활용할 수 있다. 윤리적 원칙 심사에서는 높은 순위에 있는 원칙들이 낮은 순위에 있는 원칙들보다 더 중요하게 고려하도록 한다. 윤리적 원칙 1이 윤리적 원칙 2나 3보다 더 중요하므로 원칙 1과 원칙 2, 3이 충돌할 경우 원칙 1에 의거한 윤리적 결정을 내릴 수 있다. 다음의 윤리원칙 서열은 1988년 로웬버그와 돌고프가 미국 사회복지사들의 인식을 바탕으로 작성하였으며 2008년 해링턴과 돌고프가 인권, 사회정의 관점에서도 부합함을 확인하였다. 각각의 윤리원칙은 다음과 같다.

원칙 1. 인간 생명보호

생명보호는 불가침한 가장 기본적 권리로서 클라이언트를 비롯한 모든 사람에게 적용되는 원칙이다. 사회복지실천 상황에서는 생명보호와 직접적 갈등이 있기보다는 주로 삶의 질 향상과 권리 옹호와 관련된 경우가 많다. 그러나 생명보호의 원칙과 갈등하는 상황에서는 이 원칙이 우선적으로 고려되어야 한다.

원칙 2. 사회정의

같은 상황에 처한 모든 사람들은 같은 방식으로 대우받아야 한다는 원칙이다. 즉, 동일한 상황에서는 동등하게 대우받을 권리가 있으며, 동시에 다른 상황에 있는 사람들은 다르게 대우받을 권리가 있다. 사회적으로 더 취약한 위치에 있는 클라이언트의 경우 그에 맞게 자원의 분배가 더 우선적으로 이루어져야 한다.

원칙 3. 자기결정, 자율성, 자유 증진

클라이언트 스스로 결정을 내릴 수 있는 권리와 능력을 신장시키는 방향으로 결정을 내려야 한다는 원칙이다. 그러나 이 원칙은 클라이언트 자신이나 타인의 생명보호의 권리에 우선될 수 없으며 위해를 가하는 결정은 정당화될 수 없다. 한편, 자기결정 원칙을 적용할지 고려할 때 이 원칙을 따랐을 때 결과의 이익과 위험을 비교하여 결정할 수 있으며 클라이언트의 의사결정능력도 고려할 사항 중에 하나이다.

원칙 4. 최소해악의 원칙

사회복지사는 어떤 경우 차악을 선택해야 하는 상황에 처하기도 한다. 잠재적으로 해를 발생하는 대안 가운데 선택해야 할 때 잠재적인 해가 가장 적고, 영구적이지 않으며, 가장 쉽게 회복가능한 대안을 선택해야 한다.

원칙 5. 삶의 질 향상

사회복지사는 클라이언트의 안녕을 향상시킬 수 있는 선택을 해야 한다.

원칙 6. 사생활보호와 비밀보장

사회복지사는 모든 사람의 사생활보호와 비밀보장을 준수해야 한다. 사회복지사는 클라이언트의 사생활을 보호할 의무가 있으나, 예외적으로 타인에게 가해질 해나 폭력을 예방하기 위해 비밀보장 원칙은 어겨질 수 있다.

원칙 7. 진실성과 정보공개 원칙

사회복지사는 클라이언트에게 정보를 투명하게 공개하는 실천결정을 내릴 수 있어야 한다. 사회복지사는 전문적 관계를 형성하고 효과적인 실천을 하기 위해 클라이언트와 신뢰를 바탕으로 한 협력 관계를 만들어야 한다. 사회복지사는 자신이 받은 훈련과 교육, 자격, 비밀보장, 클라이언트의 권리 및 정보 접근 권한 등에 대해 미리 고지하도록 해야 한다.

〈사례 3-1〉을 윤리적 사정 심사에 적용하면 다음과 같다. 윤리적 사정 심사에는 먼저 제시된 상황과 관련된 가치들을 확인한다. 사회복지사가 가지고 있는 개인적 가치는 생명보호와 클라이언트의 권익 옹호, 자기결정권 존중과 같은 가치이다. 이러한 가치는 전문적 가치나 사회적 가치와 크게 다르지 않을 것이다. 그러나 클라이언트가 우선시하는 가치에서는 자기결정권을 중요시하나 사회복지사의 개인 또는 전문직, 사회의 가치에서는 자기결정권뿐만 아니라 생명보호와 같은 가치도 동시에 중요하다. 이러한 윤리적 이슈를 명확하게 하기 위해 윤리적 규칙 심사와 윤리적 원칙 심사를 활용하는 것이 가능하다. 먼저 규칙 심사에서 한국 사회복지사 윤리강령을 살펴보면 해당되는 규정들은 다음과 같다.

한국 사회복지사 윤리강령

Ⅱ-1. 사회복지사는 클라이언트의 이익을 최우선의 가치로 삼고 이를 실천하며, 클라이언트의 권리를 존중하고 옹호한다.

Ⅱ-2. 사회복지사는 사회복지 실천 과정에서 클라이언트의 자기 결정을 존중하고, 클라이언트를 사회복지 실천의 주체로 인식하여 클라이언트가 자기 결정권을 최대한 행사할 수 있도록 돕는다.

위의 강령에서는 두 가지가 충돌할 때 무엇을 더 우선시할 것인가에 대한 지침은 제공하지 않고 있으므로 윤리적 원칙 심사를 활용하도록 한다. 원칙 심사에서는 생명보호가 제1원칙으로 제3원칙인 자기결정보다 더 상위에 있으므로 생명보호를 더 우선시할 수 있는 대안을 고려하는 것이 적절함을 알 수 있다.

다시 윤리적 사정 심사로 다시 돌아가서, 갈등을 최소화하면서 모두의 이익을 최대한 보호할 수 있는 선택지는 무엇이 있을까? 우선 클라이언트의 의사를 존중하여 아들에게는 도움을 요청하지 않더라도 약의 정기적 섭취와 같이 건강 유지를 지원할 수 있는 재가 서비스를 연계하도록 한다. 만약 재가서비스 신청자격이 미달일 경우 자원봉사 인력이나 마을 내 이웃들의 지지체계를 활용하거나 ICT기반 독거노인 안전지원서비스를 이용하여 복약을 돕는 방안을 찾도록 한다. 이 방안은 클라이언트에게 미칠 수 있는 해를 최소화하면서도 클라이언트의 의사를 존중할 수 있다. 만약 클라이언트의 자기결정권만 존중하여 아들에게 알리지 않고 약 섭취에 대한 아무런 조치를 취하지 않는다면 클라이언트의 생명에 위협이 될 수 있어 적절하지 않다. 또한 클라이언트의 의사는 무시하고 아들에게 연락하여 건강관리를 비롯한 다른 지원까지 모두 맡도록 한다면 생명이 위급한 상황이 아님에도 클라이언트의 자기결정권을 무시한 처사이므로 전문가 윤리에 어긋날 수 있다. 이 두 방안에 비해 재가서비스와 연계하는 방안은 추가적인 공식적 자원이 투입되어야 한다는 점에서 효율성은 떨어지나 윤리적 갈등을 최소화하고 목표 달성의 효과는 있으므로 적절한 선택이 될 것이다.

다음으로 각 선택의 단·장기적 결과를 예측해 보았을 때 선택된 방안을 실행할 경우, 재가서비스 자격요건에 미달되어 이웃이나 자원봉사자에게 의지해야 할 때나 할머니의 건강이 지속적으로 나빠질 때 지원의 지속성과 적절성을 보장하기 어려울 수 있다. 그러므로 장기적으로는 아들 내외에게도 클라이언트의 상황을 알리고 추가적인 지지체계로 활용할 수 있는 방안을 점진적으로 마련해야 할 것이다. 이러한 결정을 최종적으로 내리기 전 사회복지사는 자신이 김씨 할머니 상황일 때나 자기 자신의 어머니가 이러한 상황일 때도 같은 결정을 내릴지 고민해 보고 클라이언트에게 지원이 필요하나 가족의 도움은 거부하는 이와 유사한 상황에서도 현재와 비슷한 결정을 내릴지 숙고한다. 마지막으로 선택된 대안이 다른 동료나 이해관계자들에게 설명할 때도 설득력이 있을지 고민한 후 결론을 내리도록 한다.

2) 리머의 윤리적 의사결정 모델

리머(Reamer, 2018)의 윤리적 의사결정 모델은 사회복지사 윤리강령과 법, 목적론과 의무론과 같은 윤리 이론들을 활용하여 도덕적 사고를 체계적으로 할 것을 요구한다. 앞의 학자들과 마찬가지로 리머 역시 윤리적 딜레마를 해결하는 하나의 원칙이나 공식이 존재하지 않는다고 보고 더 나은 윤리적 결정을 내리기 위해 체계적인 접근이 중요하다는 것을 강조하였다. 윤리적 딜레마와 관련된 사항들을 아우를 수 있도록 단계별로 합리적인 사고를 하는 과정을 거침으로써 사회복지사들은 딜레마 상황에서 최선의 윤리적 결정을 내릴 수 있다. 리머는 윤리적 의사결정 모형을 7단계로 제시하고 있다. 다음의 사례를 통해 리머의 윤리적 의사결정 과정을 이해하도록 한다.

사례 3-2 **노숙인 자활시설의 퇴소 요청**

코로나19 팬데믹 초기에 노숙인자활시설의 사회복지사 김OO씨는 기관장으로부터 감염병 유행이 심각해져 예방을 위해 외부 출입을 최대한 자제하며 출퇴근하는 입소자들의 경우 직장을 그만 두거나 그렇지 못할 경우 퇴소 처리를 할 것을 지시받았다. 전체 20명의 입소자 중 현재 직장을 다니는 입소자는 이OO씨 단 한 명이다. 사회복지사 김OO씨는 이OO씨와 논의해봤으나 이씨는 어렵게 구한 직장을 그만 두지 못하겠다고 하고 있으며 그렇다고 퇴소할 경우 주거지가 마땅하지 않은 상황이라 퇴소를 거부하고 있다.

출처: 한겨레신문(2020. 3. 9.). 기사를 토대로 재구성.

① 윤리적 딜레마 상황에서 상충되는 사회복지실천의 가치와 의무 등을 포함한 윤리적 이슈를 확인한다.

윤리적 의사결정을 위한 첫 단계로서 사례에서 나타나는 윤리적 이슈들을 명확히 한다. 위 사례에서는 코로나19 감염병 유행 초기 단계에서 감염병에 대한 정보가 없었기 때문에 입소자들의 안전을 위해 거주서비스를 제공하는 기관의 특성상 감염 예방을 위해 폐쇄에 가까운 조치를 취하려고 한다. 기관에서는 기관을 이용하는 전체 클라이언트의 생명보호와 같은 기본적인 안녕을 최대한 보호해야 하는 책임을 우선시하고 있다. 그러나 이러한 조치는 외부로 출퇴근하는 입소자에게 주거서비스와 직업 유지 중 하나를 선택하게끔 강요하고 있으며, 클라이언트의 자기결정권 존중과 최선의 이익 보장의 의무에 위배되고 있다. 사회복지사는 기관의 지침을 그대로 따를지, 아니면 클라이언트의 자기결정권을 존중하며 옹호하는 위치를 취할지에 대해 결정을 내리지 못하는 상황이다.

② 윤리적 결정에 의해 영향을 받는 개인, 집단, 조직을 확인한다.

이 사례에서 어떠한 결정을 하든지 해당 기관의 입소자들, 기관장, 사회복지사, 직업활동을 하고 있는 클라이언트, 클라이언트가 일하는 회사가 영향을 받을 것이다.

③ 모든 가능한 대안을 제시하고, 각 대안에 연관되는 참여자들과 그들의 잠재적 이익과 해를 파악한다.

결정 가능한 방안들은 다음과 같다.

첫 번째 방안은 이씨가 퇴사하고 감염병 유행의 심각도가 하향조정될 때까지 모든 입소자가 외부활동을 중단한다. 이씨가 퇴사를 하게 된다면 기관 내 코로나19 감염의 위험은 낮아지겠으나, 이씨는 어렵게 구한 현재의 직장을 그만 두게 되어 경제적 어려움을 겪게 될 것이다. 또한 이씨는 금전적 손해뿐만 아니라 자활 과정에서 중요한 성취감을 얻을 기회를 잃게 되며, 다시 직장을 찾게 될 때 지금 다니는 직장만큼 만족하고 적응할 수 있는 환경을 찾을 수 있을지도 불확실하다.

두 번째 방안은 이씨가 직업활동을 유지하고 기관은 퇴소 조치를 취한다. 이 경우 이씨는 직장을 유지할 수 있으나 주거가 불안정해지는 위험을 감수해야 한다. 또한 주거비용이 추가로 들면서 자립 준비에 어려움이 더해질 수 있다. 마지막으로 안정적인 주거 환경과 심리사회적 지원 없이 이씨 홀로 직장 생활을 잘 유지하기 어려울 수 있으므로 장기적으로 이씨의 자립에 부정적 영향을 줄 수 있다. 모든 위험과 해를 감수해야 하는 이씨와 달리 기관에서는 외부 출입을 더욱더 통제할 수 있어 감염 위험은 낮출 수 있다.

세 번째 방안은 이씨가 직업활동을 유지하되 코로나19 간이검사를 매일 하고 시설 내 분리된 방에서 생활하도록 하여, 감염 위험을 최소화하도록 조치를 취하면서 주거서비스를 제공한다. 클라이언트의 의사를 존중하여 직장을 계속 다니도록 하지만 기관에서 생활하는 타 거주자들의 안전을 위해 간이검사를 하며 구분된 방에서 생활하도록 하여 감염 예방 활동을 강화하도록 한다. 퇴사와 같은 극단적 조치는 피하면서도 감염 위험을 낮추기 위해 최선의 조치를 취하는 것으로 절충할 수 있다.

④ 특정 행동방침을 선호하거나 반대하는 이유들을 자세히 살펴보고 다음을 함께 고려한다.

a. 윤리강령과 법

b. 윤리적 이론들, 원칙들과 가이드라인(예: 의무론적, 목적론적 관점, 윤리적 가이드라인들)

c. 사회복지실천이론과 원칙들

d. 관련 법규, 정책, 사회복지실천 기준들

e. 개인적 가치(종교적, 문화적, 윤리적 가치와 정치적 이데올로기), 특히 자신과 타인의 가치 간에 갈등이 있을 때

먼저 윤리강령에서 제시하는 가치와 기준들을 살펴보고 특정 대안을 더 찬성하거나 반대할지를 살펴보도록 한다. 사회복지사 윤리강령에 따르면, 윤리강령의 핵심가치로서 인간존엄성을 언급하고 있다. 인간존엄성을 지지하는 윤리적 원칙으로서 개인의 인권 존중, 클라이언트의 자기결정 지원, 클라이언트의 개입과 참여를 보장할 것을 제시한다.

한국 사회복지사 윤리강령

Ⅱ-1. 사회복지사는 클라이언트의 이익을 최우선의 가치로 삼고 이를 실천하며, 클라이언트의 권리를 존중하고 옹호한다.

Ⅱ-2. 사회복지사는 사회복지 실천 과정에서 클라이언트의 자기 결정을 존중하고, 클라이언트를 사회복지 실천의 주체로 인식하여 클라이언트가 자기 결정권을 최대한 행사할 수 있도록 돕는다.

만약 첫 번째나 두 번째 방안에서처럼 기관의 방침만을 우선순위로 삼으며 클라이언트의 서비스 이용의 최종 목적인 자립과 역량강화를 후순위로 둔다면 이는 윤리강령에서의 핵심가치인 개인의 인권 보호, 자기결정 존중, 실천과정

에서의 클라이언트 참여라는 모든 원칙을 훼손하게 되며, 주거비용을 감당할 수 없는 클라이언트에게 퇴소 조치를 강제로 내리는 것은 클라이언트의 이익을 최우선으로 삼는 조치에도 위배되게 된다. 클라이언트에 대한 전문가의 역할과 책임을 생각한다면 첫 번째, 두 번째 방안은 적절하지 않다고 볼 수 있다. 그러나 코로나19 팬데믹 초기에는 감염병에 대한 정보가 부족한 상태였으므로 기관에 입소해 있는 거주자들의 안전을 위해 기관에서 정한 원칙을 완전히 무시하기도 어렵다. 사회복지사 윤리강령에서는 기관에 대한 윤리 원칙도 다음과 같이 기술되어 있다.

한국 사회복지사 윤리강령

Ⅳ-2. 사회복지사는 소속 기관의 활동에 적극적으로 참여함으로써 기관의 성장과 발전을 위해 노력해야 한다.

Ⅳ-3. 사회복지사는 기관의 부당한 정책이나 요구에 대해 전문직의 가치와 지식을 근거로 대응하고, 제반 법령과 규정에 따라 해결하도록 노력해야 한다.

따라서 본 사례에서는 감염병으로 인해 일시적으로 직업활동을 하는 클라이언트들을 대상으로 퇴소 조치를 하는 것에 대해 안전을 최우선시하는 기관의 방침을 그대로 따를지, 아니면 클라이언트의 자기결정권을 존중하고 직업을 유지할 권리를 옹호하며 기관의 방침에 반대할지에 대한 윤리적 의사결정이 필요하다.

다음으로 법률적 근거들을 살펴보도록 하겠다. 노숙인의 자활시설 퇴소와 관련된 법 조항은 「노숙인 등 복지 및 자립지원에 관한 법률」(노숙인복지법)의 15조에 노숙인복지시설의 입소, 퇴소 기준, 방법, 절차에 대한 보건복지부령으로 정하도록 되어 있고 퇴소심사위원회를 구성하도록 되어 있다.

노숙인복지법

제15조(노숙인 등의 퇴소의 기준 · 방법 · 절차) ① 입소시설의 장은 해당 시설에 입소한 노숙인 등에 대하여 매월 1회 이상 상담하여 사회복귀가 가능한 사람이 있는지 파악하여야 한다.
② 입소시설의 장은 사회복귀가 가능하다고 인정되는 사람이 있는 경우에는 시장 · 군수 · 구청장에게 제11조제1항 각 호의 사항을 적은 서류를 제출하고 노숙인 등의 퇴소심사를 요청하여야 한다.
③ 시장 · 군수 · 구청장은 제2항에 따라 노숙인 등의 퇴소심사를 요청받은 경우에는 심사위원회를 개최하여야 한다.

법적인 근거들을 살펴보면 퇴소여부를 결정하기 위해 가장 중요한 기준은 자립생활 가능 여부와 이에 따른 사회복귀 가능성 유무이며, 퇴소 여부를 결정할 때에도 클라이언트 당사자가 요청한 상황이 아닐 때는 퇴소심사위원회를 구성하여 신중하게 심사하도록 규정하고 있다. 따라서 감염병 예방을 우선시 해야 하는 긴급한 상황일지라도 사회복귀 가능성을 고려하지 않고 기관장의 임의대로 퇴소조치를 실행하는 것은 적절하지 않아 보인다. 그러나 코로나19 감염병 유행 초기에 감염병 예방에 최우선을 두어 정부에서는 사회적 거리두기 시행을 하였으며, 사회복지이용시설의 경우 휴관 권고 조치가 내려져 있던 상황이라 기관에서는 감염병 예방을 철저히 할 수 있는 방안이 무엇일지에 대한 고민은 필요했을 것이다.

다음으로 윤리적 이론들을 바탕으로 어떠한 대안이 최선일지 비교해 보도록 한다. 목적론적인 관점에서는 최대다수의 최대행복의 결과를 낳거나 최대다수가 최소한의 해가 발생하도록 대안을 구할 것이다. 행위공리주의 입장에서는 이 특수한 사례에서 한 사람의 직업 유지를 위해 감염병의 위험성이 아직 정확히 밝혀지지 않았던 코로나19 팬데믹 초기 상황에서 직접적인 쾌락이나 손해를 비교하기 어려울 수 있다. 그러나 당시 주어진 정보에 근거해서 코로나 19

감염 위험이 높아졌을 때 미치는 부정적 영향의 총합을 고려할 때(예: 치료에 드는 재정적, 인적 손실 또는 사망) 한 명의 직업유지를 위해 모두를 위험에 빠뜨리는 선택은 지양할 가능성이 높다. 한편, 규칙공리주의 관점에서는 특수한 상황에 적용되는 규칙에 기반하여 해당 규칙을 지킬 때 모든 구성원이 사회 전체적 관점에서 장기적으로 이익을 증진시키는 대안을 선택하도록 한다. 따라서 규칙공리주의 입장에서는 당장 감염위험을 낮추기 위해 모두 직장을 그만 두고 외출을 제한하는 것보다는 감염병 위험 상황과 같은 특수 상황에서도 퇴소를 결정하는 데 사회복귀 여부가 가장 중요한 기준으로 적용되어야 하는 규칙을 따르는 것이 장기적으로 더 이익을 가져다준다고 해석할 수 있다. 해당 서비스를 이용하는 모든 노숙인들의 권리 옹호와 서비스 제공의 궁극적 목적인 자립을 위해 관련 법률이 생겨났으므로 일시적인 특수한 상황이라서 관련 규칙을 준수하는 않는 것은 최대이익을 가져다준다고 보장할 수 없다.

⑤ 동료와 적절한 전문가들(기관 직원, 슈퍼바이저, 기관 행정가, 변호사, 윤리학자 등)에게 자문을 구한다.

기관 내 기관장, 직원, 시설이용자, 외부 자문위원들과 논의를 하고, 필요할 경우 유사한 이슈를 다루는 유관 기관 및 협회, 공공기관 등에 자문을 구하도록 한다.

⑥ 결정을 내리고 결정과정을 기록한다.

회의를 통해 결정을 내린 뒤 기록을 남기고 결정에 영향을 미친 윤리적 근거들을 정리해 둔다.

⑦ 검토하고 평가하고 결정에 관련된 기록을 남긴다.

각각의 선택의 결과들을 고려하고 윤리강령, 관련 법규 등을 참조하여 기관 내 운영위원회, 이용자, 외부 자문위원 등에게 다양한 의견을 청취 후 결정한다. 〈사례 3-2〉에서는 클라이언트가 직장을 유지하도록 지원하며, 분리된 공간을 마련하여 주거서비스를 지속적으로 제공하고 간이검사를 철저히 하여 감염위험을 낮추도록 하는 것이 적절한 대안이 될 것이다. 이러한 결정의 근거들을 기록해 둔다.

3) 콩그레스의 윤리적 의사결정 모델(ETHIC 모델)

콩그레스(Congress, 2017)는 사회복지사 윤리강령이 윤리적 실천을 위한 방향을 제시할 뿐 가치나 윤리원칙이 상충하는 갈등 상황에서는 윤리강령만으로는 불충분하다고 보았다. 또한 많은 사회복지사들은 의무론과 목적론적 윤리이론의 접근을 통해 윤리적 딜레마 상황을 해결하기보다는 실천을 통해 얻은 지혜와 윤리강령에 기반하여 해결하는 경우가 더 많다(Walden, Wolock, Demone, 1990; Congress, 1992). 실천 과정에서는 윤리적 딜레마를 다루는 한 사례에만 오랜 시간을 써서 해결하기 어려우므로 윤리적 의사결정을 빠르고 간결하면서도 다양한 딜레마에 적용가능하게 하기 위해 콩그레스는 ETHIC 모델을 개발하였다. ETHIC 모델은 사회복지 가치, 윤리강령과 사회복지실천 맥락을 모두 포함하고 있다.

다음의 사례를 ETHIC 모델에 적용하여 콩그레스의 윤리적 의사결정 모델을 이해하도록 하자.

사례 3-3 미성년 클라이언트의 비밀보장

학교사회복지사인 최OO씨는 17세 여성 청소년인 이OO과 담임교사의 의뢰로 상담을 진행하였다. 이OO은 오빠로부터 5~6년 전에 성추행을 당했으며 그 때 피해 이후로 추가적 피해는 없지만 과거 피해사실이 자꾸 생각나 집에 있기 힘들다며 담임교사에게 이야기하였고 담임교사는 최씨에게 상담의뢰를 하였다. 클라이언트는 담임교사의 권유로 상담을 오긴 했으나 자신의 피해가 학교나 친구들에 알려질 것을 많이 두려워하였으며 누구에게도 말하지 말

> 라며 비밀로 해달라고 하였다. 한편, 담임교사는 학교사회복지사에게 상담 의뢰한 사실을 클라이언트와 사회복지사의 동의 없이 학교장에게 전하였고, 학교장은 학교에 불미스러운 사건이 알려지는 것을 우려하며 학생이 신고를 원하지 않으니 더 이상의 개입을 하지 말 것을 최씨에게 강압적으로 이야기하였다.

① E(Examine): 관련된 개인, 사회적, 기관, 클라이언트와 전문적 가치를 조사한다.

개인적, 사회적, 기관, 클라이언트와 전문적 가치는 윤리적 의사결정 전반에 걸쳐 영향을 미친다. 사회복지사는 전문적 가치에만 의존해서는 안 되며, 의사결정과정에서 고려해야 하는 맥락적 이슈들을 온전히 이해하기 위해 노력해야 한다. 이 단계에서는 가장 먼저 사회복지사 자신이 가지고 있는 개인적 가치를 이해해야 한다. 사회복지사의 개인적 가치를 먼저 파악함으로써 전문적 가치가 아닌 자신의 개인적 가치에만 근거하여 결정을 내리지 않도록 한다. 또한, 이 단계에서 클라이언트의 가치를 조사하는 것은 매우 중요하다. 특히 클라이언트가 사회복지사와 다른 문화권에 속할 경우 사회복지사의 가치와 클라이언트의 가치는 일치하지 않을 수 있다. 예를 들어, 필리핀인인 여성 클라이언트일 경우 확대가족에 대한 경제적 책임을 한국인 사회복지사보다 더 중요한 우선순위의 문제로 느낄 수 있다. 때로는 기관의 가치와 사회복지사의 전문적 가치가 충돌할 수 있다. 윤리적 딜레마와 관련된 이해관계자들의 가치를 명확히 함으로써 문제를 파악하는 데 도움이 된다.

〈사례 3-3〉에 적용하면 사회복지사의 개인적, 전문적 가치는 미성년자에 대한 성폭력 사실을 인지했을 때 전문가로서 신고하고 피해자를 보호해야 한다는 관점을 가지고 있어 개인적 가치와 전문적 가치는 상충하지 않았다. 그러나 클라이언트의 가치는 외부에 자신의 피해가 알려질 것에 대해 두려워하고 있어 사생활보호와 비밀보장에 우선순위의 가치를 두고 있다. 한편, 학교 행정가의 입장에서는 피해자 보호보다 학교의 명예를 더 중요하게 생각하며 표면적으로는 학생이 원하지 않는다는 자기결정권 존중의 이유로 학교에 소속된 사회복지사가 더 개입하는 것을 반대하고 있다.

② T(Think): 윤리강령에서의 윤리적 기준 가운데 무엇이 적용될지, 관련된 법과 사례들에 대해 생각한다.

사회복지사 윤리강령은 크게 전문가로서의 윤리적 기준, 클라이언트, 동료와 기관, 사회에 관한 윤리적 기준으로 구성되어 있다. 이러한 윤리적 기준들은 의무론적 관점에서의 절대적인 도덕적 원칙에 해당한다고 볼 수 있다. 사회복지사는 윤리적 딜레마에 해당하는 범주의 윤리적 기준을 살펴보도록 한다. 예를 들어, 클라이언트에게 제공하는 서비스를 결정하는 과정에서 발생한 윤리적 딜레마라면 클라이언트에 대한 윤리적 기준을 살펴볼 것이다.

윤리적 딜레마와 관련된 법 조항들도 확인해 보도록 한다. 법이 윤리강령보다 더 강제성이 있으므로 사회복지사는 윤리적 딜레마 상황과 관련된 법에 대해서도 이해할 필요가 있다. 앞서 살펴보았던 사례들과 같이 사회복지 관련법과 사회복지 윤리가 동시에 적용되기도 하고, 때로는 법과 윤리강령 간에 갈등이 존재할 수 있다.

이 단계에서는 〈사례 3-3〉에 적용될 수 있는 윤리강령과 법 조항의 내용을 살펴보도록 한다. 한국 사회복지사 윤리강령에서는 기본적 윤리기준 중 전문가로서의 실천, 클라이언트에 대한 윤리기준, 기관에 대한 윤리기준에 걸친 다수의 내용이 적용될 수 있다.

한국 사회복지사 윤리강령

Ⅰ. 기본적 윤리기준

3. 전문가로서의 실천

3) 이해 충돌에 대한 대처

다. 사회복지사는 전문적 가치와 판단에 따라 업무를 수행하는 과정에서, 기관 내외로부터 부당한 간섭이나 압력을 받아서는 안 된다.

Ⅲ. 클라이언트에 대한 윤리기준

1. 클라이언트의 권익옹호

사회복지사는 클라이언트의 이익을 최우선의 가치로 삼고 이를 실천하며, 클라이언트의 권리를 존중하고 옹호한다.

2. 클라이언트의 자기 결정권 존중

1) 사회복지사는 사회복지 실천 과정에서 클라이언트의 자기 결정을 존중하고, 클라이언트를 사회복지 실천의 주체로 인식하여 클라이언트가 자기결정권을 최대한 행사할 수 있도록 돕는다.

3. 클라이언트의 사생활 보호 및 비밀보장

사회복지사는 클라이언트의 사생활을 존중하고 보호하며, 전문적 관계에서 얻은 클라이언트 관련 정보에 대해 비밀을 유지한다. 그러나 클라이언트 자신과 타인에게 해를 입히거나 범죄행위와 관련된 경우에는 예외로 할 수 있다.

Ⅳ. 기관에 대한 윤리기준

3) 사회복지사는 기관의 부당한 정책이나 요구에 대해 전문직의 가치와 지식을 근거로 대응하고, 제반 법령과 규정에 따라 해결하도록 노력해야 한다.

위의 윤리강령 내용을 바탕으로 판단할 때 만약 클라이언트가 신고를 원하는 상황이라면 학교에서의 부당한 압력에 대해서는 사회복지사가 대응하고 해결하며 클라이언트를 옹호하는 것이 적절해 보인다. 그러나 현재 클라이언트가 학교 내에서 자신의 피해가 알려질 것에 대해 걱정하며 비밀보장을 원하고 있으므로 윤리강령의 가치들이 서로 충돌하고 있어 윤리강령만으로는 결정을 내리기 쉽지 않다.

본 사례에 관련된 법 조항 중 하나는 「아동·청소년의 성보호에 관한 법률」이 있으며 이 중 신고의무자에 대한 조항에 해당하며 의무를 이행하지 않을 시에는 과태료가 부과되도록 되어 있다.

아동·청소년 성보호에 관한 법률

제34조(아동·청소년대상 성범죄의 신고)

① 누구든지 아동·청소년대상 성범죄의 발생 사실을 알게 된 때에는 수사기관에 신고할 수 있다.

② 다음 각 호의 어느 하나에 해당하는 기관·시설 또는 단체의 장과 그 종사자는 직무상 아동·청소년대상 성범죄의 발생 사실을 알게 된 때에는 즉시 수사기관에 신고하여야 한다. 〈개정 2014. 1. 21., 2018. 1. 16., 2019. 11. 26., 2020. 12. 8., 2023. 4. 11.〉

1. 「유아교육법」 제2조제2호의 유치원
2. 「초·중등교육법」 제2조의 학교, 같은 법 제28조와 같은 법 시행령 제54조에 따른 위탁 교육기관 및 「고등교육법」 제2조의 학교

제67조(과태료)

④ 제34조제2항 각 호의 어느 하나에 해당하는 기관·시설 또는 단체의 장과 그 종사자가 직무상 아동·청소년대상 성범죄 발생 사실을 알고 수사기관에 신고하지 아니하거나 거짓으로 신고한 경우에는 300만 원 이하의 과태료를 부과한다.

아동 및 청소년 성보호 법에 근거할 때는 담임교사와 사회복지사, 학교장 모두 신고의무자로서 피해를 인지하였으므로 바로 신고해야 하나 클라이언트 당사자가 비밀로 해달라고 표현하여 고민이 뒤따른다. 법령상이나 윤리강령에 근거해서 볼 때 피해를 막을 수 있는 조치는 필수적일 것이다.

③ H(Hypothesize): 각각의 결정에 따른 가능한 결과들에 대해 가정해 본다.

이 단계에서는 윤리적 딜레마를 해결하기 위해 윤리이론 중 목적론적 관점에서 바라보도록 돕는다. 각각의 대안들의 결과를 살펴봄으로써 어떤 선택이 더 많은 이익과 더 적은 해를 끼칠지를 비교하여 결정할 수 있다.

〈사례 3-3〉에서 첫 번째 방법은 기관과 클라이언트가 원하는 대로 더 이상 개입을 하지 않고 비밀보장을 지켜주는 것이다. 그러나 이 방법은 클라이언트가 과거의 피해로부터 회복하거나 추가적인 피해를 예방하기에 적절하지 않으

며 윤리적이지도 않은 행위이다. 또한 학교와 사회복지사 모두 신고의무를 다하지 않는다는 문제가 있다.

두 번째 방안은 전문적으로 성폭력 피해자를 지원하는 전문기관에 사례를 연계하면서 신고를 하는 것이다. 클라이언트의 비밀보장 요구가 학교에 알려지는 것에 두려움 때문이라면 클라이언트는 학교 밖 상담기관을 이용함으로써 그러한 부담을 덜면서 자신을 보호할 수 있는 최선의 조치를 할 수 있을 것이다. 전문기관의 상담을 받으며 의료지원과 수사지원을 받을 수 있어 클라이언트는 가해자 처벌과 재발 방지를 위해 정보를 얻고 준비를 할 수 있다. 일반적으로 가해자가 오빠일 경우 부모가 처벌에 적극적이지 않은 경우들도 있어, 이 과정에서 아버지나 어머니가 피해자를 지지할 수 있도록 하기 위해서도 전문적인 개입이 도움이 될 것이다. 또한 가해자와 분리가 필요한 경우 쉼터 이용과 학업 및 자립 지원 등 다른 서비스를 제공받기에도 용이하다. 클라이언트가 우려하는 2차 피해를 예방하면서도 클라이언트를 보호할 수 있는 법적 조치와 적절한 서비스 제공이 이루어질 것이므로 클라이언트에게 이익이 될 것이다. 한편, 학교의 경우 신고의무가 있으므로 법적 근거를 들어 학교장을 설득하는 것이 필요할 것이다.

④ I(Identify): 사회복지사는 윤리적 딜레마 상황에서 가장 취약한 위치에 처한 사람의 입장에서 바라보며, 누가 이익을 얻고 누가 해를 입을지를 파악한다.

만약 윤리적 딜레마 상황에서 결정하는 선택들이 서로 모순되어 어느 것 하나로 결정하기 어렵고 윤리강령도 도움이 되지 않는 상황에서라면 이 단계에서는 사회적으로 불리한 위치에 있는 이의 입장에서 어떠한 선택지를 찬성하거나 반대할지에 대한 이유를 고민하도록 한다. 사회복지실천의 근본적 가치 중의 하나는 사회정의이다. 사회복지사는 사회적 약자를 옹호하고 대변해야 하는 역할을 수행해야 하므로 윤리적 딜레마를 해결할 때에도 이러한 가치가 반영되어야 한다.

〈사례 3-3〉에서는 가장 취약한 위치에 처한 사람의 관점에 입각하여 상황을 바라보려면 학교나 담임교사, 사회복지사가 아니라 클라이언트의 입장이 되어야 할 것이다. 첫 번째로 신고를 하지 않는 방안은 당장의 비밀보장은 되지만 클라이언트에게 장기적으로는 더 큰 해를 가져올 수 있다. 두 번째 방안인 전문기관 연계와 함께 신고하기는 클라이언트가 학교에 알려지지 않기를 원하는 비밀보장은 유지하면서도 친족성폭력 사례에 대한 전문적 역량을 갖춘 전문상담기관의 도움을 받아 클라이언트에게 도움이 되는 법적, 의료적, 상담, 신변보호 등 다양한 서비스를 받을 수 있다는 이득이 있다.

⑤ C(Consult): 결정한 대안이 가장 윤리적인 결정인지에 대해 슈퍼바이저와 동료들에게 자문을 구한다.

이 단계는 앞의 과정을 통해 내린 윤리적 결정에 대해 다른 전문가들과 논의하는 단계이다. 최종적으로는 사례를 직접 맡고 있는 사회복지사가 결정을 내릴지라도 동료나 슈퍼바이저로부터 다른 관점에서 딜레마 상황을 해석하거나 새로운 접근방식으로 대안을 모색할 수 있다. 슈퍼비전이나 사례회의와 같이 공식적인 절차를 통해 자문을 구하거나 비공식적으로 더 경험이 많은 사회복지사나 동료로부터 자문도 가능하다. 만약 기관 내 윤리위원회가 있고 사회복지사가 그 위원회에 참여가 가능하다면 윤리위원회에서도 논의될 수 있다. 특히 병원에서와 같이 다학제적 팀이 함께 일할 경우 윤리위원회는 유용하다.

〈사례 3-3〉에서는 일반적으로 학교에는 윤리위원회가 설치되어 있지 않아 사회복지사 최씨는 자신의 결정을 선배 학교사회복지사나 자문교수, 성폭력전문상담기관에 자문을 받을 수 있을 것이다.

생각해보기

01. 돌고프, 로웬버그와 해링턴의 윤리적 의사결정 모델에서 윤리적 원칙 심사의 순위를 살펴보고, 나 자신의 가치에 기반하여 원칙 서열을 다시 정해 보자. 우선순위가 달라진 부분이 있는지, 그 근거는 무엇인지 토론해 보자. 사회복지실천 영역이나 기관에 따라 우선순위의 원칙이 바뀔 수 있을지도 생각을 나누어 보도록 한다.

02. 다음의 사례를 윤리적 의사결정 모델에 적용해 보자.

사례 3-4 직원의 서비스 제공 거부

A씨는 방문요양서비스를 제공하는 재가복지센터를 운영하고 있다. 최근 서비스 신청을 한 B씨가 HIV감염인이라는 사실을 추가로 알게 되었고 요양보호사를 배치하려 하였으나 소속된 요양보호사들은 B씨가 HIV감염인이라는 사실 때문에 서비스 제공을 거부하고 있다. B씨의 경우 HIV감염인이긴 하나 감염 초기 바이러스 증식을 억제하는 고강도 항레트로바이러스제를 투여하고 지속적으로 치료하여 타인에게 바이러스를 전파시킬 가능성이 거의 없는 상황이다. 일상생활이나 의료현장에서 바이러스 전파가능성이 전혀 없음에도 불구하고 센터 직원들의 질환에 대한 편견으로 서비스 제공을 기피하는 상황이다.

PART

03

사회복지실천과 윤리적 쟁점 1: 직접적 실천윤리

자기결정

자유와 자율성이 개인의 인권을 구성하는 핵심적 토대이듯이, 자기결정권은 자유와 자율성이라는 가치가 구체화된 사회복지 실천원칙이자 사회복지실천의 가장 밑바탕이 되는 근본적인 개념이다(Rothman, 1989). 비록 클라이언트가 현재 위기에 처해 지원이 필요한 상황이라 할지라도 사회복지 개입의 결과뿐만 아니라 과정에서도 개인의 자유라는 존엄성은 존중되어야 한다. 즉, 윤리적 사회복지 실천이란, 개입의 결과가 개인의 자유를 증진시킬 수 있는 것뿐만 아니라, 개입의 과정에서 클라이언트가 자신의 문제를 정의하고 스스로 해결방법을 모색해 나가는 기회를 충분히 보장받고 참여할 수 있어야 한다. 그러나 클라이언트가 자신의 삶을 스스로 선택해 나가는 자유를 누리고 그를 존중하기 위해서는 클라이언트가 그러한 선택을 내리고 그 결정에 대한 책임을 질 수 있는 능력을 전제하므로 때로 사회복지사는 온전히 클라이언트의 선택에 맡겨야 하는지에 대한 딜레마를 경험하기도 한다. 한편으로는 클라이언트의 선택이라고 부르기 어려울 만큼 제한된 대안만이 존재하는 상황에 처해 자기결정권을 온전히 실현하기 어려울 때도 있다. 본 장에서는 자유와 자율성이라는 가치에 대한 개념을 이해하고 사회복지 실천원칙으로서 자기결정권의 의미와 윤리적 딜레마와 연관된 요인들에 대해 살펴보도록 하겠다.

1. 자유와 자율성

1) 자유

(1) 근대적 의미에서의 자유

일반적으로 자유는 개인이 원하지 않는 구속이나 억압, 지배로부터 벗어난 상태로 정의된다. 사회복지실천의 근본 가치로서 자유를 논의할 때는 오늘 볼 TV 프로그램이나 먹을 음식을 고르는 것처럼 특정 개인에게만 해당되는 문제로부터의 자유를 의미하지 않는다. 그보다는 사회 구성원 전체에게 공통으로 문제가 되는, 즉 사상, 출판, 결사, 집회, 종교, 직업 선택의 자유 등과 같이 개인이 사회생활을 하는 데 필요한 자유를 의미한다. 자유를 개인의 사회적 권리로 인식하는 것은 근대적 개념이며 서양의 르네상스, 종교개혁, 시민혁명을 통해 발전하게 되었다(이근식, 2009).

고대 그리스와 로마에서 자유는 단순히 노예로 예속되지 않은 상태를 의미하였으며, 중세 시대에도 세금이나 의무 등에서 면제되었다는 특권 정도로 이해되다. 따라서 과거에는 자유가 인간의 본성이나 도덕적 가치를 지니는 것으로는 여겨지지 않았다(Bauman, 2002; 문지영, 2004에서 재인용). 르네상스를 기점으로 자유는 인간을 규정하는 주요한 속성으로 자리 잡게 된다. 근대적 관점에서 인간은 사물이나 동물과 달리 자신이 스스로 어떠한 선택을 하는가에 따라 결정지어지는 존재로 규정된다. 즉, 인간은 스스로 선택한 모습에 따라 자신을 만들어 가는 조형자로서 자연물과 구별되는 고유한 특성을 지닌 것으로 이해되기 시작하였다(엄정식, 강영안, 2005). 이렇게 인간에 대한 관점이 변화함과 동시에 자본주의 경제가 발전함에 따라 사회, 경제, 정치체제의 변화도 일어났다. 경제적으로는 산업화로 인해 인간의 생활단위가 장원이라는 공동체에서 개인 중심으로 변하였고, 지주 귀족 계급 대신에 중소상공인인 부르주아가

부를 축적하며 새로운 권력인 시민 계급으로 등장하였다. 한편, 정치적으로는 15~18세기 사이에 절대군주들이 부국강병책으로 중상주의를 표방하고, 조세제도와 법률 등을 정비하며 근대국가의 토대를 만들기 시작했는데, 이때 기존 귀족들의 세력을 약화시키는 데 부르주아 시민 계급이 협력하였다. 통일된 근대국가가 건설된 뒤에는 차별적 신분제도 하에서 평민인 부르주아 역시 조세와 병역 부담, 노역과 재산 강탈 등을 경험하자 비대해진 절대군주의 권력에 대한 반발이 일어나며 시민혁명이 발생하게 되었다(이근식, 2009). 이러한 경제적·정치적 배경에서 형성된 자유주의에서 의미하는 '자유'는 개인의 생명과 재산의 권리를 모두 포함하는 기본 인권으로 자리 잡게 되었다.

고전적 자유주의의 기본원리를 최초로 정리하였던 로크 역시 인간은 스스로 규율하고 자신의 신체와 재산을 처분할 수 있는 자연적 자유를 가지는 존재로서, 개인의 생명, 자유, 재산을 보호하는 것을 사회(국가)의 역할로 보았다. 인간의 자유는 공동체 내 존재하는 법의 제약 외에는 어떠한 구속도 받지 않고 타인의 폭력으로부터 안전한 것으로 설명하였다(문지영, 2004). 공리주의 및 개인주의적 관점과 더불어 고전적 자유주의에 대해 발전된 논의를 펼친 밀의 『자유론』을 살펴보면 개인에게 보장되어야 하는 사회적 권리로서의 자유의 내용을 살펴볼 수 있다(Mill, 2018). 밀은 『자유론』에서 "사회가 합법적으로 개인에 대해 행사할 수 있는 권력의 본질과 한계"에 대해 밝히고자 하였다(Mill, 2018). 개인의 자유를 보장하는 것이 가장 우선되어야 하며, 이를 제한할 수 있는 유일한 목적은 타인에게 침해를 끼치는 경우라고 주장하고 있다. 이어서 밀은 행동을 자신과 관련되는 행위와 타인과 관련된 행위로 구별하며 개인의 행위 가운데 사회의 제재를 받아야 하는 것은 오직 타인과 관련된 경우뿐이며, 자신만 관련된 행위의 경우 자신의 신체와 정신의 주권자는 자신이므로 절대적 독립을 보장해야 한다고 하였다. 더불어 밀은 인간 자유의 본래 영역으로 세 가지를 제시한다. 첫째, 의식의 내면적 영역의 자유(양심의 자유, 사상과 감정의 자유, 의견과 감각의 자유, 의견 표명과 언론·출판의 자유), 둘째, 취향과 행동의 자유,

셋째, 집회와 결사, 단결의 자유가 그것이다. 이 세 가지 자유가 없는 사회는 자유롭다고 할 수 없으며, 자유라고 부를 수 있는 것은 "타인의 행복을 뺏으려 하지 않는 한, 또는 타인이 행복을 얻고자 노력하는 것을 방해하지 않는 한, 우리 자신의 방법으로 우리의 행복을 추구하는 자유"뿐임을 강조하였다(Mill, 2018).

(2) 소극적 자유와 적극적 자유

이후 자유주의 진영 내에서도 자유에 대한 다양한 개념들이 혼재하면서 벌린(Berlin)은 소극적 자유(negative freedom)와 적극적 자유(positive freedom)로 구별 지어 자유에 대한 정의를 분명히 하고자 하였다(Berlin, 2014). 벌린은 이 두 가지 자유 가운데 자유주의적 자유는 소극적 자유로 규정하고 옹호하였다. 벌린에 따르면 소극적 자유란 타인들에 의해 방해받지 않고 스스로 할 수 있는 일을 할 수 있도록, 또는 스스로 될 수 있는 존재가 되도록 방임되어야 할 영역과 관련된 것으로 본다. 즉, 소극적 자유는 타인의 방해 없이 각자가 뜻대로 행동할 수 있는 상태로서 간섭의 부재를 강조한다. 또한, 소극적 자유는 선택할 자유로 해석되기도 한다. 복수의 기회가 존재하는 가운데 그러한 기회를 선택할 능력을 전제로 개인이 자의로 그 기회 중 하나를 선택할 자유가 주어진 상태를 소극적 자유를 구성하는 특징 중 하나로 설명한다(이상형, 2023). 이에 반해 적극적 자유는 한 사람으로 하여금 특정 행동을 하거나 특정한 사람이 되게끔 결정할 수 있는 통제와 간섭의 근원이 어디인가의 문제와 결부되며, 자기지배 또는 자기실현을 핵심으로 한다. 즉, 자신의 삶을 통제하고 자신의 근원적인 목표를 인식하고 실현하고자 하며 자기 자신의 주인이 되고자 하는 소망과 적극적 자유는 연관되어 있으며, "합리적으로 결정하고 자율적으로 행동할 수 있는 개인의 상태나 능력"을 뜻한다. 언뜻 보기에는 두 종류의 자유가 큰 차이가 없는 것처럼 느껴지지만 벌린은 차이가 있다고 설명한다. 적극적 자유의 개념에서는 자기지배를 가능하게 하는 이성적이고 자율적 측면의 자아와 그렇지 못한 – 충동적이고 경험적이며 타율적인 – 자아를 구별하게 된다. 통상적으로 이성적인 진정한 자아는 종종 인종, 국가, 사회와 같은 더 광범위하고 유기적인 사회적 전체와 동일시되기 때문에, 집단으로서 단일한 의지를 구성원들에게 강요하게 되어 결과적으로 개인들의 현실적 소망을 무시하고 억압하게 된다고 보았다(안준홍, 2010). 벌린은 소극적 자유는 자유 그 자체로 목적이 됨에 반해 적극적 자유는 정치적인 독재의 도구로 전락하기 쉬웠다는 비판을 하며 소극적 자유가 진정한 자유의 개념에 가깝다고 옹호하였다.

그러나 벌린이 옹호한 소극적 자유 개념은 여러 가지 측면에서 논쟁의 대상이 되어 왔다. 먼저, 외부의 간섭이 없다할지라도 선택의 기회가 보장되지 않을 때, 혹은 선택할 능력이나 자원이 갖추어지지 않았을 때조차 자유롭다고 말하기 어렵기 때문이다. 예를 들어, 어떤 사람이 빈곤과 실업과 같은 문제로 인해 고등교육이나 의료서비스를 포기할 때 우리는 이러한 상태를 자유롭다고 말할 수 있을까? 현재 외부적 제약은 없으나 과거 오랜 기간 학대의 피해를 받아 수동적이고 무력한 상태의 클라이언트는 자유로운 상태라고 말할 수 있는가? 또한 벌린의 주장처럼 적극적 자유의 옹호가 반드시 전체주의적인 결과로 이어지는가에 대해서도 회의적인 관점들이 존재한다.

간섭이 없는 상태라고 해서 반드시 개인의 성장을 보장할 수는 없으므로 현대 이론가들은 권위적이지 않은 방식으로 적극적 자유를 추진할 방안들에 대해 옹호하기도 한다. 이들은 소극적 자유는 명목상의 자유를 나타낼 뿐 실질적 자유를 반영하지 못한다고 비판한다. 역량접근법을 제안하는 누스바움(Nussbaum)이나 센(Sen)과 같은 학자들은 실질적 자유를 옹호하는 입장이라고 할 수 있다. 센에 따르면, 역량이란 사람들이 가치 있다고 판단하는 기능을 달성하고 향유하는 자유를 반영하는 개념이다. 우리가 진정 자유로워지기 위해서는 인간의 기본적 능력이 발휘될 수 있는 환경이 조성되어야 하며, 자유란 간섭의 부재가 아닌 자신이 소중히 여기는 목적을 달성할 수 있는 능력으로 본다. 센에 따르면 사회의 발전은 이러한 자유의 확대를 보장하는 것으로서 사회 클라이언트의 자기결정권 존중에 대해 언급한 초기 사회복지문헌 가운데 가장 유명한 것은 비에스텍(Biestek)의 사회복지실천의 7대 원칙을 저술한 것이다(Biestek, 1957). 본래 이 저작은 윤리적 원칙으로서 작성되기보다는 어떻게 사회복지실천을 할 때 가장 효율적인가를 알리기 위해 작성되었다. 비에스텍은 클라이언트가 실천 과정에 함께 참여할 때 그 결과가 가장 효과적이라는 경험을 바탕으로 실천원칙들을 도출해냈다. 비에스텍에 따르면(Biestek, 1957), 자기결정권의 정의는 다음과 같다. "클라이언트가 [사회복지] 과정에서 자유롭게 자신의 선택과 결정을 내리는 권리와 필요성을 실질적으로 인식하고, [사회복지사]는 다음의 의무가 있음: 자기결정권 존중, 자기결정의 욕구 인식, 클라이언트가 지역사회와 자신의 자원을 탐색하고 활용하여 스스로를 돕도록 잠재력을 촉진할 수 있도록 지원." 즉, 문제를 인식하고 대안을 탐색하고 문제를 해결할 최선의 방법을 선택하는 일련의 과정에서 클라이언트의 참여가 인간으로서의 기본적 권리이자 효율적인 실천을 위한 방법으로 필요하다고 보고 있다.

이후 대부분의 사회복지 문헌들에서도 클라이언트가 외부의 강요 없이 자신의 선택을 독립적으로 할 권리로 정의하고 있으며 클라이언트를 그러한 능력을 갖춘 사람으로 바라보는 관점을 택하고 있다(Chaumba & Kocklear, 2021). 또한 여러 연구들에서는 사회복지실천과정에서 클라이언트의 자율성과 참여가 높아질수록 클라이언트의 복지에 긍정적인 결과가 나타나며 프로그램의 효과성이 높아진다고 보고하였다(Patrick et al., 2007). 가정폭력 가해자 대상 프로그램에 대한 연구(Lee, Uken, & Sebold, 2007; 2014)에서 프로그램 대상자의 목표 설정의 동의 정도와 목표의 구체성이 목표를 달성하기 위한 자신감에 영향을 미쳤고 이는 이후 가정폭력 재발도 낮추는 것으로 나타났다. 따라서 법정 명령으로 강제적으로 치료를 받아야 했던 비자발적인 클라이언트인 경우에도 치료 과정에의 참여가 효과성을 높이는 데 도움이 되었음을 확인할 수 있다.

비에스텍은 클라이언트의 자기결정원칙을 실행하는데 사회복지사가 특정한 책임을 가지고 있으며 다음의 4가지 책임을 수행하도록 제시하였다. 첫 번째,

클라이언트가 자신의 문제나 필요를 명확하게 그리고 전체적으로 이해할 수 있도록 돕는다. 두 번째, 지역사회 자원을 클라이언트에게 소개한다. 이를 통해 클라이언트가 선택할 때 도움이 될 수 있는 지역사회 내 가능한 자원들에 대해 알 수 있도록 한다. 다만 이러한 정보를 제공할 때, 사회복지사는 다른 행동 방식을 과도하게 강조하지 않아야 하며, 클라이언트에게 압박을 주지 않고 가능한 대안에 대해 알려주어야 한다. 또한 클라이언트가 스스로 할 수 있는 과업에서 사회복지사가 “너무 도움이 되는” 것을 자제해야 한다. 사회복지사의 이러한 억제는 클라이언트에게 권한을 주며, 그들이 스스로 대처하고 행동할 자유와 능력을 깨닫게 도움이 된다. 셋째, 클라이언트가 자신의 문제를 해결할 수 있도록 촉진한다. 클라이언트의 결정에 대한 자신감 회복을 지원하는 것, 그리고 한 행동 계획이 다른 것보다 장단점을 객관적으로 살펴보도록 도와주는 것을 포함한다. 마지막으로 클라이언트가 성장하고 자신의 문제를 해결할 수 있는 관계적 환경을 조성한다(Biestek, 1957: 106). 사회복지사의 역할은 클라이언트가 선택을 할 수 있도록 지원하는 것에 초점이 맞추어져야 하지 대신해서는 안 된다.

자기결정권 존중의 원칙은 윤리강령에도 명시되어 있으며 기본권이자 서비스 과정에서 참여할 권리로서 기술되어 있다. 한국 사회복지사협회의 윤리강령에서는 사회복지실천의 핵심가치로서 인간 존엄성 영역에 “사회복지사는 클라이언트의 자율성을 존중하고, 자기 결정을 지원한다.”, “사회복지사는 사회지 실천 과정에서 클라이언트의 개입과 참여를 보장한다.”를 명시하고 있으 클라이언트에 대한 윤리 기준영역에서는 다음과 같이 제시한다.

한국 사회복지사 윤리강령

Ⅱ-2. **클라이언트의 자기 결정권 존중**

1) 사회복지사는 사회복지 실천 과정에서 클라이언트의 자기 결정을 존중하고, 클라이언트를 사회복지 실천의 주체로 인식하여 클라이언트가 자기결정권을 최대한 행사할 수 있도록 돕는다.
2) 사회복지사는 의사 결정이 어려운 클라이언트에 대해서는 클라이언트의 이익과 권리를 보장하기 위한 적절한 조치를 취해야 한다.

미국 사회복지사 윤리강령와 국제사회복지사연맹의 윤리강령에서도 유사하게 자기결정의 중요성을 언급하고 있다.

미국 사회복지사 윤리강령

1.02 자기결정

사회복지사는 클라이언트의 자기결정권을 존중하고 증진하며, 클라이언트가 자신의 목표를 설정하고 결정할 수 있도록 지원한다. 사회복지사들은 클라이언트의 행동이나 잠재적 행동이 자기 자신이나 타인에게 심각하고, 예측가능하며 임박한 위험을 가할 때, 전문적 판단하에 클라이언트의 자기결정권을 제한할 수 있다.

국제 사회복지사 연맹의 윤리강령

• 자기결정권 증진하기

사회복지사들은 사람들이 자신의 결정과 선택을 내리는 권리를 존중하며 증진시킨다. 자기결정권은 타인의 권리와 이익을 침해하지 않는 선에서 존중된다.

• 참여권 증진하기

사회복지사들은 당사자들의 삶에 영향을 미치는 모든 결정과 행동들에 완전한 참여를 증진시키며 당사자의 자존감과 역량을 발전시키도록 실천한다.

그러나 클라이언트의 자기결정권에 대한 이러한 접근들에서는 클라이언트가 자신에게 관련된 결정을 내리는 데 있어 독립적인 결정을 내릴 수 있는 능력을 갖추고 있다는 전제를 하고 있다. 다양한 사회복지실천현장에서 때로는 클라이언트의 의사결정능력이 제한적이거나 클라이언트가 의사결정능력을 갖추어도 환경이 그 능력을 발휘하지 못하게 하는 경우가 있어 자기결정권 존중의 원칙이 온전히 실행되기 어려울 수 있다. 예를 들어, 폭력으로부터 클라이언트를 보호해야 하는 위기 상황에서는 생명보호 우선을 위해 자기결정권을 제한하도록 기관 내 지침이 있는 경우도 있을 수 있고, 건강 상태, 장애, 나이 등의 클라이언트의 특성에 따라 클라이언트가 여러 가지 대안들을 합리적으로 비교하여 스스로 최선의 이익을 추구하는 선택을 내리기 어려울 수도 있다. 혹은 법에 따라 클라이언트의 의지와는 반대가 되는 결정을 내려야 할 때도 존재할 수 있다. 클라이언트가 정보가 부재하거나 다급한 상황에 처해있어 어떤 지원을 해야 하는지 결정할 때 전문가의 판단이 더 우선적으로 작용하기도 한다. 자기결정권에 관한 윤리강령안들에서도 살펴보면, 사회복지사가 클라이언트의 자발적 선택을 존중하되 특정 상황에서는 예외가 될 수 있음을 명시하고 있다. 따라서 자기결정권 존중이라는 원칙이 어떠한 상황에서는 유보되어야 할지에 대해 사회복지사가 적절한 판단을 내릴 수 있는 역량을 갖추는 것이 윤리적 실천을 위해 중요할 것이다.

2) 자기결정 존중을 둘러싼 윤리적 갈등

(1) 선행의 원칙과 온정주의적 개입

일반적으로 선행(beneficence)은 이타적이고 자비로운 행위로서 타인의 고통을 줄이고 안녕을 증진시키도록 적극적으로 노력하는 행위를 일컫는다(Frankena, 1973: 오승민, 김평만, 2018에서 재인용). 이러한 선행에는 타인에게 해악을 주는 행위를 하지 않는 것뿐만 아니라 해악의 예방과 제거, 이익 증진이 모두 포함되는 개념이다. 선행의 원칙은 타인의 이익을 증진시키기 위해 행동할 도덕적 의무에 대한 규범적 진술을 뜻한다(Beauchamp & Childress, 2017). 사회복지사의 역할과 책임은 본질적으로 클라이언트에게 지원을 제공하고 돕는 행위를 포함하고 있어, 사회복지실천윤리의 핵심가치는 선행의 원칙을 반영한다고 볼 수 있다. 사회복지사 윤리강령에서도 이와 같은 선행의 원칙이 반영되어 한국의 경우 〈클라이언트의 권익 옹호〉, 미국의 경우 〈클라이언트에 대한 헌신〉이라는 영역에서 기술되어 있다.

한국 사회복지사 윤리강령

Ⅱ-1. 클라이언트의 권익옹호

사회복지사는 클라이언트의 이익을 최우선의 가치로 삼고 이를 실천하며, 클라이언트의 권리를 존중하고 옹호한다.

미국 사회복지사 윤리강령

1.01 클라이언트에 대한 헌신

사회복지사의 주된 책임은 클라이언트의 복지를 증진하는 것이다. 일반적으로 클라이언트의 이익을 최우선으로 삼는다. 그러나 사회복지사가 더 큰 사회에 대한 책임이나 특정 법적 의무가 제한된 경우에 클라이언트에 대한 충성심보다 우선할 수 있으며, 이 경우 클라이언트는 그렇게 알려야 한다. (예를 들어, 사회복지사는 법에 따라 클라이언트가 아동을 학대했거나 자신 또는 타인을 해치겠다고 위협한 사실을 신고해야 하는 경우가 이에 해당한다.)

그러나 사회복지실천의 전문적 관계에서 선행의 원칙을 적용할 때 클라이언트의 자기결정과 충돌하게 되는 경우가 발생할 수 있다. 이러한 경우 클라이언트의 의사결정을 제한하거나 의사결정을 따르지 않고 전문가의 의견에 따라 개입하게 되는데, 이를 온정주의 또는 온정적 간섭주의(paternalism)라고 일컫는다. 드워킨(Dworkin)에 따르면, ① 개인의 자율성을 침해하는 행위를 ② 그의 동의 없이 ③ 그의 복지를 향상시키기 위해 행하게 될 때 온정주의적인 행위로 정의한다(Dworkin, 2020). 예를 들어, 아동학대로 아동의 생명이 위협되는 경우 아동이 원하지 않더라도 아동의 생명보호를 위해 분리 조치를 하는 것과 같은 행위가 온정주의적 개입에 해당한다.

비록 자기결정에 대한 존중이 사회복지실천에서 가장 중요한 원칙과 가치 중 하나라 할지라도 실제 실천에서 클라이언트의 의견을 순수하게 100% 존중하는 것은 현실적으로 가능하지 않다(양옥경, 2017). 오히려 사회복지사들은 클라이언트를 둘러싼 요인이나 조건에 따라 의사결정과정에서 지시적 개입(directiveness)의 강도나 종류를 다양하게 한다는 것이 여러 연구들을 통해 밝혀졌다(Rothman et al., 1996; Healy, 2005). 로스만(Rothman) 외의 연구(1996)에서는 자기결정과 관련된 사회복지사의 개입 유형을 네 가지로 분류하였다. 첫 번째는 클라이언트의 문제를 함께 탐색하지만 대안을 제시하지 않는 숙고형(reflective mode), 두 번째는 사회복지사가 클라이언트에게 문제탐색과 더불어 약한 강도로 문제해결대안을 제시하는 제안형(suggestive mode), 세 번째는 사회복지사가 문제탐색과 더불어 선호하는 특정 대안을 명확히 제시하는 지시형(prescriptive mode), 네 번째는 클라이언트의 인식이나 동의 없이 사회복지사가 독자적인 행동을 취하는 결정형(determinative mode)으로 분류되었다. 힐리(Healy, 2005)의 노인 재가서비스를 제공하는 사회복지사들을 대상으로 하는 연구에서는 숙고형을 제외하고 주로 제안형, 지시형, 결정형으로 구별하며 단순한 정보제공의 역할부터, 공동의 문제해결, 교육 및 안내, 지시, 강제, 독자적 행동까지 클라이언트의 의사결정능력과 위험 요인에 따라 다양한 수준으로 지시적 개입이 이루어진다는 것을 확인하였다.

온정주의는 클라이언트의 복지를 위해 정당화되지만, 클라이언트의 자유와 자율성을 침해한다는 위험을 동시에 가지고 있으므로 온정주의적 개입을 언제 어떠한 상황에서 어느 정도로 해야 할지에 대한 면밀한 평가와 합의가 필요하다(김기덕, 2002). 온정주의를 배척한다면 클라이언트의 의사결정능력이 약화된 경우 오히려 위해가 가해지는 상황을 방치하게 될 수 있고 적극적 자유의 의미에서 클라이언트의 존엄성을 약화시키는 결과를 가져오게 될 것이다. 다른 한편으로 온정주의를 무조건 옹호하게 된다면 클라이언트의 자유와 자율성을 쉽게 침해하며 자율성을 행사해 볼 기회가 박탈되어 결과적으로 그에 대한 역량이 더욱더 약화되고 의존적이 될 수 있으며, 사회복지사가 경우에 따라 자신의 이익을 더 우선시하는 결정을 내릴 위험도 존재할 수 있다. 따라서 윤리적 민감성을 바탕으로 온정주의적 개입이 필요한 상황인지에 대한 평가가 체계적으로 이루어져야 할 것이다.

(2) 자기결정의 한계와 온정주의적 개입

사회복지사는 실천과정에서 클라이언트의 자기결정을 존중해야 마땅하나 클라이언트의 자기결정을 그대로 존중하는 것이 윤리적이지 않은 상황들도 존재한다(오혜경, 2006; 이순민, 2016). 예를 들어, 치매가 의심되는 노인 클라이언트가 건강 유지에 필수적인 식사를 규칙적으로 하지 않고 있는 것을 사회복지사가 알게 되었다고 하자. 사회복지사가 규칙적인 식사 섭취에 대한 도움을 받을 수 있도록 서비스를 받거나 자녀들의 도움을 받는 것을 제안하였으나 클라이언트가 거절하며 자녀들에게도 알리지 말기를 부탁한다면 이를 그대로 존중하는 것이 윤리적인 행동일 것인가? 클라이언트의 결정이 클라이언트의 이익에 부합하는지 않거나 해가 되는 경우, 또는 클라이언트의 결정 능력에 한계가 있어 선택지에 대한 이해가 부족하거나 자신의 결정이 가져올 결과에 대한 예측이 힘든 경우에도 자기결정을 그대로 존중하는 것은 도덕적인 행동이라고 보기 어려울 것이다.

한편, 클라이언트의 결정이 사회규범이나 법에 어긋나는 경우에도 클라이언트의 자기결정을 그대로 존중하기 어려울 수 있다. 예를 들어, 클라이언트가 소득지원 수급자격 요건이 되지 않음에도 불법적으로 지원을 받고 있음을 사회복지사가 알게 되었을 경우라든지, 청소년 클라이언트가 친구들로부터 배제되지 않기 위해 학교폭력에 동참한다든지, 가정폭력 치료 프로그램 이수를 명령받은 클라이언트가 프로그램 참여를 거부하는 것와 같은 경우에도 클라이언트의 선택을 그대로 존중하기 힘들 것이다. 또는 정책적 미비로 문제해결을 위해 클라이언트가 선택할 수 있는 대안이 부재하거나, 기관 기능상 서비스 제공범위나 가치, 인식, 지침에 따라 클라이언트가 자기결정권을 행사하는 데 제한이 있을 수 있다(김기덕, 장은숙, 2008).

사회복지사 윤리강령에서도 자기결정권 존중의 한계에 대한 언급을 살펴볼 수 있다. 한국 사회복지사 윤리강령에서는 "의사결정이 어려운 클라이언트에 대해서는 클라이언트의 이익과 권리를 보장하기 위한 적절한 조치를 취해야 한다."고 명시하여 의사결정능력에서의 제한이 있을 경우 클라이언트의 권리보장을 위한 개입이 가능함을 제시하고 있다. 한편, 미국 사회복지사 윤리강령에서는 "클라이언트의 행동이나 잠재적 행동이 자기 자신이나 타인에게 심각하고, 예측가능하며 임박한 위험을 가할 때" 클라이언트의 자기결정권이 제한될 수 있음을 명시하고 있으며, 국제사회복지사연맹의 윤리강령에서도 타인의 권리와 이익을 침해하지 않는 선에서 자기결정권은 존중됨을 명시하였다. 클라이언트의 판단능력이나 클라이언트의 행동의 선택 결과에 따라 어느 정도의 온정주의적 개입은 피하기 어려울 수 있다.

그렇다면 클라이언트의 복지에 대한 권리를 우선시할지, 강제나 억압으로부터 자유로운 선택의 권리를 더 우선시할지 갈등상황에서 사회복지사가 클라이언트의 자기결정 제한의 가능성을 고려하고 온정주의적 개입을 정당화할 수 있는 조건은 무엇일까? 이에 대해 리머(Reamer, 1983b)는 클라이언트 개별적 특성과 상황적 특성으로 나누어 정리하였다.

① 클라이언트의 개별적 특성 고려

먼저, 클라이언트가 충분한 정보가 제공받지 못하고 내린 선택일 때, 만약 충분한 정보가 제공된다면 온정주의적 개입과 같은 선택을 하리라고 예측될 때이다(Reamer, 1983b). 예를 들어, 지병과 경제적 어려움으로 인한 비관으로 자살을 시도하려는 클라이언트가 있다고 하자. 만약 클라이언트가 국민기초생활보장제도나 긴급복지지원 등의 복지서비스를 받을 수 있다는 정보를 충분히 제공받는다면 자신의 자살시도를 중단시키려는 사회복지사의 온정주의적 개입에 동의할 것이다.

두 번째로는 클라이언트가 일시적 또는 영구적으로 자기결정과 관련된 정보들을 이해하는 능력에 제한이 있을 때이다(Reamer, 1983b). 클라이언트의 연령이 어리거나 인지적 제한 또한 정신건강상의 문제를 가졌을 때 결정능력에 대한 어느 정도의 존중이 적절한가에 대해 논쟁점이 존재할 수 있다. 미성년의 경우 아직 외부의 보호와 돌봄이 필요한 연령이므로 어느 정도의 온정적인 개입은 보편적으로 적절한 것으로 본다. 그러나 인지적인 손상이나 정신건강 상의 문제가 있을 때는 문제가 더 복잡해진다. 중증도의 지적 손상으로 자신을 보호할 수 없거나 심각한 정신질환으로 자신이나 타인의 생명에 위해가 가해지는 극단적인 경우에는 온정주의적 개입이 쉽게 정당화될 수 있겠으나, 그렇지 않은 경우 자신의 삶에서 벌어지는 다양한 선택들 가운데 어느 정도의 범위의 문제에 대해 판단능력을 신뢰하고 존중할 것인지 논쟁적일 수 있다. 예를 들어 약물치료에 대해 정신장애인인 클라이언트는 원하지 않는데, 가족은 최근 증세가 나빠졌다고 생각하여 필요하다고 주장하며 사회복지사에게 클라이언트를 설득할 것을 요청하는 경우 사회복지사는 어떻게 행동해야 할 것인가? 요양보호시설에 거주하고 있는 경증의 치매가 있는 독거노인인 클라이언트가 자신의 집으로 돌아가기를 지속적으로 요청한다면 사회복지사는 이 결정을 그대로 따를 것인가? 결정 능력에 대한 판단이 사회복지사의 주관적 가치와 인식, 소속기관의 가치와 방침, 결정을 내리는 대상과 상황에 따라 달라질 수 있으므로 이에 대해서는 주의 깊게 고려하고 평가해야 할 것이다.

세 번째는 클라이언트가 사전에 온정주의적 개입에 동의했을 때이다

(Reamer, 1983b). 예를 들어, 자발적으로 온라인 게임 중독을 치료하겠다고 결심한 클라이언트가 자신이 약속된 시간 외에 게임을 더 하거나 이 문제로 가족에게 물리적 폭력을 행사한다면 의료적 개입도 함께 하겠다고 동의했다고 하자. 그렇다면 실제로 그런 일이 벌어졌을 때 사전의 동의를 근거로 치료적 개입을 정할 수 있을 것이다. 하지만 사전 동의가 온정주의적 개입의 윤리적 문제를 줄이는 근거로 사용될 수 있으나 완벽한 근거가 되기에는 부족하다. 왜냐하면 과거에 동의를 했더라도 시간이 흐름에 따라 클라이언트의 결정은 변화할 수 있기 때문이다. 예를 들어, 청소년 한부모인 클라이언트가 임신 초기에는 기관의 권유에 따라 입양을 결정하였지만 출산이 가까워지면서 한부모로서 살아갈 수 있는 다양한 지원에 대해 알아보고 자신의 부모님도 마음이 바뀌어 지지적으로 변해 자신이 양육하기로 결정하였다고 하자. 이런 경우 입양이라는 초기 결정의 경우 불충분한 정보, 주변 자원의 부족, 기관의 태도에 영향을 받아 온전히 자발적 결정이라고 볼 수 없을 것이다. 또한 출산이 가까워지면서 배 속 아기와의 교감과 같은 부분은 클라이언트가 예측하지 못한 경험의 일부로서 과거 결정에서는 고려 대상이 되지 못했을 것이다. 이럴 경우 사전에 이루어진 결정이 자율적 결정으로서 온전히 존중하고 이후 결정은 부적절하다고 이야기하기 힘들 것이다.

마지막으로 클라이언트가 정보가 충분히 제공된다면, 또는 클라이언트의 일시적인 판단능력 저하가 회복되거나, 클라이언트의 이익과 손실을 비교할 때 이익이 명확하여 사회복지사의 온정주의적 개입을 동의할 것이라고 예측될 때 사후에 동의를 얻는 경우이다(Reamer, 1983b). 복지 서비스를 거부하는 노숙인 클라이언트가 갑작스러운 심장마비로 쓰러졌을 때 의료적 개입을 하는 것은 이러한 예에 해당할 것이다. 사후 동의는 복잡한 윤리적 문제를 가질 수 있으므로 드물게 행해지는 편이지만 클라이언트가 정보 부족이나 일시적 능력 저하로 명확하게 해가 되는 결정을 내리게 된다면 온정주의적 개입을 고려해 볼 수 있다.

② 클라이언트의 상황적 특성 고려

사회복지사의 온정주의적 개입이 정당화되는 상황은 온정주의적 개입이 없을 경우 예견되는 결과가 되돌릴 수 없는 성격의 위해일 때, 예를 들어 클라이언트 자신을 해하는 행동일 때와 같은 상황일 것이다(Reamer, 1983b). 그러나 클라이언트가 정한 결정이 시행착오를 거치더라도 되돌리거나 수정할 수 있는 성격의 결과를 가져온다면 사회복지사의 관점과 다를지라도 존중하는 것이 필요하다. 예를 들어, 구직 중인 클라이언트가 입사원서를 제출하는 회사가 사회복지사가 보기엔 면접을 통과할 현실가능성이 낮아보일지라도, 면접을 보고 떨어진 뒤 다른 회사에 다시 준비하여 다시 지원해 볼 수 있으므로 이러한 종류의 결과에는 클라이언트 의사에 반하는 온정주의적 개입은 불필요할 것이다.

두 번째 상황적 특성으로는 클라이언트의 자유와 자율성을 일시적으로 제한하는 것이 클라이언트에게 미래에 더 큰 자유를 가질 수 있도록 도울 때이다(Reamer, 1983b). 그러나 이 역시 판단하기 쉽지 않다. 만약 클라이언트가 자신에게 해가 되는 행동을 할 때 어느 정도의 해가 되는 행동이 허용되어야 하는가는 논쟁의 대상이 될 수 있다. 타인에게 해가 되지 않고 클라이언트 스스로 자발적으로 결정한 행동이라면 온정주의적 개입의 당위성을 주장하기 어려울 수 있으나, 외부의 강제 없는 "자발적 선택"이라는 것이 판단하기 모호할 때가 많다. 예를 들어, 1인 가구인 중년남성 클라이언트가 최근 식사 대신 술로 대신하는 경우가 종종 있다는 것을 사회복지사가 알게 되었을 때 이에 대해 개입할 것인가? 알코올 의존이 최근 구직에 실패하고 우울감이 늘어서 생겨난 것일 때 사회복지사가 술에 의존하는 클라이언트의 행동을 순수히 자발적 행동이므로 개입을 하지 않아도 된다고 판단하는 것은 윤리적으로 옳은 것인가?

마지막으로 즉각적인 구조가 필요한 상황일 때이다(Reamer, 1983b). 상황이 너무 긴급하여 동의를 구할 시간조차 없을 때 온정주의적 개입은 정당화될 수 있다. 예를 들어, 부모가 종교적 신념으로 수혈을 거부하는 아동 환자의 경우 수혈을 안 할 경우 당장 생명이 위험해진다면 환자의 대리인인 부모의 의사에 반하더라도 처치를 하는 것이 더 윤리적일 수 있다.

(3) 자기결정권 존중과 온정주의적 개입 갈등 사례

사례 4-1 가정폭력 피해자의 귀가 결정

김OO씨는 30대 초반의 여성으로 가정폭력 피해여성을 위한 쉼터에 입소하였다. 아르바이트를 하다 처음 만났던 김씨의 남편은 굉장히 다정다감하고 친절했다. 아버지가 일찍 돌아가시고 어머니와도 소원했던 김씨는 남편의 이러한 태도에 호감을 갖게 되었고 연애를 시작한 지 5개월만에 결혼을 하게 되었다. 결혼 후 술을 마시고는 가끔 평소와 다르게 분노 조절이 어려운 모습을 보이긴 했지만 술김에 그럴 수 있다고 생각하고 대수롭지 않게 보았으나 출산 후 남편의 폭력은 점점 더 심해져갔다. 처음에는 술을 마실 때만 신체적 폭력을 사용하고 다음날 용서를 빌었으나 시간이 지날수록 일상적으로 고성과 욕설, 위협, 신체적 폭력까지 사용하였다. 한 번은 폭력을 피해 지인의 집으로 피신했으나 남편은 흥신소를 동원해 찾아내고 지인의 집 앞에서 칼을 들고 기다리는 등의 행동을 하였다. 남편의 보복이 두려워 김씨는 이혼은 엄두도 내지 못한 채 다시 집으로 돌아갔고 무기력한 상태로 피해를 지속적으로 경험하였다. 그리고 어느 날 김씨는 생명의 위협을 느끼고 경찰에 신고한 뒤 아이와 함께 쉼터로 입소하였다. 김씨와 김씨의 자녀는 쉼터에서 안전하게 지내며 상담 치료를 이어가며 안정을 되찾았으나 김씨의 자녀가 학교 문제로 전학을 가며 다시 등교를 하게 되면서 김씨는 집요한 남편이 아이를 찾아내서 현재 지내는 곳을 들키지 않을까란 불안감을 느끼게 되었다. 게다가 이웃에 살던 지인을 통해 남편이 경찰 신고 후 자신의 행동을 많이 반성하고 있고 후회한다며 지금 돌아와주면 다른 사람이 되겠다고 꼭 전해달라고 했다는 말까지 들었다며 어떻게 하면 좋겠냐고 담당 사회복지사인 박OO에게 상담을 요청하였다.

김씨는 집요하고 자존심이 강한 남편 성격상 더 분노가 오르기 전에 현재 상태에서 화해하고 집으로 돌아가야 보복과 같은 행동을 하지 않을 것 같다며, 지금처럼 숨어 지내다가 아이가 학교 다니는 거라도 들켜서 잡히게 되면 그때는 더 큰 위험이 생길 것 같다고 걱정하였다. 김씨는 자신이 경찰에 신고할 수 있다는 것도 보여주었고, 남편이 이 정도로 반성한 모습은 처음 보았으니 집에 돌아가는 게 좋을 것 같다고 사회복지사 박씨에게 이야기하였다. 사회복지사인 박씨는 그동안 집으로 귀가했던 클라이언트들이 폭력 피해를 다시 입고 재입소하는 경우가 많았고 김씨의 경우 폭력의 강도가 강하고 생명의 위협이 있었던 만큼 집으로 돌아가는 것이 김씨와 자녀의 안전이 걱정되는 상황이다.

① 사례분석

- 이 사례에서 사회복지사인 박씨는 클라이언트인 김씨의 결정을 그대로 존중할 경우 어떤 문제가 발생할 수 있는가? 예상되는 위험은 얼마나 큰가? 폭력 피해 위험이 높은 상황에서 별다른 조치 없이 그대로 귀가를 한다면 김씨와 자녀는 생명에 위협이 가하는 위험에 다시 노출될 수 있다.

- 클라이언트가 합리적인 결정을 할만한 정신능력을 갖추었는가? 클라이언트 김씨가 귀가 결정을 내릴 때 그 이유나 근거들에 대해 충분히 숙고되었는가?
  김씨는 아이의 등교로 가해자가 찾아낼지도 모른다는 걱정이 과도해지며 일시적으로 다시 불안해진 상태이다. 그동안 가해자에게 억압당하며 자신은 벗어날 수 없다는 학습된 무기력으로 주어진 정보에 대해 중립적으로 판단하기 어려운 상태일 수 있으므로, 클라이언트의 상태에 대한 면밀한 평가가 필요하다. 또한 남편이 반성한다는 것도 제3자를 통해 전해들은 이야기이므로 실제로 그런 태도를 취하며 반성하고 있는지도 확실한 정보가 아니며, 그동안 남편의 행동을 바탕으로 추측할 때 재범을 하지 않으리라는 확신을 가지기는 어렵다.

- 클라이언트 김씨는 지금 퇴소하는 것 외에 다른 대안들에 대한 충분한 정보를 제공받았는가?
  사회복지사는 김씨가 안심할 수 있도록 가해자에게 알려지지 않으면서 전학이 가능한 점과 같이 가정폭력 피해자 개인정보 보호에 대한 정확한 정보를 전달하고, 귀가 후 벌어질 수 있는 위험에 대해서도 균형있게 인식할 수 있도록 알리는 것이 필요하다. 귀가 시점은 안전이 확보될 수 있는 시기가 될 수 있도록 조정가능한지에 대한 여부도 논의할 수 있을 것이다.

② 사례에서 나타난 윤리적 쟁점

클라이언트의 자기결정 존중과 사회복지사의 온정주의적 개입이 갈등하는 사례이다. 김씨는 출산 이후 지속적으로 폭력에 노출되면서 남편으로부터 벗어나는 대안은 불가능하다고 인식하는 등 무기력함과 정서적 불안을 보이고 있는 상태이다. 심리적 평가를 통해 김씨의 의사결정능력에서 어려움이 있는지 확인하고 현재 상태에서 성급하게 결정 내리는 것이 다시 위험에 처하게 할 수 있음을 알리는 것이 필요할 것이다. 그리고 충분한 정보제공을 통해 귀가 외에 가해자 처벌 및 자립 등의 다른 대안들에 대해서도 숙고할 수 있도록 지원하는 것이 필요하다.

그럼에도 불구하고 가해자가 있는 원가정으로 귀가 결정을 내린다면 가능한 위험을 예측하여 대비하는 것이 필요하다. 피해자가 귀가하더라도 가해자가 재범 예방 상담을 지속적으로 받도록 하거나, 경찰의 도움을 받아 남편의 행위가 모니터링될 수 있음을 알리는 등 적극적으로 폭력 예방 대처를 하도록 해야 한다.

(4) 자기결정권 개념의 비판과 자기결정권 증진을 위한 전략

앞서 논의된 자기결정권 개념은 외부와의 상호작용 없이 고립된, 그리고 의사결정 선택과 행동을 할 수 있는 능력을 갖춘 이성적 존재로서 추상적 개인을 전제하고 있어 클라이언트의 자기결정권 존중과 전문가의 온정주의적 개입과의 갈등은 필연적인 것처럼 보인다. 그러나 이러한 기준에서의 자기결정권 개념 하에서는 자기결정 능력, 혹은 이성을 '갖추지 못한' 것처럼 여겨지는 사회적으로 취약한 집단들의 경우 자기결정권을 언제, 어떻게, 얼마만큼 보장해야 하는가는 해결할 수 없는 딜레마처럼 인식되기도 하고, 이러한 취약한 특정집단들에 대해서는 전문가의 온정주의적 개입을 더 쉽게 합리화하기도 한다.

사회복지영역에서의 자기결정권에 대한 대안적 관점으로 자기결정을 문제해결과정에서 클라이언트의 참여를 보장하는 것으로 개념화하기도 한다(Barsky,

2019). 클라이언트의 자기결정을 하나의 과정으로 개념화한다면, 서비스 제공자는 클라이언트와의 실천 속에서 의사결정의 투명성, 협력, 책임성, 인간존엄성, 사회정의를 높일 수 있는 전략들을 지속적으로 실행해야 한다(Chaumba & Locklear, 2021). 비록 클라이언트가 비자발적인 경우에도 이러한 원칙을 적용하는 것은 마찬가지이다. 클라이언트 참여 촉진은 문제 정의라는 초기 단계에서부터 대안 선택, 대안 실행, 평가라는 전 과정에서 이루어져야 한다. 참여(participation)의 의미는 연속선상에 놓여져 있는 범주로 이해할 수 있으며, 다음과 같은 내용들이 포함된다(Banks, 2020).

1) 서비스 이용자에게 정보 제공하기, 경청하기, 또는 이용자의 의견 구하기
2) 서비스 이용자가 의사결정 과정에 관여(involvement)하기
3) 전문가와 함께 공동으로 의사결정하거나 서비스 이용자가 온전히 의사결정 권한을 가지기

예를 들어, 클라이언트가 아동이라 할지라도 자기결정권을 참여의 권리로 이해한다면, 실천과정에서 아동의 관점이 성인의 판단과 다를지라도 아동의 참여를 옹호하고 아동의 의견이 경청되어질 수 있다.

따라서 의사결정능력이 '부재'하거나 '부족'하다고 여겨지더라도 어떠한 의사결정도 내릴 수 없는 것은 아니다. 의사결정능력은 존재하냐, 부재하냐는 이분법적 관점으로 구별되기보다는 연속적 관점에서 변동 가능한 것으로 인식되어야 할 것이다(김문근, 2010; 김미옥, 김고은, 2023). 즉, 특정 질환의 진단에 따라 의사결정능력 여부를 판별하는 것은 타당하지 않으며, 삶의 다양한 영역에 따라 의사결정을 내리는 것이 가능하기도 하고 그렇지 않기도 하다. 따라서 의사결정과 관련된 감수해야 할 위험도의 정도에 따라 의사결정능력이 요구되어지는 기준은 달라질 수 있으며, 이때 사회복지사의 역할은 클라이언트가 스스로 입장을 대변하여 주장할 수 있도록 지지하는 옹호자이자 지원자가 되는 것이다(Banks, 2020).

이성적인 결정 능력을 갖춘 추상적이고 고립된 개인을 전제로 하는 전통적인 자율성 개념은 공동체주의 또는 여성주의 윤리학자들에 의해 비판받으며 자율적 주체가 사회적 영향력 아래에 존재한다는 점, 관계적 요소들이 자율성에 영향력을 미친다는 점을 고려하여 관계적 자율성이라는 대안적 개념이 제시되기도 하였다(송윤진, 2016; 이은영, 2014; 허라금, 2014). 이러한 관점에 기반하면, 개인의 환경, 특히 타인과의 관계는 개인의 의사결정능력에 영향을 끼치며, 개인을 둘러싼 관계 속에서 개인의 의사결정을 행사할 정신능력을 이해하고 판단되어야 하며 최대한 자율성이 행사될 수 있도록 지원해야 한다(Kong, 2017).

차움바와 락리어(Chaumba & Locklear, 2021)는 문헌연구를 통해 클라이언트의 자기결정권을 증진시키기 위한 노력을 클라이언트와 사회복지사 간의 상호작용과 조직 수준에서의 지원으로 나누어 정리하였다. 사회복지사 개인 수준에서는 클라이언트의 관점을 경청하고 클라이언트의 목소리가 실천과정에서 반영될 수 있는 기회를 마련하며, 클라이언트 교육을 통해 정보 제공과 치료 선택에 대한 숙고를 할 수 있도록 돕는다. 서비스에 대한 대안, 선택에 대한 권리 등을 제시하며 기회를 제공하거나 클라이언트가 문제해결의 우선순위를 정하는 등 실천과정에서 이끌어나가는 위치에 있도록 지원한다. 한편 조직 수준에서는 클라이언트의 서비스 거부에 대한 권리를 존중하는 절차를 마련하거나 클라이언트를 옹호할 수 있는 가족이나 다른 전문가 등의 제3자를 의사결정과정에 함께하도록 한다. 또한 자기결정이론(Self-determination Theory, SDT) 또는 함께 하는 의사결정 모델(Shared decision-making model), 아동참여의 런디 모델(Lundy Model of child participation), 지원의사결정 모델(supported decision-making: SDM) 등의 이론적 틀을 바탕으로, 조직환경에서 클라이언트의 이익과 가치를 의사결정 과정에 반영되는지를 점검하고 실행하는 노력도 이에 포함된다.

우리나라에서 수행한 연구들에서는 주로 정신장애인 또는 발달장애인과 함께 일하는 사회복지사들을 대상으로 자기결정권에 대한 인식과 지원 경험을 다루고 있어 그 외에 취약한 집단들에 대한 실증적 연구는 부족한 상황이다(김기덕, 장은숙, 2008; 김미옥, 박지혜, 정민아, 2020; 박정임, 이금진, 2010; 유하얀, 김미옥, 2017; 이남정, 이동영, 2020; 이복실, 제철웅, 이동석, 2018; 이아영, 오혜인, 2021). 이들 연구에서도 주로 클라이언트와 직접적으로 상호작용하는 사회복지사의 인식과 지식, 경험에 따라 자기결정 지원 방식은 편차가 크거나, 지원의사결정 모델의 중요성은 인식하고 있으나 실제 수행은 낮다는 것과 같이 자기결정권 지원 시 어려움을 확인할 수 있었다. 이를 극복하기 위해서 제도적으로는 발달장애인, 정신장애인, 치매노인 등 자기결정권 보장에 취약한 집단을 위한 지원의사결정제도와 절차보조인 제도화와 같은 법률적 지원이 이루어져야 할 것이다(박정연, 2023; 제철웅, 2019). 또한, 사회복지현장에서도 서비스 계획 등 실천과정에서 클라이언트의 참여를 보장하는 기관 내 절차와 지침이 마련되고, 사회복지사 대상으로 클라이언트의 자기결정권을 증진시키기 위해 평등한 관계 형성 및 의사소통방식, 자기결정 지원 전략에 대한 교육과 훈련 등이 개발되고 제공되어야 한다.

생각해보기

다음의 사례에서 서비스를 거부하는 클라이언트의 결정은 그대로 존중되어야 할 것인가? 그렇지 않다면 어떠한 방식으로 자기결정권 존중의 원칙을 지켜나가면서도 클라이언트의 최선의 이익을 추구해나갈 수 있을지 논의해 보자.

사례 4-2 서비스를 거부하는 클라이언트

임대아파트에 홀로 거주하는 70대 남성인 최OO 할아버지는 길에서 쓰러진 채로 발견되어 병원에서 치료를 받은 후 퇴원하며 사회복지사 윤OO씨에게 의뢰되었다. 최씨 할아버지는 오랫동안 뇌출혈을 앓고 몸에 욕창이 생기는 등 홀로 건강관리가 되지 않는 상태였다. 또한 거주 중인 임대아파트에서는 집안에 쓰레기가 가득 차 악취와 함께 위생상태가 매우 불결하였다. 윤씨는 집 청소 등 재가서비스 연계를 하고자 하였으나 최씨 할아버지는 자신은 아무런 불편함이 없고 외부인이 집에 오는 것도 싫다며 서비스를 거부하는 상태이다. 성인 자녀들과의 왕래는 전혀 없고, 집에서 나는 악취 문제로 이웃주민들과도 갈등을 겪고 있다.

비밀보장과 알권리

1. 비밀보장과 알권리의 개념

1) 비밀보장

(1) 비밀보장과 사생활보호의 개념

사회복지실천에서 비밀보장(confidentiality)은 사회복지사가 클라이언트와의 전문적 관계에서 신뢰관계에 근거하여 얻은 정보를 클라이언트의 동의 없이 제3자에게 누설하거나 혹은 획득하게 된 목적 외의 다른 목적으로 사용하지 않아야 한다는 것을 의미한다. 우리나라 「헌법」 제17조에서는 '모든 국민은 사생활의 비밀과 자유를 침해받지 아니 한다'고 개인의 사생활보호의 권리를 인정하고 있는데, 사회복지사의 윤리적 원칙인 비밀보장은 바로 이러한 「헌법」에서의 개인의 사생활보호의 권리에 근거한다고 할 수 있다(김상균 외, 2002: 196). 한편 같은 듯하지만, 비밀보장과 사생활보호는 서로 다른 개념이다. 사생활은 개인의 사사로운 일상생활, 즉 한 개인이 생활 중 타인에게 노출시키거나 간섭받지 않으면서 혼자만의 생활로 간직할 수 있는 부분을 말한다. 클라이언트의 사생활보호의 권리는 사회복지사와의 전문적 관계 전부터 존재하며 전문적 관계 외의 더 광범위한 관계에서도 보편적으로 존중받는 기본적 권리라는 점에서 비밀보장과 구분된다. 이런 의미에서 사생활보호의 중요성은 비밀보장의 중요성보다 우선한다고 할 수 있다(박인선, 2004).[1)]

그렇다면 비밀정보는 무엇일까? 비밀정보란 다른 사람에게는 알려지지 않은 개인의 사생활에 관한 사실이나 조건 및 그에 대한 지식을 말하는데, 자연적 비밀, 약속에 의한 비밀, 신뢰에 의한 비밀 등으로 구분할 수 있다. 첫째, 자연적 비밀이란 '알려지게 되면 개인의 명예를 손상시키거나 상처를 주거나 부당한 슬픔을 야기하게 되는 비밀'이다. 둘째, 약속에 의한 비밀은 '다른 사람에게 누설하지 않을 것을 약속한 비밀'이다. 셋째, 신뢰에 의한 비밀은 '정보가 공개되지 않을 것임을 사전에 명시적으로나 암묵적으로 이해되는 방식으로 비밀을 지킬 사람에게 의사소통되는 정보'이다. 사회복지실천에서의 비밀보장은 세 가지 형태의 비밀을 모두 포함하며, 이 중에서도 특히 신뢰에 의한 비밀을 의미한다. 즉 자연적 비밀과 약속에 의한 비밀은 물론, 명시적으로 약속을 하지는 않았지만, 암묵적인 계약도 사회복지사가 지킬 의무가 있다고 할 것이다(Bistek, 1979; 김상균 외, 2002에서 재인용).

(2) 비밀보장과 신뢰관계 형성

비밀보장은 사회복지실천과 같은 전문적 관계에서 매우 중요하다. 왜냐하면 비밀보장이 사회복지사에 대한 클라이언트의 신뢰를 증가시키는 데 매우 큰 역할을 하기 때문이다(이순민, 2012). 사회복지실천에서 비밀보장은 사회복지사의 윤리원칙일 뿐만 아니라 성공적인 사회복지실천에 필요한 관계의 요소로서도 중요하다. 비밀보장이 될 것이라는 클라이언트의 믿음은 사회복지사에 대한 신뢰를 증가시킨다. 클라이언트는 사회복지사가 자신에 관한 정보를 소중히 다루고 비밀을 보장한다고 믿을 때 개입과정에 적극적으로 참여하게 된

1) 학자에 따라서는 사생활보호를 클라이언트의 권리로, 비밀보장을 사회복지사의 의무로 보기도 한다(Miller & Collingridge, 2001; 박인선, 2004: 189에서 재인용).

다. 또 사회복지실천과정에서 클라이언트는 자신이 원하는 도움이나 원조의 필요성 때문에 자신의 사적인 정보까지도 사회복지사에게 털어놓게 된다(엄명용 외, 2011). 만일 사회복지사에게 기대되는 이러한 비밀보장의 의무가 준수되지 않는다면 다음과 같은 큰 위험이 생길 수 있다(서미경 외 역, 2000: 102).

1. 전문적 도움을 필요로 하는 사람들이 도움을 요청하지 않을 수 있다.
2. 이미 사회복지사와 관계를 맺기 시작한 사람들도 충분하게 이야기하지 않을 수 있다.
3. 이미 안정된 신뢰관계라 하더라도 손상받을 수 있다. 즉, 비밀정보가 노출된 클라이언트는 자신이 믿었던 전문가에게 배신감을 느낄 수 있다.

결국 클라이언트의 비밀보장이 되지 않으면, 도움이 필요한 클라이언트가 사회복지사를 찾지 않거나, 사회복지사에게 자신의 사생활과 관련된 내용을 솔직하게 이야기하는 데 주저하게 될 것이다. 또 진행 중인 클라이언트와 사회복지사간의 실천관계에서도 비밀보장이 되지 않는다면 전문적 관계 자체를 위협하여 문제해결이나 클라이언트의 변화를 기대하기 어려울 수 있는 등 사회복지의 존재 자체를 위협하는 심각한 문제를 일으킬 수 있다(김기덕 외, 2012: 241).

(3) 윤리강령에 나타난 사생활보호와 비밀보장의 원칙

이와 같이 사회복지실천에서 사생활보호와 비밀보장은 매우 중요하다. 이에 우리나라를 비롯한 많은 나라에서 '사생활보호와 비밀보장의 원칙'을 윤리강령에서 제시하고 있다. 한국 사회복지사 윤리강령[2]과 미국 사회복지사 윤리강령

---

2) 2023년 개정되기 전 한국 사회복지사 윤리강령의 '비밀보장'과 관련된 내용은 다음과 같다.
Ⅰ-2-3. 연구 과정에서 얻은 정보는 비밀보장의 원칙에서 다루어져야 하고, 이 과정에서 클라이언트는 신체적, 정신적 불편이나 위험·위해 등으로부터 보호되어야 한다.
Ⅱ-1-4. 사회복지사는 클라이언트의 사생활을 존중하고 보호하며, 직무수행과정에서 얻은 정보에 대해 철저하게 비밀을 유지해야 한다.

에서 이와 관련된 내용을 살펴보면 다음과 같다.

한국 사회복지사 윤리강령: 사생활보호와 비밀보장 관련 조항

[사회복지사의 윤리기준]

Ⅰ. 기본적 윤리기준

2. 전문성 개발을 위한 노력

2) 지식기반의 실천 증진

다. 사회복지사는 연구 과정에서 얻은 정보를 비밀보장의 원칙에서 다루며, 비밀보장의 한계, 비밀보장을 위한 조치, 조사자료 폐기 등을 연구 참여자에게 알려야 한다.

라. 사회복지사는 평가나 연구조사를 할 때, 연구 참여자의 보호와 이익, 존엄성, 자기결정권, 자발적 동의, 비밀보장 등을 고려하며, 「생명윤리 및 안전에 관한 법률」 등 관련법령과 규정에 따라 연구윤리를 준수한다.

Ⅱ. 클라이언트에 대한 윤리기준

3. 클라이언트의 사생활보호 및 비밀보장

사회복지사는 클라이언트의 사생활을 존중하고 보호하며, 전문적 관계에서 얻은 클라이언트와 관련된 정보에 대해 비밀을 유지한다. 그러나 클라이언트 자신과 타인에게 해를 입히거나 범죄 행위와 관련된 경우에는 예외로 할 수 있다.

5. 기록 · 정보관리

4) 사회복지사가 획득한 클라이언트 관련 정보나 기록을 법적 또는 기타 사유로 제3자에게 공개할 때는 클라이언트에게 안내하고 동의를 얻어야 한다.

미국 사회복지사 윤리강령: 사생활보호와 비밀보장 관련 조항

Ⅳ. 윤리기준

1. 클라이언트에 대한 사회복지사의 윤리적 책임

1.07 사생활보호와 비밀보장

(a) 사회복지사는 클라이언트의 사생활보호의 권리를 존중해야 한다. 사회복지사는 불

가피한 직업적 사유를 제외하고는 클라이언트로부터 또는 클라이언트에 관한 개인 정보를 요청해서는 안 된다. 일단 개인 정보가 공유되면 비밀보장 기준이 적용된다.

(b) 사회복지사는 클라이언트 또는 클라이언트를 대신하여 동의할 법적 권한이 있는 사람의 유효한 동의가 있는 경우 비밀정보를 공개할 수 있다.

(c) 사회복지사는 불가피한 직업적 사유를 제외하고는 전문적 서비스 과정에서 얻은 모든 정보의 비밀을 보호해야 한다. 사회복지사가 정보를 비밀로 유지해야 한다는 일반적인 기대는 클라이언트 또는 타인에게 심각하고 예측 가능하며 임박한 피해를 예방하기 위해 공개가 필요한 경우에는 적용되지 않는다. 모든 경우에 사회복지사는 원하는 목적을 달성하는 데 필요한 최소한의 비밀정보만 공개해야 하며, 공개하는 목적과 직접적으로 관련된 정보만 공개해야 한다.

(d) 사회복지사는 비밀정보를 공개할 계획이라면 (가능한 경우 그리고 가능한 범위 내에서) 정보를 공개하기 전에 공개 내용과 잠재적인 결과에 대해 클라이언트에게 알려야 한다. 이는 사회복지사가 법적 요구 사항이나 클라이언트 동의에 따라 비밀정보를 공개하는지 여부에 관계없이 적용된다.

(e) 사회복지사는 비밀보장의 본질과 클라이언트의 비밀보장 권리의 제한에 대해 클라이언트 및 기타 이해 당사자와 논의해야 한다. 사회복지사는 비밀정보가 요청될 수 있는 상황과 비밀정보의 공개가 법적으로 요구될 수 있는 상황을 클라이언트와 함께 검토해야 한다. 이러한 논의는 사회복지사와 클라이언트의 관계에서 가능한 한 빨리 이루어져야 하며, 관계가 지속되는 동안 필요에 따라 수시로 이루어져야 한다.

(f) 사회복지사가 가족, 커플 또는 집단에 상담서비스를 제공할 때 사회복지사는 각 개인의 비밀 유지 권리와 다른 사람이 공유한 정보의 비밀 유지 의무에 관해 관련 당사자 간의 합의를 구해야 한다. 이 계약에는 비밀정보가 클라이언트 간 또는 공식 상담회기 외의 다른 사람과 직접 또는 전자적으로 교환될 수 있는지 여부에 대한 고려가 포함되어야 한다. 사회복지사는 가족, 커플 또는 집단 상담 참여자에게 모든 참여자가 그러한 합의를 존중할 것이라고 보장할 수 없다는 점을 알려야 한다.

(g) 사회복지사는 가족, 커플, 결혼 또는 집단 상담에 참여하는 클라이언트에게 상담에 참여하는 당사자 사이에서 사회복지사의 비밀정보 공개에 관한 사회복지사, 고용주 및 기관의 정책을 알려야 한다.

(h) 사회복지사는 클라이언트가 공개를 승인하지 않는 한 비밀정보를 제3자 지불자에게 공개해서는 안 된다.

(i) 사회복지사는 사생활보호가 보장되지 않는 한 어떠한 환경에서도 전자적으로나 직접적으로 비밀정보에 대해 논의해서는 안 된다. 사회복지사는 복도, 대기실, 엘리베이

터, 레스토랑 등 공공 또는 준공공 장소에서 비밀정보에 대해 논의해서는 안 된다.

(j) 사회복지사는 법적 절차가 진행되는 동안 법이 허용하는 한도 내에서 클라이언트의 비밀보장을 지켜야 한다. 법원이나 기타 법적 권한을 부여받은 기관이 사회복지사에게 클라이언트의 동의 없이 비밀 또는 특권 정보를 공개하도록 명령하고 그러한 공개가 클라이언트에게 해를 끼칠 수 있는 경우, 사회복지사는 법원에 명령을 철회하거나 가능한 적은 정보로 공개 명령을 제한하도록 요청해야 한다. 또는 공개열람이 불가능하도록 기록을 봉인하여 보관해야 한다.

(k) 사회복지사는 언론의 요청에 응할 때 클라이언트의 비밀보장을 유지해야 한다.

(l) 사회복지사는 클라이언트의 서면 및 전자 기록과 기타 민감한 정보에 대해서도 비밀보장을 해야 한다. 사회복지사는 클라이언트의 기록이 안전한 장소에 보관되고 접근 권한이 없는 다른 사람이 클라이언트의 기록을 이용할 수 없도록 합리적인 조치를 취해야 한다.

(m) 사회복지사는 클라이언트나 제3자에게 제공되는 정보를 포함하여 전자 통신의 비밀보장을 위해 합리적인 조치를 취해야 한다. 사회복지사는 이메일, 온라인 게시물, 온라인 채팅 세션, 모바일 통신, 문자 메시지 등 전자 통신을 사용할 때 적용 가능한 보호 장치(암호화, 방화벽, 비밀번호 등)를 사용해야 한다.

(n) 사회복지사는 클라이언트에게 비밀정보 위반을 적시에 알리기 위한 정책과 절차를 개발하고 공개해야 한다.

(o) 사회복지사의 전자 통신 또는 저장 시스템에 대한 무단 접근을 포함하여 클라이언트 기록이나 정보에 대한 무단 접근이 있는 경우, 사회복지사는 해당 법률 및 전문 기준에 따라 클라이언트에게 그러한 공개 사실을 알려야 한다.

(p) 사회복지사는 클라이언트에 대한 정보를 수집하기 위해 인터넷 기반 검색 엔진을 포함한 전자 기술을 사용하는 것에 대한 일반적인 사회복지 윤리 기준에 부합하는 정책을 개발하고 클라이언트에게 알려야 한다.

(q) 사회복지사는 설득력 있는 전문적 이유가 없고 적절한 경우 클라이언트의 사전 동의가 있는 경우를 제외하고 클라이언트 정보를 전자적으로 검색하거나 수집하는 것을 피해야 한다.

(r) 사회복지사는 클라이언트에 대한 식별 정보나 비밀정보를 전문 웹사이트나 기타 형태의 소셜 미디어에 게시하는 것을 피해야 한다.

(s) 사회복지사는 클라이언트의 비밀을 보호하고 기록 및 사회사업 면허에 적용되는 해당 법률에 부합하는 방식으로 클라이언트의 기록을 이전하거나 폐기해야 한다.

(t) 사회복지사는 사회복지사의 업무 종료, 무능력화 또는 사망 시 클라이언트의 비밀을

보호하기 위해 합리적인 예방 조치를 취해야 한다.

(u) 사회복지사는 클라이언트가 비밀정보 공개에 동의하지 않는 한 교육이나 훈련 목적으로 클라이언트에 대해 논의할 때 식별 정보를 공개해서는 안 된다.

(v) 사회복지사는 클라이언트가 비밀정보 공개에 동의하지 않았거나 그러한 공개에 대한 강력한 필요성이 있는 경우를 제외하고 컨설턴트와 클라이언트를 논의할 때 식별정보를 공개해서는 안 된다.

(w) 사회복지사는 이전 기준에 따라 사망한 클라이언트의 비밀을 보호해야 한다.

(4) 비밀보장의 법적 의무

비밀보장의 의무는 '사회복지사 윤리강령'이라는 전문적 윤리에 근거한 의무일 뿐만 아니라 법적 의무로도 규정하고 있다. 예를 들어 「사회보장기본법」 제38조(개인정보 등의 보호) 제1항에서는 '사회보장 업무에 종사하거나 종사하였던 자는 사회보장업무 수행과 관련하여 알게 된 개인·법인 또는 단체의 정보를 관계 법령에서 정하는 바에 따라 보호하여야 한다.'고 규정하고 있다. 또 「국민기초생활보장법」, 「국민연금법」, 「사회복지사업법」 등 대부분의 사회복지 법률에서 비밀보장 및 비밀준수 의무와 관련된 조항을 규정하고 있다.

대부분의 법률에서 현재 관련 직무에 종사하고 있는 경우는 물론 과거에 종사했던 경우에도 비밀보장 의무를 규정하고 있다. 또 다수의 법률에서 의무 위반 시 벌칙을 부과하고 있는데 개별 법률과 조항에 따라 다르지만, 최대 7년 이하의 징역에 처할 수 있을 정도로 강하게 부과하고 있다.[3] 주요 사회복지법률에서 제시하는 사회복지사의 비밀보장 관련조항을 살펴보면 다음의 〈표 5-1〉과 같다.[4]

3) 그러나 사회복지사가 비밀엄수의무 위반으로 처벌받은 실제 사례는 찾아보기 어렵다.

4) 한편 사회복지관련 법률에서 비밀누설금지 혹은 비밀엄수와 관련된 조항들이 추가된 것은 주로 1990년대 중반 이후이다. 이 시기에 들어오면서 개인의 사생활을 지키고, 비밀을 보장하는 것이 중요하다는 인식을 비로소 갖기 시작했기 때문이라고 할 수 있다. 이는 범죄의 희생자 등에 대해서 1990년대 초반까지 실명과 사진을 언론에 가감 없이 그대로 노출하는 것에 대해 문제로 인식하지 않았던 사회적 분위기 등을 통해 알 수 있다.

이러한 사회복지사의 비밀보장의무에 윤리적 의무를 넘어서 법적 책임까지 부여한 이유는 무엇일까? 이는 사회복지사라는 전문가에 대한 신뢰를 증진시킴으로써 클라이언트의 사회복지서비스의 접근가능성이 높아질 수 있기 때문이다. 또한 비밀을 지켜야 한다는 당위성에서 한 걸음 더 나아가 비밀정보를 올바르게 사용해야 하는 적극적인 사회적 의무도 사회복지사에게 부과하고 있다고 할 수 있다.

표 5-1 사회복지관련법률에 명시된 비밀보장조항(2024년 1월 31일 기준)

법률	조항	내용	벌칙
사회보장 기본법	제38조(개인정보 등의 보호)	- 사회보장 업무에 종사하거나 종사하였던 자는 사회보장업무 수행과 관련하여 알게 된 개인·법인 또는 단체의 정보를 관계 법령에서 정하는 바에 따라 보호하여야 한다.	벌칙규정 없음
국민 기초생활 보장법	제22조(신청에 의한 조사) 제23조(확인조사)	- 공무원 또는 공무원이었던 사람은 규정에 따라 얻은 정보와 자료를 이 법에서 정한 보장목적 외에 다른 용도로 사용하거나 다른 사람 또는 기관에 제공하여서는 아니 된다.	3년 이하의 징역 또는 3천만 원이하의 벌금
	제23조의2(금융정보 등의 제공)	- 규정에 따른 업무에 종사하거나 종사하였던 자는 업무를 수행하면서 취득한 금융정보 등을 이 법으로 정한 목적 외의 다른 용도로 사용하거나 다른 사람 또는 기관에 제공하거나 누설하여서는 아니 된다.	5년 이하의 징역 또는 3천만 원 이하의 벌금
국민 연금법	제124조(비밀유지)	- 공단에 종사하였던 자 또는 종사하는 자는 그 업무상 알게 된 비밀을 누설하여서는 아니 된다.	1년 이하의 징역 또는 1천만 원이하의 벌금
국민건강 보험법	제96조의3(가족관계등록 전산정보의 공동이용)	- 누구든지 공동이용하는 전산정보자료를 그 목적 외의 용도로 이용하거나 활용하여서는 아니 된다.	3년 이하의 징역 또는 1천만 원 이하의 벌금
	제102조(정보의 유지 등)	- 공단, 심사평가원 및 대행청구단체에 종사하였던 사람 또는 종사하는 사람은 다음 각 호의 행위를 하여서는 아니 된다. : 가입자 및 피부양자의 개인정보를 누설하거나 직무상 목적 외의 용도로 이용 또는 정당한 사유 없이 제3자에게 제공하는 행위 : 업무를 수행하면서 알게 된 정보(개인정보 제외)를 누설하거나 직무상 목적 외의 용도로 이용 또는 제3자에게 제공하는 행위	- 개인정보: 5년 이하의 징역 또는 5천만 원 이하의 벌금 - 개인정보 외: 3년 이하의 징역 또는 3천만 원 이하의 벌금

사회복지 사업법	제47조 (비밀누설의 금지)	- 사회복지사업 또는 사회복지업무에 종사하였거나 종사하고 있는 사람은 그 업무 수행 과정에서 알게 된 다른 사람의 비밀을 누설하여서는 아니 된다.	1년 이하의 징역 또는 1천만 원이하의 벌금
아동복지법	제22조의5 (아동학대사례 전문위원회)	- 사례전문위원회에 참석한 사람은 업무상 알게 된 비밀을 누설하거나 이를 이용하여 부당한 이익을 취하여서는 아니 된다.	1년 이하의 징역 또는 1천만 원 이하의 벌금
	제28조의2 (아동학대 정보의 관리 및 제공)	- 피해아동관련 정보를 취득한 사람은 요청 목적 외로 해당 정보를 사용하거나 다른 사람에게 제공 또는 누설하여서는 아니 된다.	3년 이하의 징역 또는 3천만 원 이하의 벌금
	제65조 (비밀 유지 등의 의무)	- 아동복지업무에 종사하였거나 종사하는 자는 그 직무상 알게 된 비밀을 누설하거나 직무상 목적 외의 용도로 이용하여서는 아니 된다.	3년 이하의 징역 또는 3천만 원 이하의 벌금
장애인 복지법	제50조의3 (금융정보 등의 제공)	- 규정에 따른 업무에 종사하거나 종사하였던 사람은 업무를 수행하면서 취득한 금융정보 등을 이 법에서 정한 목적 외의 다른 용도로 사용하거나 다른 사람 또는 기관에 제공하거나 누설하여서는 아니 된다.	5년 이하의 징역 또는 5천만 원 이하의 벌금
	제85조의2 (비밀 누설 등의 금지)	- 공무원과 공무원이었던 사람, 정밀심사 의뢰기관의 종사자와 종사자였던 사람, 수탁기관의 종사자와 종사자였던 사람은 업무 수행 중 알게 된 정보 또는 비밀 등을 이 법에서 정한 목적 외에 다른 용도로 사용하거나 다른 사람 또는 기관에 제공·누설하여서는 아니 된다.	3년 이하의 징역 또는 3천만 원 이하의 벌금
노인 복지법	제39조의12 (비밀누설의 금지)	- 학대노인의 보호와 관련된 업무에 종사하였거나 종사하는 자는 그 직무상 알게 된 비밀을 누설하지 못한다.	3년 이하의 징역 또는 3천만 원 이하의 벌금
정신건강 증진 및 정신질환자 복지서비스 지원에 관한 법률	제71조 (비밀누설의 금지)	- 정신질환자 또는 정신건강증진시설과 관련된 직무를 수행하고 있거나 수행하였던 사람은 그 직무의 수행과 관련하여 알게 된 다른 사람의 비밀을 누설하거나 공표하여서는 아니 된다.	3년 이하의 징역 또는 3천만 원 이하의 벌금
한부모가족 지원법	제12조의2 (복지 급여 사유의 확인 등)	- 규정에 따른 업무에 종사하거나 종사하였던 사람은 업무를 수행하면서 받은 자료와 그 밖에 알게 된 사실을 이 법에서 정한 목적과 다르게 사용하거나 누설하여서는 아니 된다.	3년 이하의 징역 또는 3천만 원 이하의 벌금
	제12조의3 (금융정보 등의 제공)	- 규정에 따른 업무에 종사하거나 종사하였던 사람은 업무를 수행하면서 취득한 금융정보등을 이 법에서 정한 목적 외의 다른 용도로 사용하거나 다른 사람 또는 기관에 제공하거나 누설하여서는 아니 된다.	5년 이하의 징역 또는 5천만 원 이하의 벌금

입양 특례법	제37조 (비밀유지의 의무)	- 아동권리보장원 또는 입양기관에 종사하는 사람 또는 종사하였던 사람은 그 업무를 행하는 과정에서 알게 된 비밀을 누설하여서는 아니 된다. 다만, 제36조(입양정보의 공개 등)에 따라 입양정보를 공개하는 대에는 예외로 한다.	3년 이하의 징역 또는 3천만 원 이하의 벌금
성폭력 방지 및 피해자 보호 등에 관한 법률	제30조 (비밀 엄수의 의무)	- 상담소, 보호시설 또는 통합지원센터의 장이나 그 밖의 종사자 또는 그 직에 있었던 사람은 그 직무상 알게 된 비밀을 누설하여서는 아니 된다.	2년 이하의 징역 또는 500만 원 이하의 벌금
가정폭력 방지 및 피해자 보호 등에 관한 법률	제16조 (비밀 엄수의 의무)	- 긴급전화센터, 상담소 또는 보호시설의 장이나 이를 보조하는 자 또는 그 직에 있었던 자는 그 직무상 알게 된 비밀을 누설하여서는 아니 된다.	1년 이하의 징역 또는 1천만 원 이하의 벌금
아동·청소년의 성보호에 관한 법률	제25조 (수사 및 재판 절차에서의 배려)	- 수사기관과 법원 및 소송관계인은 아동·청소년대상 성범죄를 당한 피해자의 나이, 심리 상태 또는 후유장애의 유무 등을 신중하게 고려하여 조사 및 심리·재판 과정에서 피해자의 인격이나 명예가 손상되거나 사적인 비밀이 침해되지 아니하도록 주의하여야 한다.	벌칙규정 없음
	제25조의7 (비밀준수의 의무)	- 신분비공개수사 또는 신분위장수사에 대한 승인·집행·보고 및 각종 서류작성 등에 관여한 공무원 또는 그 직에 있었던 자는 직무상 알게 된 신분비공개수사 또는 신분위장수사에 관한 사항을 외부에 공개하거나 누설하여서는 아니 된다.	5년 이하의 징역 또는 5천만 원 이하의 벌금
	제31조 (비밀누설 금지)	- 아동·청소년대상 성범죄의 수사 또는 재판을 담당하거나 이에 관여하는 공무원 또는 그 직에 있었던 사람은 피해아동·청소년의 주소·성명·연령·학교 또는 직업·용모 등 그 아동·청소년을 특정할 수 있는 인적사항이나 사진 등 또는 그 아동·청소년의 사생활에 관한 비밀을 공개하거나 타인에게 누설하여서는 아니 된다. - 기관·시설 또는 단체의 장이나 이를 보조하는 자 또는 그 직에 있었던 자는 직무상 알게 된 비밀을 타인에게 누설하여서는 아니 된다. - 누구든지 피해아동·청소년의 주소·성명·연령·학교 또는 직업·용모 등 그 아동·청소년을 특정하여 파악할 수 있는 인적사항이나 사진 등을 신문 등 인쇄물에 싣거나 「방송법」에 따른 방송 또는 정보통신망을 통하여 공개하여서는 아니 된다.	- 7년 이하의 징역 또는 5천만 원 이하의 벌금 - 징역형과 벌금형 병과가능
	제34조 (아동·청소년	- 다른 법률에 규정이 있는 경우를 제외하고는 누구든지 신고자 등의 인적사항이나 사진 등 그 신원을 알	1년 이하의 징역 또는 500만 원 이

	대상 성범죄의 신고)	수 있는 정보나 자료를 출판물에 게재하거나 방송 또는 정보통신망을 통하여 공개하여서는 아니 된다.	하의 벌금
	제54조 (비밀준수)	- 등록대상 성범죄자의 신상정보의 공개 및 고지 업무에 종사하거나 종사하였던 자는 직무상 알게 된 등록정보를 누설하여서는 아니 된다.	5년 이하의 징역 또는 5천만 원 이하의 벌금
	제55조 (공개정보의 악용금지)	- 공개정보는 아동·청소년 등을 등록대상 성범죄로부터 보호하기 위하여 성범죄 우려가 있는 자를 확인할 목적으로만 사용되어야 한다. - 공개정보를 확인한 자는 공개정보를 활용하여 '신문·잡지 등 출판물, 방송 또는 정보통신망을 이용한 공개', '공개정보의 수정 또는 삭제'의 행위를 하여서는 아니 된다.	5년 이하의 징역 또는 5천만 원 이하의 벌금
성매매 방지 및 피해자 보호 등에 관한 법률	제30조 (비밀엄수 등의 의무)	- 상담소 등의 장이나 종사자 또는 그 직에 있었던 자는 직무상 알게 된 비밀을 누설하여서는 아니 된다.	1년 이하의 징역 또는 1천만 원 이하의 벌금
보호관찰 등에 관한 법률	제37조 (보호관찰 대상자 등의 조사)	- 보호관찰 대상자 등의 조사 등의 직무를 담당하는 사람은 직무상 비밀을 엄수하고, 보호관찰 대상자 및 관계인의 인권을 존중하며, 보호관찰 대상자의 건전한 사회 복귀에 방해되는 일이 없도록 주의하여야 한다.	벌칙규정 없음
	제54조 (직무상 비밀과 증언 거부)	- 심사위원회 및 보호관찰소의 직원이거나 직원이었던 사람이 다른 법률에 따라 증인으로 신문(訊問)을 받는 경우에는 그 직무상 알게 된 다른 사람의 비밀에 대하여 증언을 거부할 수 있다. 다만, 본인의 승낙이 있거나 중대한 공익상 필요가 있는 경우에는 그러하지 아니하다.	

(5) 비밀보장의 제한과 한계

최근 정보통신의 발전과 정보의 전산화로 인해 클라이언트 정보의 비밀보장이 현실적으로 어렵거나 위협받게 될 가능성이 높아졌다. 왜냐하면 클라이언트에 대한 개별정보가 사회복지통합전산망 등과 같은 전산망을 통해 공유되고 보관되기 때문에 불특정 다수에게 공개적으로 유포될 위험성도 커졌기 때문이다. 이메일이나 전화, SNS 등을 통해 클라이언트의 개인정보가 유출될 위험성도 높아졌다. 또 수어통역이나 문자통역, 혹은 외국인과 다문화가정을 대상으로 하는 통역서비스를 제공하는 과정에서 클라이언트의 정보가 노출될 수도 있다(김기덕 외, 2012: 245-246). 따라서 클라이언트의 정보를 취급하는데 있어 보안에 더욱 민감하게 주의를 기울여야 할 것이다.

비밀보장은 사회복지사와 클라이언트 사이에 지켜져야 하는 원칙이다. 따라서 클라이언트와 직접적으로 관계를 맺고 있는 사회복지사 본인만 지키면 문제가 없을 것이라고도 생각할 수 있다. 그러나 사회복지실천과정에는 다양한 유형의 많은 사람들이 관여하게 된다. 그리고 이들은 자신들의 필요에 의해서 다양한 요구를 하게 되는데, 이때 클라이언트의 정보가 공유될 수 있다. 예를 들어 사회복지사는 다른 사회복지사와 클라이언트의 비밀정보를 이야기할 수 있다. 즉 동료 사회복지사나 슈퍼바이저에게 자문을 구하거나 전문적 이해관계를 가지고 있는 다른 사회복지사에게 클라이언트의 정보를 제공하는 상황이 발생할 수 있다. 또 다른 전문직의 동료들과 클라이언트의 정보를 함께 공유해야 할 수도 있다. 의료사회복지사가 의사와 정보를 공유하거나, 학교사회복지사가 교사와 정보를 공유하는 등의 상황이 발생할 수 있다. 이러한 상황에서 클라이언트의 동의 없이 다른 사람에게 클라이언트의 정보를 제공하는 것은 문제가 없을까?

또 사회복지사는 비밀보장이 제한되는 상황, 즉 클라이언트와의 전문적 관계에서 획득한 정보를 노출해야 하는 상황에 놓일 수 있다. 제3자를 보호해야 하는 경우, 비밀유지가 클라이언트를 제대로 돕는 것이 아닐 경우, 또는 법에 따라 신고 또는 정보 제공의 의무가 있는 경우, 그리고 클라이언트가 미성년자인 경우 등이 그 예라고 할 수 있다(박인선, 2004: 193). 클라이언트가 범죄를 계획하고 있다는 것을 사회복지사가 알게 되었다면 어떻게 해야 할 것인가? 경찰 등에게 이러한 사실을 알리는 것이 윤리적으로는 문제가 없는 것일까? 이것은 혹시 클라이언트와 원조관계에 문제를 일으키지는 않을까? 중대범죄는 아니라고 하더라도 클라이언트가 불이익을 받을 수 있는 다양한 경우가 존재한다.

2) 알권리와 고지된 동의

(1) 알권리

알권리(Right to know)는 '국민 개개인이 정치적·사회적 현실에 대한 정보를 자유롭게 알 수 있는 권리, 또는 이러한 정보에 대해 접근할 수 있는 권리를 통칭하는 개념'이라고 정의된다(두산백과, doopedia). 이러한 알권리는 국민 개개인이 중요한 결정을 내리거나 자신의 복지를 위해 충분히 정보를 이용할 수 있어야 한다는 논리를 기본바탕으로 한다. 특히 개인을 둘러싼 사회 환경의 영향력이 확대되고, 정보기술이 급속하게 발달하면서 개인들 역시 자신을 둘러싸고 있는 현실에 대한 정보를 얻고자 하는 욕구가 강해짐에 따라 알권리 문제는 인권의 문제로 자리 잡기 시작하였다(두산백과, doopedia).

우리나라를 비롯한 세계 어느 나라도 알권리를 헌법조항으로 다루고 있지는 않다. 또 매우 추상적인 개념이라 명확하게 규정하는 것도 쉽지 않다. 하지만 갈수록 지식정보화 사회로 변화·발전되는 점을 감안하면 알권리가 보장되어야 한다는 주장이 힘을 받고 있다. 우리나라에서는 「공공기관의 정보공개에 관한 법률」이 1996년 12월에 제정되어 1998년 1월부터 시행되고 있다. 이 법의 제정을 통해 공공기관이 보유·관리하는 정보에 대한 국민의 공개 청구와 공공기관의 정보공개의무에 관해 규정하고 있다. 이 법 외에도 알권리가 명시되어 있는 법률로는 「뉴스통신 진흥에 관한 법률」, 「보건의료기본법」, 「응급의료에 관한 법률」, 「군사기밀 보호법」, 「담배사업법」, 「마약류 관리에 관한 법률」, 「형의 집행 및 수용자의 처우에 관한 법률」 등이 있다. 이러한 법률들은 국민의 알권리 신장을 이유로 「공공기관의 정보공개에 관한 법률」 제정 이후 개정된 바 있다. 즉 정부와 학교 등 공공기관의 자료와 뉴스 통신관련 기관들의 자료, 그리고 건강 및 교정과 관련해 국민의 접근권과 청구권을 인정하고 있음을 알 수 있다. 이처럼 알권리는 헌법상 명문의 규정이 없음에도 보호가치가 매우 높은 국민의 기본권으로 정착되었으며, 각종 기본권에 내포되어 있는 권리로 인식되고 있다고 할 수 있다(김천수, 2003: 259).

(2) 사회복지실천과 클라이언트의 알권리

휴먼서비스 분야에서 알권리는 주로 의료분야에서 많이 제기된다. 예를 들어 「보건의료기본법」에서는 다음과 같이 환자의 알권리를 규정하고 있다.

「보건의료법」에 명시된 환자의 알권리 조항

제11조(보건의료에 관한 알권리)

① 모든 국민은 관계 법령에서 정하는 바에 따라 국가와 지방자치단체의 보건의료시책에 관한 내용의 공개를 청구할 권리를 가진다.

② 모든 국민은 관계 법령에서 정하는 바에 따라 보건의료인이나 보건의료기관에 대하여 자신의 보건의료와 관련한 기록 등의 열람이나 사본의 교부를 요청할 수 있다. 다만, 본인이 요청할 수 없는 경우에는 그 배우자·직계존비속 또는 배우자의 직계존속이, 그 배우자·직계존비속 및 배우자의 직계존속이 없거나 질병이나 그 밖에 직접 요청을 할 수 없는 부득이한 사유가 있는 경우에는 본인이 지정하는 대리인이 기록의 열람 등을 요청할 수 있다.

제12조(보건의료서비스에 관한 자기결정권) 모든 국민은 보건의료인으로부터 자신의 질병에 대한 치료 방법, 의학적 연구 대상 여부, 장기이식(臟器移植) 여부 등에 관하여 충분한 설명을 들은 후 이에 관한 동의 여부를 결정할 권리를 가진다.

제13조(비밀보장) 모든 국민은 보건의료와 관련하여 자신의 신체상·건강상의 비밀과 사생활의 비밀을 침해받지 아니한다.

또 서울대학교병원, 서울아산병원 등 개별 병원에서는 「환자권리장전」 등을 통해 환자의 알권리를 인정하고 또한 실현하게 하고 있다.[5] 즉 환자가 자신의

5) 서울아산병원 환자권리장전의 환자의 권리에서는 환자의 알권리를 다음과 같이 규정하고 있다(서울아산병원 홈페이지).

- 알권리 및 자기결정권: 환자는 담당 의사·간호사 등으로부터 질병 상태, 치료 방법, 의학적 연구 대상 여부, 장기이식 여부, 부작용 등 예상 결과 및 진료비용에 관하여 충분한 설명을 듣고 자세히 물어볼 수 있으며, 이에 관한 동의 여부를 결정할 권리를 갖는다.

질병상태, 치료방법, 부작용 등 예상결과, 진료비용 등에 대한 설명을 통해 충분히 알도록 하고 이러한 상황에서 자기결정을 하도록 규정하고 있는 것이다. 사회복지 실천에 있어 클라이언트의 알권리 역시 마찬가지라고 할 수 있다.

그러나 「보건의료기본법」과 달리 「사회복지사업법」을 비롯한 사회복지관련 법에서는 알권리에 대하여 규정하고 있지 않다. 이는 사회복지실천현장에서는 앞서 살펴본 비밀보장권리를 중심으로 논의되어 왔기 때문이라고 할 수 있다. 또한 클라이언트의 비밀보장권리는 매우 중요하게 인정되어 왔지만 클라이언트의 알권리는 매우 제한된 정도에서 소극적으로 인정되고 있다고 할 수 있다. 하지만 사회복지실천에서 알권리는 매우 중요한 권리이다. 사회복지실천에서 알권리가 중요한 이유는 다음과 같다(우국희 외, 2015: 180-181).

첫째, 사회복지실천에서 중요시하는 윤리적 규범인 '고지된 동의'가 알권리를 바탕으로 한다는 점에서 중요성을 찾을 수 있다. 고지된 동의(informed consent)는 현재의 클라이언트 또는 앞으로 클라이언트가 될 가능성이 있는 자로부터 정보를 수집하거나 서비스를 제공하고자 할 때 이들로부터 반드시 사전 동의를 얻어야 한다는 원칙(김상균 외, 2002)을 의미하는데 사회복지실천현장에서 클라이언트의 알권리는 고지된 동의의 형태로 구체화된다고 할 수 있다.

둘째, 클라이언트의 알권리는 클라이언트의 자기결정권을 실질적으로 보장하는 기능을 수행한다. 사회복지실천에서는 클라이언트의 자기결정권을 매우 중요한 가치로 여겨왔다. 그런데 스스로 결정을 하려면 결정하려는 내용이 무엇인지 정확하게 아는 것이 필요하다. 앞서 「보건의료기본법」에서 환자의 알권리와 자기결정권이 이어서 나오는 것은 이러한 이유 때문이라고 할 것이다. 알권리는 자기결정권에 선행하는 기본적인 권리로, 환자는 자신이 어떠한 상태에 있으며 자신에게 어떠한 것이 행해질 것인지를 알고 있어야 비로소 자기결정권을 행사할 수 있다. 그리고 클라이언트의 자기결정권이 실제로 작동하기 위해서는 클라이언트가 자신의 결정과 관련된 다양한 정보를 알고 있어야 한다. 즉 클라이언트가 자기결정을 하기 위해서는 그 결정과 관련된 모든 적절한 대안들에 대해서 충분히 알고 있어야 한다. 이는 어떤 결정이나 선택을 위해서 필요한 정보가 충분히 제공되어야 함을 의미한다.

이러한 알권리는 클라이언트가 받게 되는 서비스에 대해서도 적용된다. 즉 서비스에 대한 상세한 설명과 정보제공, 어떠한 서비스를 받게 되는지, 혹은 어떤 치료나 프로그램에 참여하게 되는지, 서비스에 참여하면서 일어날 수 있는 일들과 나타날 결과의 부작용, 서비스를 거부할 권리 등에 대해서 클라이언트는 알권리가 있다(김기덕 외, 2012: 224). 결국 클라이언트는 충분한 정보를 제공받아 '알권리'를 존중받고, 알권리가 충족된 상황에서 이를 바탕으로 '고지된 동의'를 하고, '자기결정'을 하게 되는 것이다.

(3) 윤리강령에 나타난 알권리와 고지된 동의의 원칙

알권리와 관련하여 한국 사회복지사 윤리강령에서는 평가나 연구조사 시 연구 참여자의 권리 보장을 위해서, 정보에 입각한 클라이언트의 동의의 내용으로 다음과 같은 조항을 제시하고 있다.

한국 사회복지사 윤리강령: 알권리와 고지된 동의 관련 조항

Ⅰ. 기본적 윤리기준

2. 전문성 개발을 위한 노력

2) 지식기반의 실천 증진

나. 사회복지사는 평가나 연구조사를 할 때 연구참여자의 권리를 보장하기 위해, 연구 관련 사항을 충분히 안내하고 자발적인 동의를 얻어야 한다.

Ⅱ. 클라이언트에 대한 윤리기준

4. 정보에 입각한 동의

사회복지사는 클라이언트의 알권리를 인정하고 동의를 얻어야 하며, 클라이언트가 받는 서비스의 목적과 내용, 범위, 합리적 대안, 위험, 서비스의 제한, 동의를 거절 또는 철회할 수 있는 클라이언트의 권리 등에 대해 정확하고 충분한 정보를 제공한다.

한편 미국 사회복지사 윤리강령에서는 알권리와 관련하여 '고지된 동의(Informed Consent)'와 '기록에 대한 접근(Access to Records)'이라는 항목을 규정하고 있다. 즉 사회복지사가 클라이언트에게 서비스의 목적과 내용, 기능 등을 알리고 동의를 받는 것, 클라이언트에게 서비스를 거부할 권리가 있음을 알리는 것, 클라이언트에게 질문할 권리가 있음을 알리는 것, 녹음이나 녹화 등을 실시하기 전에 반드시 동의를 받는 것, 그리고 비밀보장의 한계에 대해서 구체적인 정보를 제공하는 것 등의 '고지된 동의' 규정, 그리고 클라이언트가 자신과 관련된 공적인 사회복지기록을 정당한 이유로 보고자 할 때는 이를 허용해야 한다는 '기록에 대한 접근' 규정을 두고 있다. 구체적인 내용은 다음과 같다.

미국 사회복지사 윤리강령 : 알권리와 고지된 동의 관련 조항

1.03 고지된 동의

(a) 사회복지사는 적절한 경우 유효한 사전 동의에 기초한 전문적 관계의 맥락에서만 클라이언트에게 서비스를 제공해야 한다. 사회복지사는 명확하고 이해하기 쉬운 언어를 사용하여 클라이언트에게 서비스의 목적, 서비스와 관련된 위험, 제3자 지급인의 요구사항으로 인한 서비스 제한, 관련 비용, 합리적인 대안, 거부하거나 동의를 철회할 수 있는 클라이언트의 권리, 동의에 적용되는 기간을 알려야 한다. 사회복지사는 클라이언트에게 질문할 기회를 제공해야 한다.

(b) 클라이언트가 글을 읽을 줄 모르거나 실천 현장에서 사용되는 주요 언어(primary language)를 이해하는 데 어려움을 겪는 경우, 사회복지사는 클라이언트의 이해를 보장하기 위한 조치를 취해야 한다. 여기에는 클라이언트에게 자세한 구두 설명을 제공하거나 가능할 때마다 자격을 갖춘 통역사 또는 번역사를 주선하는 것이 포함될 수 있다.

(c) 클라이언트가 고지된 동의를 제공할 능력이 부족한 경우, 사회복지사는 적절한 제3자로부터 허가를 구하고 클라이언트의 이해 수준과 일치하도록 정보를 제공함으로써 클라이언트의 이익을 보호해야 한다. 그러한 경우 사회복지사는 제3자가 클라이언트의 소망과 이익에 부합하는 방식으로 행동하는지 확인하기 위해 노력해야 한다. 사회복지사는 클라이언트의 고지된 동의 능력을 향상시키기 위해 합리적인 조치를 취해야 한다.

(d) 클라이언트가 비자발적으로 서비스를 받는 경우, 사회복지사는 서비스의 성격과 범위,

서비스를 거부할 클라이언트의 권리 범위에 대한 정보를 제공해야 한다.

(e) 사회복지사는 전문 서비스 제공 시 정보통신(처리)기술 사용에 관한 사회복지사의 정책을 클라이언트와 논의해야 한다.

(f) 사회복지 서비스를 제공하기 위해 정보통신(처리)기술을 사용하는 사회복지사는 초기 스크리닝 또는 인터뷰 동안 그리고 서비스를 시작하기 전에 이러한 서비스를 사용하는 개인으로부터 고지된 동의를 얻어야 한다. 사회복지사는 클라이언트가 고지된 동의를 제공할 수 있는 능력을 평가해야 하며, 의사소통을 위해 정보통신(처리)기술을 사용할 때 클라이언트의 신원과 위치(the identity and location of clients)를 확인해야 한다.

(g) 사회복지 서비스를 제공하기 위해 정보통신(처리)기술을 사용하는 사회복지사는 클라이언트의 전자 및 원격 서비스에 대한 적합성과 역량을 평가해야 한다. 사회복지사는 서비스를 받기 위해 정보통신(처리)기술을 사용하는 클라이언트의 지적, 정서적, 신체적 능력과 그러한 서비스의 잠재적인 이익, 위험 및 한계를 이해하는 능력을 고려해야 한다. 클라이언트가 정보통신(처리)기술을 통해 제공되는 서비스를 이용하기를 원하지 않는 경우, 사회복지사는 클라이언트가 대체 서비스 방법을 찾도록 도와야 한다.

(h) 사회복지사는 클라이언트의 오디오 또는 비디오 녹화를 하거나 제3자가 서비스 제공을 관찰하도록 허용하기 전에 클라이언트의 사전 동의를 받아야 한다.

(i) 사회복지사는 클라이언트에 대한 전자 검색을 수행하기 전에 클라이언트의 동의를 얻어야 한다. 검색이 심각하고 예측 가능하며 임박한 피해로부터 클라이언트나 다른 사람을 보호하기 위한 목적이거나 기타 설득력 있는 직업적 이유인 경우에는 예외가 발생할 수 있다.

(4) 클라이언트의 알권리의 제한

앞서 살펴본 것처럼 사회복지사는 클라이언트에게 관련된 사항에 대해서 사실을 알릴 의무가 있다. 그러나 클라이언트의 알권리가 무제한적으로 보장되어야 하는 것은 아니다. 클라이언트의 알권리 역시 제한되어야 하는 상황이나 경우가 발생할 수 있다. 클라이언트를 위해서 혹은 부정적인 결과를 피하기 위하여 알고 있는 정보의 제공을 유보하거나 또는 선의의 거짓말을 하는 것이 필요한 경우도 발생한다. 리머(Reamer, 1990)는 이해당사자 및 관련된 사람들의 권리와 복지를 객관적으로 평가하여 누구의 권리와 안녕이 가장 우선시되어야 하는지, 알권리가 제한될 경우 누구의 권리와 이익이 가장 침해를 받게 되는지 충분히 평가한 후에 클라이언트의 알권리를 제한하는 결정을 내릴 수 있다고 하였다(김기덕 외, 2012: 227).

또 사회복지사는 상황에 따라 비밀보장이 제한되는 상황, 즉 클라이언트와의 전문적 관계에서 획득한 정보를 노출해야 하는 상황에 놓일 수 있다. 제3자를 보호해야 하는 경우, 비밀유지가 클라이언트를 제대로 돕는 것이 아닐 경우, 또는 법에 따라 신고의 의무 또는 정보 제공의 의무가 있는 경우, 그리고 클라이언트가 미성년자인 경우 등이 그 예라고 할 수 있다(박인선, 2010: 193).

2. 알권리와 비밀보장과 관련된 윤리적 쟁점

1) 제3자 보호와 비밀보장

만일 클라이언트가 범죄를 계획하고 있다는 것을 사회복지사가 알게 되었다면 어떻게 하여야 할 것인가? 경찰 등에게 이러한 사실을 알리는 것이 윤리적으로는 문제가 없는 것일까? 혹시 클라이언트와 원조관계에 문제를 일으키지는 않을까? 이와 같이 누군가에게 해를 입히겠다는 위협을 하거나, 다른 누군가의 위해를 암시하여 잠재적 위험이 우려되는 경우에 클라이언트의 비밀보장 및 자기 결정권 존중과 제3자 보호 의무 사이에서 윤리적 쟁점이 제기된다. 사회복지사는 윤리적 의사결정을 위해 클라이언트에 의해 해를 입을 수 있는 제3자의 위험 정도를 평가해야 하며, 비밀정보 공개가 사회복지사와 클라이언트의 원조관계, 기관의 평판 그리고 사회복지 전문직에 입힐 수 있는 잠재적 손실에 대해 고려해야 한다(오정수 외, 2022: 258).

타라소프 대 캘리포니아 대학 평의원회 판결(Tarasoff v. Board of Regents of the University of California, 1976)은 비밀보장에 관한 윤리적 쟁점과 관련하여

가장 널리 알려진 사건이다. 이 사건의 개요는 다음과 같다.

타라소프 대 캘리포니아 대학 평의원회 판결 개요

1969년 8월, 캘리포니아 버클리 대학 학생상담센터에서 포다르(Poddar)라는 대학원생이 심리학자 무어(Moore) 박사에게 상담을 받았다. 포다르는 무어에게 같은 대학에 재학중인 전 여자친구였던 타라소프(Tarasoff)를 살해할 계획이 있다고 말하였다.

무어는 캠퍼스 경찰에게 이 사실을 통보하여 포다르를 위험인물로 지목해 병원에 입원시키고 감시해달라고 요청하였다. 캠퍼스 경찰은 포다르를 구금한 후 심문했지만 그에게서 별다른 위협적인 징후를 발견하지 못했다는 이유로 타라소프를 피하라고만 이야기하고 석방했다. 이에 무어는 캠퍼스 경찰의 책임자에게 협조를 요청하는 공식적인 편지를 발송하였다. 그 후 무어의 슈퍼바이저는 그 편지를 되돌려 받으라고 했고, 그 편지와 상담 사례기록을 없애도록 했으며, 더 이상 이 상담사례에 관여하지 말라고 요구했다. 이러한 과정 중에 의도된 희생자, 즉 타라소프와 그녀의 가족에게는 아무런 경고도 주어지지 않았다. 결국 약 2개월 후 포다르는 타라소프를 살해하였다.

타라소프의 부모는 학생상담센터가 의도된 희생자에게 위협을 알리지 않았다는 이유로 캘리포니아대학 이사회를 상대로 소송을 제기했고, 일차적으로 지방법원에서 기각되었다. 그러나 타라소프의 부모는 항소했고, 마침내 1976년 캘리포니아 주 대법원은 타라소프 부모의 항소를 수용하여 상담자가 의도된 희생자에게 사전경고하지 않은 것은 무책임한 행동이었다는 판결을 내렸다.

출처: 김춘경 외(2016); Greene(2006). https://petrus91.tistory.com/13735406

타라소프 사건에서 치료자는 클라이언트, 즉 살해자인 포다르와의 관계가 비밀보장의 관계였기 때문에 자신은 죄가 없다고 주장하였다. 그러나 법원은 이 사건의 경우 비밀유지는 지켜질 수 없다고 판결을 내렸다. 즉 내담자가 제3자에게 해를 끼치는 상황이 예견될 경우 상담자는 이 사실을 제3자에게 알릴 의무가 있다는 것이다. 이 판결에서 상담자를 무책임하다고 한 가장 중요한 관점은 예상된 피해자에게 그 폭력을 경고하지 않았다는 것이다. 판결문에서는 이와 같은 판결을 내리는 이유에 대해서 다음과 같이 제시하고 있다(서미경 외 공역, 2000: 125).

타라소프 대 대 캘리포니아 대학 평의원회 판결 이유

비밀을 지키지 않음으로 해서 타인에게 생길 수 있는 위험을 피할 수만 있다면, 환자와 치료사 관계의 비밀보장을 보호하고자 하는 정책은 보류되어야 한다. 즉, 많은 사람들이 위험하다면 비밀유지특권은 유지될 수 없다. 치료자는 그의 환자가 타인에게 심각한 폭력을 보일 가능성이 있는지를 결정할 때, 또한 결정해야만 할 때, 그는 예상되는 피해자를 폭력으로부터 보호할 수 있는 합리적인 조치를 취해야 할 의무가 있다. 이러한 의무는 그에게 ① 예상되는 피해자에게 경고할 것, ② 피해자에게 위험이 있음을 다른 사람들에게도 알릴 것, ③ 경찰에게 알릴 것, ④ 그런 상황에 필요한 합리적인 조치들을 취할 것을 요구하고 있다.

잠재적 위험으로부터 제3자를 보호하기 위한 비밀정보 개방이 정당화 될 수 있는 조건에 대해서 리머(Reamer, 1999)는 다음과 같은 4가지 필요조건을 제시하고 있다(오정수 외, 2022: 259).

- 사회복지사는 클라이언트의 제3자 폭력 위협 증거를 갖고 있어야 한다.
- 사회복지사는 폭력 행위가 예측 가능하다는 증거를 갖고 있어야 한다.
- 사회복지사는 폭력 행위가 임박하다는 증거를 갖고 있어야 한다.
- 사회복지사는 잠재적 희생자를 밝힐 수 있어야 한다.

다음의 사례를 살펴보자. 당신은 어떠한 조치를 취할 것인가?

사례 5-1 제3자 위해를 암시하는 클라이언트

처음으로 그녀를 본 것은 버스정류장이었습니다. 그녀는 항상 같은 시간에 같은 버스를 타고 있었습니다. 끌리는 듯한 마음에 그녀에게 말을 걸었습니다. 그녀 또한 저에게 호의적으로 대해 주었습니다. 언제부터인가 저는 그녀에게 사랑을 느끼기 시작했습니다. 저는 그녀와 매우 가까워졌다고 생각했으며, 어느덧 사랑의 감정을 느꼈습니다.

얼마 전 그녀에게 새로운 애인이 생겼다는 것을 알게 되었습니다. 언제 누구랑 만나고 무엇을 하는지 모든 것을 알고 싶었습니다. 그녀와 만났을 때 몰래 휴대폰을 검사하기도 하고,

> 애인의 문자를 마음대로 지우고, 가는 길을 뒤따라 보기도 했습니다. 심지어 그녀의 집에서 속옷을 훔쳤습니다. 그녀를 위해 내 모든 것을 포기하고, 심지어는 그녀를 위해 죽을 수도 있습니다. 지금 제 솔직한 심정은 그녀를 납치라도 해서 그녀가 나만을 보고 웃어주었으면 좋겠습니다. 남들은 모두 집착이라고 하지만, 저는 그녀를 사랑합니다.

(1) 사례분석

- **본 사례에서 클라이언트의 비밀을 지킬 경우 발생할 수 있는 문제는 무엇인가?**

– 제3자(그녀)가 심각한 위험에 처할 가능성이 있다.

- **제3자(그녀) 등에게 비밀을 알린다면 발생할 수 있는 문제가 무엇인가?**

– 클라이언트와의 신뢰관계가 깨지고 원조관계가 훼손된다. 이후 상담이 중단되거나 윤리적 제소 혹은 법적 소송의 대상자가 될 수도 있다.

(2) 사례에서 나타난 윤리적 쟁점과 논의

- **의무론적 시각:** 비밀보장의 원칙을 지키는 것이 중요하다. 클라이언트 입장에서는 사회복지사가 자신의 비밀을 보장할 것이라고 생각하고 자신의 상황에 대해서 이야기하게 된다. 그런데, 상담내용을 토대로 클라이언트가 조사를 받거나 행동의 제약을 받는 등의 불이익을 받게 된다면 누가 상담에서 자신의 이야기를 진솔하게 할 수 있을 것인가?

- **공리주의적 시각(행위공리주의적 시각):** 비밀보장의 원칙이 중요하지만, 제3자가 위험에 처할 가능성이 확실하다면 비밀유지의 원칙을 깨고 제3자에게 경고하는 것이 바람직하다. 비밀공개가 가져올 손실이 비밀보장이 가져올 손실보다 적기 때문에 제3자 보호의무가 비밀보장을 존중할 의무보다 중요하다고 할 수 있다. 사회복지사가 판단하기에 위험이 있다고 판단된다면 경찰 등에게 도움을 요청하는 것이 필요할 것이다.

위 사례의 경우 클라이언트의 비밀을 보호하는 것과 비밀보장을 위반하는 것 중 어느 것이 더 바람직할 것인가? 어떤 경우에 클라이언트의 비밀을 보호하는 것보다 비밀보장을 위반하는 것이 바람직할 것인가?

2) 클라이언트의 보호와 비밀보장

클라이언트가 자살을 구체적으로 계획하고 있다고 사회복지사에게 이야기한 경우를 생각해 보자. 이 경우에 사회복지사는 비밀보장의 원칙에 따라 이 내용을 다른 사람에게 알리지 말아야 하는가? 아니면 클라이언트의 생명보호를 위해서 가족 등에게 알려야 할 것인가? 사회복지사는 제3자를 보호하기 위해서뿐만 아니라 클라이언트 자신을 보호하기 위해 비밀을 공개해야 할 것인가에 대해 갈등하는 딜레마 상황에 종종 처하게 된다. 자살시도나 자해와 같은 행위로 클라이언트 스스로에게 위험을 초래하거나 혹은 정신적 장애 등으로 심각한 위험에 처할 수 있는 클라이언트를 보호해야 하는 경우 등이 여기에 해당한다. 또 가족상담이나 부부상담에 함께 참여하고 있는 다른 클라이언트를 보호하기 위해 비밀정보 공개를 고려하는 경우도 이에 해당한다(오정수 외, 2022: 263).

다음의 2가지 사례를 살펴보자. 당신은 어떠한 조치를 취할 것인가?

사례 5-2 자살위험이 있는 클라이언트

당신은 정신건강의학과에서 어떤 환자와 지속적으로 상담을 실시하고 있다. 최근에 그녀는 심한 우울증에 빠져 삶에 희망이 없다고 말한다. 그녀는 자살하겠다고 말하며 어떻게 완벽하게 자살할 수 있을지에 대해 당신에게서 세부적인 것을 듣고자 한다. 또 이런 사실을 가족에게는 절대 말하지 말아달라고 부탁하였다.

(1) 사례분석

- 본 사례에서 클라이언트의 비밀을 지킬 경우 발생할 수 있는 문제는 무엇인가?

– 클라이언트가 자살을 시도할 수 있으며, 실제 자살을 하는 돌이킬 수 없는 결과를 초래할 수 있다. 이러한 상황이 발생하면 사회복지사는 클라이언트의 생명을 지키지 못했다는 죄책감에 시달릴 수 있으며, 유족이 추후 이 사실을 알게 되었을 윤리적 제소나 법적 소송의 대상자가 될 수 있다.

• 클라이언트의 비밀보장의 원칙을 깨고 가족 등 제3자에게 이 사실을 알린다면 발생할 수 있는 문제가 무엇인가?

– 클라이언트와의 신뢰관계가 깨지고 원조관계가 훼손된다. 이후 상담이 중단되거나 윤리적 제소 혹은 법적 소송의 대상자가 될 수도 있다.

(2) 사례에서 나타난 윤리적 쟁점과 논의

• **의무론적 시각:** 비밀보장의 원칙을 지키는 것이 중요하다. 클라이언트 입장에서는 사회복지사가 자신의 비밀을 보장할 것이라고 생각하고 자신의 상황에 대해서 이야기하게 된다. 그런데, 상담내용이 가족이나 제3자에게 알려진다면 누가 상담에서 자신의 이야기를 진술하게 할 수 있을 것인가? 따라서 가족 등에게 클라이언트의 자살에 대해 알리지 말라는 클라이언트의 요구를 절대적으로 존중하고 비밀을 보장하여야 한다.

• **공리주의적 시각(행위공리주의적 시각):** 클라이언트가 위험에 처할 가능성이 확실하다면 비밀유지의 원칙을 깨고 클라이언트의 자살계획을 가족에게 알려야 한다고 판단하거나 클라이언트가 가족에게 직접 알리도록 설득하는 것이 필요하다. 이러한 결정은 클라이언트에게 발생할 어떤 심각한 결과를 예방하는 것이 클라이언트의 비밀보장을 존중해야 하는 원칙을 지키는 것보다 더욱 중요하게 고려되기 때문이다.

위 사례의 경우 클라이언트의 비밀을 보호하는 것과 비밀보장을 위반하는 것 중 어느 것이 더 바람직할 것인가? 어떤 경우에 클라이언트의 비밀을 보호하는 것보다 비밀보장을 위반하는 것이 바람직할 것인가?

사례 5-3 알코올중독치료를 필요로 하는 클라이언트

지방에 거주하는 친언니가 대상자 '김○○'씨가 알코올중독으로 죽게 생겼다며 동주민센터에 의뢰하였다. 가정을 방문한 결과 김○○씨는 일상생활유지가 안 되고 대화도 어려웠으며, 술을 안 먹을 경우에는 손이 떨리고 걸음 걷기도 힘들어 했다. 아르바이트를 하다 해고 된 후 카드 돌려막기로 생활하고 있어 경제적 어려움이 있었다.

김○○씨는 미혼으로 현 거주지로 이사 온지는 7개월 정도가 되었으며 어려서는 가족들과 함께 살았으나 현재는 혼자서 반려견 3마리와 함께 살고 있다. 반려견들은 방치되고 있었으며 이로 인한 위생상의 문제 역시 발견되었다.

김○○씨는 우울증이 있어 꾸준히 치료를 받았었고 금주를 해보기도 했었으나, 우울증 약을 복용하면서 수면제를 함께 먹기 시작했고 이로 인해 우울증이 심화되어 자살 시도까지 한 적이 있었다. 또한 김○○씨는 알코올중독 문제 때문에 직장을 반복적으로 그만둔 적이 있었다. 김○○씨는 본인이 알코올중독인 것도 알고 치료를 해야 되는 것을 알고 있다. 그리고 '약을 먹으라고 하면 약을 먹고 치료를 하고 싶어요'라며 스스로 금주 의지를 표현하였다.

그러나 알코올중독 치료를 위해 입원치료가 필요함을 전달하니 현재 가까스로 슈퍼마켓 캐셔로 취직을 했는데 다시 일을 그만두고 싶지 않다며 입원치료를 거부하였다. 슈퍼마켓 사장님에게 협조를 구해 일을 잠시 중단할 것을 요청드려 보자고 제안했으나 사장님이 자신이 알코올중독이라는 것을 안다면 해고할 것이라고 하면서 알리지 않을 것이라고 말하였다.

출처: 사회보장정보원(2019). pp.46-57 내용을 토대로 재구성.

(1) 사례분석

- 본 사례에서 클라이언트의 비밀을 지킬 경우 발생할 수 있는 문제는 무엇인가?

– 알코올중독으로 인하여 클라이언트가 제대로 근무를 하지 못하는 상황이 발생할 수 있으며, 이로 인해 고용주가 피해를 볼 수 있다.

– 알코올중독을 치료하기 위하여 필요한 치료를 클라이언트가 받지 못할 가능성이 있으며, 이 때문에 클라이언트가 더 큰 위험에 처할 수 있다.

- 클라이언트의 비밀보장의 원칙을 깨고 제3자에게 이 사실을 알린다면 발생할 수 있는 문제가 무엇인가?
  - 클라이언트와의 신뢰관계가 깨지고 원조관계가 훼손된다. 클라이언트는 어렵게 구한 직장을 잃을 수 있으며, 이는 클라이언트의 삶을 더욱 어렵게 할 수 있다.

(2) 사례에서 나타난 윤리적 쟁점과 논의

위 사례의 쟁점은 알코올중독 극복을 위해 입원치료가 필요한 클라이언트와 이를 알리면 직장에서 해고될 수도 있는 문제 사이의 갈등이다.

현재 김○○씨는 알코올중독 치료의 중요성을 인지하고 있는 만큼이나 자립적인 경제생활의 의지를 강하게 가지고 있는 것으로 보인다. 또 현재 알코올중독 치료보다 직장유지가 우선일 수 있으며, 이러한 적절한 직장생활을 지속하게 된다면 알코올중독 치료를 그 이후에 할 수 있을 것이다. 자신의 삶의 문제 전문가는 클라이언트라는 말을 기억해야 한다.

클라이언트는 우울증 약을 복용하고 있으며, 자살시도를 한 적도 있다. 또 알코올중독 문제 때문에 직장을 반복적으로 그만둔 적이 있다. 지금 직장을 구했다고 하더라도 알코올중독문제가 해결되지 않는다면 언제라도 직장에서 문제를 일으킬 수 있으며, 이는 결국 해고될 가능성이 높다고 할 수 있다. 따라서 알코올중독 치료를 하는 것이 다른 무엇보다 중요한 상황이다.

치료 방법이 꼭 입원치료만 있는 것은 아닐 수 있다. 현실적인 관점에서 사회복지사는 클라이언트의 결정을 무시하기 어렵다. 따라서 직장을 유지하면서 입원을 대체할 차선책(내원치료)을 고려하면서 클라이언트의 의사를 존중하는 결정을 할 수 있다.

3) 미성년 클라이언트의 비밀보장

미성년 클라이언트와 공유하게 된 비밀에 대해 보호자에게 알려야 할 것인가와 관련하여 사회복지사는 윤리적 딜레마에 직면하게 된다. 예를 들어 학교현장에서 일하는 학교사회복지사의 경우 본인이 담당하는 프로그램에 참여하는 학생의 상황에 대해서 알려달라는 요구를 학생의 부모로부터 받을 수 있다. 성인 클라이언트와 다르게 미성년 클라이언트의 경우에는 좀 더 복잡한 의사결정을 필요로 한다.

다음의 사례를 살펴보자. 당신은 어떠한 조치를 취할 것인가?

사례 5-4 미성년 클라이언트

순이는 공장에 다니면서 집안일을 돕고 있는 17세 소녀이다. 가난하게 살면서도 부모님 잘 모시는 착한 딸로 주위 사람들에게 좋은 평을 받고 있으며 공장에도 열심히 다니고 있다. 순이가 하루는 상담사를 찾아와 자신이 임신 10주째라고 말하면서 낙태를 할 수 있도록 도와달라고 하였다. 그러나 부모님께는 알리지 말아달라고 부탁하면서 엄격하신 부모님께 임신사실이 알려지면 자신은 매맞고 집에서 쫓겨날 것이라고 강조하였다. 또한 공장에서 높은 자리에 있는 태아의 아버지에게도 이 사실이 알려지면 자신은 공장에서도 쫓겨날 것이라고 말하면서 아무에게도 알리지 말고 낙태수술만 받을 수 있도록 주선해 달라고 사정하였다.

(1) 사례분석

- 본 사례에서 클라이언트의 비밀을 지킬 경우 발생할 수 있는 문제는 무엇인가?

– 미성년자인 클라이언트의 건강에 심각한 해를 끼칠 수 있다.

- 클라이언트의 비밀보장의 원칙을 깨고 제3자(부모)에게 비밀을 알린다면 발생할 수 있는 문제가 무엇인가?

– 클라이언트와의 신뢰관계가 깨지게 된다. 이는 클라이언트와의 긍정적인 관계를 유지하는 데에도 방해가 될 수 있으며 윤리적 제소나 법적 소송의

대상자가 될 수도 있다.

(2) 사례에서 나타난 윤리적 쟁점

사회복지사는 순이의 비밀을 지켜주는 것이 옳은가? 아니면 부모님에게 비밀을 공개하는 것이 옳은가? 클라이언트인 순이와 부모, 그리고 사회복지사의 이익을 최대화할 수 있는 방안은 무엇인가? 사회복지사는 순이가 부모에게 자신의 상황을 숨기고 싶어 하는 이유를 이해할 수 있다. 그러나 동시에 딸의 문제가 무엇이고, 지금의 상황이 얼마나 심각한지를 부모에게 알려주어야 할 의무가 있다.

사회복지사가 미성년자와 공유하는 비밀정보는 그 자신이나 타인에 대한 위해를 방지하기 위해 공개해야 하는 경우가 아니라면 비밀이 보장되어야 한다는 것이 사회복지사들에게 널리 받아들여지고 있는 지침이다. 사실상 아동이나 청소년의 사소한 법규 위반에 대해 알게 된 많은 전문직 원조자는 정보공개로 인한 원조관계와 원조과정의 피해가 너무 클 것이기 때문에 위법사실을 신고하지 않는다(Reamer, 1999: 104; 오정수 외, 2022: 274에서 재인용). 그러나 이 사례를 사소한 법규 위반 사례와 같게 판단할 수 있을 것인가?

생각해보기

비밀보장과 알권리와 관련하여 다음의 사례를 살펴보자. 아래의 사례 속 사회복지사는 어떻게 하여야 할 것인가? 학생들이 요구하는 비밀유지의 요구를 들어줄 수 없다고 솔직하게 이야기해야만 할 것인가? 아니면 나중에 약속을 어기더라도 우선은 요구사항에 동의해야 하는가? 어떻게 하는 것이 윤리적인 선택일까? 비밀보장과 알권리의 관계를 토대로 생각해 보자.

사례 5-5 학교사회복지사의 비밀보장

A학교에 근무하는 학교사회복지사에게 학생들 몇 명이 찾아왔다. 최근 우리 학교에서 음주, 흡연, 심지어 약물사용 등의 문제가 발생하고 있다고 하면서 그 내용에 대해서 구체적으로 이야기하고 싶다고 하였다. 그러나 그 학생들은 자신들이 찾아왔었다는 사실을 교사와 부모에게 알리지 않는다고 약속해야만 이야기할 수 있다고 하였다. 왜냐하면 자신들이 그 문제의 당사자 중의 한 명이며, 자신들이 이러한 문제를 학교에 알렸다는 것이 주위에 알려지면 자신들이 학교생활을 하는 데 매우 곤란하기 때문이다.

그러나 학교사회복지사는 이러한 약속을 지킬 수 없다는 것을 알고 있다. 학교 측에 알리게 되면 결국 학생들의 상황이 알려지게 될 것이며, 이들 역시 처벌의 대상이 될 것이기 때문이다.

이중관계[1)]

사회복지사와 클라이언트의 관계는 사회복지실천의 성과를 좌우하는 중요한 도구이자 핵심기술이다. 사회복지사는 라포(rapport) 형성을 통해 클라이언트와 상호신뢰와 정서적 교감을 나누고, 전문적인 관계를 형성한다. 현재 한국 사회복지현장에서 중점적으로 활용되고 있는 사례관리, 지역밀착형 사업, 찾아가는 서비스, 지역사회 통합돌봄(커뮤니티 케어) 등의 개념들은 사회복지사와 클라이언트와의 협력적 관계를 기반으로 하고 있으며, 이러한 협력은 주로 대면으로만 만남이 이루어졌던 과거와 달리 대면, 비대면의 다양한 방식과 의사소통을 통해 이루어진다는 점에서 변화된 모습을 보이고 있다.

"클라이언트와 어떤 관계를 맺을 것인가"가 사회복지실천에서 주로 다루어지는 주제라면, "클라이언트와 어떤 관계를 맺어서는 안 되는가"는 사회복지 윤리에서 다루어지는 주제이다. 전문적 관계의 경계를 넘어서는 관계를 비전문적 관계하고 하며, 이를 지칭하는 대표적 용어가 바로 이중관계(dual relationship)이다. 최근에는 이중관계를 넘어 다중관계(multiple relationships)로 지칭하기도 한다. 이중관계에 대한 윤리는 사회복지실천뿐만 아니라 인간을 대상으로

---

1) 본 장의 내용은 장연진·김진숙(2023a)의 "사회복지사의 이중관계에 대한 신념과 경험"과 장연진·김진숙(2023b)의 "이중관계에 관한 사회복지사의 윤리적 신념과 경험: 2001년, 2011년, 2022년 비교 연구" 내용을 일부 참조하여 재구성하였다.

서비스를 제공하는 상담가, 치료사, 교사, 간호사, 종교인 등에게 모두 요구되는 핵심 윤리이다.

1. 이중관계의 개념과 유형

1) 이중관계의 개념

사회복지실천에서의 관계는 클라이언트와 전문 사회복지사 간에 정서적인 교감을 기초로 이루어지는 관계로서 전문성, 의도적인 목적성, 시간제한성, 권위성 등의 특성을 띠고 있어 일반적인 관계와는 차이가 있다(Brammer, 1979; 엄명용 외, 2020에서 재인용). 사회복지사와 클라이언트가 맺는 전문적인 관계는 사회복지실천에서 매우 중요하게 다루어지는 주제이며, 때로는 관계를 어떻게 맺느냐가 사회복지실천의 질을 결정짓는 중요한 잣대가 되기도 한다. 사회복지사전(서강훈, 2009)에 의하면, 라포(rapport)란 사회사업 면접에서 사회복지사와 클라이언트 사이에 상호이해와 일하는 관계를 허용하는 조화롭고, 일치하고, 감정이입적인 상태를 의미한다. 라포 형성이 선행되어야 이후 개입의 효과를 기대할 수 있는 것이다.

반면, 이중관계(dual relationship)란 사회복지사가 클라이언트와 제 2의 관계 즉, 친구, 고용인, 교사, 사업 파트너, 가족구성원 또는 성적 파트너 등의 관계를 맺는 것을 말하며, 이는 사회복지관계(social work relationship)에 들어가기 전, 도중, 종료 후에 시작되는 제2의 관계를 모두 포함한다(Kagle and Giebelhausen, 1994). 상담가, 심리치료사, 사회복지사 등 많은 원조전문직에서 클라이언트와의 이중관계를 금지하는 데에 숨어 있는 논리는 치료자가 그들의 파워를 잘못 사용하여 그들 자신의 이득을 취하기 위해 클라이언트에게 영향력을 행사하고 클라이언트를 조정하고, 클라이언트에게 손상을 입힐 수 있는 가능성(potential)이 있기 때문이다(Zur, 2008).

미국 사회복지사협회(NASW)의 윤리강령에서는 이중관계(혹은 다중관계)를 사회복지사가 클라이언트와 한 가지 이상의 관계(전문적, 사회적, 사업적)에 관련될 때 발생하는 관계라고 정의하고 있다(1.06 이익의 충돌). 박미은 외(2001)는 이중관계를 "사회복지사가 자신의 성적, 경제적, 사회적 욕구를 충족시키기 위해 클라이언트와의 관계에서 서비스 제공자라는 전문가 역할 이외의 또 다른 역할에 관여하고 있는 상태"로 정의한 바 있다.

2) 이중관계의 범위

(1) 이중관계의 시점

이중관계 규제 대상 클라이언트의 범위는 현재의 클라이언트는 물론이고 과거의 클라이언트 즉 종결된 클라이언트도 포함하고 있는데, 김상균 외(2002)는 종결한 후에 이전의 클라이언트와 이중관계를 맺는 것이 비윤리적이라고 볼 수 있는 이유로 다음의 두 가지를 제시하였다. 첫째, 전문적 원조관계가 공식적으로 종료된 후에도 클라이언트는 삶의 이슈들에 의해 도전을 받게 되며, 이 경우 사회복지사에게 다시 상담을 요청하게 되는데, 이미 이중관계를 맺게 된 사회복지사와는 전문적 관계를 재형성하는 것이 어렵다는 것이다. 둘째, 이전에 클라이언트였던 사람이 어려움에 처하게 되었을 때, 새로 공식적으로 관계를 시작하지는 않더라도 사회복지사의 관점과 견해를 숙고해봄으로써 고민을 해결하게 될 수도 있는데, 사회복지사와의 이중관계는 이러한 클라이언트의 능력을 저해할 수 있다.

(2) 이중관계의 대상

사회복지실천에서 발생할 수 있는 이중관계는 사회복지사와 클라이언트 간에 발생하는 것이 대표적이나, 실제로는 전문적 관계가 요구되는 모든 관계에서 이중관계가 발생할 수 있다. 예를 들어, 사회복지사와 동료, 사회복지사와 고용주, 사회복지사(슈퍼바이저)와 실습생, 사회복지사(교육자)와 학생 등의 관계들에서 이중관계의 가능성은 존재한다. 특히, 사회복지 교육 현장에서 학생의 대부분이 여성인 상황에서, 남성 교육자와 여성 학생 간의 성적인 이중관계의 위험성이 상대적으로 높으며, 실제로 발생율도 높게 나타나고 있다(Singer, 1994).

(3) 이중관계의 동기

선행연구를 살펴보면, 공통적으로 사회복지사(혹은 상담자, 치료자 등)가 클라이언트(혹은 내담자, 환자)와 한 가지 이상의 역할 혹은 관계를 형성하는 것을 이중관계라고 정의하면서도, "사회복지사 자신의 욕구 충족을 위해서"라는 내용을 포함시키는지에 대해서는 의견의 차이가 있는 것을 알 수 있다. 리머(Reamer, 2003)는 이중관계의 주요 테마를 5가지 영역을 친밀한 관계(예: 성적인 접촉이나 다정한 몸짓), 개인적 이익의 추구(예: 클라이언트를 의뢰한 서비스 기관과 재정적 이해관계를 맺고 있는 경우), 정서적/의존적 욕구(예: 자신이 참석하는 모임에 클라이언트를 소개), 이타주의적 동기(예: 사회복지사가 운전하는 차로 클라이언트를 태워줌), 불가피하고 예상치 못한 상황(예: 클라이언트가 나중에 알고 보니 대학 동창의 배우자)으로 분류하였다. 즉, 이중관계는 반드시 사회복지사의 개인 욕구 충족에 의해서라기보다는 선의를 베풀고, 작은 선물을 주고받는 등의 클라이언트의 욕구 충족을 위한 부분과 지역사회 행사, 지인을 서로 아는 것, 같은 단체 회원 등의 예기치 않은 상황으로 인해서도 발생 가능하다는 것을 알 수 있다.

3) 이중관계의 유형

이중관계의 유형은 크게 성적(sexual)인 이중관계와 비성적(non-sexual)인 이중관계로 구분된다. 성적 이중관계는 클라이언트와 성적인 관계를 맺는 것을 의미하며, 비성적 이중관계는 개인적, 사회적, 사업적, 재정적 관계 등 비성적인 다른 관계를 맺는 것을 말한다. 성적 이중관계에 대해서는 엄격히 규제해야 한다는 견해가 지배적이지만, 비성적 이중관계에 대해서는 치료적 효과와 불가피성으로 인해 어느 정도는 허용해야 한다는 입장과 비성적 이중관계 역시 금지해야 한다는 입장까지 존재한다. 최근에는 성적인 이중관계는 금지되어야 하지만, 비성적인 이중관계에 대해서는 전문적 판단과 경계 유지의 책임을 다한다면 어느 정도 허용될 필요가 있다는 주장이 좀더 설득력을 얻고 있다. 즉, 경계 위반과 경계 교차는 구분되어야 한다는 것이다. 특히, SNS를 비롯한 다양한 정보통신기술을 활용한 현대 사회에서는 스스로 인지하지 못한 사이에 다양한 관계들이 형성될 수 있기 때문이다.

박미은 외(2001)는 선행연구를 바탕으로 한국 사회복지사와 클라이언트 간의 이중관계를 성적 욕구에 기인하는 성적 관계, 경제적 욕구에 기인하는 대가성 관계, 사회적 욕구에 기인하는 개인적 관계의 3가지 유형으로 구분하였다. 성적 관계에는 현재 혹은 종결된 이성 클라이언트와 데이트, 키스, 성관계를 하는 것이 포함된다. 대가성 관계에는 클라이언트가 직업상 제공하는 서비스를 받는 것, 클라이언트에게 기관의 행사에 참여하도록 종용하는 것, 클라이언트에게 기관 행사비의 스폰서 요구 등이 포함된다. 개인적 관계에는 클라이언트의 개인적 행사에 응하는 것, 사회복지사의 개인적 행사에 클라이언트를 초대하는 것, 현재 진행 중인 클라이언트와 사적인 만남을 갖는 것, 원조관계가 종결된 후 클라이언트와 사적인 만남을 갖는 것, 클라이언트에게 사회복지사의 개인연락처를 알려주는 것, 클라이언트가 운영하는 상점을 단골로 이용하는 것, 친척에게 전문적 서비스를 제공하는 것이 포함된다.

2. 이중관계에 관한 윤리 규정

1) 한국

한국의 사회복지사 윤리강령에 이중관계에 대한 직접적인 규정이 처음 등장한 것은 2001년 개정된 제3차 사회복지사 윤리강령부터이다. 아래 2개 조항이 제3차 사회복지사 윤리강령에 포함된 이중관계 관련 규정이다.[2)]

제3차 사회복지사 윤리강령 내 이중관계 규정

Ⅱ. 사회복지사의 클라이언트에 대한 윤리기준

1. 클라이언트와의 관계

7) 사회복지사는 개인적 이익을 위해 클라이언트와의 전문적 관계를 이용하여서는 안 된다.

8) 사회복지사는 어떠한 상황에서도 클라이언트와 부적절한 성적인 관계를 가져서는 안 된다.

2023년 4월 11일 발표된 5차 개정안에서는 전반적인 내용의 변화가 있었다.[3)] 제5차 사회복지사 윤리강령은 윤리강령의 목적, 가치와 원칙, 윤리기준으로 구성되어 있으며, 제3차 사회복지사 윤리강령에서 단 2개의 조항에 그쳤던 이중관계 관련 조항이 대폭 늘어났다. 이를 자세히 살펴보면, Ⅱ. 클라이언트에 대한 윤리기준 중 '6. 직업적 경계 유지'에 대한 내용이 추가되었으며, 여기에는 클라이언트와의 전문적 관계를 자신의 개인적 이익을 위해 이용하는 것을 금지, 업무 외의 목적으로 클라이언트와 정보통신기술을 사용한 의사소통 금지, 클라이언트와 사적 금전 거래 금지, 성적 관계 등 부적절한 행동 금지

2) 2001년 이전 윤리강령 내 이중관계 규정에 대한 내용은 김진숙·장연진(2012)을 참고할 것.
3) 2021년 4차 개정은 내용 변화 없이 간단한 자구수정만 이루어졌다.

조항들이 포함되었다. 이외에 Ⅰ. 기본적 윤리기준에서 '사회복지사는 클라이언트, 학생, 훈련생, 실습생, 슈퍼바이지, 직장 내 위계적 권력 관계에 있는 동료와 성적 관계를 형성해서는 안 되며, 이들에게 성추행과 성희롱을 포함한 성폭력, 성적·인격적 수치심을 주는 행위를 해서는 안 된다'는 조항과 Ⅲ. 사회복지사의 동료에 대한 윤리기준에서 사회복지사는 클라이언트 외에 위계적 권력관계에 있는 관계(슈퍼바이지, 학생, 훈련생, 실습생, 전문적 권위를 행사하는 다른 동료)에서 성적 행위나 성적 접촉과 성적 관계에 관여해서는 안 된다는 조항이 추가되었다.

제5차 사회복지사 윤리강령 내 이중관계 규정

Ⅰ. 기본적 윤리기준

3. 전문가로서의 실천

1) 품위와 자질 유지

바. 사회복지사는 클라이언트, 학생, 훈련생, 실습생, 슈퍼바이지, 직장 내 위계적 권력 관계에 있는 동료와 성적 관계를 형성해서는 안 되며, 이들에게 성추행과 성희롱을 포함한 성폭력, 성적·인격적 수치심을 주는 행위를 해서는 안 된다.

Ⅱ. 사회복지사의 클라이언트에 대한 윤리기준

6. 직업적 경계 유지

1) 사회복지사는 클라이언트와의 전문적 관계를 자신의 개인적 이익을 위해 이용해서는 안 된다.

2) 사회복지사는 업무 외의 목적으로 정보통신기술을 사용해 클라이언트와 의사소통을 해서는 안 된다.

3) 사회복지사는 어떠한 상황에서도 클라이언트와 사적 금전 거래, 성적 관계 등 부적절한 행동을 해서는 안 된다.

4) 동료의 클라이언트를 의뢰받을 때는 기관 및 슈퍼바이저와 논의하는 과정을 거쳐야 하며, 클라이언트에게 설명하고 동의를 얻은 후 서비스를 제공한다.

5) 사회복지사는 정보처리기술을 이용하는 것이 클라이언트의 권리를 침해할 위험성이 있다는 사실을 인식하고 직업적 범위 안에서 활용한다.

Ⅲ. 사회복지사의 동료에 대한 윤리기준

1. 동료

9) 사회복지사는 슈퍼바이지, 학생, 훈련생, 실습생, 자신의 전문적 권위를 행사하는 다른 동료와의 성적 행위나 성적 접촉과 성적 관계에 관여해서는 안 된다.

2) 미국

미국 사회복지사 윤리강령의 경우 1920년 메리 리치몬드(M. Richmond)가 경험적인 윤리강령을 초안으로 제시한 것을 최초의 윤리강령으로 볼 수 있으며(Congress, 1999), 전문가 조직인 미국 사회복지사협회(National Association of Social Worker: NASW)는 1960년에 첫 번째 윤리강령을 발표했다. 이후 개정작업이 계속 이루어지다가 현재는 2021년에 개정된 제9차 사회복지사 윤리강령을 시행 중이다.[4] "사회복지사의 클라이언트에 대한 윤리적 책임" 제6항 이해상충 부분에서 구체적인 이중관계의 대상과 유형에 대한 규정이 있으며, 제9항에서는 성적 관계, 제10항은 신체적 접촉, 제11항은 성희롱에 대해 금지하고 있다. 또 "실천현장에서 사회복지사의 윤리적 책임" 제1항과 2항에서는 슈퍼비전과 자문을 제공하는 경우, "사회복지직에 대한 사회복지사의 윤리적 책임" 제2항에서는 평가와 조사 영역에서도 이중관계를 유의해야함을 주지시키고 있다. 미국 사회복지사 윤리강령은 구체적인 이중관계 대상과 유형에 대한 조항과 함께, 이중관계에 유의해야 되는 이유와 이중관계를 회피할 수 없는 경우에도 클라이언트 보호를 위한 합리적 조치를 취해야 할 책임은 사회복지사에게 있다는 내용을 포함하고 있다. 또한, 2021년 개정시에는 정보통신기술이 이용되는 이중관계, 그리고 직접적인 대면 혹은 비대면으로 이루어지는 관계에서의 이중관계를 추가하였다. 이외에도, 성적 관계, 슈퍼비전, 교육훈련 등에도

4) 미국 사회복지사협회 웹사이트. https://www.socialworkers.org

기술을 이용한 이중관계 금지 조항이 추가되었다.

3) 영국

영국 사회복지사협회(The British Association of Social Workers)의 사회복지사 윤리강령은 1975년에 에든버러에서 개최된 연차 총회에서 처음 채택하였으며, 이후 수차례에 걸쳐 개정 및 수정되었다. 가장 최근의 업데이트는 2021년 7월에 이루어졌다.[5] 영국 사회복지사 윤리강령에는 구체적인 이중관계 관련 조항은 없고, 가치와 윤리적 원칙 3. 전문적 진실성 "전문적 경계 지키기" 항목을 통해 "사회복지사는 개인적 이득이나 만족, 경제적 이익 또는 어떤 이유에서건 자신의 지위를 남용해서는 안 된다."고 규정하고 있다. 이것은 서비스 대상자는 물론, 동료와 고용인에게도 모두 적용된다. 또한 '윤리적 지침 1. 전문적 관계 발전시키기'에서는 "사회복지사는 사람들이 스스로의 삶을 통제하고, 선택하고 결정할 권리에 근거한 전문적 관계를 세우고, 지속시켜야 한다. 사회복지 관계는 존경, 사생활 존중, 신뢰, 비밀보장에 대한 권리에 근거해야 한다."고 규정함으로써, 전문적 관계가 무엇인지를 밝히고 있다. 이와 별도로 개업실천을 하는 사회복지사를 위한 추가지침에서는 이해상충을 피하기 위해 사적으로 알고 있거나, 이전에 고용관계에 있었던 사람과의 실천을 금해야 한다고 명시하고 있다.

4) 일본

일본 사회복지사협회(Japanese Association of Social Workers)는 1958년 도쿄에서 개최된 제9회 국제 사회복지협회 컨퍼런스에서 처음 그 조직의 필요성이 제기되어, 1960년에 결성되었다. 이후 1965년 회비 문제로 활동이 중단되

5) 영국 사회복지사협회 웹사이트. https://www.basw.co.uk

었다가 1983년에 이르러서야 협회가 재건되었고, 1986년에 이르러 총회에서 윤리강령을 발표하였다. 가장 최근의 개정은 2020년 5월에 있었고[6], 2021년에 윤리강령을 행동 수준으로 구체화한 행동규범이 채택되었다. 윤리강령은 전반적으로 내용이 추상적이고 이중관계에 대한 구체적인 조항이 없으나, 행동규범에 포함된 내용 중 Ⅰ. 클라이언트에 대한 윤리적 책임 1. 클라이언트와의 관계에서 "사회복지사는 전문직으로서 클라이언트와 사회통념상 부적절하다고 여겨지는 관계를 가져서는 안 된다.", "사회복지사는 자신의 개인적, 종교적, 정치적 동기나 이익을 위해 전문적 원조관계를 이용해서는 안 된다."와 같은 조항을 통해 클라이언트와의 부적절한 이중관계를 금지하고 있다. 클라이언트와의 관계 외에 동료나 슈퍼바이지, 실습생 등과의 이중관계 관련 규정은 없다. 윤리강령과 별도로, 일본 사회복지사 행동규범에서는 "사회복지사는 클라이언트와 이해상충 관계가 불가피할 때는 클라이언트에게 그 사실을 밝히고 전문적 원조관계를 종료하여야 한다"는 규정을 두어, 이중관계 발생 시 원조관계를 종료할 것을 명시하고 있다는 점이 특징적이다.

3. 이중관계에 대한 인식과 경험

본 장에서는 사회복지사 및 관련 전문직들이 이중관계에 대해 어떻게 인식하고 경험하고 있는지 살펴보고자 한다. 이중관계에 대한 인식(혹은 신념)은 사회복지사가 이중관계에 대해 "얼마나 민감하게 인식하고 있는지"를 나타내는 것이고, 이중관계에 대한 경험은 사회복지사가 실제로 클라이언트와 만나면서 이중관계 상황에 "얼마나 노출되는지"를 보여주는 것이다. 또, 이중관계에 대한 인식과 경험은 서로 상관관계가 높아서, 이중관계에 대해 허용적으로 인식

6) 일본 사회복지사협회 웹사이트. http://www.jasw.jp

할수록 경험률도 높게 나타나는 경향이 있다.

1) 외국 사회복지사 및 관련 전문가들의 이중관계 인식과 경험

보리스와 포프(Borys & Pope, 1989)의 연구에서는 미국의 심리학자(psychologists), 심리치료사(psychiatrists), 사회복지사(social workers)를 대상으로 이중관계 윤리에 대한 신념과 경험 정도를 살펴보았다. 일시적 관계(incidental involvements)[7]에 대한 윤리적 신념 정도는 직업, 클라이언트 인구집단, 이론적 지향(orientation), 실천 세팅에 따라 다르게 나타났다. 심리학자들이 사회복지사나 심리치료사에 비해, 주로 여성 클라이언트를 대상으로 한다고 대답한 남성 치료자들인 경우, 사적 영역의 실천가가 공적 영역의 실천가보다 이중관계에 대해 더 허용적으로 인식하였다. 비윤리적이라고 생각하는 비율이 낮은 행동은 10불 이하의 선물을 받는 것, 특별한 경우 클라이언트의 초대를 받아들이는 것, 현재 진행 중인 클라이언트의 친척, 친구, 연인에게 치료행위를 하는 것, 종결 후에 클라이언트와 친구가 되는 것 등이다. 이러한 행동에 대해서 임상전문가들은 그리 비윤리적이라고 인식하고 있지 않으며, 따라서 실제 상황에서도 이러한 행동을 할 가능성이 높다.

링스태드(Ringstad, 2008)의 결혼/가족 치료자(Marriage and Family Therapists: MFTs)와 공인 사회복지사(Licensed Certified Social Workers: LCSWs) 대상 연구에서는 성별, 실천 세팅, 전문직 조직의 회원 여부에 따라 신념과 경험에서 통계적으로 유의미한 차이를 보였다. 우선 남성이 여성보다 이중관계에 대해 전반적으로 더 허용적으로 인식하였다. 그러나 10불 이하의 선물을 받은 경험은 여성이 남성보다 더 많았다. 개업 실천가들은 외래 혹은 입원 세팅의 실천가들보다 클라이언트로부터 10불 이하의 선물을 더 많이 받은 반면, 외래 세팅

7) 일시적 관계는 10불 이하의 선물을 받는 것, 특별한 경우에 클라이언트의 초대에 응하는 것 등을 포함한다.

실천가는 기관 행사에 클라이언트를 초대하거나 상담이 끝난 후 클라이언트와 식사하러 간 경험이 더 많았다. 전문직 조직의 회원이 아닌 응답자가 회원인 경우보다 이중관계 경험률이 유의미하게 높았고, 신념 면에서도 비회원 응답자가 회원 응답자에 비해 이중관계에 대해 더 허용적으로 인식하였다. 이중관계의 유형들이 세팅에 따라 다양하며, 실천 세팅에 따라 서로 다른 유형의 이중관계 행동들이 발생한다는 것을 알 수 있다.

2) 한국 사회복지사들의 이중관계 경험과 인식

한국 사회복지사들이 이중관계에 대해 어떻게 인식하고 경험하는지에 대한 연구는 그리 많이 이루어지지 않았다. 국내 연구 중 사회복지사의 이중관계 윤리에 초점을 둔 연구는 박미은 외(2001), 강선경(2010), 오혜경(2010), 김진숙·장연진(2012), 장연진·김진숙(2023a)의 연구가 있다. 또 장연진 외(2012), 장연진·김진숙(2023b)의 연구에서는 박미은 외(2001)의 연구와 같은 척도를 사용하여 한국의 사회복지사들이 이중관계에 대해 어떻게 인식하고 경험하였는지를 약 10년 단위로 비교분석하였다. 즉, 2001년, 2012년, 2022년의 조사 결과 비교를 통해 지난 20년간 사회복지사의 인식과 경험 변화를 살펴본 것이다. 2001년은 사회복지사 자격제도가 갖추어지고, 제3차 사회복지사 윤리강령이 제정된 첫 해였기 때문에, 이중관계를 포함한 사회복지 윤리에 대한 관심이 상대적으로 적었던 시기이다. 2011년은 윤리강령 제정 후 10년이 지난 시점으로, 사회복지사 윤리강령에 대해 알고는 있으나 실제 적용상의 한계가 여러모로 지적된 시점이다. 2022년은 윤리강령의 개정은 없었으나 코로나19, 정보통신기술의 발달, 지역사회중심실천 등 사회복지사와 클라이언트의 관계에 영향을 미치는 사회복지현장의 변화가 급격히 일어난 시기였다.

〈표 6-1〉은 한국 사회복지사들의 이중관계 인식에 대한 조사결과를 비교한 것이다. 한국 사회복지사들은 과거와 비교했을 때 성적, 대가성, 개인적 관계

의 거의 모든 영역에서 점점 더 엄격하게 인식하고 있는 것으로 나타났다. 즉, 전반적으로 과거에 비해 현재의 사회복지사들이 이중관계에 대해 비윤리적이라고 인식하는 비율이 높게 나타났다.

그런데 이 조사 결과에서 특히 주의 깊게 보아야 할 부분은 성적 관계에 대한 인식에서 2011년에 비해 2022년 비윤리적이라고 인식하는 비율이 오히려 더 낮아진 점이다. "현재 진행 중인 이성 클라이언트와 데이트, 키스, 성관계할 수 있다"에 대해 비윤리적이라고 인식하는 비율이 2011년에 비해 낮아졌다.

표 6-1 한국 사회복지사들의 이중관계 인식 비교 (단위: %)

	항목	2001 비윤리적	2011 비윤리적	2022 비윤리적
성적	현재 진행 중인 이성 클라이언트와 데이트할 수 있다.	74.2	87.0	85.2
	현재 진행 중인 이성 클라이언트와 키스할 수 있다.	85.8	99.2	89.4
	현재 진행 중인 이성 클라이언트와 성관계할 수 있다.	91.5	99.2	90.1
	종결된 과거 클라이언트와 데이트할 수 있다.	52.9	73.2	79.2
	종결된 과거 클라이언트와 키스할 수 있다.	62.3	85.5	84.5
	종결된 과거 클라이언트와 성관계할 수 있다.	68.5	87.0	85.2
대가성	도와준 대가로 클라이언트의 직업상 서비스(세차나 미용 등)를 받을 수 있다.	61.0	81.2	76.8
	클라이언트에게 기관의 행사에 참여하도록 요구할 수 있다.	30.1	34.5	63.4
	기관의 행사비를 조달하기 위해 클라이언트에게 스폰서나 기부금을 요구할 수 있다.	69.8	75.9	84.5
개인적	클라이언트가 개인적 행사에 초대하면 이에 응할 수 있다.	13.6	26.6	34.3
	사회복지사의 개인적 행사에 클라이언트를 초대할 수 있다.	34.5	60.7	74.6
	현재 진행 중인 클라이언트와 사적인 만남(식사나 영화관람 등)을 가질 수 있다.	48.1	72.5	75.7
	종결된 과거 클라이언트와 사적인 만남(식사나 영화관람 등)을 가질 수 있다.	38.3	28.3	49.7
	클라이언트에게 개인 연락처를 알려줄 수 있다.	31.5	25.9	44.3
	클라이언트가 운영하는 상점을 단골로 이용한다.	8.4	25.9	52.8
	친척이 클라이언트라도 전문적 도움을 줄 수 있다.	16.6	19.2	64.8

출처: 장연진, 김진숙(2023b). 〈표 3, 4, 5〉에서 매우 비윤리적, 비윤리적이라고 응답한 비율을 합함.

이같은 결과를 해석할 때 응답방식의 차이를 반드시 고려해야 한다. 2011년의 조사는 체계적 추출된 기관에 설문지를 보내어 응답자들이 직접 기입한 내용을 다시 회수하는 방식으로 진행되었으나, 2022년의 조사는 참여를 원하는 응답자들이 설문링크를 통해 자발적으로 응답하는 온라인 설문 방식을 사용하였다. 완벽한 익명성이 보장되는 2022년의 조사방식이 응답 결과에 어떤 식으로든 영향을 미쳤을 수 있다.

〈표 6-2〉는 한국 사회복지사들의 이중관계 경험에 대한 조사결과를 비교한 것이다. 전반적으로 이중관계에 대한 경험이 없다고 답한 비율이 낮아졌다. 즉, 점점 더 많은 사회복지사들이 이중관계에 대한 경험이 많아지고 있는 것이다. 성적 관계에 대한 경험률 역시 높아졌으며, 이 수치에 대해서는 앞서 인식 결과와 마찬가지로 조사 방식의 차이를 고려할 필요가 있고, 해석상 특히 주의를 요한다. 대가성 관계와 개인적 관계의 경험률도 모두 높아졌으며, 특히 "클라이언트에게 개인 연락처 알려주기"는 70% 이상의 사회복지사가 경험이 있는 것으로 답하였다.

이중관계에 대한 인식과 경험 결과를 비교해 보면, 이중관계에 대한 전반적인 인식은 비교적 엄격해지고 있는 데 비해 이중관계 경험은 점점 더 늘어나고 있다는 것을 알 수 있다. 이는 그만큼 사회복지사들이 현장에서 느끼는 윤리적 갈등과 딜레마 수준이 높다는 것을 의미한다. 따라서 이중관계를 사전에 예방하는 것뿐만 아니라, 코로나19와 같은 팬데믹 상황에서 경계 유지가 어려운 경우 혹은 자신도 알지 못하는 사이에 온라인상에서 이중관계에 처한 것을 알게 되었을 때 등 다양한 이중관계가 발생했을 때 어떻게 대처해야 할지에 대해서도 상황별/단계별 대처 교육이 필요하다.

표 6-2 한국 사회복지사들의 이중관계 경험 비교 (단위: %)

	항목	2001 경험없음	2011 경험없음	2022 경험없음
성적	현재 진행 중인 이성 클라이언트와 데이트	95.9	99.6	84.2
	현재 진행 중인 이성 클라이언트와의 키스	98.6	99.6	87.7
	현재 진행 중인 이성 클라이언트와의 성관계	99.3	100	87.3
	종결된 과거 클라이언트와 데이트	96.3	98.8	80.3
	종결된 과거 클라이언트와의 키스	99.0	100	88.4
	종결된 과거 클라이언트와 성관계	100.0	100	87.7
대가성	도와준 대가로 클라이언트의 직업상 서비스(세차나 미용 등)를 받음	88.5	94.0	64.4
	클라이언트에게 기관의 행사에 참여하도록 요청하기	48.8	46.0	52.5
	기관의 행사비를 조달하기 위해 클라이언트에게 스폰서나 기부금을 요청하기	88.1	92.0	74.6
개인적	클라이언트가 개인적 행사에 초대받고 참석하기	71.9	77.6	44.4
	사회복지사의 개인적 행사에 클라이언트를 초대하기	86.8	91.8	72.5
	현재 진행 중인 클라이언트와 사적으로 만나기(식사나 영화관람 등)	82.0	89.2	66.9
	종결된 과거 클라이언트와 사적으로 만나기(식사나 영화관람 등)	82.4	88.8	68.3
	클라이언트에게 개인 연락처를 알려주기	41.7	32.1	28.2
	클라이언트가 운영하는 상점을 단골로 이용하기	79.0	74.1	59.5
	친척이 클라이언트라도 전문적 도움주기	79.7	81.7	60.6

출처: 장연진·김진숙(2023b). 〈표 7, 8, 9〉에서 전혀 경험이 없다고 응답한 비율임.

4. 이중관계의 한국적 적용

1) 사례관리의 강화

사례관리는 “클라이언트의 복합적 욕구를 파악하여, 포괄적이고 통합, 조정된 서비스를 시기적절하게 제공하는 사회복지실천방법(엄명용 외, 2020)”이다. 사례관리 업무를 하는 사회복지사는 종결 이후에도 지속적인 사후관리의 차원에서 관계를 지속하는 경우가 대부분이다. 친근함을 표현하기 위해 사회복지사가 클라이언트에게 언니, 형, 누나 등 가족관계 용어를 사용할 때 과연 이것을 비전문적 행위로 단정 지을 수 있을 것인가? 또한, 사회복지사의 사생활 공개와 공유 요청, 개인적 관심을 주고받는 데 대한 클라이언트의 만족과 기대 등은 이러한 상호작용을 배제하는 전문적 관계를 유지하는 것이 바람직하다고 보는 사례관리자의 생각과 어긋나 있기도 하다(박향경, 권자영, 2016). 2013년 성년후견제도가 도입되면서 사례관리자인 사회복지사도 전문가 후견인으로 지정 가능해졌는데, 피후견인의 이해관계자들로부터 시간에 상관없이 전화를 받거나, 후견 업무와는 관계없는 요구 등으로 인해(김효정, 2020: 56) 이중관계에 빠지게 되는 경우도 발생하고 있다.

2) 실적주의

실적주의는 사회복지사업법에 의거하여 3년에 1번 이루어지는 사회복지시설 평가가 이루어지면서, 정량적인 수치에 민감해질 수밖에 없는 점과 관련된다. 구체적인 행사 개최 횟수나 프로그램 참석 인원, 후원금 액수 등이 평가에 반영되기 때문에, 클라이언트에게 기관에서 실시하는 행사나 프로그램에 참여하도록 요구하는 사례가 많아졌다는 것이다. 사회복지시설 평가지표는 그간 시설유형별로 수정과 변경이 이루어지기는 하였으나, 여전히 정량적 지표가 중요한 평가 기준이다. 사회복지관의 성과지향적 문화가 사회복지사의 직무수행에 미치는 영향을 분석한 문영주(2014)의 연구에 따르면, 수치에 매몰된 실적위주의 프로그램 관리나 조직 관리는 사회복지사의 직무수행에 부정적 영향을 미치는 것으로 나타났다.

3) 윤리경영 강조

한국 사회복지사협회에서는 2007년~2009년 사회복지 윤리경영 선도기관을 선정하여 다양한 사업을 펼친 바 있으며, 이후 많은 사회복지기관에서 윤리경영 선언이나 기관별 윤리 실천 지침 등이 만들어졌다. 이후 다수의 사회복지기관에서 윤리경영 방침을 수립하였으며, 사회복지조직의 윤리경영이 미치는 긍정적 효과도 많은 연구에서 확인되고 있다. 그러나 "사회복지조직에서의 윤리경영은 빈번히 발생하는 윤리적 딜레마 상황에서 의사결정을 하는 기준을 제시해 주어야 하지만(조정은, 2009: 5)", 현재 사회복지기관의 윤리강령이나 윤리지침은 전반적인 기관 운영철학이나 방향을 담고 있는 경우가 많다. 이중관계를 비롯한 윤리적 갈등 상황에서 구체적인 실천 기준에 대한 논의는 사회복지사 개인의 전문적 판단이나 슈퍼비전, 교육, 훈련을 통해 이루어지고 있는 실정이며, 사회복지사가 옳은 실천을 할 수 있는 조직의 윤리풍토 조성이 향후 과제로 여전히 지적되고 있다(유연숙, 이효선, 2016: 107).

4) 지역사회중심실천과 당사자주의 패러다임

최근 사회복지현장의 변화 중에서 지역사회중심실천과 이중관계의 관련성에 대해 주목할 필요가 있다. 장애인 분야에서 지역사회중심실천은 장애인들이 지역사회 안에서 일상의 삶을 영위하도록 지역사회기관과의 네트워크를 통해 서비스를 제공하고 지역주민들의 참여를 제공하여 장애인을 지역사회에 통합하는 것(김미옥 외, 2021: 312)이라고 할 수 있다. 이러한 지역사회중심, 지역밀착형 실천의 방향성은 장애인, 노인, 아동 등 전 분야에 걸쳐 나타나고 있으며, 이 과정에서 사회복지사들이 지역조직화 사업을 위해 업무상 만나는 마을주민들과의 관계에서 일의 진행을 위해 어디까지 업무의 '경계'를 두어야 할지 고민스럽다는 의견을 토로하기도 하였다(권자영, 박향경, 2018: 62).

이러한 지역사회중심실천은 주민주도성을 담보하면서 당사자주의 패러다임을 내포하는 경우가 많다. 당사자주의는 장애인복지 분야에서 자립과 지역사회보호 모델의 등장에 따른 주요 패러다임으로, 장애인권리 운동을 조직화하는 과정에서 실천적 담론으로 등장하였고(Doty, 2000; 박경수, 2006에서 재인용), 당사자가 주체가 되는 당사자운동으로 진화하였다. 이러한 당사자주의는 장애인 분야를 넘어 확산되고 있는데, 양육미혼모(손승영, 2017), 성매매여성(이세아, 2021) 등을 포함한 여성 당사자 사회복지사, 발달장애인 자녀를 둔 부모의 사회복지사 자격취득 후 시설 운영, 노환 및 치매 부모돌봄을 위한 요양보호사 및 사회복지사 자격 취득 등 제도가 미치지 못하는 틈새를 메우기 위한 개인의 노력 등에서 이중관계가 이미 내재되는 경우도 많이 발생하고 있다.

5) 정보통신기술을 이용한 의사소통 확대와 팬데믹

사회복지실천에서 SNS, 온라인채팅, 문자메세지, 전화 혹은 영상과 같은 정보통신 기술에 기반한 의사소통이 급격히 확산되어 활용되고 있으며, 이에 따른 이중관계 발생 우려도 높아졌다. 사회복지를 전공하는 학부 대학생 105명 중에서 87명(83%)이 '좋은 관계를 유지하기 위해서' SNS상에서 '친구맺기'를 클라이언트가 요청하면 수락할 것이라고 대답하였다(Mukherjee & Clark, 2012; 김현진·김민, 2017: 169에서 재인용). 업무 외의 의사소통을 금지한다 하더라도 쌍방향이 아닌 유투브 채널, 인스타그램, X(구 트위터), 페이스북, 블로그과 같은 매체를 구독, 팔로우, 이웃 추가하는 것까지 이중관계로 포함한다면, 이미 전문적 경계를 지키지 못하고 있는 사회복지사들이 상당히 많을 것으로 예상된다.

전문적 경계 유지의 어려움은 코로나19와 같은 팬데믹 상황에서 더 강화되었다. 코로나19 발생으로 지역사회복지시설이 문을 닫고 보호자가 방문을 하지 못하는 상황에서 사회복지사는 입소자의 욕구 충족을 위해 필수품 구입 등

보호자의 역할을 대행할 수 밖에 없었다. 클라이언트의 안전과 상태가 걱정되는 사회복지사는 근무 시간 외에도 클라이언트의 요구에 응해야 한다는 부담감과 함께, 윤리적 딜레마와 경계의 이슈가 제기되었다(Barsky, 2020; Mishna et al., 2022). 팬데믹 상황에서 사회복지사들은 클라이언트와의 관계를 어떤 내용으로, 어느 정도까지 변화해야 할지를 판단해야 하는 혼란을 경험하였다.

5. 이중관계 사례와 윤리적 쟁점

다음 〈사례 6-1〉은 사회복지사의 SNS를 방문하는 클라이언트로 인해 의도치 않게 이중관계가 발생한 사례이다. 이와 같은 일이 발생하였을 때 사회복지사가 취해야 할 윤리적 조치에 대해 생각해 보자.

사례 6-1 **사회복지사의 SNS를 방문하는 클라이언트**

A는 대학에서 미술과 사회복지를 전공하고 정신장애인들에게 미술치료를 제공하고 있는 현장 2년차 사회복지사이다. 사회복지사로서 정신장애인의 증상 완화와 회복을 위해 미술을 가르치고 있다는 것을 알리고, 더 많은 사람을 수업에 참여시키기 위해 자신이 그린 그림을 텀블러라는 SNS에 올린다. 텀블러에는 A의 개인적인 사진과 그림은 물론 일상과 관련된 이야기들이 올라가 있다. 그러던 어느 날 미술치료에 참여하기를 원하는 B가 자신의 개인 텀블러를 팔로우하고 있음을 알게 되었다. 최근 며칠 동안 텀블러 사이트 팔로워 목록에 B의 이름이 매번 1순위로 올라와 있기 때문이다. 비록 아무런 댓글은 달지 않았지만 B는 매일 A의 텀블러를 방문하여 '좋아요' 혹은 '하트'를 남기곤 한다. 또한 몇 장의 그림을 자신의 텀블러에서 가져간 것도 찾을 수 있었다.

출처: 김민, 최말숙(2015). 사례 일부 수정.

SNS 활동을 통한 이중관계는 과거에는 없었던 유형이나 현재에는 빈번히 발생하고 있어 이에 대한 윤리적 민감성이 시급히 요구된다. 사례에서는 다행히 사회복지사가 이중관계의 발생 가능성을 먼저 알아차리게 되었지만, 사회복지사가 방문자 목록을 미리 확인하지 못했거나 클라이언트가 '좋아요'나 '하트'를 남기지 않았다면, 사회복지사도 모르는 사이에 이중관계가 지속될 수도 있었을 것이다.

SNS를 통해 이중관계가 발생한 것을 알게 되었을 때 사회복지사가 당장 취할 수 있는 조치는 자신의 SNS에 클라이언트가 접속하지 못하도록 차단하는 것이다. 다만, 사회복지사가 일방적으로 차단하기 전에 클라이언트에게 상황을 알리고, 차단에 대해 미리 고지할 필요가 있다. 이 상황이 이중관계에 해당하며 이중관계 발생 시 어떤 점이 우려스러운지에 대해 잘 설명하여, 클라이언트 스스로 팔로우를 끊도록 한다면 클라이언트의 자기결정권 보장의 측면에서 더욱 바람직할 것이다. 만약 이 사실을 알고도 SNS 팔로우를 지속하고 이후 클라이언트 B가 미술치료에 참여하게 된다면, 클라이언트 본인은 물론 함께 미술치료에 참여하게 될 다른 클라이언트의 이익까지 침해될 수 있는 심각한 이중관계 상황에 직면하게 될 것이다.

이 사례의 경우 사회복지사가 애초에 윤리적 민감성을 발휘하여 홍보를 위한 공개 계정과 개인 정보를 포함한 비공개 계정을 분리하여 운영하였다면 문제를 예방할 수 있었을 것이다. 또 만약 공개 SNS에 미술치료 장면이나 미술치료에 참여한 클라이언트의 그림을 올리고자 한다면, 미리 미술치료에 참여한 클라이언트에게 고지하고 동의를 받아야 한다. 이 사례에서처럼 최근 SNS나 개인 채널 팔로우, 구독, 댓글 등 온라인 연결 방식이 많아지면서, 현재 클라이언트가 아니더라도 관계 맺기 이전 혹은 이후에 이중관계가 발생할 소지가 과거보다 더 많아졌다. 따라서 사회복지사가 온라인 활동을 할 때는 이러한 점을 염두에 두고, 활동의 방식과 내용을 미리 설계할 필요가 있다. 또 이중관계가 발생되었음을 인지하였을 때 후속 조치 절차도 숙지해 두어야 할 것이다.

생각해보기

다음 사례는 지역사회복지실천현장에서 발생할 수 있는 상황을 사례로 재구성한 것이다. 사회복지사는 평소 알고 지내던 지역주민으로부터 본인의 가게를 이용해달라는 제안을 받는 경우가 종종 있고, 반대로 사회복지사가 지역주민의 가게나 지역주민이 제공하는 서비스를 이용할 수 있는지 제안을 하기도 한다. 이러한 상황에서 사회복지사는 어떤 측면을 고려해야 하며, 또 어떠한 윤리적 결정을 내려야 할지 생각해 보자.

사례 6-2 지역주민으로부터의 제안

동네에서 조그만 반찬가게를 운영하고 있는 김OO씨는 5개월 전부터 사회복지관 프로그램에도 참여하고, 봉사활동도 적극적으로 하고 있다. 복지관에 근무하는 사회복지사 박OO씨와도 알게 되어 평소 인사를 주고받으며 지내고 있다. 그러던 중 김씨는 박씨가 기획하고 있는 복지관 행사에 필요한 반찬을 자신의 가게에서 주문하는 게 어떠냐는 문의를 해왔다. 박씨를 만난 자리에서 김씨는 가게 임대료가 갑자기 오르는 바람에 쫓겨날 위기에 처해 있다고 하면서, 자신의 가게를 이용하면 최선을 다해서 잘 준비하겠다고 몇 번이나 약속하였다. 김씨의 가게 반찬이 맛도 좋고 가격도 적당하다는 평을 들어보긴 했지만, 이러한 제안에 응해야 할지 고민스럽다.

PART

04

사회복지실천과 윤리적 쟁점 2: 간접적 실천윤리

평등과 분배, 제한된 자원 배분

사회복지는 가치에 기반을 두고 사회문제를 해결함으로써 사회정의(social justice)를 실현하는 것을 목적으로 한다. 그러나 과연 정의로운 것이 무엇이고, 어떠한 상태가 정의로운 것인가에 대한 논란이 존재한다. 그리고 이러한 논란의 중심에는 평등이라는 가치에 대한 지향이 자리잡고 있다(우국희 외, 2015: 49). 이 장에서는 사회복지의 핵심적인 가치인 '평등과 분배'에 대해 알아보고자 한다. 첫째, 평등과 관련된 이야기를 하고자 한다. 이를 위해 평등의 개념과 대상에 대해서 살펴본다. 둘째, 분배와 관련된 이야기를 하고자 한다. 이를 위해 제한된 자원의 배분이라는 기준에서 사회정의의 판단기준인 분배적 정의의 기준에 대해서 살펴본다. 동등분배와 차등분배, 그리고 차등분배의 기준이 되는 욕구, 기여, 보상 등이 여기에 해당한다. 셋째, 평등과 사회정의, 최적과 평등에 대한 윤리학적인 논의에 대해 살펴보고, 마지막으로 넷째, 이러한 평등과 분배에 대한 윤리학적 논의를 토대로 나아가 사회적 책임과 윤리적 책임, 즉 자원 배분의 우선순위와 윤리적 쟁점에 대해서 사례를 중심으로 살펴본다.

1. 평등의 개념과 대상

1) 평등이란 무엇일까

사회복지, 사회복지정책이 추구하는 기본적인 목표는 '평등의 가치'를 실현하는 것이다. 하지만, '평등'이라는 단어에 대해서 사람들마다 조금씩 다르게 생각하고 심지어는 정반대로 생각하는 경우도 있다. 예를 들어, '어떠한 일을 누군가에게 시키고, 그 일을 한 사람에게 급여를 지급하는 경우'를 생각해보자. 어떻게 급여를 지급하는 것이 '평등'하게 지급하는 것일까?

먼저 모든 사람들에게 성별, 인종, 장애유무 등에 관계없이 동일한 급여를 주는 첫 번째 방법이 있다. 만일 이렇게 지급하는 것이 급여를 '평등'하게 지급하는 것이라고 주장한다면 평등이란 '같은 일을 하는 사람들에는 동일한 급여를 지급하는 것이 평등한 것'이라고 생각하는 것이다. 하지만, 그렇지 않은 경우도 있다. 예를 들어 같은 일을 하더라도 가족의 수가 많은 사람에게 더 많은 급여를 주는 두 번째 방법이 있을 수 있다. 왜냐하면 가족의 수가 많은 사람들은 그렇지 않은 사람에 비해서 더 많은 돈이 필요하기 때문에, 가족의 수에 비례해서 급여를 제공하는 것이 평등한 것이라고 주장할 수 있는 것이다. 이 경우는 그 사람이 수행한 일의 범위와 정도, 혹은 성과에 상관없이 '욕구가 많은 사람에게 더 많은 급여를 지급하는 것'이 평등한 것이라고 생각하는 것이다. 한편으로는 이 2가지 모두 불평등하다고 생각할 수도 있다. 그 사람이 한 일의 양이나 정도에 상관없이 모두 같은 급여를 주거나, 욕구에 따라서 급여를 지급한다면 누가 열심히 일을 하려고 할 것인가? 따라서 '그 사람이 한 일의 정도에 맞게 급여를 지급하는 세 번째 방법'이 평등한 것이라고 주장할 수 있는 것이다. 과연 어느 것이 '평등'하게 급여를 지급하는 것일까?

지금은 없어졌지만 예전에는 군복무를 한 사람에게 공무원 시험 등에서 가산점을 주는 정책이 있었다. 이것은 평등한 정책일까? 여기에 해당하는 사람들은 평등한 정책이라고 생각하겠지만, 여기에 해당되지 않는 사람들은 불평등한 정책이라고 생각할 것이다. 대학마다 명칭[1]은 조금 다르지만, 거의 모든 대학에서는 국가보훈대상자, 저소득층, 농어촌학생, 혹은 장애인 부모의 자녀, 다문화가정의 자녀 등을 대상으로 별도의 전형을 통해서 신입생을 선발하고 있다. 이것은 입시와 관련하여 평등한 정책이라고 할 수 있을까? 같은 기준이 아닌 다른 기준으로 혹은 별도의 전형으로 학생을 선발하는 것은 여기에 속하지 않은 학생들을 차별하는 것은 아닐까?

한편 빈곤한 가정에서 태어나 자라난 아이들은 그렇지 않은 가정의 아이들에 비하여 여러 가지의 측면, 특히 인적자본에의 투자가 열악하여 나중에 성장하여 노동시장에서 소득을 벌어들이는 능력에서 불리하다. 이에 대부분의 나라에서는 '의무교육정책'이라는 제도를 통해서 빈곤한 가정에서 성장하는 아이들에게도 일정량의 의무적인 교육을 제공하는 것, 즉 인적자본에의 투자를 통해 교육받은 이후에 노동시장에서 소득을 벌어들이는 기회를 동등하게 가질 수 있도록 하는 정책을 시행하고 있다. 그런데, 만일 이런 교육지원을 했음에도 빈곤아동들이 성장한 후에 이러한 교육지원을 받지 않은 비(非)빈곤아동들에 비해서 여전히 빈곤하다면 이 '의무교육정책'을 평등정책이라고 할 수 있을까? 소위 평등에 이르는 과정을 평등하게 하는 정책, 기회를 동등하게 부여하는 정책이 평등한 정책이라고 할 수 있을 것인가(김태성, 2018: 167-168)? 이와 같이 '평등'이라는 단어에 대해서도 각자 다른 생각들이 존재하고 있다.

2) 평등의 대상은 무엇일까

평등이란 무엇일까에 대한 고민에 이어서 다음은 무엇을 평등하게 할 것인

---

1) '기회균형 특별전형' 등의 명칭으로 현재 시행되고 있다.

가? 즉 평등의 대상에 대해 생각해 볼 수 있다. 결과를 평등하게 할 것인가? 자원을 평등하게 할 것인가? 아니면 자원 혹은 사회적 위치에 접근할 수 있는 기회를 평등하게 할 것인가? 이에 대한 질문에 어떻게 답하느냐에 따라 개인과 사회에 미치는 영향은 매우 다르다고 할 수 있다.

첫째, '결과'가 평등의 대상이 될 수 있다. 인간이 행복을 추구하고 선호의 만족을 원한다고 할 때 평등의 대상은 결국 결과인 복지(안녕, well-being)가 될 수 있다는 것이다. 그러나 복지의 평등, 즉 '결과'의 평등이라는 것이 모든 사람들에게 같은 것을 제공한다는 의미는 아니다. 닐슨(Nielsen, 1964)과 같은 복지평등주의자는 모두가 평등한 복지를 향유해야 한다고 주장(이종은, 2011)하는데, 여기서 이야기하는 평등한 복지란 충족이나 선호의 만족, 즉 모두가 만족한 상황으로 해석할 수 있다(우국희 외, 2015: 53). 그러나 모두가 만족하는 상황은 도달하기 매우 어렵다. 왜냐하면 개개인의 만족을 비교하기 위해서는 개인 간 선호(preference)에 따른 차이를 고려한 만족을 비교해야 하는데, 이는 현실에서 측정하기 어려운 측면이 있다. 게다가 선호의 차이를 고려하기는 더욱 어렵다. 상대적으로 '저렴한 소주와 삼겹살'을 선호하는 사람과 '비싼 스테이크와 와인'을 선호하는 사람이 있을 때 이들의 선호를 모두 만족시켜 주는 것이 과연 옳은 것일까? 모두가 만족한 상황을 평등이라고 한다면, 이는 평등을 추구하는 정책이라고 할 수 있다. 하지만, 결코 공정하다고 할 수 없을 것이다.

둘째, '자원'이 평등의 대상이 될 수 있다. 즉 앞서 살펴본 복지라는 최종 결과보다는 복지에 이르는 '수단'인 자원의 평등을 추구하는 것이다. 이러한 자원평등주의는 자원의 사용을 통해 얻을 수 있는 행복감 혹은 선호의 만족과 무관하게 자신의 목적을 추구하는 데 사용할 수 있는 자원을 평등하게 만드는 데 초점을 맞추어야 한다고 본다. 예를 들어 삶의 만족, 복지라는 결과를 평등하게 할 수 없다면, 이를 위한 수단인 소득을 같게 하는 것이다. 그러나 자원, 특히 소득과 같은 외적 자원이 같더라도 결과의 평등이 보장되지는 않는다. 예를 들어 어느 두 사람의 소득이 같다고 하더라도 한 사람이 장애가 있다면, 관련

비용이 추가로 들어가게 된다. 따라서 결과라고 할 수 있는 복지의 차이는 존재한다고 할 수 있다(우국희 외, 2015: 54). 또 소득과 같은 외적 자원 뿐만 아니라 능력과 같은 내적 자원도 평등의 대상에 포함시키거나 내적 자원의 불평등을 보상할 필요 역시 존재한다.

셋째, 자원을 얻기 위한 '기회'가 평등의 대상이 될 수 있다. 이는 '수단 전(前)' 단계의 평등을 추구하는 것이라고 할 수 있다. 예를 들어 모든 사람들의 소득을 동일하게 할 수 없다면, 소득에 접근할 수 있는 취업의 '기회'를 동일하게 제공하는 것을 추구하는 것이 여기에 해당한다. 인종 및 기타 차별의 금지와 공공교육 확대의 사회정책은 기회의 평등을 이루기 위한 정책이라고 할 수 있다. 이는 기회가 평등하다면 그 결과로 나타난 것은 불공평하더라도 사회적으로 정당하고 정의로운 것으로 보는 관점이다(황경식, 2008). 그러나 무엇이 적절한 기준인가에 대해서는 논란이 있을 수 있다. 그리고 이러한 기준을 정하는 것은 쉽지 않다. 또, 기회의 평등이 제공된다고 하더라도 결과인 복지, 혹은 수단인 자원의 평등이 보장되지 않는 경우가 많이 있다. 왜냐하면 사람들은 천부적인 자질이나 선호에 있어서 차이가 있기 때문이다. 따라서 이러한 기회의 평등은 그 사람의 능력과 가정배경 등의 차이가 존재하는 상황에서 명목적인 공정일 뿐이라고 할 수 있다. 다만 여기에서 이야기하는 기회는 인종, 성별, 종교 등 어떤 지위를 수행하는 것과 관계없는 기준이 이러한 기회의 불평등을 가져오면 안 되도록 하여야 한다는 기준이라고 할 수 있다. 기회의 평등은 결국 자원이나 결과가 평등한가 아닌가의 측면은 무시한 채 그것을 얻을 수 있는 과정상의 기회만을 똑같이 해주는 것이다. 따라서 과정상의 기회만 평등하다면 그로 인한 불평등은 아무런 상관이 없다는 것이 되며, 이는 결과적으로 기회의 평등이라는 이름 아래 수많은 결과의 불평등의 존재를 합법화할 수 있다(송근원, 김태성, 1995: 210).

한편 학자에 따라서는 평등의 대상에 '욕구/필요(needs)'까지 포함시키기도 한다. 하지만 이는 복지, 혹은 재분배의 기준은 될 수 있지만, 평등의 대상이라고 볼 수는 없다. 즉 어느 정도의 복지를 제공해야 하는가를 논의할 때는 '욕구/필요'에 따른 분배 역시 하나의 기준이 될 수는 있지만, 평등의 기준이 될 수는 없다고 할 수 있다.

2. 분배적 정의

사회복지사들은 자신들이 수행하는 서비스나 프로그램에서 자원의 부족에 직면하는 경우가 많다. 재정의 부족이나 예산삭감, 그리고 서비스에 대한 욕구의 확대 등은 부족하거나 제한된 자원의 배분에 관한 사회복지사의 선택을 어렵게 한다. 사실 재정이 충분하다면 자원을 어떻게 배분할 것인가에 대해 고민하지 않아도 된다. 그러나 현실적으로 사회복지정책 혹은 사회복지실천현장에서는 필연적으로 자원이 부족하게 되고 이는 자원을 배분하는 문제를 고민하게 한다. 이때 자원을 어떻게 배분하는 것이 가장 합리적인 선택이 될 것인가? 제한된 자원의 배분에 관한 논의는 결국 분배적 정의에 대한 논의라고 할 수 있다(김상균 외, 2002: 304-306).

앞서 평등의 대상, 즉 무엇을 평등하게 할 것인지를 결정한 후에는 얼마나 평등하게 할 것인가를 결정해야 한다. 왜냐하면 평등의 대상이 같더라도 평등을 이루는 방식, 즉 분배방식이 무엇인지에 따라 그 내용이 매우 달라질 수 있기 때문이다. 평등은 제한된 자원의 배분에서 가장 흔하게 사용되는 기준이며, 사회복지정책에서 가장 중요하게 여기는 가치라고도 할 수 있다. 그러나 앞서 살펴본 것처럼 사람들에 따라 평등의 개념을 다르게 사용하고 있고, 이에 많은 논란을 가져오게 된다(송근원, 김태성, 1995: 209-211).

리머는 사회복지실천과 관련하여 클라이언트에게 재화 및 자원을 분배하고자 할 때 사용할 수 있는 판단의 기준으로 평등(equality), 욕구(needs), 보상

(compensation), 그리고 기여(contribution)를 들고 있다(Reamer, 1993: 54-58; 김기덕, 2002: 234-237에서 재인용). 모든 사람에게 동일한 양을 분배하는 동등분배, 즉 수량적 평등과 욕구와 보상, 기여에 따라 다르게 분배하는 차등분배, 즉 비례적 평등이 각각 여기에 해당한다고 할 수 있다.[2)]

1) 동등분배: 수량적 평등

수량적 평등(numerical equality) 혹은 결과의 평등(equality of results)으로 불리는 동등분배는 수혜자들의 사정이나 기여를 고려하지 않고 똑같은 양이나 동일한 가치의 자원을 분배하는 것(Wendorf et al., 2002; 우국희 외, 2015: 57 재인용)이다. 이는 모든 사람을 똑같이 취급하여 자격을 가진 모든 개인이나 집단에게 동일한 몫을 나누어준다는 것으로 사람들의 욕구나 능력의 차이에 상관없이 사회적 자원을 똑같이 분배하는 것을 의미한다. 이러한 기준을 사용하는 입장은 흔히 사회정의에 대한 평등주의(egalitarianism)라고 지칭되는데, 한 사회에서 가치 있는 것으로 판단되는 것들은 모두 그 사회의 사람 혹은 집단의 수에 따라 똑같은 양이나 수를 분배하는 것이다(김기덕, 2002: 234-237).

가난한 사람들에게 소득지원을 한다고 할 때, 소득과 자산의 차이를 고려하지 않고 모두 같은 액수의 사회복지급여를 지급하는 것, 혹은 아동이나 장애인에게 수당을 지급하는데 동일한 액수의 급여를 지급하는 것 등이 그 예가 될 것이다. 또 동일한 일을 하는 사람들은 성별, 인종, 장애유무 등에 상관없이 동일한 급여를 지급하는 것 역시 이러한 예에 해당한다고 할 수 있다. 이러한 동

2) 평등의 개념은 일반적으로 수량적 평등(numerical equality), 비례적 평등(proportional equality), 기회의 평등(equal opportunity)과 같은 3가지로 나누어진다(송근원, 김태성, 1995: 209-211). 수량적 평등은 동등분배, 비례적 평등은 차등분배와 직접적으로 관련되는 것이라고 할 수 있다. 이와 함께 세 번째 평등의 개념은 기회의 평등이다. 서비스 대상자를 선발하는 과정에서 먼저 신청한 클라이언트에게 우선권을 준다거나 추첨 등을 통해 대상자를 선정하는 방법을 활용할 수 있는데, 이러한 방법이 바로 참여의 기회를 동등하게 준다는 의미에서 기회의 평등을 추구하는 것이라고 할 수 있다.

등분배는 서로 다른 생각과 가치관, 그리고 기대를 가지고 있는 사람들 사이에 갈등을 피하고, 그 사회에 속한 구성원들 사이의 화합과 통합을 가져올 수 있다는 장점을 지니고 있다. 현재 많은 사회복지정책이 이러한 수량적 평등의 가치를 반영함으로써 결과의 평등을 부분적으로나마 목표로서 삼고 있다. 소득재분배의 목표를 달성하기 위해서 빈자들에게 그들의 능력과 기여에 관계없이 일정부분의 사회적 자원을 할당해 줌으로써 부자들과의 소득의 격차를 줄이려고 하고 있는 것을 예로 들 수 있다(송근원, 김태성, 1995: 209-210). 그러나 이러한 수량적 평등은 사회복지실천현장에서 적용이 불가능한 경우가 많다. 예를 들어 학대피해아동쉼터에 빈 방(침대)이 5개 있는데, 이 쉼터를 이용해야 하는 아동이 10명이라면 5개의 방(침대)을 10개로 나눌 수는 없기 때문이다.

한편 평등을 절차 혹은 과정의 평등(equality of opportunity or process)으로 규정하는 도덕적 입장도 있다. 이 입장은 개개인이 가진 능력이나 선호의 차이는 정당한 것으로 인정하고 이러한 능력이나 선호를 실현할 수 있는 기회나 과정만을 평등하게 대우하는 것이다. 하지만 이러한 입장에 대해서는 개인이 가진 능력이나 선호 자체의 분배에 대한 고려가 전제되어야 할 것이다. 즉 많은 것 가운데 어떠한 능력과 선호를 타고난 본성으로써 그 차이를 정당한 것으로 간주할 것인지에 대한 논쟁을 해결하지 않으면 안 된다. 타고난 능력(natural ability)과 획득된 능력(acquired ability)의 구분과 정당성에 대한 논쟁들이 그 예가 될 것이다(Rescher, 1966; 김기덕, 2002: 235에서 재인용).

2) 차등분배: 비례적 평등

또 다른 분배 방법으로 차등분배, 즉 비례적 평등(proportional equality)이 있다. 앞서 살펴본 동등분배는 사회의 구성원이라면 같은 양과 가치의 혜택을 받을 수 있다는 점에서 자격조건 판단과 급여액 결정과 관련된 행정비용을 줄일 수 있고, 정치적 갈등을 줄이고 사회통합을 높일 수 있다[3]는 장점이 있다. 그러나 자원이 한정되어 있는 상황에서 모든 사람에게 같은 양이나 가치를 분배하기 위해서는 매우 낮은 수준의 배분이 이루어질 가능성이 크며 이는 모든 사람들의 만족을 가져오기는커녕 오히려 모든 사람들이 불만족하는 상황이 될 가능성이 크다. 그래서 욕구의 많고 적음, 혹은 기여의 많고 적음에 따라 차등적으로 분배되어야 욕구충족, 사회적 격차의 해소, 자원의 효율적 사용, 경제적 동기(incentive)의 유지가 가능하다는 주장이 있다(우국희 외, 2015: 58-59). 이러한 차등분배는 소득수준이나 욕구, 노력, 능력, 기여한 비용 등에 따라 사회적 자원을 다르게 배분하는 방법으로 흔히 공평(equity)라고 불린다. 예를 들어 사회보험 방식에 의한 공적연금은 보험료를 많이 낸 사람이 더 많은 급여를 받도록 설계되어 있는데, 이것이 바로 공평의 가치, 비례적 평등을 반영한 것이라고 할 수 있다. 공공부조정책에서 오랫동안 기본원칙으로 강조된 열등처우의 원칙(principle of less eligibility)[4] 역시 이러한 공평의 원칙을 강조한 것이라고 할 수 있다.[5] 이러한 차등분배 기준으로는 욕구, 기여, 보상 등이 있다.

(1) 욕구(needs)에 기반을 둔 차등분배

(사회적) 욕구는 사회복지사들이 제한된 자원을 배분하기 위해 자주 활용하는 기준이다. 즉 욕구의 정도나 심각성에 따라 분배의 우선순위를 정하고, 이 순위에 따라 제한된 자원을 배분하는 것으로 사회주의(socialistic) 사회정의론으로 불린다(Rescher, 1966; 김기덕, 2002). 이러한 입장은 인간이 가진 타고난 욕구와 선호의 차이에 따라 그들을 가장 만족시킬 수 있는 것들을 분배함으로

---

3) 예를 들어 영국에서 베버리지가 제2차 세계대전 후 설계한 사회정책이 정액급여를 기본으로 하였던 것은 전후 복구상황에서 개인의 기존 기여 혹은 투자를 엄밀하게 따지기 어렵고, 사회통합이 우선적으로 요구되고 있었기 때문이라 할 수 있다.

4) 구제대상이 되는 빈민의 생활수준은 최하층독립노동자의 상태 이하가 되어야 한다는 원칙, 공공부조 급여액이 근로를 통하여 얻을 수 있는 가장 낮은 임금액보다 높아서는 안 된다는 원칙을 의미한다.

5) 물론 결과의 평등과 비교한다면 상대적으로 많은 불평등이 존재할 수 있다. 그러나 수량적 평등의 비현실성을 고려한다면 자본주의 사회에서 실질적으로 가장 널리 사용되는 개념은 바로 이러한 공평의 개념이다(송근원, 김태성, 1995: 210).

써 개인적으로 혹은 사회적으로 최대한의 선(the goods; pleasure)을 생산할 수 있다는 면에서 윤리적이다.

이와 같이 욕구의 많고 적음에 따른 차등분배는 재분배와 관련하여 일반적인 사람들이 갖고 있는 정서와 일치하고 자원의 양이 정해져 있을 때 효율적인 방법이다. 예를 들어 못 사는(욕구가 많은) 사람들에게는 더 많은 것을 분배하고 잘 사는(욕구가 적은) 사람들에게는 더 적은 것을 분배하는 것을 통해 우리는 사회적 격차를 줄이고, 한정된 자원을 효율적으로 사용할 수 있다고 주장할 수 있는 것이다.

이러한 욕구에 기반을 둔 차등분배는 인간은 인간으로서의 최소한의 생활을 영위해야 할 권리를 지닌 존엄한 인격이므로 인간다운 삶을 위해서 기본적으로 요구되는 실질적 욕구가 있고 이는 충족되어야 한다고 본다는 점에서 동등분배보다 기초적인 생활을 유지하고 사회적으로 적절한 수준이 급여가 이루어지기 쉽다. 또 시장소득으로 욕구충족이 가능한 사람은 분배에서 제외하기 때문에 사회적 격차를 줄이고, 한정된 자원의 효율적인 사용이 가능하다. 이것은 자원을 배분하는 책임을 지닌 자가 욕구의 정도나 심각성을 살펴보고 분배의 대상을 결정하는 것을 의미한다. 예를 들어 앞에서 살펴본 학대피해아동쉼터 사례에서 학대피해 정도가 심한 아동에게 우선순위를 둔다거나, 혹은 연령이 낮은 아동을 우선순위로 두는 것 등이 여기에 해당한다고 할 수 있다. 대학교에서 기숙사생을 선발하는데 본가(本家)가 멀리 있는 학생에게 우선권을 부여하는 것 역시 같은 예이다.

그런데 이 입장이 가지고 있는 가장 큰 문제점은 이러한 욕구를 충족하기 위한 선(the good, 예를 들어 상품과 재화)의 생산과 관련한 기여나 노력에 대한, 소위 분배에 대한 자격(deservedness)의 측면을 전혀 고려하지 않는다는 점에서 윤리적 정당성(just-making)을 얻기 힘들다는 비판이 있다(Frankena, 1973). 아울러 현실적인 측면에서 인간이 가진 다양한 욕구 가운데 어떠한 욕구를 기준으로 분배를 판단하여야 하는지도 쉽지 않은 결정이다. 욕구의 종류가 결정된다 할지라도 이를 정확히 개념규정하고 측정, 비교하기가 쉽지 않다는 기술적인 문제점 역시 존재할 수 있다(김기덕, 2002).

(2) 기여에 기반을 둔 차등분배

앞서 욕구에 따라 차등분배를 할 때 어떤 욕구가 개입이 필요한 정당한 욕구인지, 욕구를 어느 정도까지 충족시켜 줄지, 욕구가 있다고 어떻게 판단할지와 관련하여 전문가의 판단과 행정적 처리가 필요[6]하다. 즉 이러한 욕구를 판단하는 문제가 발생하게 된다. 또 욕구에 따라서 차등적으로 분배하는 과정이 지원받는 사람들의 근로동기 등에 여러 가지 영향을 끼치게 될 수 있다. 따라서 욕구가 아니라 시장에서의 기여 여부를 고려하여 차등분배가 이루어져야 한다는 '기여의 원칙'이 제한된 자원을 배분하는 또 다른 기준이 될 수 있다. 예를 들어 사회복지실천현장에서 서비스를 제공할 때, 서비스 비용을 부담할 수 있는 사람에게 이 서비스를 우선적으로 이용할 수 있도록 하는 것이 여기에 해당한다고 할 수 있다.[7] 공적연금에서의 연금급여 역시 개인의 기여에 대한 보상의 성격을 가진다고 할 수 있다. 이러한 기여에 기반을 둔 차등분배에는 '기여'를 어떻게 보느냐에 따라 달라질 수 있는데, 일반적으로 '업적'과 '노력'으로 구분할 수 있다.

① 업적(achievements)

먼저 각자가 달성한 사회·경제적 업적을 기준으로 할 수 있다. 이는 노력 여부나 정도와 관계없이 결과적으로 나타난 성과에 따라 차등적으로 분배하는 것이다. 이러한 성과는 객관적인 측정이 용이하다는 운영상 강점을 가지며 더

---

6) 이 과정에서 욕구충족에 사용되어야 할 재원이 운영비용으로 사용되는 새는 바구니 효과(leaky bucket effect)가 발생할 수 있다(Okun, 1975; 김태성, 2018에서 재인용).

7) 실제 사회복지실천현장에서는 서비스 비용을 부담할 능력이 없는 사람들을 보호해야 할 책임이 있기 때문에 일반적으로 이러한 방식의 기여의 원칙이 적용되지는 않는다.

많은 것을 생산하고자 하는 동기(incentive)를 유도함으로써 사회적 유용성의 관점에서도 높이 평가될 수 있다.

이러한 사회·경제적 업적에 따라 사회적 자원을 다르게 분배해야 한다는 점을 강조하는 사람들은 이러한 업적의 차이를 구분하는 기준으로 흔히 그러한 '업적'의 사회적 중요성(기여도)과 그러한 역할을 수행할 능력이 있는 사람들의 희소성을 든다(김태성, 2018: 170). 이러한 맥락에서 자주 인용되는 예가 의사와 청소원이다. 의사의 역할을 수행할 수 있는 능력이 있는 사람들은 많지 않지만, 의사가 수행하는 기능은 사회적으로 매우 중요하다. 하지만, 청소원은 누구나 할 수 있고, 청소원이 수행하는 기능이 의사에 비해 사회적으로 덜 중요하다. 따라서 청소원보다 의사에게 사회적 자원을 더 많이 분배하는 것이 공정하다는 것이다.

그러나 여기에는 몇 가지 문제가 있다. 먼저, 업적이라는 기준의 양과 질의 평가가 쉽지 않다. 특히 서로 다른 직종에서 산출된 업적의 질을 상호 비교하는 일 또한 어려운 일이다. 또 분업을 통해 집합적 생산을 하는 현대사회에서는 생산해 낸 결과물인 업적의 '진정한 가치', 즉 전체 업적 중에서 어느 정도 만큼 받을만한 자격이 있다고 할 것인지 결정하기도 매우 어렵다(Gordon, 2011; 우국희 외, 2015: 60-61에서 재인용). 앞서 예를 들었던 의사와 청소원을 비교하면, 사람들을 치료하여 건강하게 하는 의사와 거주하는 환경을 깨끗하게 만들어서 사람들이 건강하게 살도록 하는 청소원의 기능 중 어느 것이 더 중요한지를 판단하기는 쉽지 않다. 또 설사 중요성을 판단한다고 하더라도 의사와 청소원의 임금격차가 과연 노동의 사회적 가치의 차이만큼을 반영하는지 아니면 그 이상을 반영하는지도 의문이 있을 수 있다. 왜냐하면 의사와 청소원의 노동의 가치는 그들이 사회에 기여한 몫 이외에도 노동의 수요와 공급에 의해서도 결정된다고 할 수 있기 때문이다.

다음으로 대부분의 자본주의 사회에서 사람들이 사회·경제적 업적을 이루는 과정에는 개인들의 노력과 능력 등에 의한 업적이 중요하기도 하지만, 다른 한편으로는 유전, 가족배경 등의 귀속적(ascribed)인 요인들도 매우 중요한 요인이다. 만일 의사의 높은 시장소득이 우연히 더 좋은 집안에 더 많은 재능을 타고 났기 때문일 뿐 청소원보다 더 많이 노력했기 때문이 아니라고 한다면, '업적'만을 기준으로 급여를 제공하는 것이 정당한지 의문이 제기된다고 할 수 있다.

② 노력(effort)

첫 번째 기준인 업적은 '능력'과 '노력'이 합쳐서 이루어진다. 그런데 여기서 능력(talent)은 모든 사람에게 평등하게 주어져 있는 것이 아니다. 즉, 능력은 각자에게 우연하게 주어진 것인데, 이것이 영향을 크게 미치는 성과에 따라 분배하는 것이 배분적 정의에 적합하지 않다고 생각하는 것이다. 누군가는 우연히 부유한 집안에서 태어났거나 혹은 많은 재능을 타고났을 수 있다. 따라서 진정한 각자의 것이라고 할 수 있는 노력의 결과만을 기준으로 분배하는 것이 옳다고 보는 것이다. 그러나 이러한 노력은 도덕적 정당성이라는 측면에서는 상당한 설득력을 갖기는 하나 노력의 측정과 평가가 어렵다는 단점을 갖는다. 또한 인내하고 열심히 노력하려는 경향 역시 천부적 자질 내지 타고난 능력의 측면이 있으며[8], 이러한 성향의 계발에 있어서도 우연에 의해 결정된 가정적·환경적 요인이 크게 작용한다면 노력 역시 응분의 몫을 정하는 절대적 기준이 되기는 어렵다는 한계가 있다(황경식, 2008).

업적 혹은 노력 등 기여를 기반으로 다르게 분배되는 대표적인 사회복지정책으로는 사회보험, 그중에서도 공적연금이 있다. 공적연금은 자신이 낸 보험료에 비례하여 보험금을 받기 때문에 경제사회적 위치를 유지할 수 있다. 그리고 이러한 위치를 유지하기 위해서는 더 많은 보험료를 내야하며, 이를 위해 더 많은 소득을 위한 근로동기가 강화될 수 있어 경제적 효율성을 유지할 수 있다는 평가를 받는다. 우리나라의 국민연금을 비롯한 대부분의 국가들의 공

8) 롤즈는 노력할 수 있는 자질 또한 우연으로 결정된다고 보았다.

적연금제도는 보험료를 많이 납부한 사람들이 나중에 급여를 받을 때 적게 납부한 사람들보다 더 많이 받도록 설계가 되어 있다.[9)]

이러한 기여의 정도를 기준으로 하여 분배하는 것이 정의롭다는 입장은 개개인이 가진 능력과 선호의 차이점을 적극적으로 고려하다는 점과 개인이 가진 노력과 업적을 인정한다는 측면에서 윤리적인 정당성을 가진다. 하지만 이와 같은 능력이나 선호를 얻을 수 있는 기회가 공정하게 분배되지는 않는다는 점에서는 그 정당성이 의문시된다. 뿐만 아니라 측정한 개인적 노력이 사회적으로 가치있는 것으로 간주되지 않는 경우 혹은 적당한 보상체계가 존재하지 않는 경우에는 문제가 된다. 또한 사회적 일반이익을 판단기준으로 하는 공리주의적 입장을 견지하는 경우에도 과연 일반적인 사회이익이 무엇을 의미하는지에 대한 논란이 있을 수 있고, 무엇보다도 사회의 일반이익을 위해서 개인의 정당한 몫이 희생될 수도 있다는 점은 이러한 입장에 대한 대표적인 도덕적 비난이다(Rawls, 1971; 김기덕, 2002에서 재인용).

(3) 보상에 기반을 둔 차등분배

차등분배의 세 번째 기준으로 욕구나 기여가 아니라 보상에 따른 차등분배가 이루어져야 한다는 입장, 즉 보상의 원칙이 있다. 이는 사회정의의 판단기준으로 사용되는 많은 것들이 주로 '욕구' 등과 같은 현재의 상태나 향후 발생할 것으로 예상되는 결과와 같은 미래 상황만을 고려하고 있다는 지적에 근거한 것이다. 이러한 비판은 특히 공리주의적 입장으로 대표되는 목적론(결과론)적 윤리이론에 근거한 대부분의 사회정의 이론들에 대해 공통적으로 적용된다. 만약 논리적으로 현재의 상황이나 미래에 대한 전망이 과거의 선행요인과 일정정도 연관이 있다는 것을 인정한다면 과거에 윤리적으로 정당하지 못한

---

9) 그러나 많은 국가들의 연금보험은 '결과의 평등' 가치를 추구하는 수직적 소득재분배의 목표도 이루기 위해서 보험료 납부액에 완전히 비례하여 급여액을 산정하지는 않는다. 그래서 소득이 낮은 사람들은 소득이 높은 사람들에 비하여 상대적으로 후한 연금액을 받는다(김태성, 2018: 174).

처우로 인하여 주어진 현재의 해악은 당연히 보상되어야 한다는 것이다(Rachels, 1986; 김기덕, 2002에서 재인용). 이와 같이 과거에 대한 보상이라는 의미에서 실시되는 대표적인 정책으로는 긍정적 차별(positive discrimination) 혹은 소수자 우대정책(affirmative action)이라고 불리는 각종 인적할당제도(personal quota)를 들 수 있다. 기업에서 국가유공자를 우선취업대상자로 우대한다거나, 혹은 대학에서 신입생을 선발할 때 인종과 성별, 장애유무 등을 고려하여 별도 선발하는 것 등이 있다.

이러한 정책의 윤리적 정당성은 과거 특정한 집단에게 행해진 공정하지 못한 처우에 대한 보상으로 현재의 부정의한 결과를 원래의 바람직한 상태로 회복하는 것이 도덕적으로 정당하다고 하는 입장에 근거하고 있다(Reamer, 1993: 56-56; 김기덕, 2002에서 재인용). 즉 소수집단이나 소외계층이 다수집단 등과 비교해 사회적으로 불공정한 차별을 받아왔으므로 이것을 보상받아야 하며, 사회복지자원의 배분에서 우선적으로 고려되어야 한다는 논리이다.

우리 사회에서 소수인종, 장애인 등 특정인구집단은 여러 가지 측면에서 불리한 상황이다. 예를 들어 많은 국가에서 여성의 임금은 남성보다 낮으며, 같은 일을 해도 낮은 경우가 많다. 물론 이러한 임금의 차이가 발생하는 이유가 남성이 여성보다 육체적 힘이 더 강하고 그 때문에 더 많은 일을 할 수 있기 때문이라고 할 수도 있다. 그러나 대부분의 경우 능력의 차이라기보다는 사회적 차별에 기인한다고 볼 수 있다. 따라서 '사회·경제적 업적'으로만 자원을 배분하면 특정 인구집단에게는 불리한 결과를 가져올 수 있다. 이에 '진정한' 평등을 이루기 위해서는 평등의 대상에 차이를 두어, 시장경제의 경쟁에서 취약한 집단들에게 '불공정'한 사회적 자원의 배분을 시정하여야 한다. 이를 긍정적 차별이라고 하며 이러한 긍정적 차별이 있어야 진정한 평등의 가치를 구현한다고 본다. 그래서 많은 국가들에서 사회적 약자 집단들에게 대학입학, 진급, 일자리를 구하는 데 있어 유리하게 대우한다(김태성, 2018: 175-176).

3. 평등과 사회정의, 최적과 평등(균형)에 대한 윤리학적인 논의

1) 평등과 사회정의

평등과 사회정의는 어떤 관계가 있을까? 사회정의와 관련하여 과연 무엇이 바람직한 것인가를 논의할 때에는 이러한 판단기준과 관련한 조건 혹은 가능성이 이미 평등하게 분배되어 있어야 한다는 합리적인 추론에 우리는 도달하게 된다. 바로 이러한 이유에서 사회정의를 논의하는 과정에서 필연적으로 평등이라고 하는 또 하나의 기본가치가 개입되게 된다. 즉, 개별 인간에 대하여 바람직한 방식의 상대적 처우를 생각할 때는 본질적으로 평등이라고 하는 가치가 중요한 구성요소가 된다고 할 수 있다(김기덕, 2002). 그런데 평등이라는 가치는 사회정의라는 가치와 동일시될 수 있는 것은 아니다. 좀 더 정확하게 이야기하면 사회정의를 구성하는 여러 가치 가운데 중요한 가치 중 하나로 간주하여야 할 뿐이다. 왜냐하면 인간의 본성, 즉 인간들 사이에는 피할 수 없는 본질적인 차이가 존재하기 때문이다. 인간은 비슷한 속성을 공유하는 동시에 상이한 속성으로 구별되어야 하는 존재이다. 따라서 인간들이 가진 본질적으로 상이한 속성들을 무시하고 평등이라는 기준을 너무도 엄격히 적용하여 획일적인 처우를 한다면 이는 윤리적으로 정당화하기 힘들다(김기덕, 2002).

앞에서 살펴본 것처럼 모든 인간은 능력(abilities)과 욕구(needs)에 있어 모두 다른 존재들이다. 그런데 이러한 인간의 능력과 욕구의 차이를 무시하고 일괄적으로 평등의 원칙만을 적용하게 될 경우 다양한 윤리적 문제에 부딪치게 된다. 먼저 인간이 가진 욕구와 관련해서 살펴보자. 예를 들어 A는 사과를 원하고 B는 오렌지를 원한다고 가정해 보자. 그런데 평등이라는 원칙을 적용하여 모두에게 사과를 준다든가 혹은 오렌지를 주는 경우 이러한 행위는 도덕적으로 정당하지 못한 행위가 된다. 왜냐하면 이 경우 두 사람 중 한 사람은 자신의 욕구를 충족하지 못하게 되기 때문이다.[10] 따라서 이러한 경우에는 A에게는 사과를 주고 B에게는 오렌지를 주는 차별적인 대우(discriminatory treatment)가 오히려 좀 더 윤리적으로 정당한 것이다. 능력의 경우에도 동일한 논의가 적용될 수 있다. 장애를 가진 사람과 장애를 갖지 않은 사람에게 군복무 등의 동일한 의무를 부과할 경우 장애를 가진 사람은 자신의 장애를 넘어서는 의무로 고통을 느낄 것이며 이러한 고통은 도덕적으로 정당화하기 어려운 것이다(Frankena, 1973).[11] 이상의 내용을 종합적으로 고려할 때 사회정의는 '인간의 동일성과 상이성을 고려하여 그 대우의 방법을 평등하게 해주는 것(equality of manner of treatment)'이라고 정의할 수 있다.

2) 최적과 평등, 그리고 균형

어떤 상태가 균형(Equilibrium) 상태에 놓여 있다는 것은 어떤 외부적인 충격이 없을 경우 계속해서 그러한 상태에 남아있으려는 속성을 가지고 있다는 것을 의미하는데, 현재 경제학에서 사용하는 최적(Optimality) 개념은 주로 '파레토 최적(Pareto-Optimality)'의 개념을 따른다. 즉 어떤 사회적 상태가 파레토 최적 상태에 놓여있다는 것은 그 상태에 놓인 어느 누군가의 처지를 악화시키지 않고서는, 다른 누구의 처지도 개선시킬 수 없는 상태에 있다는 것을 의미하는 것이다(정훈, 2013).[12]

최적과 평등은 비슷한 개념처럼 보이지만, 별개의 독립된 개념들이라고 할

---

10) 이러한 결과의 발생은 결과론적 윤리론에서는 근원적으로 정당화할 수 없는 것이며, 의무론적 윤리론의 경우에도 악행을 해서는 안된다와 같은 도덕적 규칙을 위반하는 행위가 된다(김기덕, 2002).

11) 이러한 면을 고려해서 많은 윤리학자들은 의무(ought)라는 개념은 능력(can)이라고 하는 개념을 전제로 한 것으로 간주한다. 즉 불가능한 행위를 의무로 한다는 것은 현실적인 의미가 존재할 수 없기 때문이다.

12) 파레토 효율성(Pareto-Efficiency)으로 표현하기도 한다.

수 있다. 왜냐하면 평등하지만 최적이 아닌 분배가 있을 수 있고, 최적이지만 불평등한 분배도 있을 수 있기 때문이다. 예를 들어 3개의 빵을 철수와 영희에게 나누어준다고 생각해보자. 만약 철수와 영희에게 각각 1개의 빵을 나누어주고 나서, 남는 한 개의 빵을 나누어주지 않는다면, 이것은 완전히 평등한 분배이기는 하지만, 최적의 분배라고는 할 수 없다. 왜냐하면 나머지 한 개의 빵을 철수와 영희 둘 중 아무한테나 나누어준다면, 그 누구의 처지도 악화시키지 않으면서 다른 누군가의 처지를 개선시킬 수 있기 때문이다. 만일 영희에게 3개의 빵을 모두 나누어주고, 철수에게는 1개의 빵도 나누어주지 않는다면, 이것은 매우 불평등한 분배이지만 반대로 최적인 분배라고 할 수 있다. 왜냐하면 이 분배 상황에서 철수에게 빵을 분배하기 위해서는 반드시 영희가 가지고 있는 빵 중 일부를 빼서 철수에게 주어야 하기 때문이다. 즉, 철수의 상황을 개선시키기 위해서 반드시 영희의 상황을 악화시킬 수밖에 없기 때문이다. 이처럼 최적과 평등은 서로 독립적이다. 이와 같이 어떤 특정한 사회적 분배 상태를 평가하는 데 있어서, 최적인 분배와 평등(균형) 분배는 전혀 다른 개념이라고 할 수 있다.

3) 평등과 사회정의, 최적과 평등(균형)에 대한 윤리학적[13]인 논의

우리가 분배적 정의와 같은 철학적 문제를 고민해야 되는 근본적인 이유는 모든 사람들에게 각자가 원하는 모든 것을 원하는 양만큼 배분하기에는 가치와 재화들이 부족하다는 것, 즉 가용자원의 희소성 때문이다. 분배를 해야 할 대상이 한정되고 희소하다는 것은 그것을 분배하는 데 어떤 제약조건이 따른다는 것이다. 이러한 제약조건이 따르는 선택의 문제를 해결하는 데 있어서 모

13) 윤리학(정치철학)은 도덕적인 관점에서 보았을 때, 옳은 것이 무엇인가에 대한 체계적인 답변을 시도하는 철학분야라고 할 수 있다. 즉 개인의 입장에서는 윤리학이고 사회 전체의 입장에서는 정치철학이라고 할 수 있다. 한편 경제학은 어떤 한정된 희소자원을 개인 혹은 사회적 차원에서 어떻게 분배를 하는 것이 가장 효율적 혹은 최적인가에 대해서 연구를 하는 학문분야라고 할 수 있다.

든 종류의 선택이 동일한 가치를 지닌 게 아니다. 앞의 예에서 'A에게 사과를 주고, B에게 오렌지를 주는 행위'는 사과와 오렌지라는 대상만을 보면 불평등한 처우이지만, 욕구라고 하는 판단 기준에 근거해 보면 평등한 처우로 간주할 수 있다.[14] 또 완전 자유시장경제체제가 사회적인 최적 상태를 설사 보장해 준다고 하더라도, 경제학에서 추구하는 그러한 최적인 분배 상태가 사회복지에서 추구하는 가치인 평등, 기회균등, 공정성 혹은 사회정의와 같이 최적과는 다른 도덕적 가치 기준들에 비추어 보았을 때 결코 바람직한 것만은 아니라고 주장할 수 있을 것이다. 즉 사회적 최적 상태를 포기해야 될 때가 많이 발생한다(정훈, 2013).

4. 제한된 자원배분과 관련된 윤리적 쟁점

1) 보편적 복지와 선별적 복지 논쟁

사회복지정책은 통상적으로 보편적 복지 정책과 선별적 복지 정책으로 구분한다. 이러한 복지정책을 구분하는 기준은 복지 대상의 범위이다. 보편적 복지정책은 모든 국민을 대상으로 하고 있다. 즉 우리나라 국민이라면 모두 복지혜택을 제공해야 한다는 것이다. 반편 선별적 복지정책은 도움이 필요한 일부 사람들만을 구별하고 선택하여 복지의 혜택을 주는 것이다. 쉽게 이야기해서 국민 모두에게 복지서비스를 제공하는 것이 보편적 복지이고, 일부 사람에게만 복지서비스

---

14) 윤리학에서는 사회정의라는 용어를 사용하는 반면 정치철학(political philosophy)에서는 공평 혹은 형평(equity)이라는 용어를 사용하기도 한다. 이는 용어는 다르지만, 개념은 거의 같다. 예를 들어 미국의 대표적인 정치철학자인 스톤(stone)은 정치철학의 중요한 목표 중의 하나로 형평을 거론하고 있다. 그녀에 의하면 형평(equity)은 평등(equality)과는 구별되는 것으로 간주하는데 형평을 불평등한 처우(unequal treatment)를 포함한 평등한 처우(equal treatment)라고 정의함으로써 사회정의와 실질적으로 거의 같은 범주로 사용하고 있다(Stone, 1997: 41; 김기덕, 2002에서 재인용).

를 제공하는 것이 선별적 복지라고 할 수 있다. 예를 들어 건강보험제도처럼 국민이라면 누구나 그 혜택을 받을 수 있는 제도는 보편적 복지 정책에 해당한다. 의무교육, 무상급식 역시 여기에 해당한다. 반면 국민기초생활보장제도처럼 일부의 사람들에게만 지원을 하는 제도는 선별적 복지 정책이 된다.

우리나라에서 보편적 복지와 선별적 복지의 논쟁을 가져온 가장 큰 사건은 2010년과 2011년에 서울시 학생들에게 무상급식을 할 것인가에 대한 문제를 둘러싸고 서울시장과 서울시의회·서울시교육청 간의 갈등을 들 수 있다. 이러한 무상급식 찬성과 반대에 대한 논쟁은 이후 복지의 혜택 범위의 문제로 확대되기 시작하였다. 복지의 대상을 모든 학생(사람)에게 적용되어야 하는가? 아니면 우선적으로 필요한 일부 학생(사람)들에게 우선 적용되어야 하는가? 선별적 복지를 주장하는 사람들은 자원이 제한된 상황에서는 필요한 사람들에게 집중적인 지원을 하는 것이 더 효율적이라고 주장한다. 반면 보편적 복지를 주장하는 사람들은 선별적 복지가 양극화를 심화시키고, 계층 간 갈등을 유발시킨다고 주장한다. 이렇듯 선별적 복지와 보편적 복지는 지금까지도 여전히 논란의 중심에 서 있다.

사례 7-1 보편적 복지 정책 vs. 선별적 복지 정책

무상 급식에 대한 논쟁은 복지란 무엇이며 복지 정책의 대상자는 누구인가에 대한 생각의 차이입니다. 복지 정책의 대상 범위를 보편적 복지 정책으로 본다면 무상 급식은 당연히 시행해야 하는 제도입니다. 그러나 복지 정책의 대상을 선별적 복지 정책의 처지에서 본다면 무상 급식은 다시 생각해 봐야 할 제도입니다.

선별적 복지 정책은 효율성을 생각하는 제도입니다. 정해진 예산으로 더 큰 효과를 보려면 우선 필요한 곳에 투입해야 한다고 생각하는 제도입니다. 도움이 필요한 학생에게만 급식비를 제공하면 예산을 절감할 수 있고 이렇게 절약한 예산은 다른 복지 정책에 사용할 수 있다는 것입니다. 반면 보편적 복지 정책은 형평성을 더 생각하는 제도입니다. 복지 정책으로 또 다른 차별을 만들어서는 안 된다고 생각하는 제도입니다.

출처: 에듀넷-티-클리어(https://www.edunet.net).

2) 의료서비스 지원(재정 지원)의 우선순위 논쟁

모든 사람들에게 필요한 만큼 의료서비스를 무료로 제공하면 좋겠지만, 어느 나라도 이렇게 할 수는 없다. 그래서 전 세계 모든 국가들은 다양한 방식으로 지원의 우선순위를 규정하고 있다. 의료서비스 지원의 우선순위는 어떻게 정할 수 있을까?

국가에서 국민들에게 의료서비스를 제공하는 방식은 크게 조세방식(일명 베버리지형)과 사회보험방식(일명 비스마르크형)으로 구분할 수 있다. 조세방식 국가들은 필요서비스를 급여하는 것을 원칙으로 하면서 이를 구체화하기 위한 기준이나 가이드라인을 정하는 방식을 취하며, 사회보험방식 국가들은 대체로 의료법이나 수가표에 구체적인 급여항목을 나열하고 있다. 예를 들어 조세방식 국가인 노르웨이의 경우 질병의 심각성, 치료의 효과성, 치료의 비용효과성 등을 우선순위 설정을 위한 기준으로 제시하고 있으며 다른 나라도 크게 다르지 않다. 이러한 우선순위 설정기준은 사회보험방식도 크게 다르지 않다. 통상적으로 질병의 심각성, 즉 위중성을 1순위로 고려하고 지원하여야 할 것으로 생각하고 있으며, 우리나라도 크게 다르지 않다.[15]

그러나 의료서비스 지원에 비용효과성을 중요하게 고려해야 하는 것은 아닐까? 비용이 제한되어 있는 상황에서 투입된 비용 대비 효과성이 가장 높은 환자에게 우선적으로 지원하는 것이 필요할 수도 있다는 의미이다. 이는 중증질환 보다는 많은 사람에게 혜택을 줄 수 있는 질병, 즉 경증질환에 급여의 우선순위를 정하는 것이 더 타당하다는 의미로 받아들여질 수 있다.

---

15) 조정숙(2005)의 연구에 따르면 급여확대 우선순위 선정기준의 중요도 가중치 순위는 1순위가 질병의 중증도로 조사되었으며, 그 다음으로는 위급성, 후유장애 심각성, 안전성·치료효과성, 환자 본인부담액의 크기, 비용효과성, 질병환자 수, 대체가능성 등의 순으로 분석되었다.

사례 7-2 **급여 우선순위 정할 때 가장 중요한 건 비용효과**

건강보험 급여 우선순위 결정에서 가장 먼저 고려해야 할 항목은 뭘까? 해당 항목은 대체가능성, 비용효과성, 위중성, 자기책임성 등 4가지다. 최근 정부가 구성한 자문단 회의에서는 '위중성'을 1순위로 꼽았지만 비용효과성이 먼저라는 주장이 나왔다. 건강보험공단은 18일 서울 그랜드컨벤션센터에서 한국, 일본, 대만 보건의료 전문가 및 정부 관계자가 참석한 '2013년도 건강보험 국제심포지엄'을 열었다. '의료보장 수준과 건강보험 급여의 우선순위'를 주제로 진행된 세션에서 ○○대 A교수는 급여 우선순위 결정에서 비용효과성이 가장 중요하며 건강보험정책심의위원회 산하에 급여개선위원회를 설치해야 한다고 주장했다. A교수에 따르면 건강보험 보장범위 설정 자문단은 4~6월 회의를 갖고 급여기준 설정 시 위중성이 가장 중요하며 비용효과성, 대체가능성, 자기책임성 순으로 중요하다고 정리했다. 하지만 A교수는 비용효과성이 가장 중요하다고 봤다.

그는 "위급성, 심각성 등은 보험급여 우선순위의 판단 근거라기보다는 우선순위의 문제다. 어떤 서비스를 우선적으로 제공해야 한다고 해서 반드시 급여순위가 앞서야 하는 것은 아니다"고 설명했다. 이어 "상병 종류에 따라 급여 여부 또는 급여 수준을 달리하는 것은 바람직하지 않다"고 못 박았다. (중략)

A교수는 "비용의 크기, 소득수준 등 환자의 금전적 부담의 정도에 따라 보험급여 수준을 달리하는 정교화 과정이 필요하다. 보험급여는 금전적 부담을 덜어주는 것을 의미하기 때문"이라고 전했다. 이밖에도 '문제의 크기' 및 '자기책임성'도 추가적으로 참고해야 한다고 제안했다. 예를 들면 건강관리서비스 및 예방서비스에 대한 급여는 서비스를 제공하거나 받는 사람들의 자기책임성을 생각해야 한다는 것이다. (이하 생략)

출처: 메디칼타임즈(2013. 7. 18.).

3) 소수집단 우대정책 논쟁

차등분배의 기준 중에 보상의 원칙이 있다. 소수집단은 다수집단에 비해 사회적으로 불공정한 차별을 받아왔으므로 이것을 보상받아야 하며, 이러한 우선적 배분이 더 공정하다는 논리이다. 즉 '진정한' 평등을 이루기 위해서는 각종 경쟁에서 취약할 수밖에 없는 집단들에게 우선적인 기회 등을 제공함으로써 '불공정'한 사회적 자원의 배분을 시정하여야 한다는 논리이다. 예를 들어 대학입학에서 소수집단을 우대하는 이유가 바로 이런 이유이다. 학생의 배경을 고려하는 것, 즉 기초생활수급자 등 저소득층, 혹은 장애인을 별도로 선발하는 것을 통해 진정한 평등의 가치를 구현한다고 본다. 이를 우리는 긍정적 차별이라고 부르며, 대부분의 경우 이에 대해서 문제제기를 하지 않는다.

그런데 대학입학에서 인종과 민족을 고려하는 행위는 어떠한가? 낮은 사회·경제적 지위나 장애유무 등은 각종 경쟁에서 불이익을 받을 수 있는 가능성이 높지만, 인종은 그렇지 않다. 사회경제적 지위 등을 고려하지 않고 단순히 인종만을 고려하는 것은 오히려 인종차별적인 정책이 아닐까? 예를 들어 우리나라에서 다문화가정자녀를 대상으로 별도로 선발하는 제도가 있는데, 이것은 오히려 차별적인 정책이라고 할 수도 있지 않을까? 여기에 해당하지 않는 사람들의 권리를 침해하는 정책이 아닐까? 사회·경제적 지위를 고려하지 않은 채 다자녀가정의 자녀, 혹은 한부모가정의 자녀를 우대하는 것 역시 차별적인 정책이라고 할 수도 있지 않을까?

다음은 최근 미국에서 최근 제기된 '긍정적 차별'과 관련된 논의 내용이다.

사례 7-3 美대법 "대입 때 소수인종우대 정책 위헌"… 62년만 폐기 수순

"학생들 공정한 경쟁 하게 됐다" vs "소수자 사회 참여 기회 제한"

미국 대학 입학에서 교육의 다양성을 위해 소수 인종을 우대하는 정책인 이른바 '어퍼머티브 액션(Affirmative Action)'에 대해 연방 대법원이 위헌 판결을 내렸다. 이에 따라 1960년대 민권운동의 성과 가운데 하나로 꼽힌 소수인종 우대 입학 정책이 역사 속으로 사라지게 됐다. (중략) 연방 대법원은 29일(현지시간) '공정한 입학을 위한 학생들(Students for Fair Admissions: SFA)'이 소수인종 우대 입학 제도로 백인과 아시아계 지원자를 차별했다며 노스캐롤라이나대와 하버드대를 상대로 각각 제기한 헌법소원을 각각 6대 3 및 6대 2로 위헌 결정했다. (중략) 대법원장인 존 로버츠 대법관은 다수 의견에서 "너무 오랫동안 대학들은 개인의 정체성을 가늠하는 기준으로 기술이나 학습 등이 아니라 피부색이라는 잘못된 결론을 내려왔다"면서 "우리 헌정사는 그런 선택을 용납하지 않는다"고 말했다. 이어 "학생들은 인종이 아니라 개개인의 경험에 따라 대우해야 한다"고 밝혔다. 소니아 소토마요르 대법관은 소수 의견에서 "수십 년 선례와 중대한 진전에 대한 후퇴"라고 비판했다. 잭슨 대법관도 이번

결정에 "우리 모두에게 진정한 비극"이라고 규탄했다. (중략)

대입에서 소수 인종을 우대하는 소수인종 배려 입학 정책은 1961년 존 F. 케네디 당시 대통령의 행정명령을 계기로 만들어졌다. '정부 기관들은 지원자의 인종, 신념, 피부색, 출신 국가와 무관하게 고용되도록 적극적(affirmative)인 조치를 취해야 한다'는 이 행정명령으로 고용 부문에서의 차별금지 조치가 실시된 데 이어 각 대학도 소수인종 우대 입학정책이 도입됐다. 이 조치로 주요 대학에서 흑인의 입학 비율이 올라가는 등 차별 시정의 성과를 거뒀으나 이후 인종에 따라 대입에서 사실상 가산점을 주는 이 정책이 백인과 아시아계를 역차별한다는 주장이 꾸준하게 제기됐다. 다만 이후 바뀐 사회 지형과 백인 및 아시아계에 대한 역차별 비판이 꾸준히 제기되며 현재는 미국의 50개 주 가운데 캘리포니아, 미시간, 플로리다, 워싱턴, 애리조나, 네브래스카, 오클라호마, 뉴햄프셔, 아이다호 등 9개 주는 공립대에서 인종에 따른 입학 우대 정책을 금지한 상태다. 미국 연방 대법원의 이번 판결로 소수인종 우대정책의 주요 수혜자로 꼽힌 흑인과 히스패닉계 학생들은 직접적인 영향을 받을 것으로 전망된다. 워싱턴포스트(WP)에 따르면 이 정책을 금지한 뒤 캘리포니아주의 대표적 명문공립인 버클리대에서 흑인과 히스패닉 학생 비중이 50% 가까이 급락했다. (중략)

뉴욕타임스(NYT)는 "이번 판결로 대학의 입시 제도가 전면 재검토에 들어가며 큰 혼란이 일어날 것"이라며 "이는 소수자들의 사회 참여 기회를 제한하고 고용 시장에서 인종 고려를 제한하는 등 광범위한 파장으로 이어질 수 있다"고 지적했다. (이하 생략)

출처: 연합뉴스(2023.6.30.).

미국 연방대법원이 대학 입학에서 소수인종을 우대하는 정책에 대해 위헌 결정을 내린 29일 워싱턴 대법원 앞에서 시민들이 반대 시위를 벌이고 있다. 워싱턴=AP 연합뉴스

그림출처: 한국일보(2023.6.30.). "소수인종 우대하는 대입정책은 위헌"... '발칵' 뒤집어진 미국.

생각해보기

평등과 분배의 관계에 대해서 다음의 2가지 사례를 살펴보자. 아래의 사례에 대한 자신의 생각은 어떠한가? 평등과 분배의 관계를 토대로 생각해보자.

사례 7-4 예산할당의 우선순위 문제

약물중독 재활 프로그램을 담당하는 사회복지사가 다음과 같은 예산 할당 결정에 직면해 있다. 그는 기관이 제공하기 원하는 두 가지 프로그램 중 단지 한 프로그램에만 사용할 수 있는 예산을 가지고 있을 뿐이다. 사회복지사는 어떠한 윤리적 고려를 하여야 하는가? 결정을 내리는데 어떠한 윤리적 규칙과 원칙을 사용할 수 있을까?

- 프로그램 A는 초등학교 학생들에게 적합한 것으로 시내에서 가장 어려운 지역의 어린이 500명을 대상으로 하고 있다. 과거 경험으로 미루어 이러한 프로그램이 없다면 이들이 16세가 될 즈음 200명의 어린이가 약물에 중독될 것이다.
- 프로그램 B는 청소년약물중독 재활에 초점을 맞추어서 매해 50명의 청소년에게 서비스를 줄 수 있다. 이 프로그램의 성공률은 60%이다.

출처: 서미은, 김영란, 박미은 공역(2000). p.173 사례 재구성.

사례 7-5 취약계층 사이의 우선순위 문제

2024년 현재 우리나라의 교통요금 할인 및 무료 지원 방식은 다음과 같다.

〈지하철 요금〉

현재 지하철 요금의 경우 65세 이상의 노인과 장애인, 그리고 국가유공자는 무료로 이용을 하도록 규정하고 있다. 아동의 경우는 어떤가? 만 6세 미만의 아동은 보호자가 동반하는 경우에는 무료로 이용할 수 있도록 규정하고 있다. 다른 연령대, 즉 만 6세~12세, 즉 초등학생은 어린이 요금, 그리고 만 13~18세까지의 연령은 청소년 요금으로 이용하도록 하고 있다. 즉 6세 이상 18세 이하의 아동 및 청소년은 성인요금을 기준으로 할인받도록 하고 있으며, 노인과 장애인은 무료로 지하철을 이용하도록 하고 있다.

〈버스요금〉

아동(어린이 및 청소년)의 경우에는 지하철과 마찬가지로 무료 혹은 할인된 금액으로 요금을 지불해야 하는 반면에 노인과 장애인의 경우에는 버스요금을 성인요금과 동일하게 지불해야 한다. (유일하게 서울시는 2023년 8월부터 서울시에 주민등록을 두고 있는 만 6세 이상 장애인으로, 월 5만 원 한도 내에서 서울버스 및 서울버스와 연계된 수도권(경기·인천) 버스의 환승요금을 지원하는 정책을 펴고 있다.)

1. 지하철 요금은 노인과 장애인은 무료로 하고, 아동(어린이 및 청소년)은 할인된 금액을 내도록 하고 있으며, 버스요금은 아동만 할인해 주고, 장애인과 노인은 할인되지 않는다. 이러한 정책을 운영하는 이유가 무엇일까? 이렇게 대상별로 차별을 두는 것이 공정한 것일까?
2. 지하철은 서울특별시와 5대 광역시를 중심으로 설치되어 있고 농어촌 등에는 설치되지 않은 곳이 많다. 그렇다면 지하철 요금을 무료로 하는 것은 지하철을 이용하지 못하는 지역의 노인과 장애인에게는 오히려 차별이 되는 것이 아닌가? 특히 지하철이 설치되지 않은 지역에 경제적으로 어려운 계층이 더 많다는 것을 생각하면 지하철요금이 아닌 버스요금이 우선적으로 지원되어야 하는 것은 아닐까?

영국(런던)의 경우 10세 이하 아동은 대부분의 교통서비스를 무료로 이용할 수 있으며, 11~15세는 버스와 트램(tram)을 무료로 이용할 수 있다(Zip Oyster Photocard 발급받아 사용할 경우, 외국인 가능). 60세 이상 노인의 경우에는 런던에 거주하는 경우에만 교통서비스를 무료로 이용할 수 있다.

조사 연구 윤리

사회복지의 목표는 개인과 사회의 안녕을 위해 개인과 가족, 지역사회를 대상으로 개입을 하고 변화시키는 것이라고 볼 수 있다. 이를 실현하기 위해서 현재 개인과 가족, 지역사회가 어떤 문제를 겪고 있는지, 개입 가능한 실천 및 정책은 무엇이 있는지, 그 효과는 무엇인지 조사하고 분석하는 일은 필수적이다.

더구나 사회복지실천현장에서 사회복지사들이 담당하는 업무의 대부분은 조사 또는 연구와 직접적인 관련이 없다 할지라도, 소속된 기관에서 제공하는 서비스가 제대로 전달되고 성과 및 효과가 있는지 파악하는 것은 넓은 의미에서 조사의 성격을 가지고 있다고 할 수 있다. 따라서 사회복지사들이 사회복지조사와 관련된 지식이나 기술을 이해하고 잘 활용할 수 있다면 보다 과학적 방법에 근거한 서비스 실천이 가능하다.

동시에 사회복지의 대상은 인간이며, 클라이언트라는 점에서 이들에 대한 개입을 위한 연구 조사, 실천 및 정책의 평가 과정은 윤리적 기준을 따라야 하는데, 이 장에서는 사회복지실천현장에서 자료 수집, 평가를 목적으로 이루어지는 조사 과정과 이를 포함하는 보다 넓은 개념의 연구 과정으로 나누어 윤리 문제를 살펴본다.

1. 조사와 연구

사회과학에서 연구(research)는 일반적으로 기존 지식을 확장하거나 새로운 지식을 창출하는 것을 뜻하는데, 문제해결을 위한 새로운 방법이나 이론의 개발을 목적으로 하는 활동을 뜻한다. 이에 비해 조사(investigation)는 주로 정보나 사실을 수집하고 정리하여 특정 주제나 문제에 대한 이해를 증진시키는 것에 중점을 두는 활동으로, 주로 특정 주제에 대한 사실을 파악하거나 문제 해결을 위해 정보를 수집하는 것을 뜻한다.

그런데 경우에 따라서는 연구(research)를 조사로 부르는 경우도 많고, 연구자들 사이에서는 서로 통용되는 개념으로 사용하는 경우가 많다. 이 장에서도 연구와 조사를 엄격히 구분하는 것은 아니지만, 주로 조사를 사회복지사들이 사회복지실천현장에서 서비스 이용자들의 욕구를 파악하기 위해 자료를 수집하거나 프로그램 참여자들을 대상으로 만족도와 프로그램 내용을 평가하기 위한 활동으로 좁은 의미로 사용하고자 한다. 그리고 연구는 조사를 포함하여 지식을 창출하고 이론 축적에 기여하는 활동으로 보다 넓은 의미로 사용하고자 한다.

한편 한국 사회복지사 윤리강령에서 조사와 연구와 직접적으로 관련된 윤리기준은 아래와 같이 주로 지식기반의 실천 항목과 관련되어 있으나, 조사와 관련된 지식과 기술은 사회복지사의 기본적인 직무능력에 포함된다는 점에서 기본적 윤리기준의 전문성 개발을 위한 노력 항목과도 관련이 있다고 할 수 있다.

Ⅰ. 기본적 윤리기준

2. 전문성 개발을 위한 노력

1) 직무 능력 개발

가. 사회복지사는 클라이언트에게 최상의 서비스를 제공하기 위해, 지식과 기술을 개발하는데 최선을 다하며 이를 활용하고 공유할 책임이 있다.

2) 지식기반의 실천 증진

가. 사회복지사는 사회복지 실천 과정에서 평가와 연구 조사를 함으로써, 사회복지 실천의 지식 기반 형성에 기여하고, 궁극적으로 사회복지 실천의 질적 향상을 위해 노력한다.

나. 사회복지사는 평가나 연구 조사를 할 때, 연구 참여자의 권리를 보장하기 위해, 연구 관련 사항을 충분히 안내하고 자발적인 동의를 얻어야 한다.

다. 사회복지사는 연구 과정에서 얻은 정보를 비밀보장의 원칙에서 다루며, 비밀보장의 한계, 비밀보장을 위한 조치, 조사 자료 폐기 등을 연구 참여자에게 알려야 한다.

라. 사회복지사는 평가나 연구 조사를 할 때, 연구 참여자의 보호와 이익, 존엄성, 자기결정권, 자발적 동의, 비밀보장 등을 고려하며, 「생명윤리 및 안전에 관한 법률」 등 관련 법령과 규정에 따라 연구윤리를 준수한다.

한편, 사회복지사는 평가 및 연구조사와 관련하여 지식기반의 실천을 증진할 것을 천명하고 있는데, 이러한 내용은 이른바 증거기반실천과도 같은 맥락이라고 볼 수 있다.

증거기반실천 혹은 근거기반실천(evidence-based prctice: EBP)은 1970년대 미국의 사회복지실천현장에서 사회복지 책무성이 강조되고 개입의 효과성을 입증할 필요성이 제기됨에 따라, 과학적인 연구에 기반하여 효과적이라고 검증된 개입방법을 통한 사회복지실천을 수행하고 이를 체계적으로 평가하는 것을 강조한 실천흐름이다.

증거기반실천은 일반적으로 다음의 세 가지 구성요소가 적절하게 조화를 이룰 때 달성된다고 볼 수 있다(김진숙, 2022). 첫째, 실천가의 활동에 대한 증거를 적절하게 분석·판별하여 적용할 수 있는 전문성을 갖추어야 한다. 둘째, 개입의 효과성, 적절성, 윤리성, 유익성 등을 판단할 수 있는 최선의 연구증거가 확보되어야 한다. 셋째, 개인의 고유한 특성, 선호, 기대 등의 클라이언트 특성이 충족되어야 한다.

첫 번째 구성요소인 사회복지사의 전문성은 한국 윤리강령에 직무능력개발의 한 조항으로 포함되어 있다. 두 번째 구성요소인 최선의 연구증거를 확보하기 위해서는 사회복지사는 윤리적인 기준과 절차에 따라 자료를 수집하는 것이 중요한데, 사회복지현장에서 조사·연구와 관련한 윤리적 자료 수집과 관련이 있다. 한국 윤리강령에서는 주로 사회복지사의 평가 및 연구 조사 과정에서 연구참여자에게 자발적 동의, 비밀보장, 자기결정권 등의 원칙을 준수할 것을 규정하고 있다. 특히 조사·연구와 관련하여 「생명윤리 및 안전에 관한 법률」 등의 관련 법규를 준수할 것을 명시하고 있다.

미국의 윤리강령에서는 평가 및 연구 항목의 17개 조항에서 구체적인 평가·연구 상황에 대한 행동지침을 제공하고 있다. 예를 들어 조사참여자에 대한 고지된 동의와 자발적 참여, 비밀보장, 익명성 등의 내용이 포함되어 있으며, 우리나라와 달리 평가나 연구에 종사하는 사회복지사는 적절한 기관윤리위원회(Institutional Review Boards: IRB)에 관련 내용을 문의해야 할 의무가 명시되어 있다.

다음에서는 이러한 내용에 대해 사회복지조사 과정과 더 넓은 개념의 연구 과정으로 구분하여 어떤 윤리적 고려사항이 있는지 살펴보도록 한다.

2. 사회복지조사와 윤리

1) 사회복지조사와 윤리

사회복지실천현장에서 흔히 이루어지는 조사는 지역주민이나 기관의 이용자들의 욕구를 파악하기 위한 욕구조사와 기관에서 수행한 프로그램이나 서비스의 목표달성 여부, 효과 및 만족도를 평가하는 평가조사가 있다. 또한 자료수집 방법에 따라서도 설문조사, 실험설계, 초점집단인터뷰(FGI), 2차자료 분석, 사회지표조사 등 다양하지만, 이 장에서는 가장 흔한 설문조사 방식의 욕구조사를 중심으로 일반적인 조사절차를 설명하고 이 과정에서 나타날 수 있는 윤리적 쟁점을 다루고자 한다.

일반적인 설문조사를 기준으로 하는 사회복지조사의 절차는 다음과 같이 정리할 수 있다(황성동, 2015). 먼저 조사가 필요한 상황에서 사회복지사는 연구주제를 설정하고, 연구문제를 해결하기에 가장 적합한 조사방법과 절차를 설계한다. 설문조사를 통해 자료를 수집한다고 결정했다면 모집단과 표본 등을 정하고 설문문항을 만드는 등 설문지를 작성한다. 작성한 설문지를 통해 자료를 수집한 이후에는 자료를 입력하고 통계프로그램을 통해 분석한다. 마지막으로는 분석결과를 바탕으로 조사보고서를 작성하는데, 필요에 따라서 사회복지사는 가설을 수정하거나 자료를 재수집하는 과정을 다시 수행할 수도 있다.

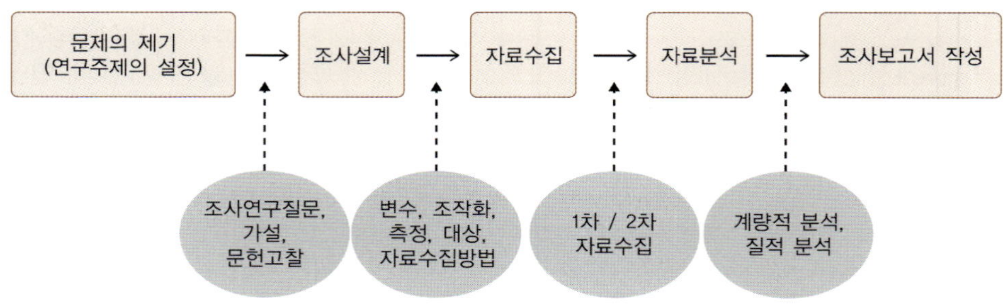

그림 8-1 사회복지조사의 과정

다음에서는 위의 사회복지조사 과정에 따라 발생할 수 있는 흔히 발생할 수 있는 윤리적 문제를 제시하고, 이를 해결하거나 완화하기 위한 방법을 설명하고자 한다.

(1) 문제 제기 및 조사설계

조사주제를 형성하는 첫 단계에서부터 윤리적 문제가 발생할 수 있는데, 사회복지사가 알고 싶어 하는 조사 문제나 주제 자체가 비윤리적일 수 있으며,

조사대상 선정에서도 주의가 필요하다. 예를 들어 어떤 사회복지사가 부모의 국적에 따른 다문화 프로그램의 효과성 차이를 파악하고자 조사를 계획한다면, 실제 결과와 상관없이 클라이언트를 국적에 따라 차별한다는 비판을 피하기 힘들다. 마찬가지로 학대 경험이 있는 아동을 대상으로 인터뷰를 계획한다면, 아동이 과거의 고통스러운 학대 경험을 회상하여 재진술하는 것이 2차 피해를 가져올 수 있다는 점에서 비윤리적일 수 있다.

설문조사에서 조사 설계는 조사 대상 및 모집단의 선정, 표본 추출방법 및 표본 크기 선정, 설문지의 구성 등이 포함된다. 설문지의 주요 개념 및 문항은 가치중립적이고 객관적으로 기술되어야 하며 특정한 집단에 편향되거나 조사 결과를 유도하는 방식으로 기술되어서는 안 된다. 아동·청소년, 발달장애인, 치매노인 등 의사결정에 도움이 필요한 연구참여자의 경우 이들이 이해하고 응답할 수 있는 형태의 설문지를 준비해야 한다.

(2) 자료수집

조사 과정 중 자료수집 단계에서 고려해야 할 윤리적 쟁점이 가장 많다. 대표적으로 조사대상자의 자발적인 참여와 고지된 동의, 조사참여에 대한 보상, 참여자에 대한 손상, 비밀보장, 조사대상자에 대한 기만(속임수) 등의 문제가 발생할 수 있다.

먼저 자발적 참여와 고지된 동의는 조사대상자가 조사와 관련된 정보를 충분히 제공받고 이를 이해한 상태에서 조사 참여를 자발적으로 선택할 수 있어야 함을 의미한다. 따라서 조사자는 흔히 조사 목적과 내용과 절차, 보상, 참여했을 때의 잠재적 위험, 비밀보장 등에 대해 충분한 설명을 하고 참여에 대한 동의를 얻어야 한다. 물론 참여과정에서 언제라도 참여를 중단하거나 철회할 수 있음을 미리 알려야 하고, 설문지 작성 외에도 조사 방법에 따라 참여과정을 녹화하거나 녹음할 수 있는데 이 때에도 사전에 동의를 받아야 한다. 특히 조사 대상의 특성에 따라 특별한 주의가 필요한데, 아동, 발달장애인, 치매노인 등 의사결정에 도움이 필요한 대상에게는 보호자나 후견인 등에게도 연구참여 동의를 받아야 한다.

조사대상자가 조사에 참여할 때 소요되는 시간이나 비용에 대해 보상하는 것은 중요하다. 그러나 조사에 참여하는 것을 암묵적으로 강요할 정도로 지나친 수준의 보상이나, 사회복지기관의 서비스를 이용할 수 있도록 조건을 제시하는 것은 이해충돌의 문제가 발생할 수 있다.

수집한 자료에는 민감한 개인정보가 포함될 수 있는데, 가장 최선의 비밀보장 방법 중 하나는 조사목적에 꼭 필요한 범위로 자료수집을 최소화하는 것이다. 예를 들어, 조사목적과 상관없는 이름, 주민등록번호와 같은 개인정보 수집은 가능한 피해야 하고, 수치심이나 상처를 줄 수 있는 질문을 조심해야 하며, 자료수집에 걸리는 시간도 줄일 필요가 있다.

때로는 조사목적을 달성하기 위해 조사대상자를 속이는 자료수집 방식이 사용될 수 있다. 대표적으로 위약효과(placebo effect)를 제거하기 위해 이중맹검설계(double-blind test)를 적용하여 실험 자료를 수집할 수 있다. 이러한 경우에는 조사대상자를 속이는 방식을 통해 얻을 수 있는 연구의 성과가 사회적으로 이익이 되는지, 사후 설명(debriefing)이나 보상을 통해 조사대상자에게 피해를 무효화하거나 최소화 할 수 있는지 사전에 고려해야 한다.

자료 수집단계에서 흔히 발생할 수 있는 윤리적 갈등 상황을 아래 사례를 통해 살펴보자.

사례 8-1 자살생존자의 연구참여 철회

연구자 A는 자살시도 경험이 있는 노인을 대상으로 질적 연구 수행을 위해 인터뷰를 진행하였다. 사전에 연구목적과 내용에 대해 충분한 정보를 알리고 연구참여에 대한 서면동의를 받았으며, 생존자 10명에 대한 인터뷰 자료를 확보하였다. 그런데 연구참여자 중 몇 명이 가족들의 반대 때문에 인터뷰한 내용을 삭제해 달라고 요청해왔다. 사실을 뒤늦게 알게된 생존자의 자녀들이 자살시도 경험이나 개인사와 관련된 내용이 외부에 공개되는 것에 대해 창피하고 법적인 문제가 될 수 있다면서 크게 반대하였다고 한다. 연구자 A는 이들이 연구참여를 철회하여 자료를 제외한다면 추가적인 연구참여자를 모집해야 하고 연구기간이 길어질까봐 고민이다.

사례 8-2 연구와 상관없는 광범위한 자료수집

연구자 B는 최근 장애인 주거시설과 관련한 연구과제에 참여하게 되었고, 연구과제 수행을 위해 설문조사를 실시하는 것으로 연구설계를 하였다. B는 평소 장애인의 차별과 학대와 관련된 주제에 관심이 많았기 때문에, 원래 연구과제의 주제와는 큰 상관이 없었음에도 불구하고 설문지에 이러한 주제와 관련된 질문을 추가하고자 하였다. 그리고 평소 알고 지내던 다른 연구자 C로부터 설문지에 장애인의 성적 자기결정권에 관한 질문을 추가해줄 수 있는지 요청이 들어왔다. B는 연구과제의 과업 범위에는 포함되지 않지만, 향후 추가 연구를 위해 이러한 질문들을 포함시키려고 하고 있다.

첫 번째 사례는 연구 조사 과정에서 흔히 나타날 수 있는 연구참여 동의의 철회에 해당한다. 연구자는 연구참여자에게 연구목적과 내용에 대해 충분한 설명을 해서 철회나 중단하지 않도록 하는 것이 좋지만, 연구참여자는 언제라도 연구참여를 자유롭게 철회할 수 있다. 이 경우에는 연구자가 연구참여를 반대하는 연구참여자와 그 가족에게 연구 목적과 취지를 설명하고, 연구참여자의 개인정보나 민감정보를 익명처리하거나 최소화할 것임을 알리고 연구에 참여할 것을 설득하는 것이 윤리적인 방법이라고 할 수 있다.

두 번째 사례에서와 같이 연구과제의 목적과 상관없는 설문문항을 추가하는 것은 설문에 응답하는 연구참여자에게 과중한 부담을 줄 수 있어 비윤리적이다. 보다 윤리적인 자료수집을 위해서는 연구목적과 내용의 범위로 설문문항을 최소화하는 것이 바람직하며, 다른 주제의 설문문항을 추가하기 위해서는 연구과제의 목적과 내용 등의 연구계획을 수정하여 심의를 받아야 한다.

(3) 자료분석 및 조사보고서 작성

이 단계에서 고려해야 할 윤리적 기준으로는 주로 수집한 자료에 대한 익명성과 비밀보장과 관련된 것이다. 먼저 수집된 자료의 분석을 위해서는 자료를 전산화하여 코딩하는 과정을 거친다. 이때 조사대상자의 개인정보가 유출되더라도 조사대상자를 특정할 수 없도록 익명화하는 조치가 중요하다. 이러한 익명화 조치를 자료수집 전에 조사대상에게 알리는 경우 자료의 응답률과 진실성을 높이는 긍정적인 효과가 있다.

자료 수집 및 분석이 끝난 경우 사용된 설문지 등 자료는 개인정보가 유출되지 않도록 안전한 장소에 보관되어야 하며, 보존연한이 지난 다음에는 지정된 방법으로 폐기하여야 한다. 자료의 중요도에 따라 보존연한이 미리 정해져 있는 경우가 많은데, 자료 보관 방법에 대한 구체적인 지침은 기관의 규정을 준수하면 된다.

조사결과는 통계적으로 처리하여 조사보고서의 형태로 공개한다. 즉, 조사대상을 개인 수준에서 특정할 수 없도록 전체 표본에 대한 기술 통계 값이나 분석의 결과를 수치를 통해 보고하는 것이 원칙이지만, 공공의 목적을 위해 조사대상의 개인정보나 특성이 함께 공개되는 경우가 있다. 이 경우에도 최대한 조사대상을 특정하지 못하도록 조사대상의 개인정보를 익명처리 하는 것이 중요하다.

3. 사회복지연구와 윤리

연구윤리란 연구자가 연구를 수행하면서 지켜야 할 원칙이나 행동 양식을 뜻한다. 다시 말해 연구윤리는 연구자가 정직하고 정확하며, 성실한 태도로 바람직하고 책임 있는 연구(responsible research)를 수행하기 위해 지켜야 할 윤리적 원칙 또는 행동양식이라고 말할 수 있다(이인재, 2008: 2012).

연구윤리와 관련이 있는 우리나라의 법적 기준은 「생명윤리 및 안전에 관한 법률」(약칭: 생명윤리법)에 규정되어 있다. 동법 제2조1항에는 "인간대상연구"란 사람을 대상으로 물리적으로 개입하거나 의사소통, 대인 접촉 등의 상호작용을 통하여 수행하는 연구 또는 개인을 식별할 수 있는 정보를 이용하는 연구로서 보건복지부령으로 정하는 연구[1)]를 의미하는데, 대부분의 사회복지연구는 클라이언트를 대상으로 직접 개입하거나, 클라이언트의 행동관찰이나 설문조사를 통해 자료를 수집하고, 직·간접적으로 식별할 수 있는 정보를 이용하는 경우가 많아 인간대상연구에 포함된다.

이 법에서는 윤리적 연구수행을 위해 연구기관에서 기관윤리위원회(IRB)를 설치·운영하고, 인간대상연구를 하려는 연구자는 연구를 하기전에 연구계획서를 작성하여 기관윤리위원회의 심의를 받도록 하고 있다. 또한 인간대상연구는 연구대상자의 보호를 위해 미리 서면동의를 받고, 연구대상자에 대한 안전대책, 개인정보 보호 등의 사항을 준수하도록 요구하고 있다. 그리고 한국연구재단에서는 연구윤리를 위한 가이드라인을 제시하여, 인간대상연구를 수행

---

1) 제2조(인간대상연구의 범위) ① 「생명윤리 및 안전에 관한 법률」(이하 "법"이라 한다) 제2조제1호에서 "보건복지부령으로 정하는 연구"란 다음 각 호의 연구를 말한다.
 1. 사람을 대상으로 물리적으로 개입하는 연구: 연구대상자를 직접 조작하거나 연구대상자의 환경을 조작하여 자료를 얻는 연구
 2. 의사소통, 대인 접촉 등의 상호작용을 통하여 수행하는 연구: 연구대상자의 행동관찰, 대면(對面) 설문조사 등으로 자료를 얻는 연구
 3. 개인을 식별할 수 있는 정보를 이용하는 연구: 연구대상자를 직접·간접적으로 식별할 수 있는 정보를 이용하는 연구
② 제1항에도 불구하고 다음 각 호의 연구는 제1항 각 호의 연구에 포함되지 아니한다.
 1. 국가나 지방자치단체가 공공복리나 서비스 프로그램을 검토·평가하기 위해 직접 또는 위탁하여 수행하는 연구
 2. 「초·중등교육법」 제2조 및 「고등교육법」 제2조에 따른 학교와 보건복지부장관이 정하여 고시하는 교육기관에서 통상적인 교육실무와 관련하여 하는 연구
③ 제2항 각 호의 연구를 하는 연구자는 필요하다고 판단하는 경우 법 제10조제3항제1호 각 목의 사항에 대하여 다음 각 호의 위원회에 심의를 요청할 수 있다.
 1. 법 제10조에 따른 기관생명윤리위원회(이하 "기관위원회"라 한다)
 2. 법 제12조에 따른 공용기관생명윤리위원회(이하 "공용위원회"라 한다)

하는 연구자들이 윤리적 기준에 따를 수 있도록 안내하고 있다(최경석 외, 2023).

사회복지연구에서 연구윤리를 강조하는 이유는 무엇보다 연구의 대상이 클라이언트이며, 대부분 사회취약계층이기 때문이다. 이에 연구대상자를 존중하고, 위험은 최소화하며 이익을 극대화하는 방향으로 연구를 계획하고 실천할 것을 요구한다.

아래에서는 이러한 연구윤리에 대한 인식 전환을 이끌어낸 주요 역사적 계기와 국제적 기준들에 대해 간략히 살펴보고자 한다.

1) 국내외 연구윤리 관련 역사적 사례

연구에 있어서 윤리의 중요성이 재발견된 가장 큰 계기는 2차 세계 대전 시기 독일 나치에 의해 자행된 비인간적 실험에 대한 반성이다. 독일의 뉘른베르크 전범재판[2]에서는 나치에 부역한 의사와 과학자에 의해 자행된 비윤리적 실험을 범죄로 규정하고 기소된 23명의 연구자 중 15명을 처벌하는 한편, 의학연구에서의 국제적 원칙을 만들고 발표하였는데 이를 '뉘른베르크 강령(the Nuremberg Code)'이라고 부른다(이인재, 2014).

그림 8-2 뉘른베르크 국제 군사 재판

이 강령의 주요 내용은 연구 참여자에게 충분한 정보를 제공하고 자발적인 동의를 얻는 것(fully informed and voluntary consent), 연구 참여자에게 주어지는 해로움과 위험을 최소화 하는 것, 연구 계획이 과학적으로 타당성을 갖는

2) 그림 출처: 위키피디아. https://upload.wikimedia.org/wikipedia/commons/1/1e/Color_photograph_of_judges%27_bench_at_IMT.jpg

것, 연구가 사회적 가치를 갖는 것이 매우 중요함을 강조하고 있다.

한편, 뉘른베르크 강령이 제정된 이후에도 비윤리적인 연구는 세계 곳곳에서 시행되어 사회적 이슈가 되었다.

대표적으로 미국의 남부 앨라바마 주 터스키기에서 1932년부터 1972년까지 40년 동안 이루어진 매독 연구를 들 수 있다. 이 지역은 저소득 흑인이 밀집한 곳으로 매독의 경과 및 부작용에 대해 광범위한 조사가 이루어졌는데, 1943년 매독에 효과적인 치료제인 페니실린이 발견되었음에도 불구하고 이후 30년 동안 환자들에게 이를 알리지 않고 적절한 치료를 하지 않았다. 그리고 1972년에 이르러서야 이러한 의도적인 비치료 실험이 언론매체에 의해 고발된 이후에 중단되었다.[3)]

이후 미 의회 청문회를 통해 도출된 주요 결론으로 인간 대상의 의학 연구를 연구자 개인의 양심에 맡기는 것은 한계가 있으므로, 윤리적 연구 수행을 위해 연구를 제도적으로 심의하고 수행하기 위한 국가연구법(National Research Act)을 제정하고, 생명의료 및 행동과학 연구에서의 인간연구대상자를 보호하기 위한 미국 국가위원회(the National Commission for the Protection of Human Subjects of Biomedical and Behavioral Research)를 설립하였다. 그리고 1979년, 이 위원회에서는 인간 존중, 선행, 정의와 같은 기본적인 윤리 원칙이 담긴 '벨몬트 보고서(The Belmont Report)'을 발표하였다. 이 원칙에는 첫째, 연구자로 하여금 연구 참여자의 자율성과 사생활을 보호하고, 스스로 결정

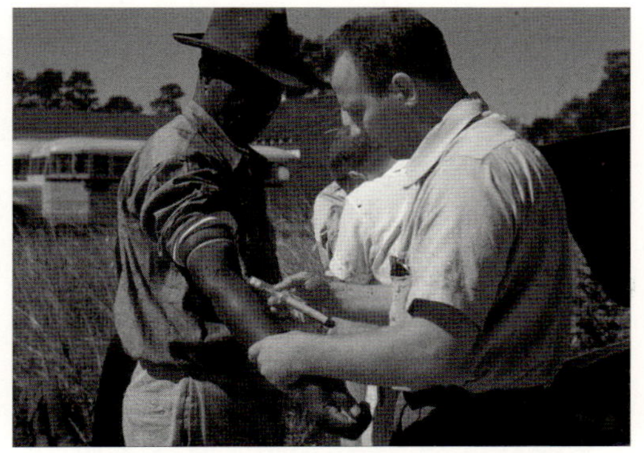

그림 8-3 터스키기 매독 생체실험사건

3) 그림 출처: https://www.cdc.gov/tuskegee/images/18862_001_a.gif?_=90255

할 수 없는 연구대상자들을 보호하는 대책을 세우고(인간존중), 둘째, 위험을 최소화하고 연구 참여자와 사회의 이익을 극대화하며(선행), 셋째, 연구자의 이익과 부담이 공정하게 분배되도록 하고 연구에서 취약한 대상자를 부당하게 이용하지 않아야 함(정의)을 요구하고 있다(이인재, 2014).

A4 서울대 조사위 중간발표

2개 줄기세포 데이터를 11개로 조작

"황우석 교수 2005년 논문은 조작"

9종은 체세포를 둘로 나눠서 분석 의뢰

난자 수 축소… 2004년 논문도 조사중

황우석교수 왜 그랬을까?

그림 8-4 황우석 사건

우리나라에서도 연구윤리와 관련한 사례가 2005년 발생하였다. 줄기세포 연구로 노벨상 수상 가능성 등 언론의 관심을 받던 서울대 황우석 박사팀의 논문이 언론의 탐사보도를 통해 조작되었음이 밝혀졌다.[4] 이 사건에서는 연구결과 조작 외에도 여성 연구원의 난자를 불법적 채취하는 등 여러 윤리적 문제가 나타났다.

이후 관련 연구분야 활동이 위축되고 국내 연구자의 논문에 대한 심사가 엄격해지는 등 광범위한 영향이 나타나기도 하였으며, 정부 차원의 연구윤리 지침을 제정하고 연구기관에 기관윤리위원회(IRB)를 설치하는 등 우리나라의 연구윤리 확립을 촉발하는 계기가 되었다(이상엽 외, 2015).

2) 연구윤리를 위한 주요 원칙

연구자가 연구를 수행할 때 지켜야 할 최선의 방법이나 일률적인 원칙은 없다. 다만, 책임 있는 연구수행을 위해 연구자들이 지켜야 할 가치는 존재한다.

4) 그림 출처: https://cdn.mediatoday.co.kr/news/photo/200602/42742-2-41756.jpg

레스닉(D. B. Resnik)은 과학 분야에서 지켜야 할 12가지의 윤리 원칙을 〈표 8-1〉과 같이 제시하였는데(한국원자력연구소편, 2006; 이인재, 2012 재인용), 사회복지연구에서도 이러한 원칙은 유용하게 활용될 수 있다.

표 8-1 과학 분야에서 지켜야 할 12가지의 윤리 원칙

과학윤리 원칙	내용
정직성(Honesty)	과학자는 데이터나 연구결과를 조작, 위조, 또는 왜곡하지 말아야 한다.
조심성(Carefulness)	과학자는 연구에 있어 오류를 피해야 한다. 특히 결과 부분의 제시에 있어서 더욱 주의해야 한다.
개방성(Openness)	과학자는 데이터, 결과, 방법, 아이디어, 기법, 도구 등을 공유해야 한다.
자유(Freedom)	과학자는 어떤 문제나 가설에 대한 연구든 자유롭게 수행해야 한다.
공로(Credit)	공로는 마땅히 그것이 주어져야 할 사람에게 주어져야 한다.
교육(Education)	과학자는 예비 과학자들을 교육시키고 그들이 더 나은 과학을 수행할 방법을 확실히 배우도록 도와야 한다. 더 나아가서는 대중에게까지 교육할 의무를 지닌다.
사회적 책임(Social responsibility)	과학자는 사회에 대해서 해(harms)를 끼치는 것을 피하고 사회적 이익을 창출하도록 노력해야 한다.
합법성(Legality)	연구의 과정에서 과학자는 자신의 작업에 적용되는 법을 준수할 의무가 있다.
기회(Opportunity)	어떤 과학자라도 과학적 자원을 사용하거나 과학적 직업에서 승진할 기회가 부당하게 거부되어서는 안 된다.
상호존중(Mutual respect)	과학자는 동료들을 존중해야 한다.
효율성(Efficiency)	과학자는 자원을 효율적으로 사용해야 한다. 이를테면 논문 작성 시 연구를 일부러 여러 편의 논문으로 쪼개어 출간하거나 동일한 결과를 단지 미세한 수정을 통해 여러 편의 상이한 논문들에 이용하는 일을 해서는 안 된다.
실험대상에 대한 존중(Respect for subjects)	과학자는 인간을 실험대상으로 사용할 때 인권 또는 존엄성을 침해해서는 안 된다. 이는 동물을 실험으로 사용할 때도 조심스럽게 적절한 존중을 가지고 해야 한다는 것을 의미한다.

또한 미국 연구윤리국에서는 책임 있는 연구 수행을 위해서 연구자들은 다음과 같은 가치를 준수할 것을 요청하고 있다.

- 정직성(정보를 정직하게 전달하고 약속을 지키는 것)
- 정확성(연구결과를 정확하게 보고하고, 데이터의 오차를 최소화하는 것)
- 효율성(자원을 현명하게 사용하고 낭비하지 않는 것)
- 객관성(사실을 명확하게 밝히고, 부당한 편견을 피하도록 하는 것)

출처: 한국학술진흥재단(2007); 이인재(2012)에서 재인용

한편, 인간대상연구를 수행할 때 연구자가 지켜야 할 기본원칙은 다음과 같다(최경석 외, 2023).

첫째, 연구대상자에 대한 존중과 보호이다. 인간은 누구나 존엄하고 가치있는 존재이므로, 연구자는 연구수행에 있어 연구대상자에 대한 존중과 보호를 가장 중요하게 여겨야 한다. 또한 연구가 인간의 존엄과 가치를 침해하는 방식으로 수행되지 않도록 해야 한다.

둘째, 연구대상자의 인권과 복지에 대한 우선 고려이다. 인간대상연구가 아무리 과학적, 사회적으로 의미가 있다고 하더라도 연구대상자 개인의 권리와 이익보다 우선할 수 없다. 그러므로 연구자는 연구 수행에서 연구대상자의 인권과 복지를 우선적으로 고려해야 한다.

셋째, 연구대상자의 자율성 존중과 연구대상자의 자발적 동의 획득이다. 자신이 원하는 바를 선택할 수 있고, 그 방향으로 행동할 능력이 있는 자율적인 인간의 선택과 행동은 그것이 다른 사람에게 명백한 피해를 주지 않는 한 존중되어야 한다. 그러므로 연구자는 연구 참여 여부에 대한 결정에 있어 연구대상자의 자율성을 존중해야 하고, 연구대상자에게 연구에 대한 충분한 정보와 설명을 제공해 주고 연구 참여에 대한 자발적인 동의를 받은 후에 연구에 참여시켜야 한다.

넷째, 연구대상자의 사생활과 개인정보 보호이다. 누구에게나 자신의 사생활의 비밀과 자유를 침해 받지 않을 권리가 있고, 자신의 개인정보가 언제 누구에게 어느 범위까지 공개되고 이용되도록 할 것인지를 스스로 결정할 권리가 있

다. 따라서 연구자는 인간대상연구를 수행함에 있어 연구대상자의 사생활을 보호해야 하고, 사생활을 침해할 수 있는 개인정보는 연구대상자가 동의하거나 법률에 특별한 규정이 있는 경우를 제외하고는 비밀로서 보호해야 한다.

다섯째, 연구대상자의 안전 고려와 위험 최소화이다. 연구에 참여하는 일이 연구대상자에게 불편과 부담을 줄 수 있고, 경우에 따라서는 연구대상자의 신체적・정신적 건강이나 사회적・경제적 측면에 피해를 발생시킬 수도 있으므로 연구자는 인간대상연구를 수행함에 있어 연구대상자의 안전을 충분히 고려해야 하고 위험을 최소화해야 한다.

여섯째, 취약한 연구대상자 보호이다. 자신의 이익을 보호할 능력이 상대적으로나 절대적으로 없거나 부족한 사람은 취약한 연구대상자이므로, 연구자는 인간대상연구를 수행함에 있어 취약한 환경에 있는 개인이나 집단이 연구 대상이 되는 경우 이들을 특별히 보호해야 한다.

마지막으로 인간대상연구 관련 보편적인 국제기준 준수이다. 연구자는 인간대상연구를 수행함에 있어 생명윤리와 안전을 확보하기 위해 필요한 국제 협력을 모색해야 하고, 보편적인 국제기준을 수용하기 위해 노력해야 한다. 이를 위해 연구자는 인간대상연구와 관련한 보편적인 국제기준을 담고 있는 문서인 〈헬싱키 선언〉, 〈벨몬트 보고서〉, 〈생명윤리와 인권 보편 선언〉, 〈건강 관련 인간대상연구에 대한 국제윤리가이드라인〉 등의 내용을 이해하고 이들 문서에 제시되어 있는 기준을 지키기 위해 노력해야 한다.

3) 기관윤리위원회(IRB)와 연구윤리 심의

일반적인 연구의 절차는 앞에서 살펴본 사회복지조사의 과정과 크게 다르지 않다. 다만, 사회복지실천현장에서 일상적으로 수행되는 조사와 달리, 학계나 연구기관의 연구자들은 이론을 생성하고 검증하기 위한 보다 전문적 연구를 수행한다. 앞서 살펴본 바와 같이 윤리적인 연구수행을 위해서 연구기관에서는 기관윤리위원회(Institutional Review Board: IRB)를 별도로 설치・운영하고, 인간대상연구를 하려는 연구자는 연구에 앞서 연구계획서를 작성하여 기관윤리위원회의 심의를 받는다. 아래에서는 사회복지연구를 계획 중인 연구자의 입장에서 기관윤리위원회 심의를 어떻게 받는지 살펴본다.

(1) 기관윤리위원회의 역할

대학교나 병원, 정부출연연구기관과 같은 연구를 수행하는 기관에서는 생명윤리 및 안전을 확보하기 위하여 「생명윤리법」에 근거하여 기관윤리위원회를 별도로 설치·운영하여야 한다. 기관윤리위원회는 소속된 구성원이 수행하고자 하는 인간대상연구, 인체유래물연구, 배아줄기세포주이용연구 등에 대해 아래와 같은 연구의 윤리적·과학적 타당성을 심의하여 연구수행을 승인할 것인지를 결정하는 역할을 주로 담당한다.

- 연구계획서의 윤리적·과학적 타당성
- 연구대상자로부터 적법한 절차에 따라 동의를 받았는지 여부
- 연구대상자의 안전에 관한 사항
- 연구대상자의 개인정보 보호 대책
- 그 밖에 기관에서의 생명윤리 및 안전에 관한 사항

기관윤리위원회는 주로 의학이나 생명과학 등 인간의 신체를 연구하는 연구분야에서 비롯되었으나, 점차 심리학이나 사회복지학 등 사회과학 분야에도 폭넓게 적용되고 있다. 사회복지 연구는 대부분 생명윤리법상의 인간대상연구에 해당하므로 기관윤리위원회의 심의를 받아야 한다. 인간대상연구는 인간을 대상으로 물리적으로 개입하거나, 사람을 대상으로 의사소통·대인접촉 등의 상호작용을 통해 자료를 수집하거나, 개인을 직·간접적으로 식별할 수 있는 정보를 이용하는 연구가 포함된다.

기관윤리위원회는 일반적으로 인간대상연구 등에 대한 연구계획서를 심의하는 것을 주 역할로 하고 있으나, 승인받은 연구가 규정과 기준에 맞게 수행되고 있는지 조사·감독하고, 소속된 구성원에 대한 연구윤리 교육을 실시하며, 연구자를 위한 윤리지침을 만들고 수정하는 역할도 함께 담당한다. 또한 연구와 관련해서 중대한 위해가 발생하거나 발생할 우려가 있는 경우에도 이를 심의하여, 위해의 이유와 원인을 확인하고 발생된 문제를 해결하거나 발생을 막기 위한 방안을 모색하는 역할을 담당한다.

(2) 연구심의 절차와 내용

연구자는 일반적으로 전반적인 연구계획을 구상하고 본격적인 자료수집이 이루어지기 전 시점에서 연구심의를 받게 된다. 즉, 인간대상연구를 수행하고자 하는 연구자는 신규연구계획이 있는 경우 연구를 수행하기 전에 연구계획서, 동의서 및 설명문, 연구대상자 모집 문건, 연구 도구 등 연구 관련 제반 문서를 기관윤리위원회에 제출하여 연구계획이 윤리적 측면과 과학적 측면에서 타당한지, 특히 연구대상자를 존중하고 보호하며 연구가 수행될 수 있도록 준비되어 있는지에 대해 심의를 받아야 한다.

이는 연구가 수행되기에 앞서 기관윤리위원회가 연구대상자를 보호하기 위해 연구가 적절하게 수행될 수 있도록 준비되어 있는지를 확인하기 위한 절차이며, 연구계획서에는 다음과 같은 내용이 포함된다.

[연구계획서]

- 연구 제목
- 연구진 정보: 연구책임자, 공동연구자, 연구보조원 등
- 연구의 목적과 배경
- 연구기간
- 연구대상자 수와 선정기준(포함기준과 제외기준)

- 연구대상자 모집 절차와 방법
- 연구대상자 동의 획득 절차와 방법
- 연구의 구체적인 절차와 방법
- 연구의 이익과 위험, 연구의 위험에 대한 대책
- 연구 참여에 따른 손실에 대한 보상방안
- 연구 관련 피해 발생에 대한 대처방안
- 개인정보 수집의 절차와 방법, 수집·이용하는 개인정보에 대한 보호와 관리, 개인정보의 2차적 사용을 위한 제공에 관한 사항
- 연구결과의 분석 및 평가 방법
- 참고문헌 등 연구계획에 필요한 사항

[동의서 및 설명문]
- 인간대상연구의 목적
- 연구대상자의 참여 기간, 절차와 방법
- 연구대상자에게 예상되는 위험과 이득
- 개인정보 보호에 관한 사항
- 연구 참여에 따른 손실에 대한 보상
- 개인정보 제공에 관한 사항
- 동의의 철회에 관한 사항
- 그 밖에 기관윤리위원회가 필요하다고 인정하는 사항

[연구대상자 모집 문건]
- 연구 제목
- 연구책임자 정보: 소속과 직위 등
- 연구의 목적
- 연구의 절차와 방법: 특히, 연구대상자가 연구 참여 시 하게 되는 일
- 연구대상자의 연구 참여 기간: 소요시간 등
- 모집 대상 연구대상자 수
- 연구대상자 선정기준: 연구대상자가 될 수 있는 조건과 될 수 없는 조건
- 연구의 이익과 위험
- 연구 참여 관련 문의 가능한 연구진 연락처

(3) 연구심의의 변경과 보고

인간대상연구를 수행하는 연구자는 연구계획서를 승인받은 이후 연구계획을 변경하는 경우 다시 변경심의를 받아야 하며, 수행 중인 연구에 대해 중간보고 및 지속 심의도 받아야 한다. 연구 수행을 완료한 경우에는 기관윤리위원회가 정한 바에 따라 연구 수행을 종료한 사실과 연구를 통해 도출된 결과를 보고하여 연구 종료보고 및 결과보고에 대한 심의를 받아야 한다.

만약 연구자가 기관윤리위원회의 승인 및 결정사항에 맞지 않게 연구를 수행했거나 위반한 경우 연구자는 미준수의 내용과 발생사유, 연구자의 조치사항, 재발 방지 대책을 보고해야 한다. 문제가 발생한 경우에도 마찬가지로 발생한 문제의 내용과 연구와의 인과관계, 연구자의 조치사항과 예방 대책에 대해 보고해야 한다.

(4) 연구심의의 면제

인간대상연구를 수행하고자 하는 연구자는 기본적으로 기관윤리위원회의 연구계획서에 대한 심의를 받아야 하는 것이 원칙이지만, 「생명윤리법」에 심의면제와 관련하여 정해져 있는 조건에 맞는 경우 기관윤리위원회의 심의를 받지 않을 수 있다. 예를 들어, 연구대상자 및 공공에 미치는 위험이 미미한 경우, 일반 대중에게 공개된 정보를 이용하는 연구, 연구대상자의 개인식별정보를 수집·기록하지 않으면서, 기존의 자료나 문서를 이용하는 연구, 연구대상자의 개인식별정보를 수집·기록하지 않으면서, 취약한 개인이나 집단을 대상으로 하지 않고, 연구대상자를 직접 대면하더라도 연구대상자가 특정되지 않으며, 「개인정보 보호법」에 따른 민감정보를 수집·기록하지 않는 연구 등은 심의면제를 받을 수 있다.

생각해보기

조사 연구 윤리와 관련하여 다음의 사례를 살펴보자. 어떠한 윤리적 문제가 발생할 수 있는가? 사회복지사는 어떻게 행동하는 것이 바람직한가?

사례 8-3 설문조사 요청과 클라이언트의 보호

A종합사회복지관의 사회복지사 B는 팀장으로 근무하고 있다. 작년부터 B는 인근의 C 대학교의 사회복지전문대학원 석사과정에 입학하여 3학기에 등록하고 있다. B는 석사학위 논문을 준비하고 있는데 아직 논문 주제를 정하지 못하고 있다.

B의 지도교수인 D로부터 연구와 관련하여 A종합사회복지관 이용자를 대상으로 설문조사를 할 수 있는지 요청이 들어왔다. 그런데 A종합사회복지관에는 매달 수 차례 설문조사 요청이 들어와 기관의 일부 이용자들로부터 불만을 듣고 있는 상황이다. 또한 지도교수가 미리 보내 온 설문지를 살펴보니, 이용자들의 민감한 정보를 물어보는 설문항목이 포함되어 있었다. 그리고 지도교수는 설문조사 결과를 바탕으로 B의 석사학위 논문을 써 보는 것도 고려해 보라는 제안을 했다.

조직내부 및 세대 간 갈등

종합사회복지관과 같은 전통적인 사회복지기관에서 종사하는 사회복지사들은 클라이언트에게 직·간접적 서비스 제공, 사례관리, 지역사회조직화 등의 기존 업무를 수행하는 과정에서 행정 및 관리업무를 수행한다. 이 과정에서 관료제의 특성이 나타나기 때문에 조직내부의 갈등이 발생할 수 있다. 더욱이 최근에는 새로운 사회복지서비스 영역이 생기고, 실천현장에 투입되는 젊은 사회복지사의 인식과 가치관의 변화로 인해 기관 내부의 직원들 사이에 다양한 갈등이 발생할 수 있다. 아래에서는 사회복지조직 내부에서 발생할 수 있는 갈등과 세대 간 갈등에 대해 살펴본다.

1. 사회복지조직 내부의 갈등

1) 근로자로서의 사회복지사와 역할 다양화

사회복지실천현장에는 정부나 지방자치단체에 속한 공공기관도 있으나, 대부분의 사회복지시설은 민간위탁의 형태로 운영된다. 정부나 지방자치단체로부터 사회복지시설 운영을 위탁받은 비영리사회복지법인은 사회복지시설의 사업주이면서 근로기준법상 사용자가 되고, 사회복지사는 사회복지시설의 근로자가 된다. 사회복지법인은 복수의 사회복지시설을 위탁받아 운영할 수 있으며, 이 경우 법인 소속의 사회복지사들은 같은 법인 산하의 다른 사회복지시설로 인사이동되는 경우가 흔하다. 또한 정부나 지방자치단체에서 한정된 예산을 지원받아 사회복지시설을 운영하게 되므로, 소속 사회복지사에 대한 법적 복리후생을 엄격하게 지킬 수 없는 문제가 종종 발생할 수 있다.

새로운 영역과 기술의 등장은 사회복지실천현장에서 다양한 역할을 요구하도록 만들고 있다. 대표적으로 2000년대 중반부터 바우처 방식을 활용한 사회서비스가 사회복지영역에 등장하여 사회복지사들은 시장화된 사회서비스영역에 대거 종사하게 되었다. 또한 사회적 기업, 협동조합 등 사회적 경제조직이 성장하면서 기존의 사회복지전달체계와의 연계가 활발히 이루어지고 있다.

다양한 영역과 협업 및 융합도 이루어지고 있다. 서민의 대한 금융지원 및 신용회복지원제도 등의 금융복지, 저소득층의 주거권을 보장하고 지원하기 위한 주거복지 영역이 대폭 확대되면서 이러한 영역에 종사하는 사회복지사가 증가하고, 기존의 사회복지사들도 이러한 업무에 대한 이해를 증진시킬 필요가 있다. 이러한 사회복지영역의 확대와 역할의 다양화는 사회복지실천현장에서 새로운 기회가 되기도 하지만, 업무부담과 소진, 의사소통의 어려움 등의 원인이 될 수 있다.

2) 감정노동과 스트레스

사회복지사의 본질적인 업무특성은 대면서비스이므로 감정노동적 성격을 가진다. 이에 많은 연구자들은 사회복지사의 감정노동 수준이 높을 때 업무스트레스를 가지고, 직무만족도가 저하되고, 조직에 몰입하지 못하고 소진되며, 잦은 이직을 하게 된다고 설명한다(문영주, 2014; 이항아, 윤명숙, 2016). 실제

2023년 사회복지사 통계연감에 따르면, 클라이언트로부터 폭력 경험은 '언어적 폭력'이 33.5%, '위협 또는 굴욕적 행동'이 23.2%, '신체적 폭력'이 15.7%, '성희롱 및 성폭력'이 9.9% 순으로 나타나 사회복지사의 업무환경은 안전하지 않은 반면, 이러한 폭력에 대처하는 방법은 '주변 동료와 푸념하거나 개인적으로 참고 넘겼다'가 39.6%로 가장 많았고, '어떠한 대처도 하지 않고 개인적으로 참고 넘겼다' 26.2%, '직장 상사나 동료 등 주위로부터 도움을 요청했다'가 18.7%, '시설장 및 시설 내 관련 위원회에 문제 해결을 요청했다'가 8.4% 순으로 나타나 사회복지사들은 자신들이 받는 피해에 대해 적극적인 대응을 하지 못하고 있었다(보건복지부·한국 사회복지사협회, 2023). 사회복지사로서의 전문성과 직업윤리로 인해 폭력 상황에도 견디거나 의연하게 대처하려는 인식도 이러한 상황에 영향을 줄 수 있다.

이러한 문제를 해결하기 위해 우리나라는 2011년 「사회복지사 등의 처우 및 지위 향상을 위한 법률」(약칭: 사회복지사법)을 제정하여, 사회복지사의 처우 개선을 위한 정부 책임에 대한 근거를 마련하였다. 이후 각 지자체에서도 「사회복지사의 처우 및 지위 향상에 관한 조례」를 제정하였고 사회복지사의 안전보장에 대한 사항을 반영하고 있다.

사회복지기관 차원에서는 감정노동의 부정적 영향을 완화하기 위해 상급자 또는 외부전문가의 슈퍼비전을 통한 내부 인력관리와 교육을 강조하고 있으며, 최근에는 클라이언트나 외부 민원 등으로부터 사회복지사의 인권과 최소한의 노동조건을 보호하기 위한 제도적 지원이 마련되고 있다. 예를 들어 한국사회복지사협회에서는 사회복지종사자의 안전 및 인권보장을 위한 위기대응매뉴얼을 발간하거나, 사회복지실천현장에서 일어나는 노무문제 및 권익침해 사례에 대해 노무상담실과 권익지원상담실을 운영하여 사회복지사들의 고충을 상담하고 지원하고 있다.

2. 세대 간 갈등

1) 세대 간 갈등의 개념과 유형

세대 간 갈등 문제는 우리 사회에서 다양한 형태로 등장하고 있다. 거시적으로는 세대담론이 확산되면서 기성세대, 586, 청년, MZ세대, 2030 등 특정세대에 대한 담론과 정체성이 정치적·상업적으로 다루어지고 있다는 견해도 있다(박경숙 외, 2012; 신진욱, 2022). 미시적으로는 특정 연령집단 간의 부정적 태도나 갈등을 세대 간 갈등으로 포착해내기도 한다(임예지 외, 2023; 정순둘 외, 2021). 사회복지실천현장 및 조직 수준에서는 직장이나 기관 내에서의 세대 간 차이가 나타나는 원인과 결과, 해결하기 위한 노력에 대해 다루는 경우도 있다(정순둘 외, 2022).

세대갈등이 나타나는 구조에 대해 다음과 같이 도식화할 수 있다(박경숙 외, 2012). 세대 차이가 직접적으로 갈등으로 이어지는 것은 아니다. 즉, 시대의 변화나 과학기술의 발전, 저출산고령화와 같은 인구구조 변화 등의 구조 변동은 세대의 객관적 삶의 양식과 가치관의 차이를 불러온다.

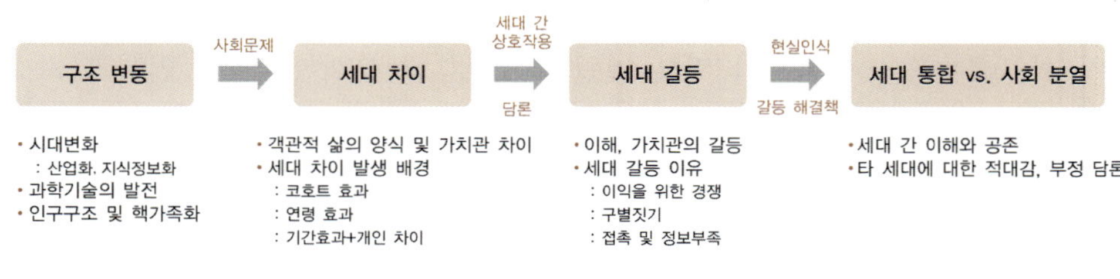

그림 9-1 세대갈등이 나타나는 구조

세대 차이가 발생하는 이유는 동년배 집단(코호트)효과나 연령효과, 기간효과로 구분할 수 있다. 역사적으로 동일한 사건을 경험하기 때문에 동년배 집단

내에 공유되는 가치관이나 삶의 양식이 존재할 수 있고, 연령이 증가함에 따라 삶의 욕구나 태도가 변화할 수 있으며, 각 세대의 중심 가치관은 과거 특정 시기의 가치관이 지속되고 있는 것이라고 볼 수 있다. 구체적인 생애 상황에서 형성된 가치관과 이해 정도의 차이는 생애 단계별로 체험하는 상호작용과 정치적 담론 속에서 세대갈등으로 구체화된다. 세대 간 갈등은 흔히 부족한 자원과 기회에 대한 세대 간 경쟁으로 나타난다. 국민연금의 지속가능성이나 정년 연장에 대한 논쟁은 대표적인 세대갈등 사례이다.

2) 코로나19의 경험과 MZ세대의 등장

최근 코로나19 팬데믹 상황은 사회복지사의 대면서비스 활동을 크게 제약하였고, 늘어난 업무부담과 불확실한 서비스 환경 변화는 사회복지사들에게 스트레스와 소진, 무력감 또한 함께 경험하도록 하여 사회복지조직 내부 및 세대 갈등의 원인이 되기도 하였다. 물론 현장에서 비대면서비스, IOT 기술 활용 등을 통해 어려움을 극복하고 성장의 계기가 될 수 있었다(최소연, 2022).

최근 MZ세대로 대표되는 젊은 사회복지사들의 가치관과 태도는 조직 내 관리자인 기성세대들과 갈등의 소지가 되기도 한다(이오복, 2023). MZ세대의 직업관은 기성세대와 달리, ① 조직이나 개인의 행복이 중요하고, ② 직장이나 직업은 수단이자 과정일 뿐이며, ③ 소위 '워라밸(work and life balance)'로 불리는 일과 여가의 균형을 보다 추구하며, ④ 돈보다 더 중요한 가치가 많다고 여긴다. 이러한 MZ세대의 직업관은 직장 내에서 정해진 시간과 업무 범위 내에서만 일을 하겠다는 소극적 태도로 이어졌고, 이를 '조용한 퇴사(quiet quitting)'이라고 부른다(이호건, 2022). 조직에 대한 충성심이나 열정이 없이 최소한의 범위에서 업무를 하겠다는 업무 태도와 방식은 조직의 성과를 저하시킬 뿐 아니라 조직문화를 침체시키고 조직구성원 간 갈등을 유발할 수 있다.

3) 세대 간 갈등의 해결방식

세대 간 갈등의 해결방식은 상호 이해와 존중, 공감, 의사소통방식의 변화 등이 있다. 예를 들어, 갈등을 해결하기 위해 선배 세대와 후배 세대에게 각각 필요한 소통의 기술은 다음과 같다(유수란 외, 2023).

표 9-1 세대 간 갈등 해결 기술

선배 세대에게 필요한 TOUCH의 기술		후배 세대에게 필요한 TOUCH의 기술	
Tinier	지시는 간결하게 나눠서	Tender words	거절은 부드럽고 공손하게
Open mind	권위보다는 열린 마음으로	On focused	중요한 일은 대면으로 보고하고
Untact	비대면 업무 방식에 유연함을 가지고	Union	조직의 결속력을 고려하며
Comliment	피드백은 단호하되 칭찬으로 마무리	Confidence	의견은 당당하되 예의바른 태도로
Hearty	다정한 공감과 수용의 자세로	Humble	존중하며 겸손한 자세로

3. 사회복지조직 내부 및 세대 간 갈등 사례

사회복지조직의 특성과 환경 변화로 인해 다양한 형태의 내부 갈등이 발생한다. 예를 들어, 법인과 사회복지시설 사무 사이의 상충, 근로기준법 미준수, 부당한 법률 또는 기관 규칙 준수 문제, 노사분쟁 등이 나타날 수 있다. 아래에서는 사회복지조직에서 발생할 수 있는 몇 가지 사례를 제시하고 이때의 윤리적 갈등에 대해 논의한다.

사례 9-1 노사분쟁과 클라이언트에 대한 서비스 문제

A시에는 4개의 정신건강복지센터가 설치·운영되고 있다. 이 중 B정신건강복지센터는 C구 지역주민의 정신질환문제, 중독 및 자살예방 등 정신건강에 대한 포괄적인 서비스를 제공하고 있다. B정신건강복지센터는 D정신병원에서 위탁·운영하고 있으며, 대부분의 직원들인 사회복지사와 간호사는 2년 계약직으로 불완전 고용상태를 맺고 있다. 최근 센터의 직원들이 노동조합을 설립했다는 이유로 정신과 의사인 센터장의 폭언과 갑질이 지속되었고, 센터장은 노동조합 대표를 해고하였다. 이러한 상황을 견디지 못한 일부 젊은 직원들은 스스로 퇴직하였다. 남아있는 직원들은 노동조합을 중심으로 파업을 결정하였고, B정신건강복지센터에서 제공하는 대부분의 프로그램은 중단되거나 파행적으로 운영되고 있다.

센터에 등록된 만성·중증 정신장애인들은 파업으로 인해 센터를 이용하지 못하고 있으며, 그 가족들은 출근하지 못하거나 돌봄 부담이 증가하는 상황에 대해 불만을 제기하고 있다. 노동조합에 가입하지 않은 일부 직원들은 파업에 참여하지 않고 출근하여 서비스를 제공하려고 하였으나, 파업을 하고 있는 직원들을 보면서 마음이 불편하다.

C구 담당공무원들은 D정신병원이 아니면 위탁을 맡길 곳이 없다면서, B정신건강복지센터의 파업 해결에 미온적으로 대처하고 있다.

위의 사례는 노사분쟁에서 다양한 윤리적 딜레마가 나타날 수 있음을 보여준다. 가장 먼저 정신건강복지센터의 직원들은 부당한 처우를 받고 있으며, 노동조합 및 노동관계조정법 등 관련법령에 보장된 근로자로서의 정당한 대우를 받고 있지 못하고 있다. 그러나 파업 참가로 클라이언트에게 필수적인 서비스를 제공하지 않아 클라이언트에게 심각한 피해를 입힐 수 있으며, 사회복지사 자신의 이익을 위해 이러한 서비스 제공의 의무를 다하지 않은 것은 비윤리적이라는 주장이 제기될 수 있다. 반면, 노동조합에 가입하지 않은 사회복지사가 파업에 참여하지 않고 클라이언트에게 서비스를 제공하는 것은 임금 및 복리후생 등 노동환경을 보장하려는 노동조합의 노력을 약화시키고 오히려 고용주의 착취에 조력함으로써 장기적으로는 클라이언트에 대한 서비스 품질을 악화시킬 수 있다.

한국 사회복지사 윤리강령의 윤리기준에는 직장에서의 노사갈등에 대한 직접적인 규정은 없으나 다음과 같이 동료에 대한 몇 가지 일반 기준이 포함되어 있다. 즉, 사회복지사들은 소속 기관의 부당한 요구에 대해 제반 법령과 윤리 기준에 따라 조치를 취해야 하며, 사회복지 전문직의 이익과 권익을 증진시키기 위해 동료들과 함께 협력할 것을 규정하고 있다.

다만, 이해 충돌로 인해 서비스 중단이 예상될 경우, 충분한 논의를 통해 클라이언트가 서비스를 계속 받을 수 있도록 적절한 조치를 취하고, 그럼에도 불구하고 취약한 클라이언트의 이익을 우선으로 고려해야 하는 상황에서는 클라이언트의 이해와 권리를 먼저 고려해야 함을 명시하고 있다.

Ⅰ. 기본적 윤리기준

3. 전문가로서의 실천

3) 이해 충돌에 대한 대처

가. 사회복지사는 클라이언트의 이익을 우선으로 고려하고, 이해 충돌이 있을 때는 아동, 소수자 등 취약한 자의 이해와 권리를 우선시한다.

나. 사회복지사의 개인적 신념과 사회복지사로서 직업적 의무 사이에 이해 충돌이 발생할 때 동료, 슈퍼바이저와 논의하고, 부득이한 경우 클라이언트가 적절한 지원을 받을 수 있도록 클라이언트를 다른 사회복지사에게 의뢰하거나 다른 사회복지서비스로 연결한다.

Ⅲ. 사회복지사의 동료에 대한 윤리기준

1. 동료

2) 사회복지사는 사회복지 전문직의 권익 증진을 위해 동료와 다른 전문직 동료와도 협력하고 협업한다.

3) 사회복지사는 동료의 윤리적이고 전문적인 행위를 촉진해야 하며, 동료가 전문적인 판단과 실천이 미흡하여 문제를 발생시켰을 때 윤리강령과 제반 법령에 따라 대처한다.

Ⅳ. 기관에 대한 윤리기준

3) 사회복지사는 기관의 부당한 정책이나 요구에 대해 전문직의 가치와 지식을 근거로 대응하고, 제반 법령과 규정에 따라 해결하도록 노력해야 한다.

다른 사례로 사회복지조직 내에서 클라이언트와 동료 직원 간의 갈등이 발생할 수 있다.

사례 9-2 클라이언트와 직원 간의 갈등

A노인복지관의 클라이언트 한○○은 75세 남자 노인으로 비전향 장기수이다. 1957년 남파된 이후 간첩죄로 붙잡혀 약 30년 동안 교도소에서 복역하였다. 북한에 6명의 자녀가 있으며, 건강하고 솔직한 성격에 사리가 밝고 고집스러운 성격을 가지고 있다. 클라이언트는 1990년 초반에 가석방되어 노인복지시설에 입소하여 생활하고 있다.

어느 날 간식시간에 노인복지시설 직원이 간식을 접시에 담아서 나누어주는 중, 클라이언트가 다른 사람의 간식과 크기를 비교하면서 불만을 표출하였다. 평소 불만이 많은 클라이언트를 경시하고 못마땅하게 여겼던 직원은 이에 화가 나 접시를 엎어 버렸다. 클라이언트는 "이런 버릇없는 년이 어디 있나?"라고 격분하여 직원의 뺨을 때렸다.

노인복지시설의 책임자는 직원과 클라이언트 모두 잘못한 일이라고 생각하고 사건을 없었던 일로 덮어두려고 하였으나, 이를 전해들은 직원의 자녀가 납득할 만한 조치를 하지 않는다면 폭력사건으로 고발하겠다고 항의하였다.

출처: 오정수 외(2022).

위의 사례에서 사회복지조직 내에서 클라이언트와 동료 직원과의 갈등이 생겼을 때 윤리적 갈등이 나타난다. 문제를 만든 클라이언트를 일방적으로 퇴소시키는 것은 클라이언트의 주거 욕구에 반할 수 있고 노인복지시설의 보호 의무를 다하지 못하는 것이 될 수 있으며, 기관 운영 측면에서도 입소 노인들의 불만을 불러올 수 있다. 반면, 아무런 조치를 하지 않을 경우 법적 책임뿐 아니라 지역사회에서의 안 좋은 평판으로 인한 운영상 어려움이 발생할 수 있다.

한국 사회복지사 윤리강령에서는 클라이언트의 권익을 옹호하여야 하지만, 동시에 동료가 윤리적이며 전문적인 행위를 할 수 있도록 지원하고 부당한 조치를 당했을 때 동료를 변호하고 원조하여야 함을 명시하고 있다.

Ⅱ. 클라이언트에 대한 윤리기준

1. 클라이언트의 권익옹호

사회복지사는 클라이언트의 이익을 최우선의 가치로 삼고 이를 실천하며, 클라이언트의 권리를 존중하고 옹호한다.

Ⅲ. 사회복지사의 동료에 대한 윤리기준

1. 동료

3) 사회복지사는 동료의 윤리적이고 전문적인 행위를 촉진해야 하며, 동료가 전문적인 판단과 실천이 미흡하여 문제를 발생시켰을 때 윤리강령과 제반 법령에 따라 대처한다.

4) 사회복지사는 다른 전문직의 동료가 행한 비윤리적 행위에 대한 윤리강령과 제반 법령에 따라 대처한다.

7) 사회복지사는 동료가 적법하게 업무를 수행하는 과정에서 부당한 조치를 당하면 동료를 변호하고 원조해 주어야 한다.

다른 사례로 내부자 고발의 문제가 나타날 수 있다. 동료 사회복지사의 비윤리적인 행위나 불법적인 행위에 대해 상부기관이나 슈퍼바이저에게 이를 보고해야 할지의 문제가 발생할 수 있다(심상용, 2020).

사례 9-3 내부자 고발의 딜레마

○○○은 종합사회복지관의 슈퍼바이저이다. ○○○는 이 기관에서 6년 동안 일했고 1년 전에 승진하였다. ○○○은 기관의 사무국장과 업무적으로나 개인적으로 매우 가까운 관계이며, 사무국장의 추천으로 승진되었다고 평소 고마워하고 있다.

어느 날 기관의 다른 직원이 충격적인 뉴스가 있다면서 ○○○에게 면담을 요청했다. 그 직원이 상담시간에 어떤 클라이언트로부터 사무국장을 알고 있다면서, 몇 달 전에 술집에서 사무국장을 만나 호텔에서 부적절한 관계를 맺었으며, 그 이후에도 다섯 번 정도 더 만났다고 말했다는 것이다. 게다가 사무국장은 기관의 법인카드를 개인적으로 사용하고, 이와 관련한 가짜 영수증을 받는 것을 봤다고 했다.

○○○는 이러한 상황에서 자신이 어떻게 처신해야 할지 고민을 하고 있다.

출처: 심상용(2020).

위의 사례와 같이 동료의 부정행위를 접한 사회복지사의 입장은 흔히 곤란하고 복잡하다. 일반적으로 부정행위를 저지른 동료를 고발하는 것을 망설이게 되는데, 동료의 경력을 망칠 수 있고 이를 고발하는 자신은 기관이나 다른 직원들로부터 배척당할 수 있기 때문이다. 반면에 동료의 부정행위를 방치한다면 기관 및 클라이언트에게 손해를 입힐 수 있기 때문에 보고해야 한다는 입장을 취할 수 있다.

한국 사회복지사 윤리강령에서는 사회복지사는 전문가로서 품위와 자질을 유지하는 것을 강조하고 있으며, 특히 부정직한 행위나 범죄와 같은 불법적인 일을 행해서는 안되며, 동료의 비윤리적 행위에 대해서는 윤리강령과 제반법령에 따라 대처하도록 하고 있다.

Ⅰ. 기본적 윤리기준

3. 전문가로서의 실천

1) 품위와 자질 유지

가. 사회복지사는 전문가로서의 품위와 자질을 유지하고, 자신이 맡고 있는 업무에 대해 책임을 진다.

나. 사회복지사는 자신의 이익을 위해 사회복지 전문직의 가치와 권위를 훼손해서는 안 된다.

다. 사회복지사는 전문가로서 성실하고 공정하게 업무를 수행한다.

라. 사회복지사는 부정직한 행위, 범죄행위, 사기, 기만행위, 차별, 학대, 따돌림, 괴롭힘 등 불법적이고 부당한 일을 행하거나 묵인해서는 안 된다.

바. 사회복지사는 클라이언트, 학생, 훈련생, 실습생, 슈퍼바이지, 직장 내 위계적 권력 관계에 있는 동료와 성적 관계를 형성해서는 안 되며, 이들에게 성추행과 성희롱을 포함한 성폭력, 성적·인격적 수치심을 주는 행위를 해서는 안 된다.

Ⅲ. 사회복지사의 동료에 대한 윤리기준

1. 동료

3) 사회복지사는 동료의 윤리적이고 전문적인 행위를 촉진해야 하며, 동료가 전문적인 판단과 실천이 미흡하여 문제를 발생시켰을 때 윤리강령과 제반 법령에 따라 대처한다.

4) 사회복지사는 다른 전문직의 동료가 행한 비윤리적 행위에 대한 윤리강령과 제반 법령에 따라 대처한다.

생각해보기

조직 내부 및 세대 간 갈등과 관련하여 다음 사례를 살펴보자. 사례 속 사회복지사(관장, 팀장, 팀원)는 어떻게 행동하는 것이 바람직한가?

사례 9-4 사회복지기관 내부의 갈등

A사회복지법인은 종합사회복지관 2개소, 장애인복지관 1개소, 노인복지관 1개소, 노인요양시설 1개소, 정신재활시설 2개소를 운영하고 있다. 법인 산하 사회복지기관 사이에는 경우에 따라 순환근무를 하고 있고 각 기관 사이에는 활발한 교류를 하고 있다.

B종합사회복지관의 15년차 사회복지사 C는 6개월 전까지 사례관리팀장으로 재직하고 있었으나 사업 수행 중 불미스러운 일로 직위해제되고, 1개월 후에는 D노인복지관으로 인사발령이 예정되어 있다.

C는 5년 전 장애인복지관 수탁과정에서 큰 공로가 있어 A사회복지법인에서는 C를 B종합사회복지관의 사례관리팀장으로 승진발령 하였다. C는 A사회복지법인의 사무에 적극적으로 협력하였으나 인사적체 때문에 승진이 늦은 것에 대해 평소 불만을 가지고 있다. C는 법인 사무 때문에 소속된 B종합사회복지관의 사례관리 업무를 소홀히 하고 팀원에게 업무의 대부분을 전가하였다. 또한 팀원을 무시하거나 폭언을 하여 직원들 사이에서는 소위 '꼰대 팀장'으로 알려져 있다.

D노인복지관의 관장은 법인 이사회로부터 C에게 다시 한 번 기회를 주고자 D노인복지관으로 인사발령을 내겠다는 설명을 들었으나, C가 이후에도 계속 법인 사무에만 전념하고 직무에 소홀할까 걱정이 되고, 무엇보다 소속 직원들과 잘 화합할지 의문을 가지고 있다.

D노인복지관의 팀장급은 C와 함께 근무한 경험과 친분이 있어 큰 문제를 삼지 않고 좋게 넘어가려고 하지만, 5년차 미만의 팀원급 사회복지사들은 C의 인사발령 소식에 크게 동요하고 있다. 특히 사회복지사 E는 3년 전 B종합사회복지관에서 C와의 갈등 때문에 크게 싸운 적이 있어, C의 인사이동에 반발하고 있으며 이직까지도 고려하고 있다.

PART

05

사회복지실천 윤리의 실제: 이슈별 실천 윤리

생명보호와 윤리적 실천

의료 및 여성 분야에서 일하는 사회복지사들이 많아지면서, 사회복지 분야에서도 생명보호와 관련된 윤리적 딜레마를 겪는 경우가 많아지고 있다. 특히 사회복지 분야에서의 생명보호 윤리는 클라이언트 및 클라이언트 가족이 겪고 있는 빈곤 문제와도 관련이 깊다. 가령, 낙태를 고민하는 미혼모 혹은 기혼여성의 경우 낙태를 결심하게 된 배경이 당사자의 빈곤 정도와 관련이 깊다. 생명중단결정이나 장기이식과 관련된 이슈들 역시 클라이언트를 보호하는 가족들의 경제적 여건과 관련되어 있는 경우가 많다. 또, 생명보호 윤리는 클라이언트의 자기결정권 존중과 깊이 관련되어 있다. 낙태의 경우, 태아의 생명보호와 함께 여성의 자기결정권 존중이라는 이슈가 상충된다. 생명중단결정 역시, 당사자의 자기결정권 존중과 태아의 생명보호 윤리가 결합된 주제이다. 마지막으로, 생명보호와 관련된 이슈들은 사회복지사 개인의 가치, 전문적 가치, 사회적 가치가 상충되는 주제인 경우가 많다. 낙태의 경우 법률적인 허용 한계에 대해 국가별로, 문화별로 다른 기준을 적용하고 있다. 생명중단결정과 관련하여서도 “존엄사”를 어디까지 인정해야 할 것인지에 대해서 각계각층의 의견이 분분하다. 윤리적인 차원에서 “생명”은 어떤 경우에도 가장 최우선적으로 보호받아야 할 대상임에는 분명하나, 생명보호와 관련된 여러 가지 상황에서는 이 원칙을 어디까지, 어떻게 적용해야 하는지가 매우 어렵고 중대한 사안이다.

1. 낙태

1) 낙태의 정의

낙태[1]란 자연분만기 전에 인공적으로 모체 내에 있는 태아를 제거하는 일, 즉 자궁 내에서 발육 중인 태아를 자연분만에 앞서 인위적으로 모체 밖으로 배출시키는 일을 말한다(이중엽, 2004: 112). 우리나라는 형법상 자기 낙태죄(제269조 제1항), 동의 낙태죄(제269조 제2항), 업무상 동의 낙태죄(제270조 제1항), 부동의 낙태죄(제270조 제2항) 등 4개의 구성요건으로 낙태를 죄를 규정하여 이를 금지하여 왔으나, 2021년 1월 1일을 기점으로 형법상 낙태죄의 효력이 상실되었다(형법 제269조 제1항, 제270조 제1항 2019년 4월 11일 헌법 불합치 판정). 그러나 대체입법이 이루어지지 않아, 현재는 입법 공백 상태이다. 헌법 불합치 판정 당시 헌법재판소는 2020년 12월 31일까지 보완 입법을 하도록 주문하였으나, '임신 14주 이내 낙태를 허용하고 15~24주 이내는 조건부 허용(사회경제적 사유를 포함한 일정한 사유가 있을시 허용), 25주부터는 전면 처벌'을 골자로 하는 정부 개정안이 각계의 의견 충돌로 국회를 통과하지 못했다.

반면, 「모자보건법」에 대한 조치는 이루어지지 않아 모자보건법상 인정하는 의학적, 윤리적, 우생학적 정당화 사유가 있는 경우에는 임신 24주 이내에 낙태를 행할 수 있다.[2] 「모자보건법」 '제14조'에서 규정하는 정당화 사유에는 본인이나 배우자가 우생학적, 유전학적 장애가 있는 경우, 강간 혹은 준강간, 혼인이 불가한 혈족 또는 인척간에 임신된 경우, 임신의 지속이 보건의학적 이유로

---

1) 모자보건법에서는 낙태를 '인공임신중절'로 지칭하고 있으나, 본 장에서는 형법에서 사용한 '낙태'라는 용어를 그대로 사용하였다. 낙태(落胎)에는 태아를 떨어뜨린다는 부정적 의미가 내포되어 있기 때문에, 낙태 대신 "임신중지" 혹은 "임신중단"으로 용어를 바꾸어 사용해야 한다는 의견도 일부에서 제기되고 있다.

2) 「모자보건법 시행령」 제15조에서 임신 28주에서 24주일 이내로 2009년 7월 7일 개정. 동년 7월 8일부터 시행.

모체의 건강을 심각하게 해치고 있거나 해칠 우려가 있는 경우가 포함된다.

「모자보건법」 제2조에서는 "인공임신중절수술"을 태아가 모체 밖에서는 생명을 유지할 수 없는 시기에 태아와 그 부속물을 인공적으로 모체 밖으로 배출시키는 수술"로 규정하고 있다. 임공임신중절수술은 임산부 스스로 행하는 것이든, 타인에 의해서 시행되는 것이든 모두 해당된다. 흔히 낙태와 인공임신중절수술은 혼용하여 사용되나, 낙태는 법적 허용한계 외의 다른 이유로 불법적으로 행해지는 인공임신중절수술을 일컫는 경우가 많다.

「모자보건법」 제14조(인공임신중절수술의 허용한계)

① 의사는 다음 각 호의 어느 하나에 해당되는 경우에만 본인과 배우자(사실상의 혼인관계에 있는 사람을 포함한다. 이하 같다)의 동의를 받아 인공임신중절수술을 할 수 있다.

1. 본인이나 배우자가 대통령령으로 정하는 우생학적(優生學的) 또는 유전학적 정신장애나 신체질환이 있는 경우
2. 본인이나 배우자가 대통령령으로 정하는 전염성 질환이 있는 경우
3. 강간 또는 준강간(準强姦)에 의하여 임신된 경우
4. 법률상 혼인할 수 없는 혈족 또는 인척 간에 임신된 경우
5. 임신의 지속이 보건의학적 이유로 모체의 건강을 심각하게 해치고 있거나 해칠 우려가 있는 경우

② 제1항의 경우에 배우자의 사망·실종·행방불명, 그 밖에 부득이한 사유로 동의를 받을 수 없으면 본인의 동의만으로 그 수술을 할 수 있다.

③ 제1항의 경우 본인이나 배우자가 심신장애로 의사표시를 할 수 없을 때에는 그 친권자나 후견인의 동의로, 친권자나 후견인이 없을 때에는 부양의무자의 동의로 각각 그 동의를 갈음할 수 있다.

「모자보건법 시행령」 제15조(인공임신중절수술의 허용한계)

① 법 제14조에 따른 인공임신중절수술은 임신 24주일 이내인 사람만 할 수 있다.

② 법 제14조제1항제1호에 따라 인공임신중절수술을 할 수 있는 우생학적 또는 유전학적 정

신장애나 신체질환은 연골무형성증, 낭성섬유증 및 그 밖의 유전성 질환으로서 그 질환이 태아에 미치는 위험성이 높은 질환으로 한다.

③ 법 제14조제1항제2호에 따라 인공임신중절수술을 할 수 있는 전염성 질환은 풍진, 톡소플라즈마증 및 그 밖에 의학적으로 태아에 미치는 위험성이 높은 전염성 질환으로 한다.

보건복지부·한국보건사회연구원(2022)이 발표한 〈인공임신중절 실태조사〉 결과에 따르면, 2018년 만 15세~44세 연령 여성 중 조사대상 대비 인공임신중절 경험률은 7.6%, 성경험 여성 대비 10.3%, 임신경험 여성 대비 19.9%로 나타났다. 2021년에는 각각 5.2%, 6.6%, 15.5%로 줄었으나, 연령기준을 만 15~49세로 확대하면 경험률이 더 늘어나는 것을 확인할 수 있다(〈표 10-1〉). 인공임신중절을 하게 된 주된 이유(2021년 기준)는 학업 및 직장 등 사회활동에 지장이 있을 것 같아서 35.5%, 경제 상태상 양육이 힘들어서(고용불안정, 소득이 적어서 등) 34.0%, 자녀계획 때문에(자녀를 원치 않아서, 터울 조절 등) 29.0%, 파트너(연인, 배우자 등 성관계 상대)와 관계가 불안정해서(이별, 이혼, 별거 등) 21.6% 등의 순이었다. 2018년 조사 결과에 비해 사회활동에 지장이 있을 것 같아서, 경제상태상 양육이 힘들어서, 파트너와의 관계가 불안정해서 등의 사유가 늘어났다. 인공임신중절 당시 결혼상태를 보면 미혼이 50.8%, 법률혼이 39.9%, 사실혼·동거 7.9%, 별거·이혼·사별 1.3% 순으로 미혼의 비율이 과반수 이상으로 높다.

표 10-1 인공임신중절 실태조사 결과 (단위: %)

구분		조사 대상 대비	성경험 여성 대비	임신경험 여성 대비
조사시기	연령기준			
2021년	만 15~49세	7.1	8.6	17.2
	만 15~44세	5.2	6.6	15.5
2018년	만 15~44세	7.6	10.3	19.9

* (21년 조사 만 15~49세) 조사대상 8,500명, 성경험 여성 7,022명, 임신경험 여성 3,519명
* (21년 조사 만 15~44세) 조사대상 6,959명, 성경험 여성 5,530명, 임신경험 여성 2,362명
* (18년 조사 만 15~44세) 조사대상 10,000명, 성경험 여성 7,320명, 임신경험 여성 3,792명

2020년 기준 만 15~44세 여성의 인공임신중절 추정건수는 약 32,063건, 2020년 만 15~44세 여성의 인공임신중절률은 천 명당 3.3건으로 예측된다(보건복지부·한국보건사회연구원, 2022: 100). 법상 특정 사유가 있을 시를 제외하고는 낙태를 엄격하게 금하였으나, 실제로는 상당수의 여성들이 낙태를 경험하고 있음을 알 수 있다. 2018년 낙태죄 개정 전 조사 결과를 보면, 낙태죄를 폐지해야 하는 이유로 응답자의 65.5%가 낙태죄로 인해 낙태가 음지화되어 여성이 오히려 안전하지 않은 환경에 노출되기 때문이라고 답하였다. 이러한 법과 실제 관행상의 괴리는 헌법상 보장되고 있는 태아의 생명에 대한 권리보장의 문제와 함께 여성의 자기 신체에 대한 결정권 침해라는 문제를 제기한다. 태아는 생물학적으로 모체에 종속되어 있지만 생명권과 인간의 존엄성이라는 기본권의 주체로 인식된다(이인영, 2010: 38). 우리나라 헌법에는 태아의 인권을 보장하는 직접적인 명문 규정은 없으나, 인간의 존엄(제10조) 및 모성보호(제36조제1항) 규정에 의해 인정된다고 할 수 있다(정효성, 2009: 329). 이외에 다수의 판례에서도 태아는 생명권의 보호를 받을 권리가 있는 주체로 인정되고 있다.

그러나 한편으로는 임신은 여성의 몸속에서 일어나는 현상이고, 태어나는 아이의 발달과 양육에 대한 일차적인 책임을 여성이 지는 것이 오늘날 우리의 구체적인 현실이다. 이런 상황에서 원하지 않는 임신은 기존의 성별분업체계 내에서 여성들이 사회적 참여를 추구하려는 사회적 자유를 제한하고, 여성의 몸에 대한 여성자신의 통제권을 보장하는 개인적인 자유를 침해한다. 따라서 여러 가지 이유에서 원하지 않는 임신을 조절할 수 있는 적절한 방법이 없을 경우에, 여성들은 낙태를 통해 이를 통제할 수밖에 없게 된다. 낙태에 관한 윤리적 결정에 딜레마가 발생하는 이유도 바로 여기에 있다.

2) 낙태 찬반론

(1) 낙태 찬성론

낙태의 허용범위를 넓게 정의하고자 하는 진보적 경향은 크게 두 가지 측면에서 살펴볼 수 있다. 첫째, 급속한 인구증가는 여러 가지 중대한 문제점을 대두시키며, 인구억제를 위해서 낙태가 허용될 수밖에 없다는 인구정책적 입장이 있다. 과잉인구로 인해 초래되는 식량부족이나 경제적 빈곤, 질병의 증가로 인해 사회적 불만이 증대되며, 이로 인해 범죄가 늘어날 것이라고 본 것이다(박규상 외, 1985). 그러나 인구억제를 주장하는 논거가 무엇이든 간에 낙태를 인구조절을 위한 수단으로 보아 허용범위를 넓히자고 하는 주장에는 무리가 있다. 이는 국가가 임의적으로 정하는 적정한 인구라는 기준에 의하여 태아의 개별 생명을 없애는 것으로서 그 생명의 보호를 포기하는 것이기 때문이다. 오늘날 전세계적인 인구감소에 따라 이와 같은 주장은 먼 옛날의 이야기처럼 느껴지지만, 여전히 몇몇 국가에서는 이러한 입장을 고수하고 있다.

최근에는 이와 반대로 출산을 장려하는 정책의 일환으로 낙태 감소정책을 주장하기도 한다. 우리나라에서도 2005년 「저출산·고령사회기본법」이 제정된 이후 급격하게 감소하는 출산율을 높이기 위한 방안으로 낙태를 근절하고자 하는 방안이 논의된 바 있다.[3] 이처럼 인구정책과 낙태를 연관 짓는 것은 시대의 상황에 따라 유동적으로 변화할 수밖에 없으며, 태아의 생명권이나 여성의 자기결정권이라는 윤리적 이슈를 간과할 수 있다. 따라서 이와 같은 논의는 현대 사회에서는 바람직하지 않다고 본다.

둘째, 낙태의 허용범위를 넓혀야 한다는 가장 설득력 있는 주장은 여성주의적 관점의 주장이다. "내 배는 나의 처분에 속한다!(Mein Bauch gehört Mir!)"라

---

3) 2009년 11월 16일 대통령 직속 미래기획위원회 발표 "저출산 대책에 불법 낙태시술 단속을 포함할 예정" 발표. 2010년 2월 16일 보건복지부 발표 "저출산 현상에 따른 경영난 등을 해결하고자 낙태 예방 방안과 저출산 문제의 해결책 논의를 위한 TF팀을 구성해 논의 중".

는 구호를 내세우며, 태아의 보호를 원칙적으로는 인정하지만 임산부의 자기 결정권이 태아의 생명법익보다 언제나 우선되어야 한다는 입장이다. 이것은 선택우선론(pro-choice)적 입장이며, 태아를 정상적으로 출산할 것인가 중절할 것인가는 여성의 자연법적 권리라는 것이다.

펫스키(Petsky, 1986)는 개인은 신체의 자유를 가지며 그 결과로 여성은 자유롭게 낙태를 행할 수 있어야 한다고 주장한다(최희경, 1992에서 재인용). 임신을 중지시킬지 여부는 여성의 신체 및 삶과 밀접한 관련이 있으므로 이에 대한 결정권을 법이 보장해 주어야 한다는 것이다. 뿐만 아니라 원치 않는 임신을 법이 강제할 경우 그로 인해 가해지는 여성의 부담이나 피해가 너무 크며, 이는 또한 법에서 보호하는 평등권을 침해하는 결과를 초래한다고 본다. 또한, 피임방법이 100퍼센트 효과적이지 않은 상황에서 원치 않는 임신을 법이 강제하는 것은 여성의 결정권을 무시하여 부담을 가하는 것이다. 낙태거부의 결정은 개인의 가치판단에 따르는 것으로 종교적 신념이 있는 여성은 그 신념에 따라, 종교가 없는 여성은 양심에 따라 이루어져야 한다고 본다. 출산만을 국가가 법으로 강제하는 것은 독립한 도덕적 결정자로서 여성의 결정능력을 부정하는 것이기 때문이다. 그러나 여성의 권리와 마찬가지로 태아의 권리 역시 보호받아야 한다는 측면에서 선택우선론은 계속 도전을 받고 있다.

사례 10-1 프랑스, 세계 최초로 '낙태권' 헌법 명시.."마이 보디 마이 초이스"

프랑스가 세계 최초로 낙태(임신중절)권을 헌법에 명시했다. 에마뉘엘 마크롱 정부는 개헌 이후 '마이 보디 마이 초이스(my body my choice · 내 몸이니 내가 선택한다)'라며 환영의 뜻을 밝혔지만 낙태를 죄악시 해온 가톨릭계는 거세게 반발했다.

로이터 · AFP 통신에 따르면 4일(현지시간) 프랑스 상 · 하원은 이날 파리 외곽 베르사유 궁전에서 특별 합동회의를 열고 '낙태 자유 보장'을 담은 헌법 개정안을 찬성 780표, 반대 72표로 가결했다. 양원 합동회의는 극히 중대한 경우에 소집되는데, 이날 16년 만에 열렸다.

이로써 프랑스 헌법 제34조에는 '여성이 낙태할 수 있는 자유가 보장되는 조건은 법률이 결정한다'는 조항이 추가됐다. 재적의원 5분의 3 이상이 찬성하면 헌법이 개정되는데, 관련

개헌안이 지난 1월과 지난달 28일 각각 하원과 상원을 통과한 바 있어 이날 개헌은 예상된 수순이었다.

개헌안 가결 소식에 의원들은 기립 박수로 찬사를 보냈다. 마크롱 대통령은 세계 최초로 낙태권을 헌법에 못 박은 이번 조치가 전 세계에 "보편적 메시지를 보내는 프랑스의 자부심"이라며 오는 8일 세계 여성의 날에 이번 개헌을 기념하는 특별 공개 행사를 열겠다고 밝혔다. 비슷한 시각 에펠탑에선 '마이 보디 마이 초이스'란 슬로건에 불이 들어왔다.

출처: 뉴스 1(2024. 3. 5.). 기사 일부 발췌.

(2) 낙태 반대론

낙태에 대한 보수적 경향은 "낙태는 살인이다(Abtreibung ist Mord!)"라는 구호를 내세운다. 이 입장은 기독교 윤리신학에서 강력히 주장하고 있으며, 생명우선론(pro-life)의 입장에 선 의료전문인에 의해서도 지지된다. 즉 수태 순간부터 태아의 생명도 사람의 생명과 같이 보호되어야 한다는 입장이다. 윤리신학은 살해가 정당화될 수 있는 것은 정당방위, 전쟁, 사형집행 세 가지 경우뿐이기 때문에 산모의 건강이나 생명을 보호하기 위해 의료적으로 낙태를 시킨 경우는 위법성이 사라지지 않고 단지 면책될 뿐이라고 본다. 이 입장에서 낙태는 신으로부터 부여받은 신성한 태아의 인간 생명을 제거하는 것으로서, 살인하지 말라는 신의 뜻을 정면으로 위반하는 행위로 간주된다(김택현, 1973). 태아의 생명이 인간이 처분할 수 있는 영역의 것이 아니라는 점을 강조하며, 기본적으로 인간의 생명과 태아의 생명을 구별하지 않으려고 하는 것이다.

생명이 시작하는 시기에 관해서 초기에는 영혼이 생기는 경우에 비로소 인간의 생명이 시작된다고 생각하여, 영혼이 있는 태아에 대한 낙태의 경우에 한하여 이를 살인으로 간주하여 금지하였다. 그러나 점차 인간 생명은 수태기에 이미 시작된다고 보게 되면서, 국가는 이 시점부터 태아의 생명을 법으로 보호하여야 하며, 모의 생명이 위험한 경우 외에는 태아의 생명이 임산부의 이익보다 우선적으로 보호받아야 한다는 인식이 강해졌다. 극단적인 경우에는 출산으로 인하여 모의 생명과 태아의 생명이 위험한 경우조차 낙태가 금지된다고 주장한다. 이와 같은 입장은 생명의 존엄성을 강조하고 있다는 점에서 그 의미를 무시할 수 없으며, 생명을 최고의 가치로 보호하는 헌법의 사상을 내포하고 있다. 그러나 태아의 생명을 인간의 생명과 동일하게 보아, 여성의 결정권을 고려하지 않고 부담을 강제한다는 측면에서, 여성의 입장에서는 사적인 삶이 국가의 간섭을 받는 것으로 해석될 수 있다.

사례 10-2 '임신중지권' 판례 없애버린 미 대법… 49년 전으로 후퇴

미국 연방대법원은 2022년 6월 24일, 15주 이후 임신중지를 금지한 미시시피 주법에 대한 심리 결과, 1973년 이래 유지되어 온 '로 대 웨이드' 사건 판례를 폐기하기로 했다. '로 대 웨이드' 판례는 "임신중지 행위 처벌은 헌법이 보장한 사생활의 권리 침해"라며 여성의 임신중지권을 인정한 중요한 판결로, 이를 통해 그동안 22~24주까지는 여성의 임신중지권이 보장되어 왔다.

대법관 9명 중 5명이 다수의견을 형성해 이번 판단을 내렸다. 다수의견을 집필한 새뮤얼 앨리토 대법관은 "'로 대 웨이드' 판결은 처음부터 터무니없이 잘못됐다"며 "그 추론은 특별히 빈약하고, 그 결정은 악영향을 끼쳤다"고 밝혔다. 또 "이 판결은 임신중지 문제를 국가적으로 해결하기보다는 논란을 악화하고 분열을 심화시켰다"고 지적했다. 기존 판례를 폐기하는 다수의견의 핵심 논리는 임신중지는 헌법과 관련이 없으므로 애초부터 대법원이 심사할 게 아니라는 것이다. 다수의견 대법관들은 "헌법은 임신중지를 언급하지 않았다"며, 임신중지권은 헌법 조항으로 보호받을 수 없다고 밝혔다. '임신중지권'이 헌법 조문에 들어 있지 않은 상황에서 이를 헌법상 권리인 사생활의 자유 차원으로 해석한 것은 지나치다는 판단이다.

이번 판결에 따라 미국 전체 차원에서 임신중지권은 헌법의 보호를 받을 수 없게 됐다. 대법원은 임신중지에 대한 입법은 각 주의 자율적 판단에 맡길 문제라는 입장이다.

출처: 한겨레(2022. 6. 25.). 기사 중 일부 발췌.

1970년 당시 임신중단을 원하던 노마 맥코비가 텍사스 주 법률에 대해 위헌소송을 제기하였다. 이 소송에서 노마 맥코비는 제인 로라는 가명으로 지칭하였고, 텍사스 주는 지방검사 헨리 웨이드를 피소송인 측 변호인으로 임명하였다. 1973년 미국 연방대법원은 이 소송의 판결에서 9명 중 7명의 재판관이 원고의 손을 들어주며 임신중단이 시민의 기본적 권리임을 인정한 바 있다. 그러나 2022년 미국 연방대법원이 이 판례를 파기함으로써 미국 내 여성의 낙태가 합법적인지 여부는 각 주의 판단에 맡겨지게 되었다.

프랑스의 낙태권 헌법 명시와 미국의 '로 대 웨이드' 판례 폐기는 여성의 낙태권에 대해 서로 상반된 입장 변화를 보여주고 있다. 이처럼 낙태권에 대한 입장은 시대의 흐름에 따라, 또 국가나 문화에 따라 다르게 나타날 수 있다.

(3) 절충적 경향[4)]

낙태 문제에 대한 절충적 방법으로 다음의 세 가지 방식이 있다.

① 기간해결방식

기간해결방식이란 일정한 기간 안에 행하여진 낙태는 정당화 사유가 있는지 또는 어떤 이유에서 행하여졌는지를 묻지 않고 허용하는 방식이다. 외국의 입법례 중에는 임신 3개월(12주) 이내의 낙태, 즉 초기 낙태를 허용하고 있는 국가가 많다. 기간해결방식은 낙태의 자유화에 접근하는 방식이긴 하나 그 자유의 제한은 항상 헌법적 검토의 대상이 된다. 또한 이 기간 경과 후에도 낙태를 허용해야 할 사례가 있으므로 기간해결방식을 쓰는 경우에도 적응해결방식을 혼용해야 할 필요성도 없지 않다. 프랑스, 캐나다, 스페인, 포르투갈, 독일 등 많은 국가들이 임신 12주 이전까지 사유와 무관하게 자유로운 낙태가 가능한 기간해결방식을 채택하고 있다.

② 적응해결방식

낙태의 자유를 제한하여, 허용되는 낙태의 기준을 의학적, 우생학적, 형사정

---

4) 본 챕터의 내용은 김광재(2018), 최인화(2020)를 참조하여 재구성함.

책적, 윤리적, 사회경제적 이유 등에서 구하는 입장이다. 이 적응해결방식은 낙태의 전면금지가 아니라 제한된 범위 내에서 자유화를 지향하는 입법태도에 속한다. 알제리, 볼리비아, 페루, 카메룬, 사우디아라비아, 아르헨티나, 태국, 폴란드, 일본 등의 국가에서 이러한 해결방식을 채택하고 있고, 우리나라의 「모자보건법」에서 낙태 허용기준을 제한하고 있는 것도 적응해결방식에 해당한다. 단, 각 국가의 입장에 따라 허용 기준을 엄격하게 혹은 광범위하게 적용하는 등의 차이가 있다.

③ 상담모델방식

상담모델방식은 임산부를 위한 조언과 도움을 제공할 수 있는 일정한 상담을 필수적으로 거친 뒤 임산부 자신이 최종 책임을 지는 결정하에 낙태를 허용하는 방식이다. 임산부와의 협의 또는 담론모델이라고도 부른다. 태아의 생명을 우위를 지닌 보호법익으로 인정하되 곤궁한 갈등상황 하에서 낙태를 예외적으로 허용하자는 입장이다. 독일은 기간해결방식과 함께 12주 이상 경과한 낙태의 경우에는 이 모델을 채택하고 있다.

한국의 경우 형법상 낙태죄 헌법불합치 판정 이후 제안된 모자보건법 개정안에서 낙태 전 상담과 숙려시간(24시간)을 의무화하는 방안이 논의된 바 있다. 대한산부인과학회와 대한산부인과의사회 등 관련 단체에서는 여성의 안전과 무분별한 낙태를 막기 위해 제한 없는 낙태 허용은 임신 10주 미만으로 제한하고, 10주에서 22주 미만에는 충분한 설명을 하고 숙려기간을 가지며, 22주 이후의 낙태 요구에는 응하지 않기로 대국민 호소문을 발표하기도 하였다(김희선·최안나, 2021).

2. 생명중단결정

생명중단결정의 유형은 안락사, 존엄사, 연명의료중단, 의사조력자살로 구분할 수 있다.

1) 정의

(1) 안락사

안락사(euthanasia)는 eu(좋은 good, well, easy)와 thanatos(죽음)의 결합어로서 수월한 죽음(an easy death), 또는 편안한 죽음을 뜻한다. 치유될 수 없는 질병으로 고통을 겪고 있는 환자에게서 그의 고통을 덜어주기 위해 행위 또는 무위(아무 행위를 하지 않음)에 의해 그의 죽음을 의도적으로 야기하는 행위이다(이종원, 2009: 165). 안락사는 죽음에 이르게 하는 수단에 따라 적극적(active) 안락사와 소극적(passive) 안락사로 분류된다. 적극적인 안락사는 약물, 치명적인 주사약 등을 사용하여 환자를 죽음에 이르게 하는 행위이고, 소극적인 안락사는 치료를 중단하여 환자를 죽음에 이르게 하는 것을 일컫는다. 한국 〈의사윤리지침〉에서는 제36조 1항에서 "의사는 감내할 수 없고 치료와 조절이 불가능한 고통을 겪는 환자에게 사망을 목적으로 물질을 투여하는 등 인위적, 적극적인 방법으로 자연적인 경과보다 앞서 환자가 사망에 이르게 하는 행위를 하여서는 안 된다."고 규정하여 적극적 안락사를 금지하고 있다.

환자의 의지와 동의 여부에 따라 자의적인(voluntary) 안락사, 비자의적인(nonvoluntary) 안락사, 반자의적인(involuntary) 안락사로 구분하기도 한다(Singer, 1979: 128-130; 김태성, 2009: 366에서 재인용). 자의적 안락사는 생명주체의 자발적 의사에 따르는 것으로, 환자가 합리적 정신을 갖춘 상태에서 정보(설명)에 의거한 본인의 자유로운 요청, 요구, 동의, 승낙에 의해 이루어진다. 비자의적 안락사는 생명주체가 안락사에 대한 의사를 표시할 수 없거나 그 의사결정이 불가능한 경우로, 날 때부터 심각한 결함을 가진 신생아들 혹은 사고나 질병으로 인해 관련된 문제를 이해할 수 있는 능력을 상실한 식물인간이나 심하게 뇌에 손상을 입은 성인들이 그 대상이 될 수 있다. 반자의적 안락사는 생명주체의 의사에 반하는 경우로, 죽임의 동기가 죽임을 당한 사람의 고통을 덜어 주기 위한 것이었다 하더라도 윤리적으로 많은 문제를 안고 있다. 다른 사람이 볼 때 비록 그 사람이 죽는 것이 낫다고 생각될지라도 그가 살기를 원하는 한 우리는 그의 생명의 권리를 존중해야 하기 때문이다.

(2) 존엄사

존엄사(death with dignity)란 현대의학으로도 회복할 수 없는 뇌사상태 또는 의식상실 상태에 빠져 죽음에 직면한 환자에게 인공적으로 생명을 연장하는 생명유지 장치를 중단하고 그 치료를 거부함으로써 그 환자가 인간으로서 품위 있는 죽음을 맞을 수 있는 행위라고 정의된다(유승룡, 2008: 13). 존엄사는 안락사와 완전히 구별되는 새로운 개념이라기보다는 대부분의 사회에서 금기시되는 적극적 안락사에 대한 부정적 이미지와 구별하기 위해서 소극적 안락사에 대한 대체 용어로 이해되기도 한다(이종원, 2009: 166). 인간의 존엄성을 유지하면서 품위 있는 죽음을 맞게 하기 위한 것이라는 점에서 환자의 극심한 고통 제거에 초점을 두고 있는 안락사 개념과 구분된다. 안락사는 고통완화의 목적으로 행하는 것이 핵심 요소이다(정재영, 2009: 102). 존엄사 역시 환자의 의지에 따라 자발적 존엄사와 비자발적 존엄사로 구분할 수 있다. 자발적 존엄사는 환자의 의지에 의하여 시행되는 존엄사이며, 비자발적 존엄사는 환자가 의지를 표시할 수 없는 경우 가족이나 의사가 대리 결정하는 존엄사를 뜻한다(황병덕, 2011: 4). 한국 〈의사윤리지침〉에 따르면, 제35조 2항에서는 “의사는 말기환자가 품위 있는 죽음을 맞이할 수 있도록 노력하여야 한다.”고 규정함으

로써 존엄한 죽음의 개념을 언급하고 있다.[5)]

우리 사회에서 안락사, 존엄사에 대한 논쟁을 뜨겁게 불러일으킨 대표적인 사건은 1997년 발생한 일명 '보라매병원 사건'과 2008년 '김할머니 사건'이다. '보라매병원 사건'의 경우 적절한 조치를 취했다면 회복가능성이 있는 환자에게, 가족의 요구가 있기는 했지만 결과적으로 인공호흡기라는 연명의료 수단을 철회한 책임을 물어 의사에게 유죄가 선고되었다. 연명의료중단의 전제조건인 "의학적으로 무익, 무용하다고 판단된 회생 불가능한 환자"라는 조건이 충족되지 않았기 때문이다. 반면, '김할머니 사건'의 경우는 연명의료중단의 전제 조건을 충족한다고 판단하여, 대법원에서 연명의료중단을 요구하는 가족의 손을 들어주었다. 그러나 실제로는 2009년 6월 23일 인공호흡기 제거 후 201일 만인 2010년 1월 10일 김할머니가 사망함으로써, 의학적으로 무익, 무용하다는 판단이 과연 옳았는지에 대한 논란을 불러일으킨 바 있다.

사례 10-3 보라매병원 사건

1997년 12월 4일 김 모씨(남, 58세)는 술에 취해 집에서 넘어져 집주인에 의해 발견되어 구급차로 보라매병원에 후송되었다. 신경외과 수술팀은 외상에 의한 뇌출혈(경막외혈종)로 당일 오후 7시부터 다음날 새벽 2시까지 응급수술을 시행하였으며, 수술 후 환자는 계속 의식불명 상태였고 인공호흡기의 도움을 받아 호흡이 가능하였다. 뒤늦게 수술사실을 알게된 부인은 12월 5일 오후 담당 레지던트를 찾아와 경제적인 이유로 더이상 치료할 수 없다며 퇴원을 요구하였고 당일 저녁 재차 퇴원을 요구하였으나 담당 전공의는 이를 만류하고 다음날 수술을 집도한 담당 전문의를 만나서 상의하도록 하였다.

이에 12월 6일 환자의 부인은 담당 전문의를 만나 더 이상의 병원비(당시까지의 병원비는 700만 원, 본인부담금 250만 원)를 감당할 수 없다며 퇴원을 요구하였다. 담당 전문의는 "인공호흡기를 떼면 숨진다"며 거듭 만류하였으나 막무가내로 퇴원을 요구하였고 이에 자의퇴원각서를 받고 '의학적 충고에 반한 퇴원(DAMA)'으로 퇴원시켰다.

---

5) 2006년 한국 〈의사윤리지침〉에는 제16조 2항에 "의사는 죽음을 앞둔 환자가 자신의 죽음을 긍정적으로 받아들여 품위 있는 죽음을 맞이할 수 있도록 노력하여야 한다."고 규정하였으나 2017년 개정된 한국 〈의사윤리지침〉에는 이에 대한 내용이 위 본문과 같이 수정되었다.

당시 환자는 자가 호흡이 있었으나 충분하지 못하여 차량이송 중 간이형 인공호흡으로 호흡을 유지하였으며, 집에 도착 후 인턴이 기도삽입관을 제거한 후 얼마 되지 않아 사망하였다. 1998년 1월 10일 서울지검 남부지청 이중희 검사는 "환자 김씨는 수술이 성공적으로 끝나 2~3일 지나면 회복할 가능성이 높았는데도 환자 아내가 퇴원을 강력히 요구한다는 이유만으로 내보냈다"며 "전적으로 의사들의 의학적 판단에 따라 관리되어야 하는 중환자를 어떤 강제력도 아닌 아내의 퇴원 요구만을 이유로 내보내 죽게 한 것은 살인행위"라며 의사 3명과 환자 부인을 살인혐의로 기소하였다.

1998년 4월 24일 검찰은 결심공판에서 의사 3명과 환자 부인에게 징역 3~5년을 구형하였다. 5월 15일 1심 선고공판에서 서울지법 남부지원은 담당 전문의와 전공의에게는 살인죄를 적용해 각각 징역 2년 6월에 집행유예 3년을 선고하였으며, 남편의 퇴원을 요구한 환자 부인에게도 살인죄를 적용해 징역 3년에 집행유예 4년을 선고하였고, 환자를 집으로 후송하고 기도 삽입관을 제거한 인턴에게는 무죄를 선고하였다.

출처: 박상은·박재은(1998). 보라매병원 사건에 대한 의료윤리학적 검토. 성산 생명윤리연구소. p.1 일부 발췌.

사례 10-4 김할머니 사건

2008년 2월, A씨(1932년생)는 폐암 발병 여부를 확인하기 위하여 신촌세브란스 병원에서 기관지내시경을 이용한 폐종양 조직 검사를 받던 중, 과다출혈 등으로 인하여 심정지가 발생하였다. 이에 병원의 주치의 등은 심장마사지 등을 시행하여 심박동기능을 회복시키고 인공호흡기를 부착하였으나 A씨는 저산소성 뇌손상을 입고 중환자실로 이송되었다. 이때부터 A씨는 지속적 식물인간상태(persistent vegetative state)에 있으면서 병원의 중환자실에서 인공호흡기를 부착한 채, 항생제 투여 · 인공영양 공급 · 수액 공급 등의 치료를 받았다. A씨의 자녀들은 병원 주치의 등에게 'A에 대한 연명치료는 건강을 증진시키는 것이 아니라 생명의 징후만을 단순히 연장시키는 것에 불과하므로 의학적으로 의미가 없고, A가 평소 무의미한 생명연장을 거부하고 자연스럽게 죽고 싶다고 밝혀왔다.'고 주장하면서 연명치료의 중단을 요청하였다. 병원 주치의 등은 'A의 의사를 확인할 수 없고, A가 사망에 임박한 상태가 아닌데도 연명치료를 중단하는 것은 의사의 생명보호 의무에 반하고 형법상 살인죄 또는 살인방조죄로 처벌받을 수 있다.'는 취지로 반박하면서 위 요청을 거부하였다. 이에 A의 자녀들은 학교법인 연세대학교를 상대로 소송을 제기하였고, 이에 대법원은 김할머니의 연명치료 중단을 허용한다는 판결을 내렸다.

대법원이 명시한 연명치료 중단 허용기준은 두 가지이다. ▲환자가 회생 가능성이 없는 사

> 망의 단계에 진입했고, ▲환자에게 연명치료 거부나 중단 의사가 있어야 한다는 것이다. 의사결정능력이 있는 환자가 의료진으로부터 직접 충분한 의학적 정보를 제공받고 나서 자신의 가치관에 따라 진지하고 구체적으로 진료 행위에 대해 결정해야 한다는 것이다.
>
> 김할머니의 경우 ▲3년 전 김할머니의 남편이 심장병으로 임종을 맞을 당시 생명을 연장하는 기관절개술을 김할머니가 거부했고, ▲인공호흡기로 연명하는 내용의 드라마 등을 보면서 "나는 저렇게 살지 않겠다."는 말을 자주 했으며, ▲15년 전 교통사고로 팔에 상처가 남자, 여름에도 긴 팔 옷을 입을 정도로 정갈한 모습을 유지했다는 주변인의 증언을 통해 의식이 있었다면 자연스러운 죽음을 맞길 원했을 것이라고 대법원은 추정했다. 대법원은 이같은 허용기준에 부합하는 경우라면 소송절차 없이 연명치료 중단이 가능하다고 밝혔다. 환자가 '존엄사'를 선택할 길을 터준 것이다. 다만 회복 불가능한 사망의 단계에 이르렀는지에 관해서는 전문의사 등으로 구성한 위원회가 판단하는 것이 바람직하다고 덧붙였다.
>
> 출처: 서울신문(2009. 5. 22.). 일부 발췌.

(3) 연명의료중단

연명의료중단(withdrawing life sustaining treatment)은 '죽음을 지연시키기 위해 사용되는 모든 의료적 치료'로 정의되는 연명의료를 중단하는 것을 말한다. 연명의료는 특수 연명의료와 일반 연명의료로 구분할 수 있다(이혜경·강현숙, 2010). 특수 연명의료는 생명유지에 필수적이며 고도의 의학적 지식과 기술이 요구되는 치료로 인공호흡기, 신장 투석과 같은 특수 장비가 필요한 치료와 혈압상승제나 고단위 항생제와 같은 약물치료 등을 말한다. 이러한 의료행위에는 고액의 치료비가 수반된다. 일반 연명의료는 생명유지에 필수적이지만 전문적인 지식과 기술 그리고 특수한 장치가 필요하지 않는 치료로 영양공급과 수액치료, 항생제, 진통제, 안정제 투여와 같은 치료가 이에 해당된다.

한국 〈의사윤리지침〉 제16조 2항에서는 "의학적으로 회생의 가능성이 없는 환자나, 가족 등 환자의 대리인이 생명유지치료를 비롯한 진료의 중단이나 퇴원을 명시적으로 요구하는 경우, 의사가 의학적으로 무익하거나 무용하다고 판단하는 생명 유지치료에 대하여 그러한 요구를 받아들이는 것은 허용된다. 그러나 통증 완화를 위한 의료행위와 영양분 공급, 물 공급, 산소의 단순 공급은 시행하지 않거나 중단되어서는 안 된다."고 규정함으로써, 특수 연명의료중단을 일부 허용하고 있다.

그러나 의학적으로 무익, 무용하다는 것에 대한 판단기준이 모호하고, 죽음에 임박한 경우에 시행되는 안락사, 존엄사에 비해 죽음을 시기적으로 앞당긴다는 측면에서 비판의 여지는 있다. 또한 〈의사윤리지침〉 제16조 3항에서 "의사의 충분한 설명과 설득 이후에도 환자, 또는 가족 등 환자 대리인이 회생의 가능성이 없는 환자에 대하여 의학적으로 무익하거나 무용한 진료를 요구하는 경우, 의사는 그것을 받아들이지 않을 수 있다."고 규정함으로써, 환자나 가족의 의사보다는 의사의 전문적 판단에 더 무게를 싣고 있다.

(4) 의사조력자살

의사조력자살(physician-assisted suicide)은 환자 스스로가 생명을 끊는 것을 의사가 도와주는 것을 의미하며, 본질적으로 자살에 해당한다. 불치의 질병으로 회복 가능성이 없는 환자가 죽음을 희망하여 자살을 고려한다는 것을 알고 있는 의사가 환자에게 다량의 수면제나 진통제를 제공한다든가, 그 밖에 죽음에 이르게 하는 치명적인 약물에 관한 정보를 알려주는 방식으로, 직접적 죽음을 초래하는 행위는 환자 혼자서 스스로 실행하고 의사는 직접 개입하지 않는 경우를 말한다(이인영, 2009: 439). 존엄사와 의사조력자살이 구분되는 지점은 존엄사의 경우 행위의 주체가 의사인 반면, 의사조력자살은 행위의 주체가 환자라는 점이다. 의사조력자살은 연명의료중단의 개념과도 구별되는데, 연명의료중단이 환자가 자연스러운 죽음을 맞이하도록 하는 데 비해, 의사조력자살은 죽임의 행위(an act of killing)가 포함되기 때문이다. 따라서 우리나라의 경우 의사조력자살은 형법상 자살교사·방조행위(「형법」 제252조 제2항)에 해당되어 처벌의 대상이 된다.

한국 〈의사윤리지침〉에서도 제36조 2항에 "의사는 환자가 자신의 생명을 끊는 데 필요한 수단을 제공함으로써 환자의 자살을 도와주는 행위를 하여서는 안 된다."고 규정하여, 의사조력자살을 금하고 있다. 최근에는 스위스, 이탈리아 등의 국가에서 의사의 도움을 받아 합법적으로 존엄사가 가능해지면서, 의사조력자살에 대한 윤리적 판단도 도마 위에 오르고 있다(〈사례 10-5〉 참고).

2) 안락사 찬반론

생명중단결정의 여러 유형 중 존엄사와 연명의료중단에 대해서는 여러 국가에서 합법적으로 수용하는 추세이나, 안락사에 대해서는 여전히 찬반 논의가 뜨겁다. 여기서는 안락사에 대한 찬반 주장에서 내세우는 근거에 대해 살펴본다.

(1) 안락사 찬성론

① 자기결정권 존중

안락사를 찬성하는 입장의 가장 큰 논거는 클라이언트 자기결정권의 존중이다. 인간은 자기 신체에 발생되는 모든 일에 대하여 자신이 결정할 권리를 가지고 있으며, 그러한 권리는 존중되어야 한다는 것이다. 따라서 인간은 죽음까지도 스스로 결정할 권리를 갖고 있다고 본다. 그렇다고, 모든 죽음에 대해 자기결정권을 존중해야 한다는 의미는 아니다. 안락사를 찬성하는 입장에서도 회복 불가능한 정도의 질병을 가진 환자가 참기 어려운 고통을 느끼고 있는 경우, 죽음에 대한 판단이 환자의 이성적 판단에 근거하는 경우, 또 그러한 결정이 타인에게 해를 입히지 않는 경우에 한해 자율성 존중의 원칙에 따라 환자의 결정에 따르는 것이 옳다고 본다.

안락사 찬성론에 따르면, 회복불가능한 환자가 의식이 없는 상태로 인공호흡기와 같은 인위적인 장치에 의해서 생명을 유지하고 있는 경우, 환자 가족의 결정에 따라 존엄사는 허용될 수 있다. 앞서 살펴본 “김할머니 사건” 역시 그러한 경우에 해당된다. 그러나 이 역시 “회복 불가능”의 판단기준이 불확실하다는 점, “참기 어려운 고통”은 주관적으로 느끼는 바에 따라 다르다는 점, “환자의 이성적 판단”이라는 조건이 충족되기 어렵다는 점(스스로는 더 살기를 원하지만 가족들을 위해 죽음을 선택하는 경우, 환자의 이성적 판단이 어려워 가족이 대신 결정을 내리는 경우 등) 때문에, 윤리적 판단에 많은 어려움이 있다.

사회복지사가 클라이언트의 자기결정에 제한을 가하는 경우 이것이 과연 사회복지사의 간섭인가, 온정인가의 차원에서 안락사 문제가 논의되기도 한다. 마르커스(Marcus, 1981)는 "우리는 사람들에게 도움을 줌으로써 그들의 인간적 품위를 떨어뜨릴 수 있을 뿐만 아니라, 그들에게 도움을 제공하지 않음으로써 그들의 품위를 또한 손상시킬 수 있다"고 주장하였다. 사회복지의 핵심적 가치 중 하나는 선행의 원칙(principle of beneficence)이며, 사회복지사는 선행의 의무가 있다. 선행의 원칙이란 어려움에 처한 사람을 도와 그가 행복한 생활을 영위할 수 있도록 하는 것이다(김기덕, 2002: 187). 안락사를 결정한 클라이언트의 결정을 사회복지사가 제한하는 경우 이것이 과도한 선행(the exaggerated beneficence)인지는 환자의 상태와 상황에 따라 다를 수 있다. 사회복지사는 안락사 문제에 대해 늘 자율성과 자유 존중의 가치와 선행의 의무라는 가치의 충돌 사이에서 갈등을 경험하게 된다.

② 삶의 질 존중

삶의 질(quality of life)의 개념이 등장하면서, 생명을 인위적으로 지속시키는 것이 오히려 인간 삶의 존엄성을 떨어뜨린다는 주장도 설득력을 얻고 있다. 삶의 질이라는 개념이 극히 주관적인 판단 기준에 따르는 것이기는 하나(가령, 경제력이 삶의 질을 구성하는 주요 요소 중 하나이지만, 사람에 따라 같은 경제 수준에 대해서도 느끼는 행복감이 다르듯이), 어느 정도의 평균적인 삶의 질이라는 부분에서 학자나 사회에서 인정하는 기준은 있을 수 있다. 윌리엄(William, 2000)은 삶의 질로만 판단할 경우 무의식 환자의 생명은 더 이상 가치가 없으며 그러한 환자를 죽이거나 죽도록 방치하는 것은 해악이기보다는 혜택이라고 주장하였다. 삶의 질 관련 주장에서는 가족의 삶의 질 또한 중요하다고 본다. 즉, 환자 본인은 무의식 상태로 지내지만, 환자의 곁에서 간호하고 돌봄을 제공하는 환자의 가족에게는 환자의 생명 유지 자체가 그들의 삶의 질을 떨어뜨리는 주요 요인이 되기 때문이다. 실제로, 국내 암환자 가족을 대상으로 연명의료중단에 대한 태도를 조사한 결과, 조사 대상의 70%가 환자에게 더 이상의 적극적인 치료가 어려울 경우 연명의료중단에 동의하겠다는 태도를 보였다(장지영, 김용석, 2011). 이는 국내외 다른 조사에서 보고된 비율과 큰 차이가 없었다. 그만큼 죽음을 앞둔 환자의 가족이 느끼는 돌봄부담감이 크다는 것을 알 수 있는 결과이며, 이것은 가족의 삶의 질과 관련된다.

(2) 안락사 반대론

① 인간 생명 존중

안락사를 반대하는 가장 핵심적인 주장은 바로 인간의 생명권, 즉 인간존중사상에 있다. 인간의 생명은 무엇보다도 소중하며, 최우선적으로 보장받아야 하는 권리라는 것이다. 기독교에서는 생명에 대한 결정은 인간이 아닌 신에 있기 때문에 안락사는 허용될 수 없다고 본다. 모든 인간의 생명은 비록 그것이 기형일지라도 하나님의 피조물이며, 불가침이며, 거룩하다(Simson, 1964). 그러나 가톨릭 교회는 말기 환자의 '인간적인 존엄성을 지니고 평화롭게 죽을 수 있는 권리'의 관점에서 과도한 의료집착적 행위는 임종자의 존엄성을 해치며, 죽음을 받아들여 궁극에는 자연스러운 과정을 맞이하는 의무에도 반하는 것으로 보기도 한다. 즉, 인공호흡기와 같은 예외적 수단의 사용은 정당하기는 하되 의무는 아닌 도덕적 선택(optional)이며, 반면에 정상적인 간호 행위와 영양 공급 등 통상적 수단의 사용은 도덕적 의무로 볼 수 있다는 것이다(홍석영, 2006: 306). 이는 안락사에 대해서는 반대, 존엄사에 대해서는 찬성의 입장으로 해석된다.

최근에는 배아줄기세포연구나 인간복제 등 의학기술의 발달에 따라 "생명윤리"에 대한 관심이 높아지고 있다. 이와 관련해 인간의 생명을 어디에서부터 어디까지로 볼 것인가에 대한 논의도 끊이지 않고 있는데, "인격주의 생명 윤리"의 입장에서는 인간 생명은 수정 순간부터 전면 뇌사 순간까지 존중하고 보호해야 한다고 주장한다(Sgreccia, 1994). 인격은 지각, 이성, 의지의 실제 행사 능력과 무관하게 오로지 인간 존재라는 사실로 충족되는 것이기에, 모든 인간 존재는 인격이라고 본다. 이러한 입장에서 안락사는 살인 행위에 가깝다.

윤리적 결정모델을 제시한 다수의 학자들 역시 인간의 생명권을 최우선의 가치로 다루었다. 리머(Reamer, 1999)는 윤리적 결정지침을 통해 인간 생명 존중이 다른 원칙들에 앞선다는 것을 강조하였다. 돌고프 외(Dolgoff et al., 2012)의 "윤리적 원칙 심사표"에서도 생명보호의 원칙은 제1원칙으로 강조되고 있으며, 이는 클라이언트를 비롯한 모든 사람들에게 적용된다고 보았다.

② 삶의 가치 판단

안락사를 찬성하는 입장에서 사용하는 '삶의 질 추구'라는 것이 생명권에 앞서는 것은 옳지 않다고 보는 주장도 있다. 이동익(2008: 42-45)은 학자와 의사들이 임의로 설정한 삶의 질 기준에 따라 때때로 어떤 생명은 더 이상 살 가치가 없는 생명으로 분류되기도 하고, 어떤 나라에서는 안락사를 고통스럽고 무용한 것으로 여겨지는 삶에 대한 합법적인 응답으로 간주하기도 한다고 우려하였다. 그는 현대 사회에서 삶의 질을 강조하게 되면서 인간의 생명까지도 질적 구분으로 차별하는 오류가 발생하였다고 지적하였다. 즉, '삶의 질 추구'라는 미명하에 일반적인 기준에서 삶의 질이 떨어진다고 판단되는 사람들(지적 능력이 심각하게 손상되었거나 혹은 사회에서 쓸모없다고 여겨지는 사람들, 또는 생명을 향유할 능력이 없다고 여겨지는 사람들 등)의 생명을 경시하는 풍조가 나타나고 있다고 본 것이다. 이와 같은 주장은 삶의 질 보장을 위해 안락사를 찬성하는 사람들의 견해를 정면으로 반박하고 있다. 연약하고 고통받는 존재들의 가치나 존엄이 결코 그렇지 않는 존재에 비해 덜하지 않다는 것이다.

③ 미끄러운 경사길 이론

미끄러운 경사길 이론(Slippery Slope Theory)은 보다 현실적인 차원에서 안락사 허용을 반대한다. 한민수(2003)는 안락사 행위를 엄격하게 규정하고, 필요조건들을 충족시켜 행한다 해도 소수의 환자 집단을 넘어서 그 실행이 확대될 수 있다고 보았다. 제방의 한쪽 면이 무너지면 다른 면까지 차례로 무너지듯이, 결국에는 구분이 없어져서 결과적으로 안락사를 요청하지 않은 환자에게까지 시행되리라는 것이다. 과거 히틀러에 의해 자행된 유태인 학살이 대표적인 사례이다. 미끄러운 경사길 이론은 안락사뿐 아니라 낙태, 성매매 등 우리 사회에서 금지하고 있으나, 실제로는 자행되고 있는 몇몇 사안에 대해 합법화를 반대하는 논지로 많이 사용되고 있다.

3) 연명의료결정제도

한국은 2013년 대통령 소속 국가생명윤리심의위원회에서 특별위원회를 구성하여 연명의료중단 결정과 관련된 구체적인 기준과 내용을 제시하면서 특별법 제정을 권고한 이래, 2015년 임종과정에 있는 환자에 대한 연명의료 유보 및 중단에 관한 법률이 제안되었다. 이후 법률안에 대한 검토 과정에서 임종돌봄의 병행 제공 필요성이 강력하게 제기되어, 「호스피스·완화의료 및 임종과정에 있는 환자의 연명의료결정에 관한 법률(연명의료결정법)」이 2016년 2월 3일 제정, 2018년 2월 4일부터 시행되었다.

이 법에서 "임종과정"이란 회생의 가능성이 없고, 치료에도 불구하고 회복되지 아니하며, 급속도로 증상이 악화되어 사망에 임박한 상태를 말한다. "임종과정에 있는 환자"란 담당의사와 해당 분야의 전문의 1명으로부터 임종과정에 있다는 의학적 판단을 받은 자를 말한다. 또한, "연명의료"란 임종과정에 있는 환자에게 하는 심폐소생술, 혈액 투석, 항암제 투여, 인공호흡기 착용 및 그 밖에 대통령령으로 정하는 의학적 시술로서 치료효과 없이 임종과정의 기간만을 연장하는 것을 말한다. "연명의료중단 등 결정"이란 임종과정에 있는 환자에 대한 연명의료를 시행하지 아니하거나 중단하기로 하는 결정을 말한다. 즉, 이

법에서 말하는 연명의료는 임종과정에 있는 대상에게 행해지는 의료적 처치라는 점에서 앞서 살펴본 특수 연명의료와 일반 연명의료의 개념보다 더욱 제한적인 의미로 사용되고 있다.

사전연명의료의향서

등록번호		
작성자	성 명	주민등록번호
	주 소	
	전화번호	
호스피스 이용	[ ] 이용 의향이 있음	[ ] 이용 의향이 없음
사전연명의료 의향서 등록기관의 설명사항 확인	설명 사항	[ ] 연명의료의 시행방법 및 연명의료중단등결정에 대한 사항 [ ] 호스피스의 선택 및 이용에 관한 사항 [ ] 사전연명의료의향서의 효력 및 효력 상실에 관한 사항 [ ] 사전연명의료의향서의 작성 · 등록 · 보관 및 통보에 관한 사항 [ ] 사전연명의료의향서의 변경 · 철회 및 그에 따른 조치에 관한 사항 [ ] 등록기관의 폐업 · 휴업 및 지정 취소에 따른 기록의 이관에 관한 사항
	확인	위의 사항을 설명 받고 이해했음을 확인합니다. 년 월 일 성명
환자 사망 전 열람허용 여부	[ ] 열람 가능 [ ] 열람 거부	[ ] 그 밖의 의견
사전연명의료 의향서 등록기관 및 상담자	기관 명칭	소재지
	상담자 성명	전화번호

본인은 「호스피스 · 완화의료 및 임종과정에 있는 환자의 연명의료결정에 관한 법률」 제12조 및 같은 법 시행규칙 제8조에 따라 위와 같은 내용을 직접 작성했으며, 임종과정에 있다는 의학적 판단을 받은 경우 연명의료를 시행하지 않거나 중단하는 것에 동의합니다.

작성일 년 월 일
작성자
등록일 년 월 일
등록자

연명의료계획서

등록번호		
환자	성 명	주민등록번호
	주 소	
	전화번호	
	환자 상태 [ ] 말기환자	[ ] 임종과정에 있는 환자
담당의사	성 명	면허번호
	소속 의료기관	
호스피스 이용	[ ] 이용 의향이 있음	[ ] 이용 의향이 없음
담당의사 설명사항 확인	설명 사항	[ ] 환자의 질병 상태와 치료방법에 관한 사항 [ ] 연명의료의 시행방법 및 연명의료중단등결정에 관한 사항 [ ] 호스피스의 선택 및 이용에 관한 사항 [ ] 연명의료계획서의 작성 · 등록 · 보관 및 통보에 관한 사항 [ ] 연명의료계획서의 변경 · 철회 및 그에 따른 조치에 관한 사항 [ ] 의료기관윤리위원회의 이용에 관한 사항
	확인 방법	위의 사항을 설명 받고 이해했음을 확인하며, 임종과정에 있다는 의학적 판단을 받은 경우 연명의료를 시행하지 않거나 중단하는 것에 동의합니다. [ ] 서명 또는 기명날인 년 월 일 성명 [ ] 녹화 [ ] 녹취 ※ 법정대리인 년 월 일 성명
환자 사망 전 열람허용 여부	[ ] 열람 가능 [ ] 열람 거부	[ ] 그 밖의 의견

「호스피스 · 완화의료 및 임종과정에 있는 환자의 연명의료결정에 관한 법률」 제10조 및 같은 법 시행규칙 제3조에 따라 위와 같이 연명의료계획서를 작성합니다.

년 월 일
담당의사

그림 10-1 사전연명의료의향서와 연명의료계획서

출처: 국립연명의료관리기관 홈페이지.

「연명의료결정법」에 따라 말기환자 등은 본인의 의사에 따라 연명의료에 대한 중단 결정을 "사전연명의료의향서"로 작성해 놓을 수 있다. 이때 요청을 받은 담당의사 역시 "연명의료계획서"를 작성하도록 하여 환자의 의사(意思)뿐 아니라 반드시 의사의 전문적 판단에 근거하여 연명의료 중단을 결정하도록 하고 있다. 연명의료계획서 작성 전에 의사는 ① 환자의 질병 상태와 치료방법에 관한 사항, ② 연명의료의 시행방법 및 연명의료중단 등 결정에 관한 사항, ③ 호스피스의 선택 및 이용에 관한 사항, ④ 연명의료계획서의 작성 · 등록 · 보관 및 통보에 관한 사항, ⑤ 연명의료계획서의 변경 · 철회 및 그에 따른 조치에 관한 사항, ⑥ 기타 사항 등에 대해 환자에게 설명하고 내용을 이해하였음을 확인받아야 한다.

이 법을 통해 한국에서는 연명의료중단뿐만 아니라 호스피스(hospice) 서비스 제공이라는 전제를 둠으로써 환자가 보다 존엄한 죽음을 맞을 수 있게 되었다. 호스피스는 임종을 앞둔 환자의 고통을 줄이고 심리적·영적 안정을 지원하는 기부와 자원봉사 성격의 사업으로 시작되었으나, 세계보건기구(WHO)는 이보다 확장된 완화의료(palliative care)의 개념을 제시하였다. 완화의료란 생명을 위협하는 질환과 관련한 문제에 직면한 환자와 가족들의 고통 예방과 완화를 통해 삶의 질 향상을 추구하는 접근을 말한다. 완화의료는 통증이나 다른 신체적, 심리사회적, 영적인 문제들에 대한 조기 진단, 적정평가와 치료를 통해 제공된다. 「연명의료결정법」 제2조에서는 호스피스와 완화의료를 묶어 "호스피스·완화의료란 말기환자로 진단을 받은 환자 또는 임종과정에 있는 환자와 그 가족에게 통증과 증상의 완화 등을 포함한 신체적, 심리사회적, 영적 영역에 대한 종합적인 평가와 치료를 목적으로 하는 의료를 말한다"고 정의하고 있다. 이 법에 따라 중앙 호스피스 센터 및 권역별 호스피스 센터가 설치·운영되고 있으며, 전국에 약 200여 개(입원형, 요양병원, 가정형, 자문형, 소아청소년 포함)의 호스피스 전문기관이 운영 중이다(2023년 기준).[6]

민간 차원에서 제공되는 호스피스 서비스는 전문자원봉사의 형태로 제공되며, 일정 교육을 받은 호스피스 자원봉사자들이 병원, 시설, 가정 등에서 호스피스 서비스를 제공하고 있다. 호스피스 봉사를 실시하고 있는 대표적인 민간기관인 각당복지재단은 1987년부터 호스피스 자원봉사자 교육을 실시하였으며, 지금까지 약 6,000여 명의 수료생이 배출되었다. 이들은 전국의 병원, 요양원, 가정 등에 파견되어 호스피스 서비스를 제공하고 있다.[7]

6) 보건복지부(2023). 호스피스·완화의료 사업 안내.

7) 각당복지재단 홈페이지 참조

생각해보기

이탈리아에서는 2022년 사상 처음으로 합법적인 조력자살이 실행되었다. 한국에서도 2022년 말기 환자가 의사의 도움을 받아 스스로 삶을 마무리하는 조력 존엄사법이 첫 발의되는 등 안락사/존엄사 허용에 대한 논의가 뜨겁다.

〈사례 10-5〉에서 A씨는 참을 수 없는 고통에 시달리면서 생을 이어가느니 차라리 존엄한 죽음을 택할 권리를 보장해달라는 헌법소원을 제기했다. 조력존엄사법을 제정하면 간병살인이나 아무도 돌봐주는 사람 없이 홀로 죽음을 맞이하는 사람들을 예방할 수 있다는 의견도 있다. 한국에서도 조력존엄사법을 제정해야 할 것인가? 아니면 조력존엄사는 '살인'으로 보고 엄격히 금지해야 할 것인가? 각자의 생각을 정리해 보자.

사례 10-5 **한국 불치병 환자 첫 '안락사' 헌법소원 … '죽을 권리' 논쟁**

척수염 환자 A씨의 하루는 거친 경련과 함께 시작됩니다. 3년 전 피부과 진료 중 바이러스에 감염된 뒤, 배꼽 아래로 마비가 됐고 시도 때도 없이 통증이 찾아옵니다. 마약성 진통제는 이미 처방할 수 있는 가장 강한 수준까지 올라갔습니다. 극단적 생각에 떠밀리다, 지난해 1월에는 스위스 조력사망 단체에 가입하고 잠시 희망을 얻었습니다. 하지만 스위스에 동행해야 하는 딸이 국내법에 따라 자살방조죄로 처벌될 수 있다는 이야기를 듣고 주저할 수밖에 없었습니다. A시는 결국 헌법소원을 내기로 했습니다.

지난해 국회에 발의된 조력존엄사법은 논의조차 되지 않고 있는 게 현실입니다. 가장 큰 반대는 종교계에서 나오고 있습니다. 죽기 직전까지 가야만 연명의료를 중단할 수 있는 현행법부터 바로잡아야 한다는 의견도 있습니다. 한국존엄사협회 가입자는 100명을 넘겼습니다. 좋은 죽음에 대한 논의가 멈춘 사이 스위스 조력사망 단체에 가입한 한국인 수는 아시아 국가 중 가장 높은 숫자를 기록하고 있습니다.

출처: JTBC 뉴스(2023. 12. 31.). 일부 내용 발췌.

정신건강과 윤리적 실천

MI원칙, 장애인권리협약(CRPD)과 최근 활발히 논의되고 있는 지역사회 정신건강서비스 가이던스 등 국제기준에 따르면 정신장애인을 위한 사람중심, 회복과 권리기반의 정신건강서비스를 제공하도록 하고 있다. 그러나 한국의 경우 지금까지 정신건강서비스의 재원 부족 및 정신건강정책과 법률의 한계로 인해 장기입원병원 및 요양시설 중심의 정신건강서비스 전달체계가 지속되고 있고, 정신장애인에 대한 사회적 배제와 인권침해가 일어나는 경우가 많았다. 본 절에서는 국내 정신건강 영역에서 강제입원과 약물치료가 가지고 있는 윤리적 쟁점을 살펴보고 대안적 프로그램을 통해 윤리적 실천 방향을 모색한다.

1. 정신건강 관련 주요 원칙

우리나라의 정신건강과 관련된 법률로는 「정신건강증진 및 정신질환자 복지서비스 지원에 관한 법률」(약칭: 정신건강복지법)과 「장애인복지법」이 있다.[1) 「

1) 정신건강복지법 제3조에서는 정신질환자를 '망상, 환각, 사고(思考)나 기분의 장애 등으로 인하여 독립적으로 일상생활을 영위하는 데 중대한 제약이 있는 사람'으로 정의하고 있다. 반면, 장애인복지법에서는 정신장애인을 조현병, 양극성 정동장애, 재발성 우울장애, 조현정동장애 등의 장애

정신건강복지법」은 2016년에 기존의 「정신보건법」에서 강제입원 절차를 수정하였고 전국민 대상의 정신건강증진 조항을 신설하였으며, 정신질환자에 대한 복지서비스 제공 조항을 추가하면서 전면 개정되었고, 2017년부터 시행되었다. 또한 정신장애인은 장애인복지법상 15가지 장애유형에 포함되는 장애인임에도 불구하고 「장애인복지법」 제15조의 규정에 따라 정신보건 영역에서 의료 및 재활서비스를 별도로 받도록 하였는데, 2021년 제15조 개정으로 인해 장애인복지서비스 이용이 가능해졌다. 이러한 정신건강 관련 법률의 개정 흐름은 국제적 기준을 반영하여 정신장애인의 인권을 보장하고 탈원화를 촉진하며, 지역사회에서의 자립 지원을 강화하기 위한 것이라고 볼 수 있다.

아래에서는 정신장애인의 인권 보장을 위한 주요 국제적 기준인 MI 원칙, 장애인권리협약, 지역사회 정신건강서비스 가이던스를 살펴본다.

1) MI 원칙

정신장애인의 보호와 정신보건의료 향상을 위한 원칙(The Principles for the Protection of Persons with Mental Illness and the Improvement of Mental Health Care: 이하 MI 원칙)은 1991년 UN총회에서 의결되어, 법적 구속력은 없지만 정신장애로 억압받는 사람들의 보호하기 위한 지침이 되었다. MI원칙은 다음과 같은 25개의 원칙으로 구성되어 있다(Maingay et al., 2002).

이 중 몇 가지 원칙을 살펴보면, 원칙 1인 근본적 자유와 기본권에서는 정신장애인을 포함한 모든 정신장애인들은 사회보장제도와 정신보건서비스, 일반보건서비스가 통합적으로 연계되어 제공될 것을 규정하고 있으며, 치료과정에서 인권 보장 절차를 요구하고 있다.

·질환에 따른 감정조절·행동·사고 기능 및 능력의 장애로 일상생활이나 사회생활에 상당한 제약을 받아 다른 사람의 도움이 필요한 사람이라고 규정하고 있다. 이러한 개념의 차이가 있지만 본 절에서는 정신장애인과 정신질환자의 의미를 엄격하게 구분하지 않고 사용한다.

1. 근본적 자유와 기본권	10. 약물치료	18. 절차상 보호조치
2. 미성년자의 보호	11. 치료의 동의	19. 정보 열람
3. 지역사회 내에서의 삶	12. 권리의 고지	20. 범죄 피의자
4. 정신장애 판정	13. 정신보건시설 내에서의 권리와 조건	21. 이의제기
5. 의학검사		22. 감시와 구제
6. 비밀보장	14. 정신보건시설의 자원	23. 실행
7. 지역사회와 문화의 역할	15. 입원 원칙	24. 정신보건시설 관련 본 원칙의 적용범위
8. 의료기준	16. 비자발적 입원	
9. 치료	17. 심사 기관	25. 기존 권리의 구제

원칙 3은 모든 정신장애인은 가능한 한 지역사회 내에서 생활하고 일할 권리가 있음을 천명하고 있다. 즉, 정신장애인은 정신의료기관에서의 입원치료를 최소한으로 받고 지역사회에서 직업을 가지고 생활하기 위한 직업재활, 주거 서비스 등의 충분한 사회복지서비스를 제공받을 수 있다. 더 나아가 원칙 7에서는 정신장애인이 가능하다면 자신이 거주하는 지역사회에서 치료받고 보살핌을 받을 권리가 있으며, 입원치료를 받을 때에도 거주지와 가까운 곳에서 받으며 지역사회의 가족이나 친구들과 연결을 유지할 수 있고, 치료가 끝나는 즉시 지역사회로 복귀할 권리가 있음을 규정하고 있다.

원칙 9와 10에서는 정신장애인에게 입원치료를 가능한 배제하고, 치료가 필요한 경우에도 환자와 함께 논의하고 치료계획을 변경할 수 있도록 하고 있으며, 약물치료는 치료 및 진단적 목적으로만 사용하도록 하여 환자의 행동을 통제하기 위해 무분별하게 사용하거나 증명되지 않은 약물을 사용하는 것을 금지하고 있다.

원칙 11에서는 정신장애인에게 고지된 동의 없이는 환자를 치료할 수 없다고 규정하고 있는데, 급박한 자해 및 타해 위험이나 의사결정 대리인이 지정된 경우를 제외하고는 사전에 치료에 대한 내용을 설명하고 동의를 획득하도록 하고 있다.

2) 장애인권리협약(CRPD)

장애인권리협약(Convention on the Rights of Persons with Disabilities: CRPD)은 전세계 모든 장애인의 존엄성과 권리 보장을 위해 UN에서 2006년 채택한 인권 협약이다. 우리나라는 이를 2008년 12월 국회에서 비준하여 2009년 1월부터 발효되어 국내법과 동일한 효력을 가지게 되었다. CRPD는 전문 25개 조항, 본문 50개 조항, 선택의정서 18개 조항으로 구성되어 있으며, 본문 조항은 아래와 같다.

1. 목적
2. 정의
3. 일반 원칙
4. 일반 의무
5. 평등 및 비차별
6. 장애여성
7. 장애아동
8. 인식제고
9. 접근성
10. 생명권
11. 위험상황과 인도적 차원의 긴급사태
12. 법 앞의 평등
13. 사법에 대한 접근
14. 신체의 자유 및 안전
15. 고문 또는 잔혹한, 비인도적이거나 굴욕적인 대우나 처벌로부터의 자유
16. 착취, 폭력 및 학대로부터의 자유
17. 개인의 존엄성 보호
18. 이주 및 국적의 자유
19. 자립적 생활 및 지역사회에의 동참
20. 개인의 이동성
21. 의사 및 표현의 자유와 정보 접근권
22. 사생활의 존중
23. 가정과 가족에 대한 존중
24. 교육
25. 건강
26. 훈련 및 재활
27. 근로 및 고용
28. 적절한 생활수준과 사회적 보호
29. 정치 및 공적 생활에 대한 참여
30. 문화생활, 레크리에이션, 여가생활 및 체육활동에 대한 참여
31. 통계와 자료 수집
32. 국제협력
33. 국내적 이행 및 감독
34. 장애인권리위원회
35. 당사국 보고서
36. 보고서의 검토
37. 당사국과 위원회 간의 협력
38. 위원회와 기타 기구와의 관계
39. 위원회 보고서
40. 당사국회의
41. 수탁자
42. 서명
43. 기속적 동의
44. 지역통합기구
45. 발효
46. 유보
47. 개정
48. 폐기
49. 접근 가능한 형식
50. 정본

이 중 정신장애인의 입원치료 및 지역사회에서의 생활과 관련이 있는 내용을 살펴보면, 9조 접근성에서는 장애인이 삶의 모든 영역에서 자립적으로 생활하고 참여할 수 있도록 정보, 시설, 서비스 등에 접근할 수 있는 권리를 보장하도록 하고 있다. 12조에서 장애인은 모든 영역에서 인간의 존엄성과 권리를 가지며, 비장애인과 동등한 법적 능력을 향유함을 인정하고 있다. 이 조항은 정신장애인이 치료를 받을 때 정신장애인이 선호하는 치료 방식을 선택할 수 있고, 그러한 인권친화적 환경 조성을 의미하므로 자기결정과 관련이 있는 조항이다.

14조에서 장애인은 신체적 자유 및 안전에 대한 권리를 가지고 있으며, 그 자유에 대한 제한은 법에 합치할 것을 규정하고, 장애인이 자유를 박탈당할 때에는 국제인권법과 CRPD의 목적과 원칙에 따라 대우받도록 보장한다. 이 조항은 12조에서 규정하는 장애인의 법적 능력 존중 규정이 지켜지지 않을 때 침해받을 수 있는 조항이 된다. 우리나라의 경우 정신장애인에 대한 비자의 입원절차가 있는데, UN장애인권리위원회는 대리의사결정자가 장애인을 대신하여 당사자의 신체적 자유를 박탈하는 일이 없도록 권고하고 있다.

15조에서는 장애인이 고문, 비인도적, 굴욕적인 대우나 처벌의 대상이 되지 않고, 자발적인 동의 없이 의학 및 과학적 실험의 대상이 되지 않으며 이를 방지하기 위한 모든 효과적인 조치를 취해야 함을 권고하고 있다. 16조에서는 장애인이 착취·폭력 및 학대로부터 보호받을 수 있음을 규정하고 있다. 15조와 16조는 정신장애인이 정신의료기관에서 받는 비자의 치료와 관련이 있는데, UN장애인권리위원회는 강제치료의 효과가 없다는 실증적 증거들이 존재하고, 이를 경험한 정신장애인들이 트라우마를 가지게 됨에도 강제치료 규정이 법에 존재하는 것은 장애인권리협약 위반행위라고 지적하고 있다.

19조에서는 장애인이 지역사회에서 거주하고 온전한 생활을 위해 필요한 서비스를 지원받을 수 있음을 규정하고 있다. 26조의 훈련 및 재활에서는 장애인이 최대한의 독립성과 완전한 신체적·정신적·사회적·직업적 능력 및 삶의 전 분야에서 완전한 통합과 참여를 달성할 수 있도록 국가에서 지원하도록 규정하고 있다. 이러한 조항들은 정신장애인이 정신의료기관이나 정신요양시설 등으로부터 탈원화하여 원하는 지역사회에서 생활할 수 있도록 보장해야 하며, 정신의료기관에 정신장애인이 입원하고 있을 때에도 지역사회와 소외·분리되지 않도록 지원서비스를 제공해야 함을 의미한다.

3) 지역사회 정신건강서비스 가이던스

WHO(2012)에서는 정신장애인이 인권친화적 환경에서 정신건강서비스를 이용하고 있는지 평가하기 위해 인권 기반 시설평가 틀인 QualityRights Tool Kit을 발표하였다. 이 평가도구는 정신건강서비스 제공기관이 UN장애인권리협약에 근거한 서비스를 제공하는지를 점검하여 인권친화적 정신건강서비스 제공 환경을 조성하도록 다음의 5가지 테마, 25개의 표준, 116개의 기준으로 구성되어 있다.

표 11-1 WHO QualityRights Tool Kit의 구성

테마	구성
① 적정한 수준의 생활을 유지할 수 있는 권리	7개 표준, 32개 기준
② 가능한 최고의 정신적·신체적 건강을 누릴 권리	5개 표준, 26개 기준
③ 법률적 행위를 할 권리와 개인적 자유와 안정을 누릴 권리	4개 표준, 20개 기준
④ 고문·잔혹·비인도적·굴욕적 대우와 처벌로부터 자유, 착취·폭력·학대로부터의 자유	5개 표준, 26개 기준
⑤ 지역사회에 통합되어 독립적으로 살 권리	4개 표준, 12개 기준

QualityRights 평가 도구 개발 이후 WHO는 종사자 인권 교육을 위한 지침인 QualityRights Materials for Training, Guidance and Transformation(2019)을 개발하였다. 해당 교육 자료는 UN장애인권리협약 및 국제인권기준 등에 근거하여 정신건강전문가가 정신장애인의 인권을 보장하며 회복을 실천할 방법을 제시한다. 전체적인 구성은 아래 표와 같이 핵심훈련, 특별훈련, 지침, 서

비스 전환, 자조 분야로 구분되어 있다.

표 11-2 WHO QualityRights Materials for Training, Guidance and Transformation의 구성

테마	구성
핵심훈련(Core Training)	(1) 인권, (2) 정신건강, 장애와 인권, (3) 법률행위 및 의사결정권, (4) 회복과 건강권, (5) 강제와 폭력 및 학대로부터의 자유
특별훈련 (Specialized Training)	(6) 정신건강과 안녕을 위한 회복실천, (7) 격리와 강박 종식 전략, (8) 지원의사결정과 사전계획
지침 (Guidance)	(9) 당사자 동료집단 지원, (10) 경험자에 의한 경험자를 위한 일대일 동료 지원, (11) 정신건강, 장애, 인권을 위한 옹호, (12) 정신건강 및 관계분야 의 인권증진을 위한 시민사회조직
서비스 전환 (Service Tansformation)	(13) QualityRights Tool Kit을 통한 인권지향 서비스의 전환방법 (14) 서비스 전환과 인권증진
자조(Self-help)	(15) 정신건강복지와 안녕을 위한 사람중심 회복계획 자가수립 툴

WHO(2021)에서는 지역사회의 정신건강서비스가 사람중심, 권리기반 접근방식으로 다루어지도록 지침인 Guidance on community mental health services(지역사회 정신건강 가이던스)을 제공하고 전 세계의 모범 사례를 제시하고 있다. 이 지침에서는 정신장애인에게 더 나은 서비스를 제공하기 위해서는 각국의 정부가 CRPD에 기반하여 장애인의 권리와 존엄성을 존중하고 양질의 정신건강 돌봄서비스를 제공해야 할 것을 재확인하고, 이러한 사람중심, 권리기반 접근방식에서의 핵심적인 인권요소를 아래와 같이 소개하고 있다.

표 11-3 정신장애인의 권리와 정신건강서비스의 중요 요소

핵심 인권 요소	주요 내용
① 법적 능력존중	- 정신장애인은 법적능력을 행사할 권리를 침해당하거나, 가족이나 후견인 등이 의사결정을 대행하고 있음 - 정신장애인이 위기상황에서도 의사결정을 지원받을 수 있도록 해야 함 - 미래의 위기상황에 자신의 치료방법 등을 사전의료지시서에 기록

② 비강압적 실천	- 비자발적 입원과 치료, 격리와 물리적·기계적·화학적 강박 등의 강압적 관행이 정신건강시스템 전반에 존재 - 강압적 관행이 효과적이라는 증거가 부족하고 신체적·정신적 피해와 트라우마를 낳고 치료를 거부하도록 하고 있음 - 강압적 관행을 종식하기 위한 다양한 조치가 필요
③ 참여	- 정신장애인은 사회의 모든 영역에서 소외되고 참여기회를 박탈당하고 있으며, 정신보건서비스와 정책을 기획·개발하는 과정에서도 배제됨 - 정신장애인은 서비스·정책 기획·개발·개선 과정에서 중요한 역할을 담당할 수 있음 - 동료지원가의 활동이 유익하므로 점차 확대할 필요가 있음
④ 지역사회통합	- 정신장애인은 시설에 수용되어 지역사회로부터 소외됨 - 탈시설화를 추진하고 지역사회기반의 서비스 이용환경을 조성해야 함 - 위기상황에서도 정신장애인의 선호에 따라 거주할 수 있도록 지원하고 지역사회에서의 독립적으로 생활할 수 있는 권리를 충족시켜야 함
⑤ 회복접근방식	- 정신장애인을 치료하거나 다시 정상화시키는데 초점을 두는 것이 아니라, 자신만의 회복방법을 통해 삶을 향유할 수 있도록 함 - 회복지향서비스는 연결성, 희망과 낙관, 정체성, 의미와 목적, 임파워먼트를 중심으로 이루어짐

2. 우리나라 정신건강서비스 현황 및 문제점

앞서 살펴본 정신건강서비스와 관련한 국제적 기준은 정신장애인에 대한 비자의 입원이나 치료를 하지 않도록 요구하고 있다. 우리나라의 정신건강서비스 현황은 이러한 국제적 기준을 얼마나 충족하고 있는지 아래에서 간단히 살펴보자.

1) 정신의료기관 중심의 전달체계

우리나라의 정신건강서비스 전달체계는 정신의료기관 중심으로 구성되어 있다. 국내 정신의료기관 수는 2015년 1,402개에서 2020년 1,936개로 계속 증가하고 있고, 인구 10만 명당 평균 정신병원 병상수는 2011년 0.88명에서 2020

년 1.27명으로 증가하고 있으며, 환자 입원기간도 2011년 116일에서 2020년 200일로 계속 길어지는 추세이다. 이러한 정신의료기관의 양적 팽창에도 불구하고 지역사회에서 정신장애인이 이용할 수 있는 정신재활시설의 증가는 상대적으로 적었다. 정신재활시설의 수는 2011년 275개소에서 2020년 350개소로 크게 증가했으나, 정신재활시설 등록자 수는 2015년 6,915명에서 2018년 6,622명으로 다소 감소하는 추세를 보인다(제철웅 외, 2022).[2)]

이러한 정신의료기관 중심의 전달체계는 정신장애인이 지역사회에서 재활·회복 중심의 서비스를 받기 보다는 쉽게 병원에 입원·치료 서비스에 의존하도록 만든다. 특히 대부분의 정신재활시설은 주로 수도권과 대도시에 편중되어 있어 그 이외 지역의 정신장애인은 정신재활시설을 이용하기 힘든 현실적인 문제가 있다(강상경, 2013).

2) 자유를 구속하는 비자의 입원 절차

정신질환이 발생하거나 재발하는 경우 흔히 정신병원의 입원치료를 받게 되는데, 우리나라 정신건강복지법상에는 입원의 종류를 크게 자의입원과 비자의입원으로 구분하고 있다. 자의입원은 정신질환이 있거나 정신건강상 문제가 있는 사람이 스스로 입원을 요청하는 것으로, 퇴원을 원하는 경우 즉시 퇴원할 수 있다(보건복지부·국립정신건강센터, 2022b).

환자 본인의 신청과 보호의무자 1명의 동의를 얻어 입원하는 동의입원의 경우 입원은 본인 의사에 의하지만, 보호자의 동의 없이 퇴원을 신청할 경우 정신과전문의가 환자의 치료 및 보호 필요성에 따라 72시간동안 퇴원이 거부되고, 후술할 보호입원으로 전환할 수 있다.

정신건강복지법상 비자의 입원은 〈표 11-4〉와 같이 보호 입원, 행정 입원,

---

2) 해당 기간 동안 정신재활시설 중 4~6인 정원의 소규모 시설인 공동생활가정이 크게 증가한 것도 이러한 현상에 영향을 미쳤다.

응급 입원으로 구분되고, 환자 자신의 의사에 반해 입원하는 절차를 따른다(제철웅 외, 2022).

표 11-4 정신건강복지법의 비자의 입원 절차

구분	보호 입원(제43조)	행정 입원(제44조)	응급 입원(제50조)
적용대상	치료를 받을만한 전신질환자 + 자신의 건강 또는 안전이나 다른 사람에게 해를 끼칠 위험을 지닌 사람	정신질환으로 자신의 건강 또는 안전이나 다른 사람에게 해를 끼칠 위험이 있다고 의심되는 사람	자신의 건강 또는 안전이나 다른 사람에게 해를 끼칠 위험이 크고, 상황이 매우 급박하여 다른 유형의 입원 신청이 어려운 사람
입원신청	보호의무자 2인 → 정신의료기관	정신건강의학과 전문의 또는 정신건강전문요원이 진단 및 보호 신청 → 지방자치단체장이 진단의뢰 → 정신건강의학전문의	발견자가 의사 또는 경찰관의 동의를 얻어 진단 의뢰 → 정신의료기관
진단	전문의 1인의 진단 → 정신의료기관장이 진단입원 결정(2주 이내)	전문의 1인의 진단 → 지방자치단체장이 진단입원 결정(2주)	응급입원 후 전문의의 진단
입원결정	전문의 2인의 진단 일치 → 정신의료기관장이 치료입원 결정 (3개월 이내)	전문의 2인의 진단 일치 → 지방자치단체장이 치료입원 실시 (3개월 이내)	진단 의뢰와 동시에 응급입원 개시, 응급입원 개시 후 진단에 따라 다른 유형의 입원으로 전환
입원 적합성 심사	1개월 이내 통보	1개월 이내 통보	-

출처: 제철웅 외(2022).

이러한 비자의 입원은 자타해 위험 등 치료 필요성이 있는지 의료진의 판단에 의해 결정되고, 환자의 자유권을 박탈하기 때문에 엄격하게 제한되고 있다. 즉, 자·타해 위험이 있는 경우에 복수의 신청자 혹은 진단자의 결정에 의해 입원이 이루어지도록 하고 있으며, 입원결정이 적합한지 심사를 따르도록 하고 있어, 정신질환자의 자기결정을 보장하고 인권침해를 방지하고자 한다.

의료법(의료법 제46조)상 환자 및 환자 보호자가 병원의 특정 의사를 선택해서 진료를 요청할 수 있도록 하고 있어, 정신장애인도 의료법에 근거하여 자신이 선호하는 주치의를 선택하여 진료를 요청할 수 있다. 그러나 의료법은 일반적인 치료환경에서의 선택권을 규율하고 있을 뿐이어서 정신질환자의 특성 및 치료과정에서 자기결정권을 보장하는 조항은 없다. 이러한 미비한 법적 규정과 정신질환의 특성으로 인해 정신의료기관에서 입원 정신질환자의 자기결정권 및 신체의 자유가 존중받지 못하는 경우가 발생할 수 있다.

그 밖에 입원절차 뿐 정신의료기관에서 초발 또는 급성기 정신질환자와 만성 정신질환자에 대한 차별화된 의료는 잘 이루어지지 않고, 정신의료 수가체계의 문제로 인해 양질 혹은 집중적 치료를 실시할 동기가 형성되기 어려워 정신질환의 만성화를 초래한다는 비판도 제기되고 있다(손지훈 외, 2022; 윤석준 외, 2019; 제철웅 외, 2022 재인용).

비자의 입원과 관련한 주요 사례로는 〈사례 11-1〉과 같이 미국의 탈시설화 운동을 촉발한 사건이 있으며, 우리나라에서는 〈사례 11-2〉와 같이 (구)정신보건법이 헌법불합치 결정을 받은 바 있다.

사례 11-1 미국 연방대법원의 1975년 오코너 대 도날드슨 판결

국가가 스스로 또는 자유롭게 생존할 수 있는 위험하지 않은 개인을 헌법적으로 가둘 수 없다고 판결한 미국 대법원의 결정으로, 미국의 탈시설화 운동에서 중요한 사건이다.

1956년 Kenneth Donaldson은 플로리다의 부모를 방문하였고, 이웃 중 한 명이 자신의 음식에 독을 넣었을 수도 있다고 부모에게 말했다. 부모는 아들이 편집증적 망상에 시달리는 것을 걱정하여 법원에 정신건강심리를 청원하여 '편집증적 정신분열증' 진단을 받고 플로리다 병원에 입원하였다.

Kenneth Donaldson은 치료가 필요하다는 이유로 플로리다 주립 정신병원에 15년 동안 감금되어 있었고, 주치의인 O'Connor와 다른 직원들이 자신의 의사에 반하여 자신을 가두어 헌법적 권리를 침해했다고 주장하며 소송을 제기하였다.

1975년 미국 대법원은 도널드슨이 "정신 질환"이라는 판결만으로는 국가가 개인의 의지에 반하여 개인을 가두어 무기한 단순 구금하는 것을 정당화할 수 없으며, 국가는 스스로 또는 의지와 책임이 있는 가족이나 친구의 도움으로 자유롭게 안전하게 생존할 수 있는 위험하지 않은 개인을 헌법적으로 가둘 수 없다고 판결하였다.

사례 11-2 2016년 한국 헌법재판소의 정신보건법상 강제입원제도 헌법불합치 결정

A는 2013년 11월경 정신보건법 제24조에 따라 자녀 2인의 동의와 정신건강의학과 전문의의 입원 진단에 의하여 정신의료기관에 강제입원이 되었다. A는 정신의료기관에서 입원치료를 받을 만한 정도의 정신질환에 걸려 있지 않았음에도 보호의무자의 동의로 강제입원이 되었다고 주장하면서, 서울중앙지방법원에 인신보호법 제3조에 따른 구제청구를 하였다.

A는 인신보호사건의 심리 계속 중, 정신질환자등의 강제입원 여부를 오로지 보호의무자의 동의와 정신과전문의 1인의 판단에 맡기고 있는 정신보건법 제24조가 신체의 자유, 자기결정권 등을 침해한다고 주장하면서 위헌법률심판제청을 신청하였고, 서울중앙지방법원은 이를 받아들여 이 사건 위헌법률심판을 제청하였다. 그리하여 헌법재판소에서 정신보건법 24조 보호의무자에 의한 입원조항의 위헌 여부에 대해 판단하게 되었다.

헌법재판소는 지난 2016년 9월 29일 재판관 전원 일치 의견으로, 보호의무자 2인의 동의와 정신건강의학과 전문의 1인의 진단이 있으면 보호입원이 가능하도록 한 정신보건법 제24조 제1항, 제2항은 헌법에 합치되지 않는다는 결정을 선고하였다.

헌법재판소의 결정은 보호입원 제도 그 자체가 위헌이라고 본 것이 아니라, 심판대상조항이 보호입원을 통한 치료의 필요성 등에 관하여 독립적이고 중립적인 제3자에게 판단 받을 수 있는 절차를 두지 아니한 채 보호의무자 2인의 동의와 정신과전문의 1인의 판단만으로 정신질환자 본인의 의사에 반하는 보호입원을 가능하게 함으로써, 결국 제도의 악용이나 남용 가능성을 배제하지 못하고 있다는 점에 위헌성이 있다고 본 것이다. 즉, 심판대상조항이 정신질환자를 신속·적정하게 치료하고, 정신질환자 본인과 사회의 안전을 도모한다는 공익을 위한 것임은 인정되나, 심판대상조항은 단지 보호의무자 2인의 동의와 정신과전문의 1인의 판단만으로 정신질환자에 대한 보호입원이 가능하도록 하면서 정신질환자의 신체의 자유 침해를 최소화할 수 있는 적절한 방안을 마련하지 아니함으로써 지나치게 기본권을 제한하고 있다는 것이다. 따라서 심판대상조항은 법익의 균형성 요건도 충족하지 못하여 과잉금지원칙을 위반하였고, 결국 신청인의 신체의 자유를 침해한 것으로 판단하였다.

그러나 헌법재판소는 심판대상조항에 대하여 단순위헌결정을 하여 그 효력을 즉시 상실시킨다면 보호입원의 법률적 근거가 사라져 보호입원의 필요성이 인정되는 경우에도 보호입원이 불가능한 법적 공백 상태가 발생하게 되어 입법자가 심판대상조항의 위헌성을 제거하여 합헌적인 내용으로 법률을 개정할 때까지 심판대상조항이 계속 적용되도록 할 필요가 있다고 판단하였다.

한편 국회에서 2016. 5. 29. 법률 제14224호로 정신보건법을 '정신건강증진 및 정신질환자 복지서비스 지원에 관한 법률'로 전부개정하였고, 위 개정법률은 2017. 5. 30.부터 시행될 예정이지만, 헌법재판소는 개정법률의 내용이나 개정법률에서 심판대상조항의 문제점을 해소하였는지에 대하여는 판단하지 않았다.

비자의 입원과 관련한 한국 사회복지사 윤리강령의 내용으로는 클라이언트에 대한 윤리기준을 적용해 볼 수 있다. 클라이언트의 권익과 자기결정권을 존중해야 한다는 규정은 정신장애인의 신체적 자유가 침해당하지 않고, 치료방식을 스스로 선택하도록 사회복지사가 조력하여야 함을 의미하는 것이다.

Ⅱ. 클라이언트에 대한 윤리기준

1. 클라이언트의 권익옹호

사회복지사는 클라이언트의 이익을 최우선의 가치로 삼고 이를 실천하며, 클라이언트의 권리를 존중하고 옹호한다.

2. 클라이언트의 자기 결정권 존중(2)

1) 사회복지사는 사회복지 실천 과정에서 클라이언트의 자기 결정을 존중하고, 클라이언트를 사회복지 실천의 주체로 인식하여 클라이언트가 자기 결정권을 최대한 행사할 수 있도록 돕는다.
2) 사회복지사는 의사 결정이 어려운 클라이언트에 대해서는 클라이언트의 이익과 권리를 보장하기 위한 적절한 조치를 취해야 한다.

그러나 우리나라의 정신장애인이 위기상황에서 휴식과 회복을 할 수 있는 위기쉼터는 2023년 기준 전국에 3개소에 불과하다.[3] 생활상의 위기나 정신과적 응급상황이 발생할 때 지역사회에서 도움을 받을 수 있는 장소가 부족하기 때문에 당사자의 치료방식에 대한 선택권은 실질적으로 제한되고, 다른 대안이 없이 정신의료기관에 입원해야 하는 상황이 반복될 수밖에 없다.

3) 생의학적 모델에 기반한 약물치료

1950년 클로르프로마진이라는 항정신성약물의 개발은 현대 정신의학에 혁

3) 2023년 말 기준 전국에는 정신장애인 위기지원쉼터가 서울 송파구, 관악구, 금천구에 각각 1개소씩 운영되고 있다(경향신문, 2023. 8. 13. 기사 참조).

명적 변화를 가져왔다. 항정신성약물의 등장으로 정신질환의 증상을 효과적으로 통제할 수 있게 되었고, 뇌엽절제술, 전기충격치료와 같은 비과학적이고 잔인한 치료방법으로부터 벗어날 수 있었다. 또한 정신질환자들은 대규모 정신병원에서 장기간 격리·감금되지 않고 지역사회에서 약물을 복용하면서 생활할 수 있게 되었으며, 약물치료는 보편적인 치료방법이 되었다(강상경 외, 2022; 장애우권익문제연구소, 2022).

그러나 정신약물은 질병의 원인을 제거하는 것이 아니라 정신질환의 양성증상을 완화하는데 불과하고, 두뇌손상, 운동장애, 경직, 경련, 침흘림, 대사장애 등의 부작용을 발생시킨다. 정신질환자들은 약물 부작용으로 일상생활에 어려움을 겪고 삶의 질이 저하될 뿐 아니라, 대인관계나 취업에 제약이 되고, 비정신장애인들의 편견과 차별을 불러일으킨다(강상경 외, 2022).

약물치료가 정신질환의 주요 치료방법이 되면서, 현대사회에서는 약물치료를 받는 것이 국민기초생활보장제도의 생계급여를 받거나 주거시설 입소, 정신재활시설 이용을 위한 조건이 되기도 한다. 심각한 약물 부작용을 피하기 위해 약물치료를 거부하는 정신질환자는 이러한 시설 및 지원서비스의 이용자격을 제한받을 수 있다는 점은 정신질환자의 자기결정권을 침해하고 차별하는 것으로 볼 수 있다(장애우권익문제연구소, 2022).

현재 우리나라의 정신건강 실천현장에서는 생의학적 모델에 영향을 받아 약물복용이 주요 치료수단이 되고 있어 아래 사례와 같은 어려움을 호소하는 경우를 빈번하게 접할 수 있다.

사례 11-3 약물부작용을 호소하는 정신장애인에 대한 개입

정신장애인 A는 4년 전에 조현병으로 입원한 경험이 있으며, 현재는 약을 꾸준히 복용하면서 대학교를 다니고 있다. 그러나 약 복용으로 입이 마르고 기억이 잘 나지 않고 건망증이 심해졌으며, 감정반응이 둔해져서 친구들과의 관계에 어려움을 호소하고 있다. 또한 체중이

20kg 이상 증가해서 여름에 땀을 많이 흘리게 되고, 변비가 심해졌으며, 불면증으로 힘들어 하고 있다.

약 복용을 중단하고 싶지만, 다시 재발해서 입원하게 된다면 학업이 중단될지 모른다는 두려운 마음도 든다. 이러한 고민에 대해 사회복지사에게 어떻게 하는 것이 좋을지 상의해왔다. 이러한 상황에서 사회복지사는 어떻게 조언해야 하는가?

3. 인권 기반의 대안적 접근 방법

정신장애인의 강제입원 관행과 약물치료의 부작용에서 벗어나기 위해 인권 기반의 대안적 접근방법이 시도되어 왔다. 정신장애인의 법적 능력과 권리를 존중하기 위한 의사결정지원제도가 시행되고 있으며, 약물치료와 입원이 아닌 대안적 치료방법도 수행되고 있다.

1) 정신장애인의 권익 옹호와 의사결정지원

권익옹호는 쉽게 말해 '자신 또는 누군가를 위해 큰 소리로 말하는 것'이라고 상징적으로 표현할 수 있다(김용득 외, 2013; 이용표 외, 2012 재인용). 그런데 정신장애인이나 발달장애인, 치매노인 등과 같이 자기 스스로의 의사를 밝히고 선택권을 행사하기 어려운 사람들은 변호사, 사회복지사와 같은 전문가의 도움을 받아 의사를 결정할 수 있다. 또한 당사자들이 스스로 옹호를 할 수 있는 역량을 갖추고 환경을 형성하는 데 전문가의 조력을 받을 수 있다. 전자와 같이 사회적 약자들이 자신의 욕구에 따라 일상생활의 모든 일에 대해 스스로 선택하고 통제할 수 있는 것을 좁은 의미의 권익옹호라고 할 수 있으며, 후자와 같이 사회의 구조적 불평등과 차별을 개선하기 위해 사회적 약자를 대변하고 지지하는 활동을 넓은 의미의 권익옹호라고 볼 수 있다.

의사결정지원은 당사자의 자기결정을 할 수 있도록 지원하는 것으로 권익옹호와 밀접한 관련이 있다. 의사결정의 원칙은 결정의 독립성, 의사의 진정성 최선의 이익이 조화를 이루도록 하는 것으로 의사결정의 단계는 첫째, 당사자의 자기결정 과정을 지원하는 단계와 둘째, 주장된 권리를 실현하도록 지원하는 단계로 구분할 수 있다. 첫 번째 단계는 좁은 의미의 권익옹호를 실현하도록 지원하는 것이라면, 두 번째 단계는 주장된 권리가 실제 실현되도록 협상이나 투쟁과 같은 적극적인 방법을 사용한다는 점에서 넓은 의미의 권익옹호와 관련이 있다(이용표 외, 2021).

우리나라의 경우 정신의료기관에 입원하거나 정신요양시설에 입소한 정신장애인의 의사결정을 지원하고 궁극적으로는 탈시설화를 촉진하기 위해 '절차보조사업'을 시행하고 있다. 절차보조사업은 2018년 12월부터 3개 지역에서 시범사업으로 시작되었는데, 정신질환에서 회복된 당사자와 정신건강전문요원 등의 전문가가 중심이 되어 입원치료를 받는 비자의 입원환자의 권익지원을 위한 각종 절차를 보조하고, 당사자가 치료과정에서 주도적으로 참여하여 권리를 행사할 수 있도록 하고 있다(하경희 외, 2020).

2) 대안적 치료방법

(1) 오픈 다이얼로그(Open Dialogue)

1960년대부터 핀란드에서는 조현병 환자에 대해 치료공동체를 구축하여 증상이 발생한 과정과 어려움을 총체적으로 이해하고 사회적 관계망을 통한 치료회의를 통해 치료계획을 수립하고자 하였다. 환자에게 지지적이고 협력적인 분위기에서 대화와 토론이 이루어지며, 가족이나 직장동료, 고용주, 친구 등 환자의 주변 관계망에 있는 사람들이 함께 회의에 참여하므로 환자뿐 아니라 관계망 속에 있는 사람들의 욕구를 함께 고려할 수 있으며 긴밀한 유대감과 심리사회적 치료효과를 이끌어낼 수 있는 방법으로 평가되고 있다(이용표 외,

2018; 이용표 외, 2021).

(2) 소테리아 하우스

최초의 소테리아 하우스는 미국 캘리포니아에서 1971년 시작되었다. 정신과 의사인 로렌 모셔(Loren Mosher)는 정신의료기관의 폐쇄적 환경이 정신질환자의 문제를 해결하는데 도움이 되지 않는다는 임상적 경험을 통해, 약물치료보다는 공감과 돌봄을 강조한 인본주의 방법을 시도하고자 하였다. 소테리아 캘리포니아에서는 약물을 최소로 혹은 전혀 복용하지 않는 대신, 가정적인 분위기의 주거와 돌봄을 제공하고, 조현병과 같은 정신적 문제를 누구나 경험할 수 있는 발달적 위기로 보고 치료적 환경에서 스스로 내면의 위기와 두려움을 이해하고 이겨낼 수 있도록 지지하였다. 6주간의 치료 후와 2년 간 추적조사 결과 약물을 사용한 일반 치료집단과 소테리아 참여자들의 재발률에 차이가 없었고, 소테리아 참여자들의 긍정적 상태가 더욱 오래 지속되며, 참여자의 50% 이상은 더 이상 약물복용이 필요하지 않았다. 또한 참여자들의 사회적응 수준이 더욱 높았고, 치료비용도 절감된 것으로 나타났다(이용표 외, 2021).

소테리아 캘리포니아의 시도에 깊은 인상을 받은 정신과 의사 치옴피(Ciompi)는 소테리아 모델을 도입하여 스위스 베른에서 적용하였다. 특히 치옴피의 정서-논리(Affect-logic) 이론은 정서와 인지 사이의 상호작용을 통합적 관점으로 설명하면서, 기존의 약물치료가 뇌의 신경전달물질의 이상작용에 초점을 맞춘 것과 달리, 스트레스 요인으로 인한 정서적 긴장감이 조현병 발병의 핵심원인으로 보았다. 정서적 긴장감을 낮추기 위해 공감적 관계와 안전한 치료적 환경을 충분한 기간 동안 제공하는 것이 치료의 기본 전제라고 주장하면서, 기존의 약물치료와 입원치료는 정서적 긴장감을 낮추지 못하기 때문에 치료가 이루어질 수 없다고 설명하였다(이용표 외, 2021).

(3) 당사자 연구

당사자 연구는 2001년 일본 홋카이도 우라카와의 정신장애인 공동체 '베델의 집'에서 시작되었다. 1984년 무카이야치 이쿠요시 사회복지사가 정신장애인들과 함께 베델의 집을 설립하고 당사자 주도의 활동을 수행하는 지역사회 장애인 공동체이다. 우라카와는 2001년까지 정신과 병상 수가 가장 많았던 곳으로, 베델의 집을 통해 지역사회전체를 활성화하고 주민과 교류하는 사회운동의 형태로 시작되었다. 당사자 연구의 핵심 철학은 '고생 되찾기' 철학으로 정신의료기관에 입원한 정신장애인들은 약물 치료와 지나친 통제로 인해 무력하게 되고 고민하는 힘을 빼앗겨 인간적 행위의 풍요로움과 가능성을 상실한다고 보고, 삶의 현장에서 '인간'으로서의 고생을 되찾고 삶의 주체의 자리로 돌아가고자 한다(이용표, 2018; 이용표 외, 2021).

당사자 연구가 시작된 계기는 베델의 집에서 지내는 청년의 공격적인 증상에서 시작되었다. 조현병을 가지고 있는 청년은 스트레스를 해소하기 위해 부모와 주변 사람을 때리거나 물건을 부수고, 방화를 하는 등 공격적인 행동을 반복하였다. 잘못된 행동에 대한 죄책감에 시달리고 이를 제대로 표현하지 못해 다시 폭발을 반복하는 악순환이 지속되었다. 사회복지사는 막막한 심정에 그 청년에게 그 '폭발'에 대해 함께 연구해 보자는 제안을 하였는데, 청년은 '연구'라는 말에 매료되어 스스로 자신의 고통을 연구대상으로 외재화하고 객관적으로 바라보게 되었고, 결국 폭발이 아닌 방식으로 자신의 스트레스와 문제를 해결할 수 있게 되었다(이용표 외, 2021).

당사자 연구는 정신장애 당사자들이 생활 속에서 나타나는 다양한 증상과 어려움을 자신만의 연구주제로 재구성하고, 스스로 자기를 돕는 방법을 모색하면서 자신의 병을 이해해 나가는 연구활동을 말한다. 당사자 연구의 매뉴얼은 정해져 있지 않지만, 핵심 요소는 ① 사람과 문제의 분리, ② 자기 병명 붙이기, ③ 고생의 패턴, 과정, 구조의 해명, ④ 자기를 돕는 방법에 대한 구체적인 방법을 생각하고 장면을 만들어서 연습하기, ④ 실천 결과의 검증으로 이루어진다.

당사자 연구에서는 자신의 병을 진단명이 아니라 스스로 주도해서 명명함으로써 치료과정에서의 주체성을 되찾고자 하며, 문제해결을 목표로 하기 보다는 자신만의 문제를 대하는 태도나 관점을 변화시키고, 동료나 전문가에게 발표하고 함께 고민하면서 연대하고자 하는 것에 초점을 둔다(이용표 외, 2021).

오픈다이얼로그, 소테리아 하우스, 당사자 연구의 공통점은 기존의 약물치료나 입원치료에서 전제하는 정신장애에 대한 관점이 다르다. 당사자가 치료과정에서 주도권을 되찾고, 격리되고 강압적인 환경이 아니라 편안하고 공감적·지지적인 환경 속에서 스스로 이겨낼 수 있는 역량과 가능성에 초점을 둔다. 기존의 생의학적 모델과 대안적 치료방법의 차이점을 〈표 11-5〉에 정리하였다(이용표, 배진영, 2020).

표 11-5 대안적 정신보건프로그램과 생의학적 모델의 특징 비교

구분	생의학적 모델	오픈다이얼로그	소테리아 하우스	당사자 연구
정신장애의 본질	생물학적 부조화	사회적 구성물	심리사회생물학적 구성물	삶 속 고생의 일부
위기 상황에 대한 인식	약물처치나 입원으로 통제되어야 할 상황	극단적 경험을 이해할 수 있는 창문이 열리는 시기	생물학적, 심리사회적, 스트레스 요인들로 정서적 긴장감이 증가한 상태	동료들과 함께, 스스로 고민해 나갈 인간으로서의 과제
주체	의료진	당사자, 가족, 다양한 분야의 전문가로 구성된 치료모임 참여자	당사자, 스태프, 가족과 친구를 포함한 사회적 관계망	당사자, 동료, 원조자 등으로 구성된 당사자 연구 참여자들
초점	증상	참여자들 간의 대화를 통해 드러나는 문제	당사자의 환경적, 정서적 요인들	고생의 의미와 패턴
치료 매개체	전문적 진단과 약물	문제에 대한 공유와 대화	공감적 관계, 안전한 치료적 환경	고생에 대한 공유, 대화, 연구 및 대처법의 연습
약물에 대한 관점	가장 강력한 치료수단	사회심리기능을 약화시켜 치료와 회복을 방해할 수 있음	정서적 긴장감을 주어 치료에 적합하지 않을 수 있음	최소약물주의, 당사자의 결정과 연구 결과를 존중

치료적 관계의 구성원	- 의사 - 환자	- 당사자 - 치료 팀(의사, 심리치료사, 사회복지사 등) - 중요한 주변 인물(가족, 친구, 이웃 등) - 관련된 기관 종사자(건강보험기관 직원 등)	- 당사자 - 치료팀(의사, 간호사, 사회복지사, 심리치료사 등) - 중요한 주변 인물(가족, 친구 등)	- 당사자 - 베델의 집 스태프(사회복지사 등) - 함께 거주하는 동료 당사자
구성 과정	당사자에게 위기 또는 증상이 발현하면, 당사자가 의사의 진료실 또는 응급실에 방문한 후 별도의 지지체계 구성없이 내원 및 입원치료를 제공받음	당사자에게 위기가 발생한 즉시 24시간 이내에 첫 연락을 받은 치료팀 구성원이 치료회의를 구성하고, 심리적 연속성의 원칙에 따라 치료회의를 일정 기간 지속함	당사자에게 위기가 발생하면 정서적 안정을 취할 수 있는 소프트룸에서 치료팀 구성원과 함께 시간을 보낸 후, 소테리아 하우스의 일상과 지역사회에 점진적으로 통합	당사자에게 위기가 발생하면 그 위기에 대한 고생을 공유하고 함께 고민하기 위한 대화의 장을 마련하고, 고생이 해결될 때까지 연구를 지속함
구성원의 역할	- 의사: 진단, 약물처방, 상담 - 환자: 약물관리, 증상 및 약물처방에 대한 호소, 상담에 답변	- 치료 팀: 대화의 촉진, 치료회의 참여, 여자들의 상호작용 및 대화의 증진 - 당사자 및 주변 관계망: 경험에 대한 정보 및 단서의 제공, 대화에의 주체적인 참여 - 치료에서 약물사용 여부에 관한 집단 전체 결정	- 치료 팀: 정서적 안정을 위한 함께 하기(being with), 참여자들 간의 합의와 결정 도모, 동일한 정보의 공유 - 당사자: 소테리아 하우스 내의 일상 활동 참여 - 당사자 및 주변 관계망: 경험에 대한 정보 및 단서의 제공, 치료과정에 대한 합의와 결정	- 당사자: 자신의 고생 공유 및 발 표 - 동료 당사자: 당사자의 고생에 대한 대화 및 의견 공유, 자기를 돕는 방법 연습 참여 - 스태프: 당사자 연구에서의 대화 촉진, 연구과정을 시각화하여 기록
중심장소	의사의 진료실	당사자가 가장 편안함을 느끼는 장소 (자택 등)	소테리아 하우스 및 소프트룸	작업장과 공유카페

출처: 이용표, 배진영(2020). 일부 수정.

생각해보기

다음 사례에서 사회복지사는 어떤 방식으로 개입하는 것이 윤리적인가? 정신재활시설에서 동료와의 불화가 생겼을 때 사회복지사가 전문성을 발휘하여 조기개입을 했더라면 이러한 상황을 예방할 수 있을까? 이와 반대로 정신의료기관에 입원치료를 받게 하는 것이 가장 전문적인 방법이며 결국 A에게 도움이 되는 것이므로 사회복지사는 이를 조력하는 것이 최선인가?

만약 입원하지 않더라도 일시적으로 A의 위기상황에서 도움을 줄 수 있는 쉼터나 동료지원센터가 지역사회에 있다면, 혹은 대안적인 치료방법을 지지하는 정신의료기관이 있다면 A와 그 가족에게 도움이 될 수 있을지 생각해 보자.

사례 11-4 정신장애인의 입원에 대한 가족과의 의사 불일치

재발이 반복되는 정신장애인 A는 현재 지역사회의 정신재활시설을 이용하고 있는 중이다. A는 수차례 입원 경험이 있는데, 정신병원에서의 강압적 치료에 대한 거부감과 폐쇄병동에서의 답답함으로 입원하는 것을 싫어한다. A의 가족들은 맞벌이를 해야 하고 A를 혼자 집에 두거나 케어하기 힘든 상황이어서 A의 증상이 재발된다면 차라리 장기 입원하는 것이 낫다고 생각한다. 그런데 최근 며칠 동안 A는 정신재활시설 동료와의 불화로 다툼이 발생하였고 증상이 재발될 위기상황에 놓여있다. 가족은 이러한 상황을 알고는 A가 입원하기를 종용하고 있다.

문화적 다양성과 윤리적 실천

오늘날 사회는 세계화, 정보화가 가속화됨에 따라 급속한 변화를 맞이하면서, 기존 문화와 타문화가 혼합된 다문화가 주목받고 있다. 특히 우리나라는 다문화사회로 빠른 변화를 겪고 있다. 1990년대 말부터 실시된 정부의 다문화가정 정책 이후 매년 한국에 거주하는 외국인의 비율이 꾸준히 늘어나면서 이제 결혼이민자, 외국인 노동자, 혹은 다문화가정의 아이들이 함께 살아가는 것이 일반적인 현상으로 자리 잡았다(김소리, 2014). 본 장에서는 문화적 다양성과 관련하여 발생하는 다양한 윤리적 쟁점을 살펴보고 사회복지실천현장에서의 윤리적 실천 방향을 모색해 본다.

1. 문화적 역량

1) 문화적 역량의 개념

문화적 다양성과 관련하여 논의하기 전에 먼저 문화적 역량(cultural competence)의 개념에 대해서 살펴보고자 한다. 문화적 유능감이라고도 하는 문화적 역량은 '문화적'과 '역량'을 합친 표현으로 사전적 의미를 살펴보면 다음과 같다. 자질, 능력 등으로도 번역되는 역량(competence)은 '어떤 일을 해낼 수 있는 힘이나 기량'을 의미한다. 따라서 문화적 역량은 '문화와 관련된 것을 할 수 있는 힘이나 기량, 즉 문화적 차이가 있는 클라이언트에 대한 원조과정을 적절하게 해낼 수 있는 힘과 능력'이라고 할 수 있다.

휴먼서비스 분야에서 문화적 역량은 역사적 배경과 시기에 따라, 그리고 학자들에 따라 조금씩 다르게 정의되고 있다. 먼저 크로스(Cross, 1989)는 '서비스를 제공하는 기관과 전문가가 문화적 맥락 안에서 클라이언트를 효과적으로 원조하게 하는 일련의 전문적 행동과 특성을 지칭하는 것으로, 학문적 기술과 대인관계기술의 총체'라고 정의(우국희 외, 2015: 263)하였으며, 맥페터(McPhatter, 1997)는 '문화적 맥락 내에서 건강한 클라이언트 체계 기능을 지원 및 유지하도록 지식과 문화적 인식을 실천개입에 전환하는 능력'이라 정의하였다(최소연, 2010: 25). 한편 김춘경 등(2016)은 상담학사전에서 '내담자와 내담자가 속한 다양한 문화적 체계 및 그에 따른 요구를 이해하고, 이를 활용하고 적용하여 보다 효과적으로 내담자에게 도움을 주는 능력, 지식, 기술, 태도'라고 정의하고 있다. 미국 사회복지사협회(NASW)는 사회복지실천의 문화적 역량 관련 기준에 대한 중요한 문서인 'Standards for Cultural Competence in Social Work Practice'를 지난 2001년에 처음으로 발행했으며, 이후 2015년에 개정판인 'Standards and Indicators for Cultural Competence in Social Work Practice'를 발행하였는데, 여기에서 문화적 역량을 다음과 같이 제시하고 있다(NASW, 2015).

> 문화적 역량은 모든 문화, 언어, 계층, 인종, 민족적 배경, 종교, 영적 전통, 이민 상태 및 기타 다양한 요소를 가진 사람들에게 개인과 체계가 정중하고 효과적으로 반응하는 프로세스를 의미한다. 개인, 가족, 공동체의 가치를 확인하고 소중히 여기며 각 사람의 존엄성을 보호하고 보존한다.[1)]

이상을 종합하면 문화적 역량은 '문화적 다양성에 대한 인식을 기반으로 문화적 민감성, 태도, 인식과 다문화에 대한 기술과 지식의 여러 하위 개념으로 구성된 포괄적이고 복합적인 개념'(김기덕 외, 2012: 278)이며, '다양한 문화적 상황에서 원조 전문가가 효과적으로 업무를 수행하기 위한 일련의 행동과 태도로 구성된 것'(최소연, 2010: 25)이라고 정의할 수 있다. 이러한 문화적 역량은 최근 급속하게 확산되는 다문화 사회에서 사회복지사가 지녀야 할 필수적인 요소의 하나라고 할 수 있다.

2) 문화적 역량의 구성요소

문화적 역량은 한 가지 요소로 구성되지 않는다. 왜냐하면 역량이라는 것 자체가 다양한 요소의 복합적 개념이기 때문이다. 문화적 역량을 구성하는 요소에 대한 학자들의 견해는 다음과 같다. 오하간(O'Hagan, 2001)은 타인의 문화적 차이를 수용하며 호감을 갖는 인지과정인 문화적 인식, 타문화나 인종과 직면하는데 도움이 되는 문화적 지식, 그리고 사정을 유능하게 하고 타문화의 사람과 효과적으로 소통하는 것을 학습하는 과정인 문화적 기술 등 3가지로 구성된다고 하였다. 럼(Lum, 2007)은 자신 및 타인에 대한 문화적 인식, 다양한 집단에 대한 지식획득, 효과적 실천기술개발, 지속적 탐구를 통한 귀납적 학습의 4가지 하위개념으로 구성된다고 하였다. 이는 문화적 역량이 정형적이기 보다는 발달적이며 과정적임을 시사하고 있는 것이다(최소연, 2010: 26).

한편 수(Sue, 2010)는 문화적 태도/신념, 문화적 인식/지식, 문화적 기술 등 3가지로 문화적 역량을 설명하고 있다. 첫째, 문화적 태도/신념 요소는 '문화적

---

1) Cultural competence refers to the process by which individuals and systems respond respectfully and effectively to people of all cultures, languages, classes, races, ethnic backgrounds, religions, spiritual traditions, immigration status, and other diversity factors in a manner that recognizes, affirms, and values the worth of individuals, families, and communities and protects and preserves the dignity of each(Fong, 2004; Fong & Furuto, 2001; Lum, 2011).

으로 다양한 사람에 대한 개인적 신념과 가치와 태도에 영향을 미치는 자기 자신의 문화적 조건화를 이해하는 것', 둘째, 문화적 인식/지식 요소는 '문화적으로 다양한 개인과 집단의 세계관에 대한 이해와 지식', 마지막 셋째, 문화적 기술 요소는 '사회의 개별 집단에게 서비스를 제공할 때 문화적으로 적절한 개입 전략을 결정하고 사용할 수 있는 능력'이라고 하였다(이은주 역, 2010: 62-63).

결국 문화적 역량은 지식과 인식, 기술 등의 복합적 요소로 구성되며, 사람을 대상으로 하기 때문에 권리나 차별금지 등 가치기반의 윤리적 내용을 기반으로 하고 있다고 할 수 있다. 또 서비스 과정에서 나타나기 때문에 전문가의 문화와 관련된 지식과 기술이 포함되어야 하는 것을 정리될 수 있다(최소현, 2010: 26).

3) 문화적 역량 관련 윤리강령

미국 사회복지사 윤리강령은 '문화적 역량'에 대한 사회복지사의 윤리적 의무를 다음과 같이 5개 조항으로 제시하고 있다. 즉 모든 문화에 존재하는 강점에 대한 이해, 다른 문화에 대한 지식과 기술의 존재, 다른 문화 클라이언트에 대한 존중과 이해, 문화적 다양성에 대한 이해와 교육, 그리고 클라이언트의 전자적 기술 사용 및 접근의 차이에 대한 인식과 장애물 방지를 위한 노력의 의무 등이다.

미국 사회복지사 윤리강령

1.05 문화적 역량

(a) 사회복지사는 모든 문화에 존재하는 강점을 인식하면서 문화와 인간 행동 및 사회에서의 문화의 기능에 대한 이해를 보여야 한다.

(b) 사회복지사는 다양한 문화의 클라이언트에 대한 실천을 안내하는 지식을 보여주어야 하며, 소외된 개인과 집단에 힘을 실어주는 문화적으로 정보가 풍부한 서비스를 제공하는 기술을 보여줄 수 있어야 한다. 사회복지사는 억압, 인종차별, 차별, 불평등에 맞

서 조치를 취해야 하며 개인의 특권(privilege)을 인정해야 한다.

(c) 사회복지사는 비판적 자기 성찰(self-reflection, 자신의 편견을 이해하고 자기 교정에 참여)에 참여하고, 클라이언트를 자기 문화의 전문가로 인정하고, 평생 학습에 전념하고, 기관이 문화적 겸손(humility)을 증진할 책임을 지는 등 인식과 문화적 겸손을 보여줘야 한다.

(d) 사회복지사는 인종, 민족, 출신 국가, 피부색, 성별, 성적 지향, 성 정체성 또는 표현, 연령, 결혼 여부, 정치적 신념, 종교, 이민 신분, 정신적 또는 신체적 능력과 관련하여 사회적 다양성과 억압의 본질에 대한 교육을 받고 이를 이해함을 입증해야 한다.

(e) 전자 사회복지 서비스를 제공하는 사회복지사는 클라이언트의 전자 기술 사용 및 접근 간의 문화적, 사회경제적 차이를 인식하고 그러한 잠재적 장벽(barriers)을 방지하도록 노력해야 한다. 사회복지사는 이러한 서비스의 전달이나 이용에 영향을 미칠 수 있는 문화적, 환경적, 경제적, 정신적 또는 신체적 능력, 언어 및 기타 문제(issues)를 평가(assess)해야 한다.

한편 한국 사회복지사 윤리강령에서는 2023년에 개정된 윤리강령에서 〈사회복지사의 윤리기준〉의 하나로 처음 제시하였다. 이는 최근 외국인노동자 등 국내체류 외국인과 결혼이민자와 그 가족의 증가로 사회복지실천현장에서 문화적으로 민감한 실천을 제공할 필요성이 증가하고 있다는 인식의 확대 결과라고 할 수 있다. 미국 사회복지사 윤리강령에서 문화적 역량과 관련하여 비교적 구체적으로 제시하고 있는 것과 달리 비록 2개의 조항만 제시하고 있는데 그치지만, 2022년까지 관련 내용을 전혀 제시하고 있지 않았던 것과 비교하면 진일보한 것으로 평가할 수 있다.

한국 사회복지사 윤리강령

[사회복지사의 윤리기준]

Ⅰ. 기본적 윤리기준

1. 전문가로서 자세

1) 인간존엄성의 존중

라. 사회복지사는 다양한 문화의 강점을 인식하고 존중하며, 문화적 역량을 바탕으로 사회복지를 실천한다.

마. 사회복지사는 문화적으로 민감한 실천을 제공하기 위해, 사회복지 실천 과정에서 자신의 개인적·사회적·문화적·정치적·종교적 가치, 신념과 편견이 클라이언트와 동료사회복지사에게 미칠 수 있는 영향을 고려하여 자기 인식을 증진하기 위해 힘쓴다.

2. 문화적 역량과 사회복지실천

1) 다문화 사회복지실천의 어려움

우리나라에서는 결혼이주여성 등 다문화가족을 대상으로 다양한 사회복지실천 활동을 진행하고 있다. 구체적인 실천현장을 살펴보면 다음과 같다. 먼저 여성가족부에서 주관하는 건강가정지원센터와 다문화가족지원센터, 그리고 이러한 건강가정지원센터와 다문화가족지원센터를 통합한 가족센터 등이 있으며, 고용노동부에서 주관하는 외국인노동자지원센터 등이 있다. 이외에도 지역사회복지관 등에서 특화사업의 일환으로 다문화가족지원사업 등을 운영하고 있다. 아래는 ○○종합사회복지관에서 운영하고 있는 다문화가족지원 사업에 대한 안내이다.

다문화가족지원 사업 안내

우리 복지관에서는 2006년부터 지역 내 결혼이민자와 그들의 가족이 공통적으로 갖고 있는 언어, 문화, 자녀양육 등의 다양한 문제에 대한 다각적인 서비스를 제공하는 다문화가족지원사업을 진행하고 있습니다. 결혼이민자를 위한 한국어교실을 시작으로 기초생활적응교육, 자조모임, 가족프로그램, 취업지원, 다문화축제 등 점차 사업영역을 넓혀왔으며, 이들 가족의 삶의 질을 높이고 건강한 다문화사회를 만들기 위해 ○○구청, ○○동주민센터 등 다양한 관공서 및 유관 전문기관과의 협력관계를 구축하고 있습니다.

*** 결혼이민자 개별 역량강화 지원을 위한 '○○학교' 운영**

"○○학교"에서는 결혼이민자들의 한국사회 적응을 위한 기초 한국어교육부터 문화이해 교육, 취업지원 등 개별적인 역량강화 지원을 위한 다양한 교육·활동을 진행합니다.

– 운영프로그램: 한국어교실, 자조모임, 가정폭력상담, 한국문화이해활동

이러한 사회복지실천현장에는 사회복지사나 건강가정사 등이 근무하면서 관련 사업들을 진행하고 있다. 그러나 이들에 대한 교육과 훈련이 여전히 잘 이루어지고 있지 않은 것으로 보고되고 있다. 연구에 따르면 실천현장에서 가장 큰 어려움으로는 전문 인력의 부족과 사업비 부족, 이들 가족에 대한 접근의 어려움인 것으로 나타났다. 아울러 대상자의 문화적 특성에 대한 이해 부족과 언어로 인한 의사소통문제, 결혼이민자들이 한국 생활에 적응하는 초기에 가족들의 협조를 이끌어내지 못하고 있는 점 등이 문제점으로 제시되었다(최현미 외, 2006). 다문화가족이 새로운 사회에서 경험하는 문화적 차이나 언어장벽으로 인한 어려움은 어찌 보면 당연한 것일 수도 있다. 하지만 무엇보다 이들을 힘들게 하는 것은 정보의 부족과 한국 가족의 폐쇄적인 태도로 사회로부터 단절되고 소외된 채 살아간다는 점이다. 특히 질병이나 심리·사회적 문제로 인해 취약한 상태에 있는 개인들의 경우 서비스 접근성의 문제는 매우 심각하다(김범수 외, 2007). 단일문화에 익숙한 한국인들이 결혼이민자 등을 바라보는 시선 역시 여전히 차가운 상황이다.

이러한 문화에 따른 가치의 차이, 계층과 권력과 관련된 가치의 차이, 언어장벽, 고정관념과 일반화 등의 문제에 민감하게 대처하지 않는다면 클라이언트와 원조전문직 사이에 오해와 갈등이 발생할 수 있으며(김범수 외, 2007: 233), 이로 인해 심각한 인권침해 등의 문제가 발생할 수 있다. 다음의 '네팔인 찬드라' 사례를 살펴보자.

사례 12-1 네팔인 찬드라 사례

찬드라는 네팔에서 한국으로 일하러 온 이주노동자다. 공장에 갇혀 살다시피 해서 한국말은 커녕 동네 지리도 모르는 그녀가 어느 날 공장 밖으로 나선다. 동료와 다툰 후 홧김에 뗀 걸음인데 그만 길을 잃은 것이다. 찬드라는 한참을 헤매다 경찰에 인계된다. 경찰서에선 한국인과 용모가 비슷한데도 알아들을 수 없는 말만 중얼거리는 그녀를 정신병자로 판단한다. 정신병원에 인계된 찬드라는 거듭 자신이 네팔사람이라고 주장하지만 귀담아 듣는 이가 없다. 말을 알아들어도 정신이상자로 판단할 뿐이다. 한국에 네팔어를 할 줄 아는 사람이 흔한 것도 아니니 대질시켜 주기도 쉽지 않았을 것이다. 찬드라는 정신병원에 입원한지 수년이 지나서야 네팔인과 만났고 본국으로 돌아가게 된다.

출처: 박찬욱 감독(2004). 영화 〈여섯 개의 시선〉 중 '믿거나 말거나, 찬드라의 경우'.

위의 '네팔인 찬드라 사례'는 우리 사회의 문화적 둔감성과 전문직 내의 외국인에 대한 인식과 전문 지식의 부족에서 오는 무지로 한 외국인이 치명적인 피해를 입은 사례이다. 물론 이제 2020년대 '선진 대한민국'에서 이런 극단적이고 전혀 상식적이지 않은 상황이 발생하지는 않을 것이다. 하지만 사회복지실천현장과 사회복지사들이 문화적으로 준비되어 있지 않는다면 이와 유사한 피해 사례는 앞으로도 계속 발생할 수 있다.

2) 사회복지실천에서의 준비

앞서 살펴본 것처럼 다문화가족 등에 대한 사회복지서비스가 증가하면서 사회복지실천현장도 이에 대한 대비가 중요하게 제기되고 있다. 특히 프로그램 기획 단계부터 다문화가족 등을 고려하여 프로그램을 준비하는 등의 작업이 필요하다고 할 수 있다. 예를 들어 해당 지역의 클라이언트 등 많은 부분을 차지하는 국가 출신이 있다면 그 나라의 언어로 의사소통이 가능한 사회복지사나 자원활동가 등의 인적자원을 준비하는 것이 필요할 것이다. 또 다양한 언어로 준비된 자료를 준비하거나 그림 자료 등을 추가로 준비하는 것 역시 필요할 것이다. 정부는 2016년부터 '다문화가족 자녀지원 종합대책'을 마련해 다문화가족의 학령기 자녀성장에 대응하여 성장주기별 지원정책을 추진하고 있다. 또 2000년대 이후로 외국인노동자나 결혼이주여성 등이 많이 거주하는 지방자치단체를 중심으로 다문화가족구성원들에게는 자존감 형성 및 자긍심 고취의 기회를 제공하고, 지역주민들에게는 다른 나라의 문화를 이해하는 기회를 제공하는 목적으로 '세계문화축제' 등의 다양한 행사들이 진행되고 있다.[2] 이러한 축제 등을 통해 다른 인종, 다문화에 대한 지역주민들의 이해를 높이는 것도 하나의 사례가 될 것이다.

다문화사회복지실천에서 사회복지사의 문화적 역량이 증대되는 것, 즉 문화적으로 유능해지는 것은 정서적으로 요구되는 장기간의 시간과 과정을 요구한다. 따라서 사회복지사들의 이러한 문화적 역량을 고취하기 위해 다양한 교육방법이 필요하고, 다인종, 다문화와의 지속적인 접촉 등의 활동이 이루어져야 할 것이다. 이를 통해 의사소통 능력을 향상시키고, 다른 문화에 민감하게 접근할 수 있는 기술 등을 갖추는 것이 필요하다고 할 수 있다(김범수 외, 2007).

3. 문화적 다양성과 윤리적 실천 사례

1) 문화적 차이로 인한 오해와 갈등

결혼이주여성 등 한국에 들어오는 다문화 클라이언트들은 문화적 이해 차이에서 발생하는 문화적 갈등이나 문화적 억압의 문제를 경험하고 있다. 특히 결혼이주여성의 경우 문화적 차이에서 오는 문화갈등을 경험하고 있고, 민족우

---

2) 성북세계음식축제, 강서구다문화축제, 우다빛 다문화 축제(부천시) 등 전국의 많은 지방자치단체에서는 서로의 문화를 이해하고 소통하기 위한 다양한 형태의 축제를 개최하고 있다.

월주의에서 오는 이주여성에 대한 차별적 시각을 경험하고 있다. 다음의 다문화가족지원센터 사례관리자의 실천 경험을 살펴보자. 다문화가족에 대한 사례관리 등 지원을 하는 사회복지사는 다문화가족에 대한 개입 시 고려해야만 하는 특수성을 제대로 인식하고 있지 못하거나, 혹은 인식하고 있으면서도 이를 다루는데 어려움을 느끼고 있었다(김은정, 2015). 즉 문화적 차이로 인해 가족 간 갈등이나 관계에 있어 충돌을 효과적으로 다루는 역량이 부족하고, 문화적 감수성을 갖고 이를 반영한 접근의 부족함을 경험하고 있었다.

사례 12-2 다문화가족지원센터 사례관리자의 실천경험

토속종교라고 해야 하나 미신, 토속신앙 같은 게 있어요. 이걸로 (다문화) 가족끼리나 관계에 갈등이 많이 생기죠. 그걸 잘 이해해야 대상자도 이해할 수 있고 개입이나 조정을 할 수 있는데. (참여자 A)

중앙아시아 쪽 (이민자)여성인데 일자리를 여러 군데 연계했어요. 그런데 (대상자가) 일할 생각을 안해요. 젊고 전혀 문제가 없는데 그냥 집에만 있는 거예요. 빨리 자립을 시키고 싶은데 그때마다 그냥 말만, "네, 네" 하고 말고. 나중엔 화가 나더라구요. 알고 보니 그 (대상자) 나라에서는 여자가 일하는 게, 남편이 있는 부인이 밖에서 일하는 걸 꺼리는 문화가 존재한다는 거예요. (참여자 B)

출처: 김은정(2015).

미국 사회복지사 윤리강령에서 지적한 것처럼 사회복지사는 인간행동과 사회에서 문화의 기능에 대한 이해와 모든 문화에 존재하는 강점에 대해 인식하여야 하고, 다양한 문화의 클라이언트에게 실천을 할 수 있는 지식과 기술을 갖추고 있어야 한다. 사회복지사는 클라이언트가 속한 문화를 이해하고, 이를 실천에서 활용할 수 있어야 한다. 즉 문화가 다른 클라이언트가 사용하는 의사소통 방식의 의미와 사용하는 언어에 내포된 의미를 이해할 수 있어야 한다. 또 그들의 행동양식과 의식, 금기시하는 사항에 대한 지식을 사전에 갖고 실천을 해야 한다. 만일 클라이언트의 문화에 대한 이해가 부족하고 클라이언트와의 의사소통이 어려울 경우는 이중 언어를 구사하거나 양쪽 문화에 익숙한 사람으로 검증된 사람의 도움을 받아야 한다(김기덕 외, 2012: 287).

문화적 감수성의 부족이 어떠한 문제를 가져올 수 있는지 다음의 사례를 살펴보자. 이것은 미국에서 아들 살해혐의로 기소된 한인 아버지의 사례이다. 최종적으로 무죄판결을 받기는 했지만, 살해혐의를 받은 한인 아버지는 3년이 넘은 기간 동안 교도소에 수감되었다. 아버지 고씨의 체포이유는 경찰조사 과정에서 "(아들이 죽은 것은) 내 탓이다"라며 한인 특유의 자책성 발언을 한 것 때문이었다. 고씨의 이 말은 경찰의 통역 과정에서 범행자백으로 받아들여진 것으로 풀이되었다. 이는 한국 문화와 정서에 대한 이해부족과 말에 내포된 진정한 의미를 파악하지 못해 발생한 결과라고 할 수 있다.

사례 12-3 미국에서 아들 살해혐의로 기소되었던 한인 아버지

미국 시카고 교외도시의 자택에서 20대 아들을 살해한 혐의로 기소돼 3년 8개월간 수감된 한인 고모(60)씨에게 무죄 평결이 내려졌다. 일리노이주 쿡카운티 법원 배심원단 12명은 17일(현지시간), 지난 2009년 4월 16일 새벽 시카고 교외도시 노스브룩의 자택 거실에서 자신의 아들(당시 22세)을 수차례 칼로 찔러 살해한 혐의를 받아온 고씨에 대해 무죄 판정을 내렸다. (중략)

시카고 트리뷴은 인터넷판을 통해 이번 평결의 최후 관건을 고씨와 고씨의 통역을 맡았던 한인 경찰관의 '언어능력'으로 분석했다. 사건 발생 후 경찰 수사과정에서 고씨는 범행을 인정하는 듯한 답변과 발언을 했다. 그러나 배심원단은 고씨의 영어가 서툴러 경찰의 질문을 완벽하게 이해하지 못했을 가능성이 있는데다 한국과 미국의 문화적 배경이 달라 빚어진 언어표현상의 오해들을 경찰이 범행 자백으로 받아들였을 수 있다는 고씨 변호인 측의 주장에 동의했다. 이들은 수사과정을 담은 비디오테이프를 확인하면서 당시 통역을 맡았던 한인 경찰관 김모씨의 한국어 수준이 고씨와 수사 당국 사이에 충분한 의사소통을 이루게 할만 했는지 의문을 제기했다. 경찰관 김씨는 이번 재판에 증인으로 참석, 자신의 한국어 실력이 유창하지 않다는 사실을 인정했다. 언어학자들도 영어가 서툰 용의자를 숙련된 통역 없이 심문하는 것은 바람직하지 않을 뿐 아니라 경찰관이 통역으로 나설 경우 편파적 해석을 내릴 수 있다고 조언했다. 그러나 아직 미국에서는 용의자 심문 과정에 반드시 자격을 갖춘 통역원을 쓰도록 강제하는 법안이 마련되어 있지 않다. (이하 생략)

출처: 연합뉴스(2012. 12. 18.).

한편 문화 차이는 또 다른 오해와 문제를 일으키기도 한다. 아래 사례는 미국에서 아동학대 혐의로 기소된 덴마크 여배우와 한국 판사 부부의 사례이다. 한국 사회에 출입하는 외국인 수가 폭발적으로 증가하고, 단순 여행 등 단기체류에서 학업과 취업 등 장기 거주를 목적으로 하는 경향이 증가하는 현 시대에 문화적 민감성을 갖는 것이 더욱 필요하다고 할 수 있다.

사례 12-4 아동학대 혐의로 기소된 덴마크 여배우

1997년 5월 10일 덴마크의 유명 여배우인 소렌슨은 뉴욕을 방문하여 남편과 자신의 아이와 함께 시내의 한 레스토랑에 갔다. 생후 14개월이 된 자신의 딸아이는 덴마크에서의 상시화된 관행처럼 유모차에 태운 채 식당좌석에서 바라볼 수 있는 식당 밖 입구의 유리창 쪽에 세워 두었다. 아이가 유기되어 있다는 시민의 신고를 받고 달려온 경찰은 세계에서 가장 범죄율이 높은 도시에서 1시간 이상 아동을 유기했다는 죄목(아동학대죄)으로 현장에서 소렌슨을 체포하려 했고, 그에 강력히 항의하던 남편은 공무집행방해죄로 기소되었다. 이들은 기소되어 그 재판이 끝날 때까지 미국을 떠날 수 없게 되었다. 뉴욕 경찰은 이 부부의 행위를 명백한 범죄로 간주하고 있으나 덴마크의 언론은 다음과 같은 제목의 기사로 미국의 처사에 불만을 터뜨리고 있다. "뉴욕에서 덴마크 인의 악몽: 경찰이 우리의 아이를 훔쳐가다."

출처: 동아일보(1997. 5. 16.) 요약; 최선화 외(2008: 23).

스웨덴 스톡홀름 거리에서는 영하 5도의 날씨에도 바깥에서 낮잠 자는 아기를 태운 유모차를 목격할 수 있다(BBC).

그림출처: 조인경(2013. 3. 2.). 아시아경제, 영하의 날씨에 바깥에서 낮잠 자는 아기들.

사례 12-5 **아동학대 혐의로 기소된 한국판사 부부**

미국령 괌에서 한국인 판사·변호사 부부가 아이들을 차량에 방치했다가 체포되는 사건이 벌어졌다. 괌 현지 KUAM 뉴스는 한국에서 근무하는 것으로 파악된 여성 A판사(35), 남성 B 변호사(38) 부부가 전날 오후 괌에 있는 K마트 주차장에 주차한 차 안에 6살 된 아들과 1살 된 딸을 남겨두고 쇼핑을 하러 갔다가 경찰에 아동학대 등 혐의로 체포됐다고 3일(현지시간) 보도했다. 이들 부부는 회색 미쓰비시 랜서 차량 뒷좌석에 아이들을 남겨둔 채 창문을 올리고 차문을 잠근 뒤 쇼핑을 다녀왔다고 KUAM 뉴스는 전했다. 미국에서는 6세 이하 아동을 8세 이상 또는 성인의 감독 없이 차량에 방치할 경우 현행범으로 체포될 수 있다. 이들 부부의 아이들은 911 요원들이 온 뒤 깨어났으나 별다른 이상은 없는 것으로 알려졌다. (중략) 이들에게 현지 법원은 각각 벌금 500달러(약 56만 원)를 선고했다. 6세 미만 아이를 보호자 없이 15분 이상 차 안에 방치한 사람은 50~500달러의 벌금형에 처하는 캘리포니아주법에 따른 것이다. 부부는 벌금을 낸 뒤 지난 6일 귀국했다.

출처: 한겨레신문(2017. 10. 4.); 아주경제(2017. 10. 11.) 기사 요약.

2) 미등록 이주민에 대한 지원

미등록 이주민은 합법적으로 국내체류허가를 받지 않고 정해진 체류 허가기간을 초과하여 출입국관리법을 위반한 사람들이다. 즉 「출입국관리법」 제12조 및 제25조의 규정에 따라 허가받은 체류기간이 만료되었으나 출국하지 아니한 외국인으로 '불법체류 외국인'이라고 부른다. 불법체류 외국인은 2018년말 355,126명에서 2022년 말 411,270명으로 꾸준하게 증가하고 있다(법무부 출입국·외국인정책본부, 2023: 82). 불법체류외국인은 열악한 노동시장에 불법으로 고용되어 의료혜택과 산업재해의 보장에서 제외된 사각지대에 놓인 사람들이다. 또한 이들의 불법체류외국인의 자녀는 무국적자로 한국에 체류하지만 문서상으로는 존재하지 않기 때문에 합법적으로 보호를 받지 못하고 있는 것이 더욱 문제이다(김기덕 외, 2012: 290).

다음의 사례를 살펴보자. 아래 사례에서 사회복지사는 어떻게 해야 할 것인가? A의 부모가 불법이민자란 사실을 무시하고, A를 도와주는 일에 집중하여야 할 것인가? 이것이 합법적이고 윤리적일까? 만일 다른 선택을 한다면 어떠한 선택을 하는 것이 윤리적인 선택일까?

사례 12-6 불법이민자 가족 사례

A는 초등학교 3학년으로 최근 우울하고 멍한 증상을 보여 왔으며, 학교에도 자주 결석하였다. 담임이 부모를 만나려고 했으나 잘 되지 않자 그 학생을 학교사회복지사에게 의뢰하였다. 사회복지사가 가정방문을 한 결과, 그 학생의 부모는 불법으로 이민 온 사람들이었다. 그의 부모는 영어를 할 줄 몰랐으며, 종일 일을 해야 했으므로 집에 있는 날이 거의 없었다. A는 대부분의 시간을 집에서 혼자 보내야 했다. 사회복지사는 이 학생이 매우 어려운 상황에 처해 있다는 것을 알게 되었다.

출처: Loewenberg, F. M., & Dolgoff, R.(1996); 서미경 외 공역(2000). p.290.

생각해보기

01. 다음 사례에서 상담이 성공적으로 진행되었다고 생각하는가? 상담이 성공하지 못하였다면 상담교사는 무엇을 간과했을까?

사례 12-7 문화가 다른 클라이언트와의 상담[3)]

13살이 된 엘레나의 학교에서 약물복용과 관련하여 가족과 상담한 사례로 상담교사는 가족에 대해서 부모로서의 책임감이 부족하고 매우 비협조적인 것으로 판단하였다.

엘레나는 4남매 중 둘째로 멕시코계 이민자인 아버지와 미국인 어머니를 두었다. 상담교사가 집에 전화하여 부모와의 면담약속을 잡고자 하였으나 어머니가 선뜻 약속을 하려 하지 않고 대신 남편을 바꾸어 주었다. 매우 어려움 끝에 부모 면담 약속을 하게 되었다. 약속시간에 대부인 외삼촌이 함께 참석하였으며, 아이 부모는 면담 내내 말을 잘 하지 않았다. 상담원은 아이 부모만 면담에 참석해야 한다고 생각하였다.

출처: Sue, S. W., & Sue, D.(1990); 김범수 외(2007). p.235를 토대로 재구성함.

02. 다음 사례에서 사회복지사는 자신의 개인신상정보를 C와 나누면서, 두 가정이 갖고 있는 편견을 극복하도록 도와야 할 것인가? 사회복지사가 자신의 가치를 이야기하는 것은 과연 윤리적인가? 만약 사회복지사가 다른 인종간의 결혼이 사회적으로 특히 지역사회에 많은 문제를 초래한다고 생각한다면 어떻게 달라지는가? 사회복지사는 아들과 며느리가 겪어온 문제를 C에게 이야기해 주어야 하는가? 이것이 과연 윤리적인가?

사례 12-8 다른 인종간의 결혼에 대해 부모가 반대하는 클라이언트와의 상담

28세의 C는 많은 문제를 갖고 있다. 그동안은 혼자서 문제를 해결해 왔으나 지금은 혼자서 감당하기엔 너무 어려운 문제에 직면해 있다. C는 A를 사랑할 뿐 아니라 그녀와 결혼하고

3) 이 사례에서 사회복지사는 멕시코 가족의 문화적인 특성에 대한 이해가 부족한 상황이다. 멕시코 가정에서는 남편과 먼저 상의하지 않고서는 부인 혼자 결정하지 않는 문화적인 특성이 있으며, 남편이 이러한 상황에 가족을 대표해서 이야기하는 문화가 있다. 또 대가족에서의 친척이나 대부의 의미나 대부가 아버지 대신의 역할을 할 수 있다는 것을 사회복지사가 이해하지 못하는 상황이다.

싫어 한다. C는 영국계 미국인이고 A는 베트남계 미국인으로, 두 가정 모두 다른 인종간의 결혼을 강하게 반대하고 있다.

이 사례를 맡은 사회복지사는 다른 인종간의 결혼은 결코 나쁘지 않다는 생각을 하고 있다. 사회복지사 자신은 백인이고 그녀의 며느리는 미국 원주민이다.

출처: Loewenberg, F. M., & Dolgoff, R.(1996); 서미경 외 공역(2000). pp.292-293.

아동 분야에서의 윤리적 실천

아동을 대상으로 실천하는 사회복지사는 아동의 권익과 복지향상을 위하는 것에 최우선 목표를 두고 있다. 사회복지사는 신체적, 정신적 학대와 방임으로부터 아동을 보호하기 위한 예방적, 치료적인 노력을 하며 동시에 특별한 욕구를 지니고 있는 취약계층의 아동이나 장애아동 등의 성장과 건강한 발달을 위해 필요한 서비스를 개발하고 지원해야 한다. 아동은 미성년자이기 때문에 스스로의 의사결정권을 성인처럼 발휘할 수 없는 특징이 있으며, 성인의 보호와 관심, 배려가 요구되기 때문에 윤리적 딜레마가 제기될 가능성이 높은 대상이다. 아동이 원하는 바와 보호자가 원하는 바가 다를 때, 누구의 입장을 더 존중할 것인가? '아동을 위한 결정'이라고 했을 때 그 판단기준은 어디에 두어야 할 것인가? 〈유엔아동권리협약〉과 「아동복지법」에 따르면 아동을 위한 모든 일에서 "아동 최선의 이익(the best interests of the child)"을 최우선(a primary consideration)에 두어야 하지만, 현실에서 이를 지키기는 쉽지 않다. 본 장에서는 아동복지 영역에서 자주 발생하는 아동학대 상황에서의 윤리적 딜레마와 아동과 친생부모의 이익이 충돌하는 입양 사례에서의 윤리적 실천 방향에 대해 모색해 본다.

1. 아동학대

1) 아동학대인가, 아닌가

아동학대란 보호자를 포함한 성인이 아동의 건강 또는 복지를 해치거나 정상적 발달을 저해할 수 있는 신체적·정신적·성적 폭력이나 가혹행위를 하는 것과 아동의 보호자가 아동을 유기하거나 방임하는 것을 말한다(「아동복지법」 제3조). 해마다 아동학대 신고 및 학대 판단 건수는 증가하고 있지만([그림 13-1] 참고), 여전히 아동학대 사례 판단에는 어려움이 많다.

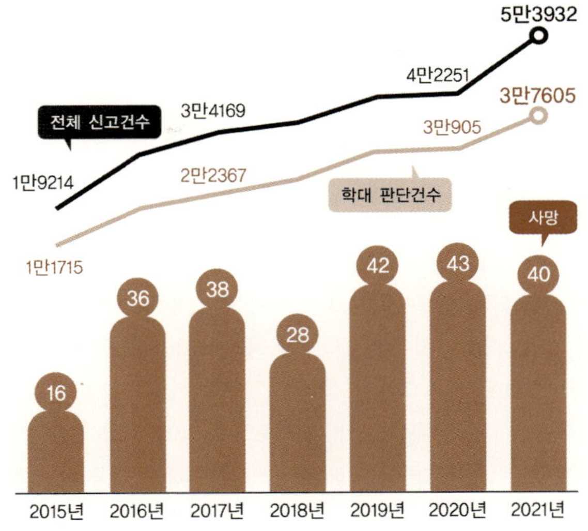

그림 13-1 아동학대 신고 및 학대 판단 건수

출처: 뉴시스(2022. 8. 31.). 아동학대 작년 5만3,932건 신고… 1년만에 27% 늘었다.

사회복지사가 학교, 병원, 지역아동센터, 복지관, 공공기관 등에서 아동학대의 사례를 발견하였을 때, 증거가 명확한 경우에는 진단서 등을 통해 신고나 후속조치에 어려움이 없으나, 아동학대 의심사례의 경우는 아동학대라 판단할 수 있는 구체적인 경계가 모호하다. 이 경우 아동을 적절히 보호할 수 있는 윤리적 방법에 대한 고민이 발생한다. 만약, 도벽이 아주 심한 자녀를 보다 못한 부모가 체벌을 가하자 이웃이 아동학대 신고를 한 경우, 이것을 정당한 양육방식으로 보아야 할 것인가, 아니면 아동학대 사례로 볼 수 있을 것인가? 물론 체벌의 강도와 방식, 자녀의 연령 등 상황에 따라 다른 해석이 가능한 조건들이 충분히 고려되어야 할 것이다.

특히, 빈곤 상황에 처해 있는 가족 내에서 발생하는 아동학대 사례는 아동학대 판정을 내리기가 어려운 경우가 많다. 예를 들어, 부모가 집에 없는 사이 식사를 제대로 챙겨 먹이지 않고 과자만 먹인 아이는 학대를 당한 것인가? 본인의 우울증으로 아이들을 일정 기간 방치한 어머니는 아동학대 가해자로 보고 처벌해야 하는가? 이러한 상황에서 사회복지사는 빈곤의 문제와 아동학대(방임)를 어떻게 구분하여 처리할 수 있을까?

사례 13-1 아동학대의 위험이 있는 빈곤 아동

지역아동센터에서 근무하는 사회복지사 A씨는 한 아동이 간식을 모두 움켜쥐고 급하게 먹고 있는 모습을 발견하였다. 이 아동은 그동안 간식을 먹을 때 다른 아동과 나누려고 하지 않는 모습이 종종 발견되었다. 사회복지사는 아동의 어머니와 면담을 하였고, 그 과정에서 이 가정이 최근 경제적으로 매우 어려운 상황에 처해있다는 사실을 알게 되었다. 네 명의 가족이 함께 생활하고 있는 곳의 위생 상태는 아동의 건강에 위협이 될 수 있을 정도로 매우 열악하며, 자녀들에게 간식은 물론이고 매끼니 식사도 제때 제공하지 못하고 있었다. 최근 아버지가 실직한 상태에서 당장 취업할 곳이 없어 당분간은 가족의 상황이 개선될 수 없을 것으로 판단되었다. 이 사례를 아동방임이라 보고 신고하는 것이 타당한가?

사회복지사는 「아동학대범죄의 처벌 등에 관한 특례법(아동학대처벌법)」 제10조에 따라 아동학대를 알게 된 경우 법적으로 신고해야 할 의무가 있는 신고의무자이며, 직무를 수행하면서 아동학대범죄를 알게 된 경우나 그 의심이 있는 경우에는 아동보호전문기관 또는 수사기관에 신고하여야 하는 의무가 있다. 신고 의무를 성실히 수행하지 않았을 때는 경우에 따라서 법적 처벌을 받을 수 있다. 아동학대 의심사례의 경우도 사회복지사의 적극적인 신고로 학대당하고 있는 아동을 구할 수 있고, 법적 책임에 대한 논란에서도 자신을 보호할 수 있기 때문에 아동학대 신고의 대상이 된다. 그러나 위의 사례와 같이 가정 상황으로 인해 발생한 아동학대 의심사례의 경우, 신고를 하는 것이 아동을 위한 최선의 조치인지에 대한 고민이 생긴다.

「아동복지법」 제12조에 따르면, 각 시군구 단위로 설치 운영되는 사례결정위원회에서는 아동에 대한 보호조치, 퇴소조치, 보호기간의 연장 및 보호조치의 종료, 친권행사의 제한, 친권상실 선고 청구, 아동의 후견인 선임이나 변경 청구, 그밖에 지원대상 아동의 선정과 그 지원에 관한 사항에 대한 심의를 시행한다. 아동학대 의심사례에 대한 개입 및 처리 방향도 사례결정위원회에서 모색할 수 있다.

아동에 대한 보호조치는 보호대상아동 또는 그 보호자에 대한 상담 · 지도를 수행하게 하는 것, 친족에 해당하는 사람의 가정에서 보호 · 양육할 수 있도록 조치하는 것, 적합한 유형의 가정에 위탁하여 보호 · 양육할 수 있도록 조치하는 것, 적합한 아동복지시설에 입소시키는 것, 아동학대 피해 등으로 특수한 치료나 요양 등의 보호를 필요로 하는 아동을 전문치료기관 또는 요양소에 입원 또는 입소시키는 것, 입양과 관련하여 필요한 조치를 하는 것을 포함한다(아동복지법 제15조).

위 사례에 대한 윤리적 결정에서 가장 먼저 고려되어야 할 것은 "아동 최선의 이익"이다. 아동 최선의 이익이란 아동과 관련된 모든 활동에서 아동이 최우선적으로 고려되어야 한다는 것을 의미한다(유엔아동권리협약 제3조). 이는 공공, 민간 영역뿐만 아니라 입법, 사업, 행정기관, 부모와 가족은 물론, 아동 자신도 이 원칙을 지켜야 한다. 〈유엔아동권리협약〉에서 규정한 4대 권리(생존권, 보호권, 발달권, 참여권) 보장을 위해 아동의 입장과 이익을 언제나 최우선에 두어야 하며, 어떤 결정이 "아동의 입장에서 최선의 상태"에 있게 하는지 숙고해야 한다.

UN 아동권리협약

1989년 11월 20일 UN에서 채택된 유엔아동권리협약은 아동의 권리보호만을 목적으로 만들어진 국제사회 최초의 협약으로, 아동도 권리를 가진 주체로 인정한 유일한 협약이다. 국제협약 중 가장 많은 국가의 비준을 받은 협약으로 미국과 소말리아를 제외한 모든 UN 가입국이 비준하였다. 한국은 1991년 11월 20일에 유엔아동권리협약을 비준하였다.

아동 이익을 최우선으로 고려한다는 조항(제3조 당사국 정부는 아동의 이익을 최우선으로 고려하여 정책을 수립하고 시행해야 한다) 외에 아동의 4가지 기본권을 보장하도록 하고 있다.

1. **생존권:** 적절한 생활수준을 누릴 권리, 안전한 주거지에서 살아갈 권리, 충분한 영양을 섭취하고 기본적인 보건서비스를 받을 권리 등, 기본적인 삶을 누리는데 필요한 권리
2. **보호권:** 모든 형태의 학대와 방임, 차별, 폭력, 고문, 징집, 부당한 형사처벌, 과도한 노동, 약물과 성폭력 등 어린이에게 유해한 것으로부터 보호받을 권리
3. **발달권:** 잠재능력을 최대한 발휘하는 데 필요한 권리. 교육받을 권리, 여가를 즐길 권리, 문화생활을 하고 정보를 얻을 권리, 생각과 양심과 종교의 자유를 누릴 권리
4. **참여권:** 자신의 생활에 영향을 주는 일에 대하여 의견을 말할 수 있어야 하며, 그 의견을 말하고 존중받을 권리. 표현의 자유, 양심과 종교의 자유, 의견을 말할 권리, 평화로운 방법으로 모임을 자유롭게 열 수 있는 권리, 사생활을 보호받을 권리, 유익한 정보를 얻을 권리

출처: 아동권리보장원 홈페이지(https://www.ncrc.or.kr).

따라서 〈사례 13-1〉에서도 일방적인 아동학대 의심사례 신고보다는 아동의 생존과 발달을 위해 적절한 주거환경과 영양 섭취가 가능하도록 관련 지원과 서비스를 연계해줄 필요가 있다. 열악한 환경이라 할지라도 부모의 양육 태도가 미치는 긍정적 영향이 크므로, 부모에게도 아동학대의 정의와 신고 의무에 대해 인지시켜 줄 필요가 있다. 아동 본인에게도 스스로에게 최선의 상태를 유지하기 위한 노력이 필요하기 때문에, 지역아동센터 내 생활 규칙을 준수하고 필요한 물품이나 지원이 있는 경우 사회복지사에게 직접 말할 수 있도록 상담

과 교육이 이루어져야 할 것이다. 단, 이후 계속적인 모니터링 과정에서도 상황이 개선되지 않거나 부모의 추가적인 학대 정황이 확인되는 경우에는 아동학대 사례로 신고하는 것이 바람직하다.

2) 아동학대와 원가정 복귀: 자기결정권 존중, 법적 제도와 현실

현행 「아동복지법」 제4조 3항에서는 '국가와 지방자치단체는 아동이 태어난 가정에서 성장할 수 있도록 지원하고, 아동이 태어난 가정에서 성장할 수 없을 때에는 가정과 유사한 환경에서 성장할 수 있도록 조치하며, 아동을 가정에서 분리하여 보호할 경우에는 신속히 가정으로 복귀할 수 있도록 지원하여야 한다'고 규정하고 있다. 2016년 3월에 신설된 이 조항은 정부와 지자체의 아동보호 의무를 강화하고 아동의 '원가정 보호의 원칙'을 명시하였다. 하지만 현실적으로 아동학대의 대다수 피해자들은 원가정에서 재학대를 경험한다. 바로 이 '원가정 보호의 원칙' 때문이다. 학대 피해 아동이 그룹홈에서 보호받고 있더라도 부모가 요청하면 다시 가정으로 복귀하게 된다. 하지만 의외인 점은 부모와 다시 살고 싶다고 요청하는 학대 피해 아동도 많다는 사실이다. 여기서 발생할 수 있는 윤리적 딜레마는 클라이언트의 자기결정권을 존중하는 것이 과연 옳은지와 관한 것이다. 자신을 학대한 부모에게 돌아가고 싶다는 아동의 의견을 존중해야 할까?

사례 13-2 아빠에게 돌아가고 싶어 하는 학대 아동

"선생님, 다시 집에 가고 싶어요."

2017년 10월 어느 날 밤, 당시 중학교 3학년이던 준영(가명 · 19)이는 그룹홈 교사에게 전화를 걸었다. 이날은 준영이가 떨어져 살던 아빠를 제 발로 찾아간 날이었다. 준영이가 다시 가고 싶다고 말한 '집'은 자신을 때리던 아빠를 피해 숨어들었던 공동생활가정(그룹홈)이었다. 그룹홈은 집과 비슷한 환경에서 학대 피해 아동 등을 보호하는 소규모 생활시설이다.

그해 5월 아빠는 피자를 손에 들고 준영이가 머물던 그룹홈에 찾아왔다. 법원이 내린 1년의 '접근금지명령' 기간이 끝났을 때였다. 아빠는 겁에 질린 준영이에게 피자를 건네며 잘 지냈느냐고 물었다. 한 줄기 기대가 생긴 준영이는 5개월 뒤인 10월 집으로 돌아가 하룻밤을 자기로 했다. 아빠와 다시 살기 위한 연습이었다. 준영이는 지난 14일 취재팀과 만나 "아빠를 만나기 전날까지 무서웠는데 (피자를 사 오던) 모습을 보고 아빠가 변한 것 같아서 좋았다. 그땐 '아빠와 살 수 있지 않을까' 하는 생각이 들었다"고 말했다.

하지만 돌아온 집에서 아빠는 예전 모습 그대로였다. 아빠는 '말이 느리다'며 준영이에게 욕을 했다. 잡히는 대로 물건을 집어 던지던 2년 전 모습이 기억에서 살아났다. 준영이는 그날 밤 다시 도망치듯 그룹홈으로 돌아갔다. '친구들처럼 가족과 함께 사는 집에서 학교에 다니고 싶다'는 바람은 닿을 수 없는 꿈이 됐다. 준영이는 "기대하고 집에 갔다가 실망하는 일을 반복해서 겪다 보니까 '아빠는 바뀌지 않는구나'라는 생각이 들었다. (아빠와 사는 걸) 포기하게 됐다"고 말했다.

출처: 국민일보(2021. 1. 28.). "날 때린 사람, 왜 보고싶죠?" 아동학대 분리의 딜레마.

위 사례에서 발생하는 윤리적 딜레마는 준영이의 자기결정권을 존중할 것인지에 관한 것이다. 준영이는 부친에게 학대를 당해 그룹홈에서 생활하고 있었다. 그러나 학대를 당하던 원가정으로 다시 돌아가고 싶다고 말했고, 원가정에 돌아갔다가 다시 아동학대를 당해 그룹홈으로 돌아오고 싶어 했다. 이 사례의 사회복지사가 되어 윤리적인 판단을 해보자면 처음에 준영이가 원가정에 돌아가고 싶다고 말했을 때 준영이의 자기결정권을 존중할 것인지 아니면 말릴 것인지 혼란스러울 수 있다. 돌고프 등(Dolgogg et al., 2012)의 윤리적 의사결정 원칙에 따르면 '자기결정, 자율성, 자유 증진의 원칙'은 '최소해악의 원칙'이나 '삶의 질 향상 원칙'보다 상위의 원칙으로서, 준영이의 생명이 보장된다면 준영이의 자기결정을 인정하는 것이 옳은 선택이다. 결과적으로 되돌아간 원가정에서 또 다른 학대가 발생해서 그룹홈으로 돌아오기는 했지만, 사회복지사가 미리 그 결과를 예측하고 준영이의 선택을 막기는 어렵기 때문이다.

의무론적 관점에서도 사회복지사는 준영이의 자율성을 수호하고 인정해야 한다. 규칙 공리주의적 관점에서는 결과적으로 봤을 때 준영이가 아버지와 함께 생활하며 재학대를 경험할 것이라 예측된다면 말리는 게 좋은 선택일 것이다. 준영이의 자기결정권을 존중해서 얻을 행복보다 함께 떨어져 있음으로 재학대를 경험하지 않는 행복이 더 클 것이라 판단한다면 말이다. 그러나 현실에서 감정은 그렇게 무 자르듯 나뉘는 것이 아니다. 원가정으로 돌아가면 다시 학대를 당할 것을 알고 있으면서도 친부모에게로 돌아가고 싶어 하는 아동들 역시 존재한다. 사회복지사는 이러한 딜레마 속에서 어떻게 해야 할까?

또한, 「아동복지법」 제4조 3항 '원가정 보호의 원칙'에 따라 아동이 원가정으로 돌아가고 싶다고 한다면 보내주어야 한다. 여기서 발생하는 새로운 윤리적 딜레마는 아동학대의 현실과 법적 제도의 부실이다. 위의 기사에서처럼 학대 피해 아동이 재학대를 당하는 가장 높은 순위는 본 가정에서이다. 아동 재학대 가해자의 96%는 부모이다. 그러나 현재의 제도는 학대를 당한 아동이 다시 그 학대를 당한 가정으로 복귀하는 것을 원칙으로 하고 있다. 아동이 태어난 가정에서 성장하는 것이 가장 바람직한 일이라고 여기기 때문이다. 그리고 정말 자신을 학대한 부모에게 다시 돌아가고 싶어 하는 아동의 사례도 종종 있는 일이다. 하지만 과연 이것이 윤리적인 일인지는 깊이 고민해봐야 할 필요가 있다.

마지막으로 한국 사회복지사 윤리강령에 따른 윤리적 판단을 고려해야 한다. 사회복지사 윤리강령 Ⅰ-1.-2)-가.에는 '사회복지사는 사회정의 실현과 클라이언트의 복지 증진에 헌신하며, 이를 위한 국가와 사회의 환경 변화를 위해 노력한다.'고 규정되어 있다. 그리고 사회복지사는 '클라이언트의 이익을 최우선의 가치로 삼고 이를 실천하며, 클라이언트의 권리를 존중하고 옹호해야 한다(Ⅱ-1)'. 여기서 발생하는 딜레마가 있다. 첫째로 사회복지사는 무엇이 최대의 이익인지 어떻게 판단하는가이다. 클라이언트의 요청으로 가정으로 돌아가 재학대를 당할 때 가벼운 수준의 방임이라면 생명의 지장이 없으므로 클라이언트의 복귀가 가장 큰 행복일까? 둘째로 클라이언트가 원가정 복귀를 원치 않을 경우에도 법에 의거하여 돌려보내는 것이 옳은 선택인지에 대해서이다. 사회복지사 윤리강령에 따르면 사회복지사는 클라이언트의 복지 증진을 위해 이에 마땅한 국가와 사회의 환경 변화를 위해 노력해야 한다고 규정되어 있다. 따라서 사회복지사는 학대 피해 아동의 원가정 복귀가 그들의 권익을 손상한다고 판단한다면, 피해아동 옹호를 위해 노력할 필요가 있다. 즉, 아동학대 피해자의 안녕을 수호하기 위해 법적 제도와 현 상황을 개선하기 위한 옹호 활동을 진행해야 한다.

다만 위 사례에서 준영이는 스스로 원가정으로 복귀하기를 원했으므로 현행 제도와 윤리적 지침에 따라 자기결정권을 최대로 존중해주는 것이 옳은 선택일 것이다. 따라서 원가정 복귀 이후에도 꾸준한 모니터링을 지속하여, 부모가 또다시 준영이를 학대한다고 여겨진다면 즉시 분리할 수 있도록 하는 것이 바람직하다.

2. 입양

1) 알권리 보장 vs. 비밀보장 원칙

입양이란 아동의 양육과 관련해서 아동이 영구적으로 머물고 양육받을 수 있는 가족적인 환경의 주거지를 결정하는 계획을 고려하는 것을 말한다. 출생 이후의 법적, 사회적 관계에 의해서 혈연적으로 친자관계가 없는 사람 사이에 영원한 친자관계를 맺게 하는 것이다. 입양과 관련하여 과거와 달라진 양상은 국내 입양이 증가하고 장애아동이나 후기 아동들(초등학교 고학년)의 입양이 늘어나고 있으며, 친족과 지속적인 접촉을 허용하는 입양형태인 공개입양이 증가하고 있다는 것이다. 이와 더불어 친부모에 대한 정보를 알기를 원하는 입양아동도 증가하는 추세이다.

국내에서는 지난 2012년 「입양촉진 및 절차에 관한 특례법」이 「입양특례법」으로 전부 개정되면서, 국내외 입양 모두 법원의 허가를 받도록 하며, 친생부모에게 양육에 관한 충분한 상담 및 양육정보를 제공하는 등 부모의 직접 양육을 지원하고, 아동이 출생일부터 1주일이 지나고 나서 입양 동의가 이루어지도록 하는 한편, 양자가 된 사람에게 자신에 대한 입양 정보 접근권을 부여하고, 국내입양의 우선 추진 의무화 등을 규정하였다. 국내 입양 활성화 및 입양에 대한 사후 관리 등을 위하여 중앙입양원을 설치 · 운영하도록 한 것도 이때부터이다.

입양 분야에 종사하는 사회복지사는 입양아동들이 자신의 뿌리를 찾는 상황에서 지원을 담당해야 할 책임이 있으므로 입양아동의 알권리 보장과 친생부모의 비밀보장 요구 간의 윤리적 딜레마에 처하게 되는 경우가 많다.

사례 13-3 해외 입양된 클라이언트

입양되어 해외에서 자란 A는 성인이 된 후 자신의 뿌리를 찾기 위해 한국의 입양기관에 자신의 친부모에 대한 정보를 알려달라고 요청하였다. 그러나 A의 친부모는 A를 입양기관에 맡기면서 비밀보장을 요구했기 때문에 입양기관의 사회복지사는 A에게 친부모에 대한 정보를 알려주어야 하는지, 알려주지 말아야 하는지 판단해야 하는 상황에 놓여있다.

입양실무에서 클라이언트(친생부모)의 비밀보장 권리는 거의 절대적으로 존중되어왔는데, 과거에는 입양아, 친부모, 양부모 등 입양삼자에 대한 완전한 비밀보장원칙이 중시되어 왔기 때문이다. 그러나 알권리에 대한 관심이 증대되면서 이와 관련한 윤리적 갈등이 빈번하게 발생하고 있다. 우선 입양아 A를 클라이언트로 본다면, 클라이언트의 알권리를 인정하여 친부모에 대한 정보를 제공할 경우, 비밀보장을 약속받은 친부모의 비밀이 공개되는 위험이 있기 때문에 A의 알권리만을 인정할 수는 없다. 또한 입양의 경우 입양아 A 혹은 친부모, 또는 양부모 어느 한 쪽만을 클라이언트로 볼 수 없고, 입양삼자라고 불리는 세 체계 모두 클라이언트로 보아야 한다. 따라서 위의 사례에서 입양아 A는 알권리를 가지는 클라이언트이지만 동시에 친부모는 비밀보장의 권리를 가지는 클라이언트이기도 하다(알권리와 비밀보장 원칙 충돌).

클라이언트의 알권리라는 측면에서는 입양아 A는 자신의 출신배경과 친부모에 대해 알권리가 있고, 성장한 후 자신의 뿌리를 찾겠다는 결정을 할 경우 이를 위해 필요한 정보에 접근할 권리가 있다. 그러나 친생부모의 입장에서는 비밀보장 원칙에 의하여 자신의 개인신상이 공개되지 않을 권리를 가진다. 알권리와 비밀을 보장받을 권리가 충돌하는 경우 알권리 또는 비밀보장 권리는 부분적으로 제한을 받을 수밖에 없다. 우리나라의 경우 과거에는 일반적으로 비밀입양이 이루어졌는데, 비밀입양 원칙이 입양삼자 모두의 요구에 부응하는 것이며 입양서비스가 추구하는 최선의 결과를 가져올 수 있다고 믿었기 때문이다. 이로 인해 과거 우리나라 입양현장에서는 입양인이 친생부모에 대해 정보공개를 요구하더라도 이를 받아들이지 않는 경우가 많았다.

그러나 비밀보장 권리의 윤리적 한계 및 알권리에 대한 사회적 관심 고조, 입양인의 성장과 발달에 대한 새로운 관점, 2011년 8월 「입양특례법」이 공포됨에 따라 입양기관의 장은 친생부모의 동의를 받아 정보를 공개하도록 하며, 친생부모가 정보의 공개에 동의하지 아니하는 경우에는 친생부모의 인적사항을 제외하고 정보를 공개하게 되었다. 또한 친생부모가 사망하거나 그 밖의 사유로 동의할 수 없는 경우와 의료상 목적 등 특별한 사유가 있는 경우에는 친생부모의 동의 여부와 관계없이 입양정보를 공개할 수 있도록 하였다.

「입양특례법」 제5장 입양아동 등에 대한 정보의 공개

제36조(입양정보의 공개 등)

① 이 법에 따라 양자가 된 사람은 중앙입양원 또는 입양기관이 보유하고 있는 자신과 관련된 입양정보의 공개를 청구할 수 있다. 다만, 이 법에 따라 양자가 된 사람이 미성년자인 경우에는 양친의 동의를 받아야 한다.

> ② 중앙입양원 또는 입양기관의 장은 제1항에 따른 요청이 있을 때 입양아동의 친생부모의 동의를 받아 정보를 공개하여야 한다. 다만, 친생부모가 정보의 공개에 동의하지 아니하는 경우에는 그 친생부모의 인적사항을 제외하고 정보를 공개하여야 한다.
> ③ 제2항의 단서에도 불구하고 친생부모가 사망이나 그 밖의 사유로 동의할 수 없는 경우에는 양자가 된 사람의 의료상 목적 등 특별한 사유가 있는 경우에는 친생부모의 동의 여부와 관계없이 입양정보를 공개할 수 있다.
> ④ 제1항부터 제3항까지의 규정에서 정한 정보공개의 청구대상이 되는 정보의 범위, 신청방법과 절차, 그 밖에 필요한 사항은 대통령령으로 정한다.

이와 같은 입양인의 알권리 명시는 입양기관의 자의에 의한 정보공개 여부에 따라 고통과 불이익을 당해왔다는 점에 비추어 볼 때, 입양인의 알권리 확보라는 차원에서 큰 진전이자 입양에 대한 기존 가치관에 큰 전환을 요구하였다. 그러나 입양인의 알권리가 어느 상황에서나 절대적으로 보장되는 것은 아니며 친생부모의 동의나 의료적 목적 등에 따라 제한받을 수 있다.

2023년 6월 30일 「국내입양에 관한 특별법」 제정안이 국회 본회의를 통과하면서(시행: 2025년 7월 19일), 국내 입양체계는 또 다른 국면을 맞이하게 되었다. 기존 국내 입양체계는 대부분 민간 입양기관이 담당했으나, 이 법 개정에 따라 앞으로는 지방자치단체가 입양 대상 아동을 선정하게 되며, 입양 전까지 아동 보호도 지방자치단체가 담당할 예정이다. 예비양부모 적격성 심사 및 결연, 예비양부모에 대한 상담 및 교육, 사후관리는 보건복지부가 맡게 되며, 입양기록의 관리 및 정보 공개 업무는 아동권리보장원이 맡게 된다. 현재는 25만여 건의 입양기록물을 입양기관과 아동복지시설 등이 나눠 보관하고 있으며, 이 법 개정으로 모든 입양기록은 아동권리보장원이 통합하여 관리하게 되었다. 따라서 앞으로 입양인의 알권리 보장은 아동권리보장원이 소장하고 있는 기록물에 대한 공개 여부를 판단하는 과정과 절차를 통해 이루어질 전망이다.

「국내입양에 관한 특별법」 제4장 입양아동 등에 대한 지원

시행: 2025년 7월 19일

제33조(입양정보의 공개 등)

① 이 법에 따라 양자가 된 사람은 아동권리보장원의 장에게 자신과 관련된 입양정보의 공개를 청구(이하 "정보공개청구"라 한다)할 수 있다. 다만, 이 법에 따라 양자가 된 사람이 미성년자인 경우에는 양부모의 동의를 받아야 한다.

② 제1항의 청구를 받은 아동권리보장원의 장은 친생부모의 동의를 받아 보유하고 있는 입양정보를 지체 없이 공개하여야 한다. 다만, 친생부모의 동의 여부가 확인되지 아니하거나 친생부모가 동의하지 아니하는 경우에는 그 친생부모의 인적사항을 제외하고 입양정보를 공개하여야 한다.

③ 제2항 단서에도 불구하고 친생부모가 사망이나 그 밖의 사유로 동의할 수 없는 경우로서 양자가 된 사람의 의료상 목적 등 특별한 사유가 있는 경우에는 친생부모의 동의 여부와 관계없이 입양정보를 공개할 수 있다.

④ 제1항부터 제3항까지에서 정한 사항 외에 정보공개청구의 대상이 되는 입양정보의 범위, 신청 방법·절차, 그 밖에 필요한 사항은 대통령령으로 정한다.

2) 입양 관련 윤리적 딜레마

이외에 입양과 관련된 윤리적 딜레마에는 다음과 같은 것들이 있다.

(1) 아동 중심 실천 vs. 부모 중심 실천의 딜레마

입양 업무를 수행하다 보면, 입양아동이 아닌 입양부모 혹은 기관의 입장에서 일을 진행하게 된다(예: 입양아동과 입양부모를 매칭할 때, 입양아동에게 가장 적합한 입양부모를 찾는 것이 아니라 입양부모의 요구에 맞춰서 적합한 아동을 선택하는 경우). 이 경우 아동이 가장 취약한 위치에 있으므로, 아동 중심 실천을 해야 함에도 불구하고 현실적으로는 그렇지 못한 경우가 많다. 친부모나 입양부모의 욕구보다는 아동의 복지적 차원에서 접근하는 것이 바람직하며, 법에서도 입양은 아동의 이익이 최우선이 되도록 하여야 한다고 규정되어 있다(「입양특례법」 제4조(입양의 원칙) 이 법에 따른 입양은 아동의 이익이 최우선이 되도록 하여야 한다).

(2) 클라이언트의 기대와 관련된 윤리적 갈등

과거 비밀입양을 선호하는 사회적 분위기 때문에, 입양실무에서 비밀보장이 매우 중요한 윤리이다. 미혼모의 경우, 미혼부와 가족에게까지 임신 사실을 숨기고 싶어 한다. 사회복지사는 친생부모나 입양부모의 입장보다는 가장 취약한 대상이라 할 수 있는 아동의 입장에서 고려할 필요가 있으나, 친생부모를 찾더라도 친생부모가 냉대할 수도 있다는 가능성을 미리 충분히 논의해야 한다. 입양아동은 청소년기에 자신의 정체성에 대해 고민하기 시작하면서 입양가족에 대한 반감을 갖게 되고, 친생부모는 다를 것이라는 환상도 갖게 되는 경우가 많다. 이로 인해 자신의 뿌리를 찾는 노력을 시작하게 되는데, 만약 이 시기에 사회복지사가 입양아동과 상담을 하게 된다면 친생부모를 찾더라도 반드시 환영받을 것으로 기대하기는 어렵다는 점을 솔직하게 설명하는 것이 바람직하다.

(3) 자기결정권과 관련된 윤리적 갈등

입양에 관한 전문지식이 있는 사회복지사가 보았을 때, 친생부모가 처한 상황에 적절치 않은 대안을 선택하는 경우, 친생부모의 자기결정권을 존중해줄 것인가? 공개입양과 비밀입양 중 어떤 것을 선택할지에 대해 입양부모의 자기결정권을 존중해 줄 것인가? 이 경우 공개입양과 비밀입양 두 가지 대안에 대한 장단점을 충분히 설명하여 클라이언트가 선택하도록 하는 것이 바람직하다. 또한 입양을 고민하고 있는 친생부모에게 입양 외에 다른 대안에는 무엇이 있는지, 다른 대안을 선택했을 때 어떤 문제가 발생할 수 있는지 혹은 어떤 제도적 지원과 혜택이 가능한지 등도 구체적으로 고민해볼 수 있도록 하는 것이 좋다.

생각해보기

출생 미등록 아동에 대한 실제 사망 사례가 확인되면서 2024년 7월부터 의료기관이 신생아의 출생 정보를 통보하는 출생통보제와 친생모가 원할 시 익명으로 출산할 수 있는 보호출산제가 시행되고 있다. 이와 더불어 아동학대 사망 원인과 관련 없이 아동사망의 원인을 분석하는 아동사망검토제도 도입도 논의되고 있다. 아동사망검토제도가 시행되면 아동학대가 예방될 수 있을까? 아동사망검토제도 시행이 부모와 아동의 입장에서 윤리적으로 문제가 될 소지는 없는가? 아동을 위한 다양한 조치들이 새롭게 시행되는 가운데 앞으로 아동 분야의 사회복지사는 어떤 윤리적 역량을 갖추어야 할지 생각해 보자.

사례 13-4 아동사망검토제도 도입 논란

'숨겨진 정인이'를 찾기 위해선 한국형 아동사망검토제도 도입이 필요하다는 지적이 제기됐다. 아동학대 사망이 아니라 단순 사고사로 분류됐다 할지라도 아동보호 공백을 찾기 위한 사망사례 검토가 필요하다는 것이다. 미국 영국 등 선진국에선 이미 수십 년 전 도입돼 운용 중이다.

11일 국회에서 열린 '아동사망검토제도 도입을 위한 국회 간담회'에서 김희송 국립과학수사원(국과수) 법의학과 실장은 "(최근 연구 결과) 사고사로 종결된 사건이라 하더라도 다시 검토하면 그중 50%의 사망이 사실상 학대사라는 선행연구와 일치하는 결과를 얻었다"고 밝혔다. 앞서 국과수는 2015~2017년 3년 동안 발생한 아동 변사사건 1,000여 건의 부검 결과 분석 결과 최대 391명이 학대와 관련성이 있다는 결과를 내놓은 바 있다. 이는 같은 기간 정부가 공식 집계한 아동학대 사망자수(90명)의 4.3배에 이른다는 점에서 충격을 줬다.

해외 선진국들은 국가의 아동보호 공백을 메우기 위해 관련 제도를 이미 도입했다. 국회입법조사처에 따르면 미국에선 1978년 LA에서 아동사망검토가 시작됐고 2016년 현재 50개 이상의 주에서 이 제도를 실시하고 있다.

출처: 내일신문(2024. 1. 12.). '숨겨진 정인이' 찾아라… 한국형 아동사망검토제도 모색. 기사에서 일부 발췌.

PART

06

인권과 윤리

인권관점에 기반을 둔 사회복지실천[1)]

인권은 교육학, 법학, 정치학, 철학 등 대부분의 학문분야에서 관심을 갖고 있으며, 특히 사회복지학에서 중요하게 강조하고 있는 용어이다. 일반적으로 사회복지사는 '클라이언트라고 불리는 사회복지 서비스·지원을 필요로 하는 사람들에게 적절한 서비스와 상담 및 치료 등을 제공하는 전문가'로 많이 이야기된다. 또, 이와 함께 자신의 주장을 제기하거나 펼칠 수 없는 사람들을 대변하고 옹호하는 옹호자(advocate)의 역할을 수행해야 한다고 이야기되기도 한다(윤찬영, 2022: 33). 즉 직접적인 사회복지서비스를 제공하는 역할을 수행하는 것과 함께 서비스나 지원을 필요로 하는 사람들의 권익을 대변하거나 그들의 인권을 옹호하는 역할을 해야 한다는 것이다. 여기에서는 같은 듯 하면서도 다른 '인권과 사회복지'의 관계에 대해서 알아보고자 한다. 이를 위해 먼저, 인권이 과연 무엇인가에 대해 살펴본다. 이후 이러한 인권에 대한 이해를 바탕으로, 사회복지와 인권의 관계가 어떻게 되며, 인권에 대한 이해를 사회복지사가 왜 해야 하는지, 그리고 인권관점에 기반을 둔 사회복지실천은 어떤 것을 이야기하는지에 대해 논의하고자 한다. 이를 통해 사회복지사들이 실천현장에서 클라이언트의 인권지킴이로서의 역할을 수행하기를 기원한다.

---

1) 본 내용은 김기덕·서동명 등(2024)이 집필한 『사회복지학개론』의 제6장 '사회복지와 인권: 클라이언트의 인권지킴이, 사회복지사'의 내용을 중심으로 작성하였다.

1. 인권의 이해

1) 인권의 개념

(1) 인권의 이해

1789년 프랑스 대혁명 이후로 사용[2)]되기 시작한 인권은 인간의 권리라는 영어의 'human rights'를 번역한 것으로, 제2차 세계대전 이후 유엔(UN)이 설립되고, 1948년 유엔총회에서 '세계인권선언(Universal Declaration of Human Rights)'이 선포되면서 중요한 개념으로 등장하였다. 인권의 의미를 사전적으로 보면 '인간이 인간답게 존재하기 위한 보편적이고 절대적인 인간의 권리이자 인간으로서 당연히 누려야 할 인간답게 살 권리'이다. 또 '인간이 태어날 때부터 갖고 있는, 인간이기 때문에 빼앗겨서는 안 되는 권리'를 의미한다. 인간은 누구나 태어나면서부터 성별, 국적, 인종 등에 관계없이 존중을 받으며 인간답게 살아갈 권리, 즉 인권을 가진다. 인권은 인간답게 살아가기 위해서 반드시 필요한 것으로 인간이 행복한 삶을 영위하기 위하여 매우 중요하다고 할 수 있다. 유엔에서 정의한 인권의 의미는 다음과 같다.

> 인권은 그가 어디에 살든 관계없이 각 개인에게 부여된 일련의 권리를 말한다. 인권은 일반적으로 '모든 인간이 본질적으로 그리고 선천적으로 갖고 있는 권리로서 그것이 보장되지 않으면 인간답게 살아갈 수 없는 모든 권리를 의미한다. 인권과 기본적 자유는 개인이 완전하게 발전할 수 있는 기회를 제공하며 인간으로서의 자질, 지적 능력, 재능, 의식 등을 활용할 수 있게 하고 우리의 영적 혹은 기타의 욕구들을 충족시켜준다.'
>
> 출처: United Nations(1987); 엘리자베스 라이커트(2008). p.14에서 재인용.

2) 프랑스 혁명의 결과물로 1789년 8월, 입법의회가 공포한 선언인 '인간과 시민의 권리 선언(Déclaration Des Droits de l'Homme et du Citoyen)'의 'Des Droits de l'Homme'를 영어로 번역하면 'The rights of man' 즉 '인간의 권리'라는 뜻이다.

이러한 유엔의 정의를 토대로 보면, 인권은 '인간의 권리'를 넘어 '인간답게 살기 위해서 반드시 필요한 모든 권리, 사람다움을 실현하는 권리'라고 할 수 있다. 결국 인권은 우리가 지향해야 할 '가치'이면서 동시에 존엄한 삶이라는 궁극적인 목적에 이르는 '수단'의 역할을 한다고 할 수 있다.

(2) 권리와 의무로의 인권

앞서 인권은 모든 사람이 사람답게 살기 위해서 필요한 것들을 권리로 보장받은 것이라고 하였다. 또한 인권에서 이야기하는 권리는 어떤 대가를 치르거나 비용을 지불하고 얻는 것이 아니고, 단지 인간이라는 이유로 당연히 누리는 권리를 의미한다고 할 수 있다. 그렇다면 권리란 무엇일까? 권리란 누군가에 대해서 무언가를 보장해달라고 주장할 수 있는 근거를 의미한다. 예를 들어 철수가 영희에게 돈을 빌렸다고 하면, 영희는 철수에게 정해진 날짜까지 빌려간 돈을 갚으라고 주장할 수 있는 '권리'를 갖게 되고, 철수는 영희에게 정해진 날짜에 돈을 갚아야 할 '의무'를 가지게 되었다고 할 수 있다. 이런 의미에서 권리의 반대말은 의무이며, 누군가의 인권에는 그 사람의 권리와 함께 이러한 인권을 지키기 위한 다른 사람의 의무가 존재한다고 할 수 있다.

인권과 관련하여 '권리와 의무'를 이야기할 때는 주로 국민과 국가의 권리와 의무를 규정하게 된다. 우리나라 「헌법」 제2장 '국민의 권리와 의무'에서는 가장 먼저 제10조를 다음과 같이 규정하고 있다.

> 제10조 모든 국민은 인간으로서의 존엄과 가치를 가지며, 행복을 추구할 권리를 가진다. 국가는 개인이 가지는 불가침의 기본적 인권을 확인하고 이를 보장할 의무를 진다.

즉, 모든 국민은 행복을 추구할 '권리'를 가지며 국가는 국민의 인권을 보장할 '의무'를 진다고 「헌법」에 명시되어 있는 것이다. 이것이 바로 국가가 존재하는 이유이다. 국민과 국가는 서로 권리와 의무의 관계로 연결되어 있으며, 국가는 권리의 주체인 국민, 즉 개인의 인권을 보장하는 가장 중요한 의무의 주체라고 할 수 있다.

2) 인권의 내용과 구분

1948년 공포된 〈세계인권선언〉에서는 모든 사람이 지니고 있으며 누구도 빼앗을 수 없는 권리와 자유 30가지가 명시되어 있다. 여기에는 고문을 받지 않을 권리, 표현의 자유, 교육을 받을 권리, 비호를 받을 권리[3] 등과 생명권[4], 자유권, 사생활권과 같은 '시민적 · 정치적 권리'와 사회보장을 받을 권리, 건강권, 적절한 주거지에서 살 권리 등의 '경제적 · 사회적 · 문화적 권리' 등이 포함되어 있다. 〈세계인권선언〉이 유엔에서 공포된 이후, 지난 70여 년 동안 유엔을 비롯한 국제기구는 인권보장과 관련된 여러 가지 국제 규약 혹은 협약을 발표하였다. 이를 토대로 인권을 내용에 따라 구분하면 크게 시민적 · 정치적 권리(자유권), 경제적 · 사회적 · 문화적 권리(평등권/사회권)로 구분할 수 있다(배화옥 외, 2015; 양옥경, 2017).

(1) 시민적 · 정치적 권리(자유권)

인권의 첫 번째 영역은 자유권이다. 자유권은 '시민적 영역의 권리'와 '정치적 영역의 권리'로 구성되며, 개인을 중심으로 하고 있으며, 시민권이라 불리기도 한다. 먼저 '시민적 영역의 권리, 즉 시민적 권리'는 일정한 생활영역을 국가나 타인의 간섭으로부터 보호받는 권리를 의미한다. 이를 반대로 해석하면, 국가는 개인의 삶에 간섭하지 않아야 할 의무가 있음을 의미한다. 한편, '정치적 영역의 권리', 즉 '정치적 권리'는 정치적 공동체의 구성원으로서 국가

3) 인종, 신념, 종교 등의 이유로 박해를 받는 경우 타국에 피난처를 구할 권리를 의미한다.

4) 자신의 의사에 반해 생명을 강제로 박탈당하지 않을 권리를 의미한다.

업무에 참여하고 국가 업무를 통제하는 권리를 말한다. 생명권, 인격적 존재로 대우받을 권리, 신체의 자유, 거주 · 이전의 자유 등이 시민적 권리에 속하는 것이라고 한다면, 선거권과 참정권, 사상과 표현의 자유, 집회와 결사의 자유 등이 정치적 권리의 대표적인 인권목록이라고 할 수 있다. 이러한 인권은 국가의 적극적인 활동을 통해 실현되어야 하는 권리, 즉 '적극적 권리'라기보다는 빼앗기지 않도록 보호되어야 하는 권리라는 의미의 '소극적 권리'로 이해된다. 또 자연스러운 자연 법칙과 같은 것이라는 의미에서 '자연권'이라고 불리기도 한다.

(2) 경제적 · 사회적 · 문화적 권리(평등권/사회권)

인권의 두 번째 영역은 평등권이다. 이는 경제적 · 사회적 · 문화적 영역의 인권으로, 국가가 적극적으로 실현해 줄 것을 요구하는 성격의 권리이다. 이 평등권은 개인이 인간으로서 잠재력을 최대한 실현하기 위해 사회로부터 제공되는 각종 서비스를 받는다는 의미로 사회권이라고도 불린다. 구체적으로는 취업할 권리, 적정 임금을 받을 권리, 주거권, 적절한 음식과 의복을 가질 권리, 교육받을 권리, 적합한 의료보호를 받을 권리, 사회보장권, 혹은 사회복지권, 여가를 즐길 권리 등이 포함된다. 이러한 인권은 '적극적 권리'로 여겨진다. 즉 단순히 권리를 국가가 '보호'하는 것이 아니라 국가에서 제공하는 다양한 형태의 사회보장제도 등의 적극적인 활동을 통해 권리가 달성될 수 있도록 하여야 한다는 의미이다.

3) 인권의 속성

지금까지 인권의 개념과 내용에 대해서 살펴보았다. 이제 인권 개념의 마지막 단계로 인권의 속성에 대해서 살펴보고자 한다. 인권(a human right)은 여러 가지 인권들(human rights)로 구성된다. 따라서 여러 가지 인권들 중 어느 하나의 인권만 보장되고, 다른 인권들은 보장되지 않는 사회가 있다면 이 사회는 인권보장이 이루어지는 사회라고 할 수 없을 것이다. 왜냐하면 인권은 개별적으로 나누어서 볼 수 없는 속성이 있기 때문이다. 예를 들어 어느 사회에서 한 사람이 '사회보험, 공공부조 등 사회보장에 대한 권리'는 보장받지만, 그 사회의 지도자를 선발할 수 있는 투표참여에의 권리, 즉 '정치참여 등의 참정권과 자유권'이 제한된다고 하면, 그 사람의 인권은 보장받지 못하고 있다고 할 수 있다. 이와 같이 인권은 다양한 속성을 가지고 있는데, 연구자들에 따라서 인권의 속성을 다음과 같이 제시하고 있다.

이준일(2018)은 보편성(universality), 도덕성(morality), 근본성(fundamentality), 추상성(abstracity), 우월성(priority) 등 다섯 가지를 인권의 본질적인 속성으로 제시하고 있다(이준일, 2018: 7-8).

첫째, 인권은 '모든 인간이 누구나 향유할 수 있는 권리', 즉 보편적 권리(universal rights)이다. 이는 국적, 부(富), 권력, 인종, 성별, 장애유무, 종교 등 인간을 둘러싼 어떠한 조건과 상관없이 누구에게나 인권이 보장되어야 함을 의미한다.

둘째, 인권은 '어떠한 시대와 공간에서도 인정되어야만 하는 권리'라는 점에서 보편적 효력이 인정되는 도덕적 권리(moral rights)이다. 따라서 특정한 시대나 특정한 국가 또는 지역 등에서만 제한적으로 효력이 인정되는 권리는 인권이라고 부를 수 없다.

셋째, 인권은 '모든 인간에게 필수적으로 요구되는 권리'라는 점에서 '근본적 권리(fundamental rights)', 또는 '기본적 권리(basic rights)'이다. 따라서 인권은 다른 권리를 포기하더라도 이 권리는 포기할 수 없는 가장 기초적인 권리를 의미한다.

넷째, 인권은 의미내용의 경계가 대단히 불확정적인 '추상적 권리(abstract rights)'이다. 앞서 인권이 보편적이고, 도덕적이고 근본적인 권리라고 하였다. 즉 모든 사람에게, 시대와 공간을 뛰어 넘어서 반드시 인정되어야 하는 권리는 구체적일 수 없고 추상적일 수밖에 없는 것이다. 이에 인권은 구체적 권리가 되기 위해서 의미내용의 경계가 확장될 필요가 있다.

다섯째, 인권은 '실정법보다 우선한다'는 점에서 '우월적 권리(priory rights)'이다. 이것은 실정법과 인권이 충돌하는 경우에 인권이 실정법을 판단하는 기준이 된다는 뜻이다.

한편 윤찬영(2022)은 절대성, 보편성, 항구성, 불가양성(불가침성) 등 4가지를 인권의 속성으로 제시하였다.

첫째, 절대성은 경우에 따라 인권이 인정되기도 하고 부정되기도 하는 상대성을 거부하고, 절대적인 가치로 인권을 보는 것이다.

둘째, 다른 어떠한 조건에 관계없이 인간이면 누구나 인권이라는 권리의 주체가 된다고 보는 보편성을 강조하였다.

셋째, 항구성은 일시적으로만 인권이 인정되는 것이 아니라 항구적으로 인정된다고 보는 것이며,

마지막 넷째, 인권은 개인 각자에게만 소유될 수 있으며 어느 누구에게도 양보할 수도 없고 양도할 수도 없는 불가양도의 권리이고, 다른 사람이 침해하거나 빼앗을 수 없는 불가침의 권리이다(윤찬영, 2022).

또 배화옥 등(2015)은 보편적이며 양도불가능한 속성, 상호의존적이며 불가분한 속성, 그리고 평등하며 비차별적인 속성 등 3가지를 인권의 속성으로 제시하고 있다.

첫째, 보편성은 모든 인간이 누구나 향유할 수 있는 권리, 보편적 권리(universal rights)라는 의미로, 국적, 부(富), 권력, 인종, 성별, 장애유무, 종교 등 인간을 둘러싼 다른 어떠한 조건과 상관없이 누구에게나 인권이 보장되어야 하며, 누구에게나 동일한 잣대로 적용된다는 것을 의미한다(엘리자베스 라이커트, 2008: 16~17; 양옥경, 2017: 142-146). 이러한 보편성의 연장선상에서 인권은 다른 사람이 대신 누리거나 다른 사람에게 양도할 수 없는 성격, 즉 양도불가능한 성격을 지닌다고 할 수 있다.

둘째, 불가분성은 선별적으로 어떤 인권을 더 중요하게 취급해서는 안 된다

는 것이며 인권을 나누어서 생각할 수 없다는 의미, 즉 인권은 전체가 하나를 이루고 있으며, 각 부분들을 따로 떼어내서는 안 된다는 것을 의미한다.

셋째, 인권은 평등하고 비차별적인 속성을 가지고 있다. 여기서 평등은 모든 것을 같게 대우하는 것을 의미하는 것이 아니라, 같은 것은 같게(동등하게), 다른 것은 다르게 대우하는 것을 의미한다. 예를 들어 같은 직장에서 동일한 일을 하는데 남성과 여성, 비장애인과 장애인, 내국인과 외국인의 급여가 다르다면 이는 차별대우로써 평등에 위배된다고 할 수 있다. 또한 기회 및 조건의 평등 역시 중요하다. 이러한 관점에서 여성 혹은 장애인 차별에 대한 적극적 조치의 실행은 매우 중요하다고 할 수 있다(배화옥 외, 2015: 35).

2. 사회복지와 인권의 관계

1) 사회복지와 인권

사회복지와 인권의 관계는 어떻게 될까? 사회복지사는 사회복지의 대상이 되는 클라이언트의 복지를 실현하는 전문가이면서, 동시에 클라이언트의 인권을 지키는 전문가이다. 사회복지사의 중요한 역할 중에 옹호(advocacy)가 있다는 것을 생각하면, 클라이언트의 인권을 지키는 것이 바로 사회복지사의 중요한 역할 중 하나라고 할 수 있다. 여기에 비추어 보면, 복지와 인권은 거의 같은 의미가 된다. 하지만, 복지를 지향한다는 것과 인권을 지향한다는 것이 같은 것처럼 보여도 조금은 다른 의미라고 할 수 있다.

앞서 살펴본 것처럼 인권은 크게 자유권적 인권과 사회권적 인권으로 구분할 수 있다. 이 중에서 우리가 인권이라고 할 때 우선적으로 떠올리게 되는 것은 자유권적 인권의 개념이다. 고문, 학대, 강제수용, 강제노역, 탄압 등 국가를 중심으로 한 권력의 억압과 통제에 맞서서 투쟁하는 것이 곧 인권을 수호하는 것으로 인식되는 것이다. 이에 따라 이러한 억압과 통제가 없는 삶, 즉 자유권을 충분히 보장받는 삶을 인권적인 삶, 인권이 존중되는 삶으로 인식하게 된다. 한편 사회복지는 근로권, 주거권, 교육권 등의 사회권 영역을 중심으로 설명하게 된다. 이러한 사회권을 사회복지의 중요한 영역으로 인식하다 보니 모든 사람의 보편적인 인권보다는 장애인, 여성, 아동, 노인, 외국인노동자, 빈민 등 특수한 집단에 속한 사람들의 권리로서 인식하는 경향이 컸다(윤찬영, 2022: 72-74). 이상의 내용을 통해서 보면, 사회복지는 인권에 속하는 것이라고 할 수 있다. 즉 인권의 큰 영역 안에 사회복지가 속한다고 할 수 있다.

2) 갈등관계에 놓이기도 하는 인권과 사회복지

이와 같이 인권과 복지가 밀접하고 상호 우호적인 관계에 있는 것 같지만, 현실에서는 그렇지 않는 경우도 있으며, 때로는 갈등하고 충돌하기도 한다. 우리나라의 장애인 거주시설을 둘러싼 논란을 복지적 관점과 인권적 관점으로 살펴보자. 우리나라의 사회복지실천은 한국전쟁 이후 전쟁고아를 대상으로 하는 아동양육시설을 중심으로 시작되었다. 이후 시간이 지나 시설의 아동들이 성인이 되었을 때, 비장애인들은 시설 밖으로 나가게 되었으며, 결국 장애인, 그중에서도 중증장애인들이 주로 시설에 남게 되었다. 이러한 시대적인 상황과 요청에 따라 장애인을 안전하게 보호하기 위하여 다수의 아동양육시설이 장애인거주시설로 변화되게 되었다.[5] 이와 같이 장애인거주시설은 우리나라를 비롯한 많은 국가에서 오랫동안 시행되어 온 사회복지서비스의 하나라고 할 수 있다. 그러나 인권관점에서 볼 때 이러한 거주시설 중심의 복지는 반(反)인권적인 억압과 통제의 형태일 뿐이라고도 지적할 수 있다. 다수의 사람들이 한

5) 우리나라에서 역사가 깊은 장애인거주시설 중 다수가 1970년대에 아동양육시설에서 시설유형을 변경한 것을 통해서 이러한 사실을 확인할 수 있다.

정된 공간에서 함께 생활하다보니 학대 등의 인권침해가 끊임없이 발생했던 것도 사실이다. 이러한 이유로 '장애인 탈시설[6)]'은 장애인의 인권과 관련하여 매우 시급하고 중요한 쟁점으로 부각되고 있다. 또 사회복지의 관점과 입장에서도 장애인들이 거주시설에서 나오는 것은 '자립지원'이라는 장애인복지정책과 실천의 개혁적 대안이기도 한다. 이에 2020년 12월, 「장애인 탈시설 지원 등에 관한 법률안(이하 '탈시설지원법')」이 발의되었다. 여기에서 제시한 이 법의 목적은 다음과 같다.

> **제1조(목적)** 이 법은 모든 장애인이 독립된 주체로서 탈시설하여 지역사회에서 살아가는 데 필요한 서비스를 제공하고, 장애인 생활시설의 인권침해 실태를 적극적으로 조사하여 운영 과정에서의 문제를 발견하며, 인권침해가 발생한 장애인 생활시설과 그 운영법인에 대하여 효과적으로 제재할 수 있도록 필요한 사항을 규정함으로써 장애인의 인간다운 삶을 보장하고, 완전한 사회통합을 이루는 데 이바지함을 목적으로 한다.

그러나 이러한 '장애인 탈시설'이라는 쟁점을 놓고 법안을 찬성하는 입장과 반대하는 입장이 대립하고 있다. 법안을 찬성하는 입장은 탈시설을 지원함으로써 장애인 당사자가 거주지를 자유롭게 선택하고 변경하는 거주이전의 자유를 보장하고, 자유로운 생활형성권 보장을 통해 모든 생활영역에서 장애인의 인권을 향상시킨다는 것이다. 이 법안을 반대하는 입장, 특히 거주시설 장애인의 가족을 중심으로 한 보호자들은 시설에 거주하기를 원하는 장애인 당사자와 가족의 권리를 침해한다고 주장한다. 즉 지역사회 통합돌봄을 위한 거주환경과 지원이 충분하게 준비되어 있지 않고 거주시설이 장애인의 돌봄기능을

6) 탈시설이라는 용어에 대해서도 인권운동계와 사회복지계의 의견이 충돌하기도 한다. 인권운동계에서는 시설에서 나오는 것이 중요하다는 의미에서 '탈시설'이라는 용어 사용을 강력하게 주장하지만, 일부 사회복지계에서는 '탈시설'이라는 용어가 '모든 시설은 나쁘다'는 일종의 낙인을 씌울 수 있기 때문에, '지역사회 자립지원', '지역사회중심 거주지원' 등 중립적인 단어를 사용할 것을 주장하고 있다.

수행함에서 오는 장애인 당사자와 가족에게 주는 실익에 비추어 충분한 사회적 논의와 합의가 없는 탈시설지원법의 제정은 취약계층의 복지를 약화시키는 역할만을 수행할 것이라는 비판을 제기하는 것이다.

장애인의 선택권과 자기결정권을 중심으로 생각하면 거주시설 중심의 장애인복지서비스는 일정부분 장애인의 인권을 침해하는 것이라고 볼 수 있다. 그러나 모든 장애인이 거주시설이 아닌 자신의 집(home)에서 생활하려면 자신의 집 근처 지역사회 내에 다양한 이해당사자와의 관계 형성과 인프라 지원 등이 반드시 이루어져야 한다. 이러한 지원이 지역사회 내에서 충분하게 제공되지 않은 상황에서 모든 시설을 폐쇄하고 탈시설을 주장하는 것은 장애인에게 가해지는 또 다른 폭력이라고 할 수 있다. 즉 지역사회의 다양한 조건들이 충족되지 못한다면 장애인의 인권을 보장하기 위해서 추진한다는 탈시설이 오히려 장애인의 인권을 침해하는 상황이 될 수 있는 것이다.

이와 같이 인권지향이 가지고 있는 반복지적 측면, 즉 '장애인을 위험한 환경에 방치할 수 있다'는 주장과 복지지향이 가지고 있는 반인권적 측면, 즉 '장애인을 거주시설에 입소시키는 것 자체가 반인권적이다'라는 주장이 서로 부딪치며 교차하는 것이다. 이렇게 '인권'과 '복지'는 매우 밀접하고 친밀한 관계를 보이면서도 동시에 부정적으로 부딪치기도 한다(윤찬영, 2022: 84-95).

공공부조의 대표적인 제도인 '국민기초생활보장제도'에서도 복지와 인권의 충돌지점은 쉽게 찾을 수 있다. 공공부조제도의 운영을 위해서는 수급권자의 자산조사가 필수적으로 필요하며, 이러한 자산조사 과정에서 수급권자는 자신이 얼마나 이 제도에 부합한 가난한 사람인지를 증명하는 절차와 기준을 통과해야 한다. 이러한 신청부터 수급자 선정까지의 국민기초생활보장제도의 시행과정을 인권적인 차원으로 살펴보면 반(反)인권적이라고 할 수 있다. 즉 가난한 자의 생존권을 보장하고 보호함으로써 이들의 인권을 보장하는 복지제도이지만 이러한 제도를 시행하는 과정에서 가난을 입증하고 확인하는 절차 때문에 '사생활에 대한 권리, 자유권, 명예권 등'의 인권을 침해하는 결과를 가져오는 것이다(윤찬영, 2022: 91-93).

장애인과 노인에게 제공되는 대표적인 사회서비스인 '장애인활동지원제도'나 '노인장기요양보험제도'에서도 동일한 문제가 발생한다. 장애인과 노인이 이 제도를 통해서 서비스를 지원받기 위해서는 자신이 얼마나 이 서비스를 필요로 하는지, 즉 자신의 장애 등이 얼마나 심하고, 현재 생활하는 데 얼마나 어려운지를 입증하고 확인하는 절차가 반드시 필요하다. 여기에는 결국 장애인과 노인의 인권침해적인 요소가 다수 있을 수밖에 없는 것이다.

3) 인권적 사회복지실천

사회복지실천은 클라이언트의 욕구에 초점을 두고 발전해 왔다. 즉 클라이언트의 욕구에 기반을 둔 실천과 이를 위해 클라이언트의 욕구를 조사(needs assessment)하는 것으로 사회복지사의 업무는 시작된다고 해도 틀린 말이 아니다. 그러나 이러한 욕구중심의 실천은 앞에서 살펴본 것처럼 클라이언트의 인권을 등한시하고, 경우에 따라서는 인권을 침해하는 문제를 불러일으킨다고 할 수 있다. 클라이언트의 욕구에 초점을 둔다는 것은 클라이언트를 '개별화된 인간'으로 본다는 장점이 있지만, 동시에 클라이언트의 욕구에 관심을 기울이기 위해 클라이언트의 '문제'와 그 '문제의 개선'에만 초점을 두었다는 것을 의미하는 것이다. 여기에서 인권적 사회복지실천에 관심을 기울여야 하는 의미를 찾을 수 있다.

'인권적 사회복지실천'이란 욕구를 가진 클라이언트를 문제가 있는 사람으로 보는 것이 아니라 그와 같은 욕구로 표현되는 권리를 가진 사람으로 보는 것이다. 또 이러한 과정은 클라이언트가 인간으로서의 존엄성을 유지하도록 하는 것으로 자율적 결정의 주체임을 인정하는 것이다(양옥경, 2017: 218).[7] 집 아이

7) 한편 인권적 사회복지실천의 비슷한 말로 윤리적 실천이라는 말이 있다. 인권은 큰 틀에서 사회복지실천이 근본적인 방향을 제시한다면 윤리는 주어진 상황에서의 사회복지사 개인이 취할 실천의

프(J. Ife)는 이러한 이용자에 대한 새로운 접근방법, 즉 권리기반 접근방법(rights based approach)을 제시하면서 기존의 전통적인 접근방법인 욕구기반 접근방법(needs based approach)과 구분하여 부르고 있다(Ife, 2001; 2006; 배화옥 외, 2015: 71-73에서 재인용). 그는 권리중심의 사회복지관점(rights-based perspective)은 사회복지사들이 이미 하고 있는 것이지만, 많은 사회복지서비스는 욕구중심 접근(needs-based approach)을 기본으로 하기 때문에 권리중심의 관점(rights-based perspective)과 차별성이 있다고 보았다. 그는 사회복지서비스는 욕구사정(need assessment)에 의해서가 아니라 클라이언트의 권리이기 때문에 제공되어야 하는 것임을 강조한다. 또 이러한 권리는 인권규약과 조약, 전통 등으로부터 나오게 되는데, 이 관점에서 보면 문제의 원인은 개인이 아니라 개인의 권리를 보장하지 못하는 시스템에 있다. 따라서 사회복지실천에서도 적극적인 옹호나 권리실현을 위해 제도 개선 촉구, 연대 등의 활동이 특히 강조된다. 이는 인권실천에서 사회복지사가 장애인의 '참여'를 높일 수 있는 '협력적 관계'를 통해 그들이 '수동적 시민권'에서 '적극적 시민권'의 위치로 이동하도록 돕는 가교 역할을 하는 것과도 일맥상통한다(Kim, 2010; 김미옥, 김경희, 2011에서 재인용). 이러한 인권적 사회복지실천의 예로 장애아동에 대한 권리기반 접근방법을 살펴보면 다음과 같다.

1. 장애아동의 권리(예: 아동권리협약 기준)와 이에 상응하는 부모, 형제, 가족의 책임 확인
2. 가족의 권리(예: 부모의 근로할 권리, 의미) 확인
3. 1, 2를 바탕으로 제공이 필요한 서비스 계획·마련, 권리의 적정화
4. 협력적 관계, 개인적 비난 및 이기주의 기피

출처: 배화옥 외(2015). p.73.

방향과 지혜를 제시해 준다. 그러므로 윤리는 사회복지사를 위한 것으로 사회복지사가 클라이언트와 함께 일할 때 클라이언트의 인권을 지키고 보장해 주기 위한 실천지침이라고 할 수 있다(양옥경, 2017: 219).

한편 장애인 거주시설에서의 인권적 사회복지실천의 모습과 이러한 인권관점에 기초한 사회복지실천의 성과는 다음과 같이 제시할 수 있다.

〈인권적 사회복지실천의 모습〉

1. 조직차원에서의 인권관점에 기초한 사회복지실천 경험
 – 장애인인권보장 규정 제정에 의한 실천적 권리 기준 마련
 – 장애인인권보장위원회 구성과 지속적인 활동.
2. 종사자차원에서의 인권관점에 기초한 사회복지실천 경험
 – 나와 너는 똑같은 권리를 가진 사람임을 떠올리며 실천함
 – 시설의 틀을 넘어서 개별성과 선택권을 존중함
 – 인권관점에 부합하는 쪽으로 모든 것을 변화시켜 나감

〈인권관점에 기초한 사회복지실천의 성과〉
 – 장애인 이용자의 참여 증진
 – 종사자 스스로에 대한 변화 인식
 – 인권관점에 기초한 사회복지 실천의 질적 향상

출처: 김미옥, 김경희(2011)의 관련내용에서 발췌 및 정리.

그렇다면 왜 이러한 인권관점에 기반을 둔 사회복지가 필요할까? 여러 가지 이유가 있을 수 있지만, 가장 큰 이유는 사회복지의 대상이 되는 클라이언트가 인권에 취약한 집단으로 차별에 직면하는 경우가 대부분이기 때문이다. 우리 사회에서 여성들은 남성과 유사한 권리나 혜택을 누리고 있지 못하는 경우가 많이 있다. 즉 여전히 정치적·경제적 권력은 여성들에 비해 남성들이 더 많이 누리고 있다. 이러한 남성에 의한 권력독점, 특히 정치적 권력 독점은 특정 이슈에 대하여 여성들의 관점을 배제하는 경향이 있고, 이는 많은 경우 차별적 결과를 초래하고 있다. 아동 역시 여성과는 다른 이유로 인권 분야에서의 관심, 즉 아동의 권리를 보호하기 위하여 우리 사회의 각별한 관심이 필요한 상황이다. 노인과 장애인 역시 인권취약집단이라고 할 수 있다. 나이가 들수록

이전에 비해 차별과 착취를 받기 쉬운 상황에 처하게 되며, 신체적 · 정신적 장애를 가진 사람 역시, 비장애인이 중심인 우리 사회에서 차별받거나 활동이 제한되는 등의 어려움에 처하게 된다. 이외에도 성소수자, 문화적 · 민족적 · 종교적 소수자 등도 모두 인권에 취약한 상황이다.

물론 우리나라를 비롯한 많은 국가들이 이러한 취약집단의 인권이슈를 다루고 이를 해결하기 위한 다양한 법규를 제정해 왔다. 하지만 이 법규들은 특정 상황에서 발생하는 인권 문제만을 다루고 있을 뿐 사회적 약자 집단의 인권 문제에 대하여 포괄적으로 다루고 있지 않다. 이에 많은 차별 행위들이 법적 제재 없이 지속되고 있는 상황이다. 예를 들어 「장애인차별금지법」 등 취약집단의 차별을 금지하는 법이 제정·시행되고 있지만, 어려움은 여전히 없어지지 않고 있다. 이에 사회복지사는 주류집단의 권력에 맞서서 여성, 노인, 아동, 장애인 등 취약집단에 속한 사람들의 인권을 보호하고 차별에 대응하기 위해서는 새로운 접근 방식들이 필요한 상황이다. 이러한 이유로 차별과 다른 인권 침해를 인정하고 받아들이는 모든 구조들을 변화시킬 수 있는 수단인 인권 원칙, 즉 인권관점에 기반을 둔 사회복지실천의 필요성이 있다고 할 것이다.

4) 인권관점과 사회복지

인권관점에서 사회복지를 바라볼 때 고려하여 할 것은 여러 가지가 있다. 이 중에서 가장 중요한 것은 클라이언트의 자기결정, 그리고 사회적 배제가 아닌 사회적 포함이라고 할 수 있다. 이에 대해서 살펴보면 다음과 같다.

(1) 자기결정

자기결정(self-determination)은 사회복지실천의 원칙 중 가장 먼저 제시되는 것으로 매우 익숙한 용어이다. 사회복지실천에서 자기결정권이란 클라이언트가 도움을 받는 과정 전체에서 어떤 결정을 내려야 하는 순간에 그 결정의 권한을 존중해 준다는 것을 의미하는데, 사회복지사는 클라이언트가 최상의 조건에서 최상의 결정을 내릴 수 있도록 클라이언트와 함께(with client) 일해야 한다(양옥경, 2017: 31-32). 사회복지사들은 개인의 자기결정문제에 직면할 때가 많다. 미국의 사회복지사 윤리강령에는 '사회복지사는 클라이언트의 자기결정권을 존중하고 증진하며, 클라이언트가 자신의 목표를 확인하고 명확히 하려는 노력을 하도록 지원한다.'고 규정하고 있으며, 우리나라의 사회복지사 윤리강령 역시 '사회복지사는 사회복지 실천과정에서 클라이언트의 자기 결정을 존중하고, 클라이언트를 사회복지 실천의 주체로 인식하여 클라이언트가 자기결정권을 최대한 행사할 수 있도록 돕는다.'고 규정하고 있다. 이는 클라이언트가 사회적으로 책임 있는 자기결정을 내리는데, 사회복지사가 도와야 한다는 의미이다. 즉 사회복지사들은 클라이언트의 삶의 질을 높이기 위해서 노력한다. 이를 위해 자신의 삶을 선택하는 자유의 보장과 접근에 대한 지원, 적절한 선택에 대한 정보 제공 등을 촉진하는 것이 필요하다고 할 수 있다(Reichert, 2008: 280).

(2) 사회적 배제와 사회적 포함

인권과 밀접하게 연관된 사회복지 개념의 하나는 사회적 배제(social exclusion)이다. 터너(Turner, 1986)에 따르면 사회적 배제란 사회·경제·정치활동 및 그 참여과정 속에서 특정 집단이나 개인이 사회의 희소자원에 접근할 수 없거나 혹은 그 분배가 공정하게 이루어지지 않은 경우를 말한다(황혜인, 김연희, 이희선, 2018). 즉 주류사회에서 단절되어 삶의 다양한 영역에서의 참여와 권력을 획득할 수 있는 기회가 제한되는 것을 의미하는 것(이웅, 손다진, 2022)이다. 앞서 살펴본 것처럼 인권의 목표는 모든 인간에게 정치적 · 경제적 · 사회적 · 문화적 권리를 부여함으로써 소외된 개인과 집단들에게 사회에 참여할 수 있도록 보장하는 것이다. 이러한 관점으로 보면 사회적 배제는 이러한 인권의 전제를 반대로 침해하는 것이라고 할 수 있다. 특히 사회적 배제는 집단 간 경계를 강화하고, 사회적으로 배제된 집단에 대한 부정적인 관점을 강화하는 등 이들에 대한 배제를 재생산하고 강화한다는 점에서 그 심각성이 있다. 또 이러한 사회적 배제는 결국 인간존엄성에 대한 차별로 이어진다(Sibley, 1998; 신유리 외, 2013에서 재인용; 조임영, 2011; 이웅, 손다진, 2022에서 재인용). 따라서 사회복지사들은 클라이언트를 비롯한 많은 사람들의 인권증진에 매진함으로써 사회적 배제가 아닌 사회적 포함(social inclusion), 즉 클라이언트가 사회구성원으로 다양한 삶의 영역에 완전히 참여하기 위한 기회·권리·자원 등을 온전히 가질 수 있도록 노력하여야 한다.

5) 사회복지사의 사명

사회복지사의 정체성 강화는 인권침해가 발생하는 영역과 깊은 관련성을 지닌다. 나아가, 인간 존재의 가치와 도덕성에 바탕을 두는 사회복지실천의 기본 이념은 바로 인권의 속성 및 기본 가치와 맞닿아 있기도 하다. 이렇게 볼 때 사회복지실천은 인권과 분리될 수 없는 것이며 사회복지실천현장의 업무, 즉 사회복지 직무는 바로 인권에 바탕을 두어야 하는 것이다(배화옥 외, 2015: 74).

> 사회복지 전문직의 기본 사명은 인간의 복지를 증진하고 모든 사람의 기본적인 욕구를 충족하도록 돕는 것이며, 특히 취약하고 억압받고 빈곤한 사람들의 욕구와 역량 강화에 관심을 기울이는 것이다.[8)]

이는 미국 사회복지사 윤리강령의 전문(Preamble)에서 가장 먼저 제시되는 부분으로 '인권'이라는 단어를 직접적으로 언급하고는 있지 않다. 그러나 미국 윤리강령에 포함된 모든 규정들은 사회복지사들이 클라이언트의 인권을 충족

---

8) The primary mission of the social work profession is to enhance human well-being and help meet the basic human needs of all people, with particular attention to the needs and empowerment of people who are vulnerable, oppressed, and living in poverty.

시키는 방향으로 업무를 추진하도록 촉구하고 있다.

2023년 4월 11일에 개정된 한국 사회복지사 윤리강령에서도 사회복지사의 소명 자체가 인권보장임을 강조하고 있다. 전문(前文)을 보면, '인본주의 · 평등주의 사상에 기초하여, 모든 인간의 존엄성과 가치 존중, 자유권과 생존권의 보장 활동에 헌신'하는 것을 사회복지사의 역할로 제시하고 있다.[9] 또 '윤리강령 가치와 원칙'으로 인간의 존엄성과 가치 존중에 대한 자세를 첫 번째 핵심가치로 강조하고 있다.

윤리강령의 가치와 원칙

사회복지사는 인간존엄성과 사회정의라는 사회복지의 핵심가치에 기반을 두고 사회복지 전문직의 사명을 다하기 위해 노력해야 한다. 이러한 핵심가치와 관련해 사회복지 전문직이 준수해야 할 윤리적 원칙을 제시한다.

핵심가치 1. 인간존엄성
윤리적 원칙: 사회복지사는 인간의 존엄성과 가치를 인정하고 존중한다.

핵심가치 2. 사회정의
윤리적 원칙: 사회복지사는 사회정의 실현을 위해 앞장선다.

한편 '사회복지사 선서'에서는 '언제나 소외되고 고통받는 사람들의 편에 서서, 저들의 인권과 권익을 지키며, 사회의 불의와 부정을 거부하는 것'을 제시하고 있다. 즉, 인간존엄성의 존중이 사회복지사의 최우선의 과제이며, 인권과 정의를 사회복지사의 가치와 이념으로 내세우는 등 인권이 사회복지 업무의 가장 중요한 역할이라는 것을 의미하는 것이라고 할 수 있다. 그러나 사회복지사가 인권을 일상생활에 적용하고자 할 때 다음과 같은 여러 가지 장애물이 나타날 수 있다.

9) '인권'이라는 용어를 직접적으로 사용하지는 않지만, '천부의 자유권과 생존권'이라는 인권의 하위범주 용어를 명확하게 사용하고 있으며, 이러한 권리를 보장하는 활동에 헌신한다고 규정하고 있다.

"인권이 사회복지사의 업무라면 인권을 사회복지실천에 적용하려고 할 때 사회복지사는 어디에서 시작하여야 할 것인가? 또한 사회복지사들은 어떻게 인권에 관한 방향을 잡아야 할 것인가?"

여기에는 무엇보다 윤리강령을 통해 인권의 개념을 이해하는 것이 필요하다. 윤리강령에서는 〈사회복지사의 윤리기준〉의 한 가지로 사회복지 실천을 하는 사회복지사들이 부딪히는 다양한 상황 속에서 인간존엄성을 존중하고 사회정의를 실현하도록 '전문가로서의 자세'를 다음과 같이 제시하고 있다.

사회복지사의 윤리기준

Ⅰ. 기본적 윤리기준

1. 전문가로서의 자세

1) 인간존엄성의 존중

가. 사회복지사는 모든 인간의 존엄, 자유, 평등을 위해 헌신해야 하며, 사회적 약자를 옹호하고 대변하는 일을 주도해야 한다.

나. 사회복지사는 모든 인간의 고유한 존엄성과 가치를 인정하고 존중하며, 이를 기반으로 사회복지를 실천한다.

다. 사회복지사는 클라이언트의 성, 연령, 정신·신체적 장애, 경제적 지위, 정치적 신념, 종교, 인종, 국적, 결혼상태, 임신 또는 출산, 가족 형태 또는 가족 상황, 성적 지향, 젠더 정체성, 기타 개인적 선호·특징·조건·지위 등을 이유로 차별을 하지 않는다.

라. 사회복지사는 다양한 문화의 강점을 인식하고 존중하며, 문화적 역량을 바탕으로 사회복지를 실천한다.

마. 사회복지사는 문화적으로 민감한 실천을 제공하기 위해, 사회복지 실천 과정에서 자신의 개인적·사회적·문화적·정치적·종교적 가치, 신념과 편견이 클라이언트와 동료 사회복지사에게 미칠 수 있는 영향을 고려하여 자기인식을 증진시키기 위해 힘쓴다.

이와 같이 사회복지사의 주된 역할은 개인들과 집단들 사이의 불평등을 개선하는 일에 집중되어 왔으며, 자원의 불평등한 배분이나 차별에 관심을 기울여왔다. 이에 사회복지사의 핵심 가치는 사회복지사 윤리강령의 한 부분이 되고 있다(NASW, 1996). 또 사회복지사들은 취약 계층이나 복지를 필요로 하는 이들을 지원하는 데 초점을 두고 이러한 문제에 개입하기 위한 다양한 방법들을 개발하고 발전시켜 왔다. 따라서 사회복지사의 활동들은 인권 분야와 밀접하게 관련되어 있다고 할 수 있다.

결국 사회복지사들은 인권에 대한 이해를 바탕으로 서비스를 제공하는 전문가라고 할 수 있다. 또한 사회복지학이야말로 우리 사회에서 인권의 통합을 최고로 강조하는 전문분야라고 할 수 있다. 따라서 인권에 대한 이해와 필요성을 바탕으로 일을 할 때, 사회복지사들이 인권분야에 최우선적으로 종사하는 사

인권 감수성(human right sensitivity)

인권 감수성은 인권 문제가 내재되어 있는 상황을 인권과 관련된 상황으로 지각하고 해석하며, 부조리나 불합리한 관행과 제도를 인권 문제의 차원에서 접근하여 그 상황을 해결하려는 성질 혹은 능력(정의식, 2020)으로 정의된다. 인권옹호 행동의 첫 번째 단계로, 인권문제가 개재된 상황에서 그 상황을 인권 관련 상황으로 지각하고 해석하는 상황지각과, 그 상황에서 가능한 행동이 다른 관련된 당사자들에게 어떠한 영향을 미칠지를 상상하고 이해하는 결과지각, 그 상황을 해결하기 위한 책임이 자신에게 있다고 인식하고 이를 실제 행동으로 실천하고자 하는 책임지각으로 구성된다(문용린 외, 2002).

윤리적 민감성은 전문직 윤리의 차원에서 요구되는 반면, 인권 감수성은 인권이 인간이라면 누구에게나 주어지는 권리라는 측면에서 요구되는 대상의 폭이 더 넓다고 볼 수 있다.

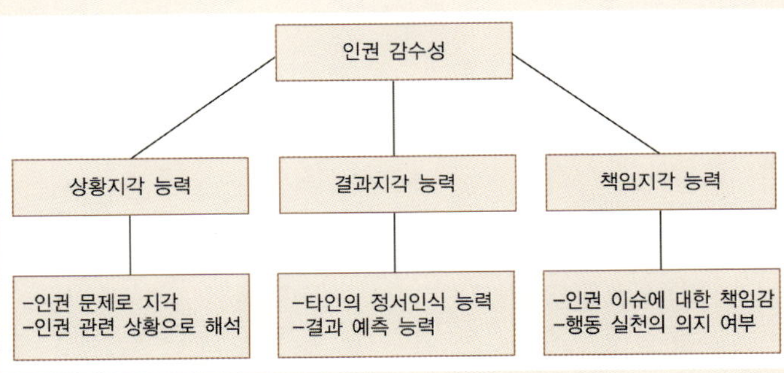

람으로, 인권의 발전에 크게 공헌할 수 있는 사람으로 인식될 수 있을 것이다. 인권에 대한 감수성이 풍부한 사회복지사가 매우 필요하다고 할 수 있다.

생각해보기

인권과 사회복지실천과의 관계에 대해서 다음의 2가지 사례를 살펴보자. 다음의 사례 속 사회복지사는 각각 어떠한 선택을 하여야 할 것인가? 그리고 어떠한 선택을 하는 것이 윤리적으로 옳은 선택이라고 생각하는가? 인권과 사회복지의 관계를 토대로 생각해 보자.

사례 14-1 추운 겨울날 노숙하는 노숙인

어느 추운 겨울날 서울역 밖에서 노숙하는 노숙인이 있다. 오늘 밤 매우 추운 상황이어서 지금 밖에 있게 되면 매우 위험한 상황에 처하게 될 가능성이 있다. 이 경우 사회복지사는 본인의 동의를 받아서 노숙인을 안전한 휴식공간으로 이동하도록 제안할 수 있을 것이다. 물론 이러한 제안을 받아들여서 노숙인이 이동하게 되면 문제가 없다. 그러나 노숙인이 이러한 휴식공간으로의 이동과 시설이용을 거부하고 있는 상황이다.

사례 14-2 장애를 갖고 있는 아동과 가족

다운증후군을 갖고 있는 A는 여덟 살로 5형제 중 막내로 3년 전부터 특수학교(기관)에서 살고 있다. A의 부모는 둘 다 직업을 가지고 있다. 이들은 빈곤계층이 주로 거주하는 지역에서 두 가족이 함께 사는 집의 지하방에 월세로 살고 있는데, A의 학교(기관)에서는 차로 약 1시간가량 걸린다. 가족들은 A를 한 달에 한 번 만나러 왔으며, A 역시 한 달에 한 번씩 주말을 집에서 보냈었다. 이렇게 A가 집에 다녀오고 하는 것은 성공적이었다. 또한 A와 가족들은 이러한 만남을 손꼽아 기다렸다. 그동안 A를 지속적으로 살펴보았던 심리학자, 교사, 그리고 사회복지사 등은 A가 어느 정도의 생활기능이 가능하다고 여기고 있다. 특수학교(기관)의 교사를 포함한 직원들은 A가 이제 학교(기관)를 떠날 준비가 되었으며 다시 집에서 가족과 함께 살아야 한다고 생각했다. 이에 사회복지사는 이러한 학교(기관)의 평가결과를 A의 부모에게 알렸고, 이들이 살고 있는 지역에서 활용 가능한 지역사회 자원에 대해 알려주면서 A를 집으로 데려가도록 요구하였다. 그러나 A의 부모는 이러한 제안에 동의하지 않았다. 자신들은 현재의 상황에 만족하고 있으며 만일 A가 다시 집에서 살게 된다면 다른 형제들에게 피해가 갈 것이라고 생각하고 있다.

출처: 서미은, 김영란, 박미은 공역(2000). 사례 재구성.

appendix

부록

[부록 1] 한국 사회복지사 윤리강령

1982.01.15. 제정
1988.03.26. 1차 개정
1992.10.22. 2차 개정
2001.12.15. 3차 개정
2021.07.05. 4차 개정
2023.04.11. 5차 개정

전문

사회복지사는 인본주의·평등주의 사상에 기초하여, 모든 인간의 존엄성과 가치를 존중하고 천부의 자유권과 생존권의 보장 활동에 헌신한다.

특히 사회적·경제적 약자들의 편에 서서 사회정의와 평등·자유와 민주주의 가치를 실현하는 데 앞장선다. 또한, 도움을 필요로 하는 사람들의 사회적 지위와 기능을 향상시키기 위해 저들과 함께 일하며, 사회제도 개선과 관련된 제반 활동에 주도적으로 참여한다. 사회복지사는 개인의 주체성과 자기 결정권을 보장하는 데 최선을 다하고, 어떠한 여건에서도 개인이 부당하게 희생되는 일이 없도록 한다.

이러한 사명을 실천하기 위하여 전문적 지식과 기술을 개발하고, 사회적 가치를 실현하는 전문가로서의 능력과 품위를 유지하기 위해 노력한다. 이에 우리는 클라이언트·동료·기관 그리고, 지역사회 및 전체사회와 관련된 사회복지사의 행위와 활동을 판단·평가하며 인도하는 윤리기준을 다음과 같이 선언하고 이를 준수할 것을 다짐한다.

[윤리강령의 목적]

한국 사회복지사 윤리강령은 사회복지 전문직의 가치와 윤리적 실천을 위한 기준을 안내하고, 윤리적 이해가 충돌할 때 고려해야 할 사항을 제시하고자 한다. 한국 사회복지사 윤리강령의 목적은 다음과 같다.

1. 윤리강령은 사회복지 전문직의 사명과 사회복지 실천의 기반이 되는 핵심 가치를 제시한다.
2. 윤리강령은 사회복지 전문직의 핵심 가치를 실현하기 위한 윤리적 원칙을 제시하고, 사회복지 실천의 지침으로 사용될 윤리기준을 제시한다.

3. 윤리강령은 사회복지 실천 현장에서 발생하는 윤리적 갈등 상황에서 의사 결정에 필요한 사항을 확인하고 판단하는 데 필요한 윤리 기준을 제시한다.
4. 윤리강령은 사회복지사가 전문가로서 품위와 자질을 유지하고, 자기 관리를 통해 클라이언트를 보호할 수 있도록 안내한다.
5. 윤리강령은 사회복지의 전문성을 확보하고 외부 통제로부터 전문직을 보호할 수 있는 기준을 제공한다.
6. 윤리강령은 시민에게 전문가로서 사회복지사의 역할과 태도를 알리는 수단으로 작용한다.

[윤리강령의 가치와 원칙]

사회복지사는 인간 존엄성과 사회정의라는 사회복지의 핵심 가치에 기반을 두고 사회복지 전문직의 사명을 다하기 위해 노력해야 한다. 이러한 핵심 가치와 관련해 사회복지 전문직이 준수해야 할 윤리적 원칙을 제시한다.

핵심 가치 1. 인간 존엄성

윤리적 원칙: 사회복지사는 인간의 존엄성과 가치를 인정하고 존중한다.

- 사회복지사는 개인적·사회적·문화적·정치적·종교적 다양성을 고려하며 개인의 인권을 보호하고 존중한다.
- 사회복지사는 클라이언트의 자율성을 존중하고, 자기 결정을 지원한다.
- 사회복지사는 클라이언트가 역량을 강화하고, 자신과 환경을 변화시킬 수 있도록 지원한다.
- 사회복지사는 사회복지 실천 과정에서 클라이언트의 개입과 참여를 보장한다.

핵심 가치 2. 사회정의

윤리적 원칙: 사회복지사는 사회정의 실현을 위해 앞장선다.

- 사회복지사는 개인적·집단적·사회적·문화적·정치적·종교적 차별에 도전하여 사회정의를 촉진한다.
- 사회복지사는 개인, 가족, 집단, 지역사회의 다양성을 존중하는 포용적 지역사회를 만들기 위해 노력한다.
- 사회복지사는 부적절하고 억압적이며 불공정한 사회제도와 관행을 변화시키기 위해 사회의 다양한 구성원들과 협력한다.
- 사회복지사는 포용적이고 책임 있는 사회를 만들어 가기 위해 연대 활동을 한다.

[사회복지사의 윤리기준]

Ⅰ. 기본적 윤리기준

1. 전문가로서의 자세

1) 인간 존엄성 존중

가. 사회복지사는 모든 인간의 존엄, 자유, 평등을 위해 헌신해야 하며, 사회적 약자를 옹호하고 대변하는 일을 주도해야 한다.

나. 사회복지사는 모든 인간의 고유한 존엄성과 가치를 인정하고 존중하며, 이를 기반으로 사회복지를 실천한다.

다. 사회복지사는 클라이언트의 성, 연령, 정신·신체적 장애, 경제적 지위, 정치적 신념, 종교, 인종, 국적, 결혼 상태, 임신 또는 출산, 가족 형태 또는 가족 상황, 성적 지향, 젠더 정체성, 기타 개인적 선호·특징·조건·지위 등을 이유로 차별을 하지 않는다.

라. 사회복지사는 다양한 문화의 강점을 인식하고 존중하며, 문화적 역량을 바탕으로 사회복지를 실천한다.

마. 사회복지사는 문화적으로 민감한 실천을 제공하기 위해, 사회복지 실천 과정에서 자신의 개인적·사회적·문화적·정치적·종교적 가치, 신념과 편견이 클라이언트와 동료 사회복지사에게 미칠 수 있는 영향을 고려하여 자기 인식을 증진하기 위해 힘쓴다.

2) 사회정의 실현

가. 사회복지사는 사회정의 실현과 클라이언트의 복지 증진에 헌신하며, 이를 위한 국가와 사회의 환경 변화를 위해 노력한다.

나. 사회복지사는 사회, 경제, 환경, 정치적 자원에 대한 평등한 접근과 공평한 분배가 이루어지도록 노력한다.

다. 사회복지사는 개인적·집단적·사회적·문화적·정치적·종교적 특성에 근거해 개인이나 집단을 차별·억압하는 것을 인식하고, 이를 해결 또는 예방하기 위해 노력해야 한다.

2. 전문성 개발을 위한 노력

1) 직무 능력 개발

가. 사회복지사는 클라이언트에게 최상의 서비스를 제공하기 위해, 지식과 기술을 개발하는 데 최선을 다하며 이를 활용하고 공유할 책임이 있다.

나. 사회복지사는 사회적 다양성의 특징(성, 연령, 정신·신체적 장애, 경제적 지위, 정치적 신념, 종교, 인종, 국적, 결혼 상태, 임신 또는 출산, 가족 형태 또는 가족 상황, 성적 지향, 젠더 정체성, 기타 개인적 선호·특징·조건·지위 등), 차별, 억압 등에 대해 교육을 받고 이에 대한 이해를 증진하기 위해 노력한다.

다. 사회복지사는 변화하는 사회복지 관련 쟁점에 대응할 수 있도록 실천 기술을 향상하고, 새로운 실천 기술이나 접근법을 적용하기 위해 적절한 교육, 훈련, 연수, 자문, 슈퍼비전 등을 받도록 노력한다.

라. 사회복지사는 사회복지 실천에 필요한 정보통신 관련 지식과 기술을 습득하기 위해 노력하며, 이를 사용하는 과정에서 발생할 수 있는 윤리적 문제를 인식하고 정보통신 관련 지식과 기술을 활용하도록 한다.

2) 지식기반의 실천 증진

가. 사회복지사는 사회복지 실천 과정에서 평가와 연구 조사를 함으로써, 사회복지 실천의 지식 기반 형성에 기여하고, 궁극적으로 사회복지 실천의 질적 향상을 위해 노력한다.

나. 사회복지사는 평가나 연구 조사를 할 때, 연구 참여자의 권리를 보장하기 위해, 연구 관련 사항을 충분히 안내하고 자발적인 동의를 얻어야 한다.

다. 사회복지사는 연구 과정에서 얻은 정보를 비밀보장의 원칙에서 다루며, 비밀보장의 한계, 비밀보장을 위한 조치, 조사 자료 폐기 등을 연구 참여자에게 알려야 한다.

라. 사회복지사는 평가나 연구 조사를 할 때, 연구 참여자의 보호와 이익, 존엄성, 자기 결정권, 자발적 동의, 비밀보장 등을 고려하며, 「생명윤리 및 안전에 관한 법률」 등 관련 법령과 규정에 따라 연구윤리를 준수한다.

3. 전문가로서의 실천

1) 품위와 자질 유지

가. 사회복지사는 전문가로서의 품위와 자질을 유지하고, 자신이 맡고 있는 업무에 대해 책임을 진다.

나. 사회복지사는 자신의 이익을 위해 사회복지 전문직의 가치와 권위를 훼손해서는 안 된다.

다. 사회복지사는 전문가로서 성실하고 공정하게 업무를 수행한다.

라. 사회복지사는 부정직한 행위, 범죄행위, 사기, 기만행위, 차별, 학대, 따돌림, 괴롭힘 등 불법적이고 부당한 일을 행하거나 묵인해서는 안 된다.

마. 사회복지사는 자신의 소속, 전문 자격이나 역량 등을 클라이언트에게 정직하고 정확하게 알려야 한다.

바. 사회복지사는 클라이언트, 학생, 훈련생, 실습생, 슈퍼바이지, 직장 내 위계적 권력 관계에 있는 동료와 성적 관계를 형성해서는 안 되며, 이들에게 성추행과 성희롱을 포함한 성폭력, 성적·인격적 수치심을 주는 행위를 해서는 안 된다.

사. 사회복지사는 한국 사회복지사협회 등 전문가 단체의 활동에 적극적으로 참여하여, 사회정의 실현과 사회복지사의 권익 옹호를 위해 노력한다.

2) 자기 관리

가. 사회복지사는 정신적·신체적 건강 문제, 법적 문제 등이 사회복지 실천 과정에서의 전문적 판단이나 실천에 부정적 영향을 주거나 클라이언트의 이익을 저해하지 않도록, 동료, 기관과 함께 적절한 조치를 하도록 노력한다.

나. 사회복지사는 클라이언트에게 최상의 사회복지서비스를 제공하기 위해 사회복지사 자신의 정신적·신체적 건강, 안전을 유지·보호·관리하도록 노력한다.

3) 이해 충돌에 대한 대처

가. 사회복지사는 클라이언트의 이익을 우선으로 고려하고, 이해 충돌이 있을 때는 아동, 소수자 등 취약한 자의 이해와 권리를 우선시한다.

나. 사회복지사의 개인적 신념과 사회복지사로서 직업적 의무 사이에 이해 충돌이 발생할 때 동료, 슈퍼바이저와 논의하고, 부득이한 경우 클라이언트가 적절한 지원을 받을 수 있도록 클라이언트를 다른 사회복지사에게 의뢰하거나 다른 사회복지서비스로 연결한다.

다. 사회복지사는 전문적 가치와 판단에 따라 업무를 수행하는 과정에서, 기관 내외로부터 부당한 간섭이나 압력을 받아서는 안 된다.

4) 경제적 이득에 대한 실천

가. 사회복지사는 클라이언트의 지불 능력에 상관없이 복지 서비스를 제공해야 하며, 이를 이유로 차별해서는 안 된다.

나. 사회복지사는 필요한 경우에 제공된 서비스에 대해 공정하고 합리적으로 이용료를 책정할 수 있다.

다. 사회복지사는 업무와 관련해 정당하지 않은 방법으로 경제적 이득을 취해서는 안 된다.

Ⅱ. 클라이언트에 대한 윤리기준

1. 클라이언트의 권익옹호

사회복지사는 클라이언트의 이익을 최우선의 가치로 삼고 이를 실천하며, 클라이언트의 권리를 존중하고 옹호한다.

2. 클라이언트의 자기 결정권 존중

1) 사회복지사는 사회복지 실천 과정에서 클라이언트의 자기 결정을 존중하고, 클라이언트를 사회복지 실천의 주체로 인식하여 클라이언트가 자기 결정권을 최대한 행사할 수 있도록 돕는다.
2) 사회복지사는 의사 결정이 어려운 클라이언트에 대해서는 클라이언트의 이익과 권리를 보장하기 위한 적절한 조치를 취해야 한다.

3. 클라이언트의 사생활 보호 및 비밀보장

사회복지사는 클라이언트의 사생활을 존중하고 보호하며, 전문적 관계에서 얻은 클라이언트 관련 정보에 대해 비밀을 유지한다. 그러나 클라이언트 자신과 타인에게 해를 입히거나 범죄행위와 관련된 경우에는 예외로 할 수 있다.

4. 정보에 입각한 동의

사회복지사는 클라이언트의 알권리를 인정하고 동의를 얻어야 하며, 클라이언트가 받는 서비스의 목적과 내용, 범위, 합리적 대안, 위험, 서비스의 제한, 동의를 거절 또는 철회할 수 있는 클라이언트의 권리 등에 대해 정확하고 충분한 정보를 제공한다.

5. 기록 · 정보 관리

1) 클라이언트에 대한 사회복지 실천 기록은 사회복지사의 윤리적 실천의 근거이자 평가 · 점검의 도구이기 때문에 중립적이고 객관적으로 작성해야 한다.
2) 사회복지사는 클라이언트가 자신과 관련된 기록의 공개를 요구하면 정당한 비공개 사유가 없는 한 정보에 접근할 수 있도록 해야 한다.
3) 사회복지사는 클라이언트에 대한 문서 정보, 전자 정보, 기타 민감한 개인 정보를 보호해야 한다.
4) 사회복지사가 획득한 클라이언트 관련 정보나 기록을 법적 사유 또는 기타 사유로 제3자

에게 공개할 때는 클라이언트에게 안내하고 동의를 얻어야 한다.

6. 직업적 경계 유지

1) 사회복지사는 클라이언트와의 전문적 관계를 자신의 개인적 이익을 위해 이용해서는 안 된다.
2) 사회복지사는 업무 외의 목적으로 정보통신기술을 사용해 클라이언트와 의사소통을 해서는 안 된다.
3) 사회복지사는 어떠한 상황에서도 클라이언트와 사적 금전 거래, 성적 관계 등 부적절한 행동을 해서는 안 된다.
4) 동료의 클라이언트를 의뢰받을 때는 기관 및 슈퍼바이저와 논의하는 과정을 거쳐야 하며, 클라이언트에게 설명하고 동의를 얻은 후 서비스를 제공한다.
5) 사회복지사는 정보처리기술을 이용하는 것이 클라이언트의 권리를 침해할 위험성이 있다는 사실을 인식하고 직업적 범위 안에서 활용한다.

7. 서비스의 종결

1) 사회복지사는 클라이언트에게 제공되는 서비스가 더 이상 클라이언트의 이해나 욕구에 부합하지 않으면 업무상 관계와 서비스를 종결한다.
2) 사회복지사는 개인적 또는 직업적 이유로 클라이언트와의 전문적 관계를 중단하거나 종결할 때 사전에 클라이언트에게 충분히 설명하고, 다른 기관 또는 다른 전문가에게 의뢰하는 등 필요한 조치를 취한다.
3) 사회복지사는 클라이언트의 고의적·악의적·상습적 민원 제기에 대해 소속 기관, 슈퍼바이저, 전문가 자문 등의 논의 과정을 거쳐 서비스를 중단하거나 거부권을 행사할 수 있다.

Ⅲ. 사회복지사의 동료에 대한 윤리기준

1. 동료

1) 사회복지사는 존중과 신뢰를 기반으로 동료를 대하며, 전문가로서의 지위와 인격을 훼손하는 언행을 하지 않는다.
2) 사회복지사는 사회복지 전문직의 권익 증진을 위해 동료와 다른 전문직 동료와도 협력하고 협업한다.
3) 사회복지사는 동료의 윤리적이고 전문적인 행위를 촉진해야 하며, 동료가 전문적인 판단과 실천이 미흡하여 문제를 발생시켰을 때 윤리강령과 제반 법령에 따라 대처한다.

4) 사회복지사는 다른 전문직의 동료가 행한 비윤리적 행위에 대한 윤리강령과 제반 법령에 따라 대처한다.
5) 사회복지사는 동료의 직무 가치와 내용을 인정하고 이해하며, 상호 간에 민주적인 직무관계를 이루도록 노력해야 한다.
6) 사회복지사는 동료들에게 정보통신기술을 사용한 비윤리적 행위를 하지 않는다.
7) 사회복지사는 동료가 적법하게 업무를 수행하는 과정에서 부당한 조치를 당하면 동료를 변호하고 원조해 주어야 한다.
8) 사회복지사는 동료에게 행해지는 어떤 형태의 차별, 학대, 따돌림 또는 괴롭힘과 자신의 전문적 권위를 행사하는 다른 동료와의 부적절한 성적 행동에 가담하거나 이를 용인해서는 안 된다.
9) 사회복지사는 슈퍼바이지, 학생, 훈련생, 실습생, 자신의 전문적 권위를 행사하는 다른 동료와의 성적 행위나 성적 접촉과 성적 관계에 관여해서는 안된다.

2. 슈퍼바이저

1) 슈퍼바이저는 슈퍼바이지가 전문적 업무 수행을 할 수 있도록 지원하고 슈퍼바이지는 슈퍼바이저의 전문적 지도와 조언을 존중해야 한다.
2) 슈퍼바이저는 전문적 기준에 따라 슈퍼비전을 수행하며, 공정하게 평가하고 평가 결과를 슈퍼바이지와 공유한다.
3) 슈퍼바이저는 개인적인 이익 추구를 위해 자신의 지위를 이용해서는 안 된다.
4) 슈퍼바이저는 사회복지사 수련생과 실습생에게 인격적·성적으로 수치심을 주는 행위를 해서는 안 된다.

Ⅳ. 기관에 대한 윤리기준

1) 사회복지사는 기관의 사명과 비전을 확인하고, 정책과 사업 목표를 달성하기 위해 노력해야 한다.
2) 사회복지사는 소속 기관의 활동에 적극적으로 참여함으로써 기관의 성장과 발전을 위해 노력해야 한다.
3) 사회복지사는 기관의 부당한 정책이나 요구에 대해 전문직의 가치와 지식을 근거로 대응하고, 제반 법령과 규정에 따라 해결하도록 노력해야 한다.

Ⅴ. 사회에 대한 윤리기준

1) 사회복지사는 자신이 일하는 지역사회를 이해하고, 클라이언트가 지역사회에서 서로 도우며 함께 살아가도록 지원해야 한다.
2) 사회복지사는 정치적 영역이 클라이언트의 권익과 사회복지 실천에 미치는 영향을 인식하여 사회정의 실현을 위한 사회정책의 수립과 법령 제·개정을 지원·옹호해야 한다.
3) 사회복지사는 사회재난과 국가 위급 상황에서 문제를 해결하기 위해 적극적으로 활동해야 한다.
4) 사회복지사는 지역사회, 국가, 나아가 전 세계와 그 구성원의 복지 증진, 삶의 질 향상을 위해 적극적으로 노력해야 한다.
5) 사회복지사는 인간과 자연이 서로 떨어져 살 수 없음을 깨닫고, 인간과 자연환경, 생명 등 생태에 미칠 영향을 생각하며 실천해야 한다.

사회복지사선서문

나는 모든 사람들이 인간다운 삶을 누릴 수 있도록,
인간존엄성과 사회정의의 신념을 바탕으로,
개인·가족·집단·조직·지역사회·전체사회와 함께 한다.

나는 언제나 소외되고 고통받는 사람들의 편에 서서, 저들의 인권과 권익을 지키며,
사회의 불의와 부정을 거부하고, 개인이익보다 공공이익을 앞세운다.

나는 사회복지사 윤리강령을 준수함으로써, 도덕성과 책임성을 갖춘
사회복지사로 헌신한다.
나는 나의 자유의지에 따라 명예를 걸고 이를 엄숙하게 선서합니다.

[부록 2] 미국 사회복지사 윤리강령[1)]

전문

사회복지 전문직의 기본 사명은 인간의 복지를 증진하고 모든 사람의 기본적인 욕구를 충족하도록 돕는 것이며, 특히 취약하고 억압받고 빈곤한 사람들의 욕구와 역량 강화에 관심을 기울이는 것이다. 사회복지의 역사적, 정의적 특징은 사회적 맥락 속에서 개인의 복지와 더불어 사회의 복지 둘 다에 초점을 둔다는 점이다. 사회복지의 기초는 삶에서 문제를 발생시키고, 기여하고, 해결하는 환경적 영향력에 대해 관심을 두는 것이다.

사회복지사는 클라이언트와 함께, 클라이언트를 대신하여 사회 정의와 사회 변화를 촉진한다. "클라이언트"는 개인, 가족, 집단, 조직 및 지역 사회를 포괄적으로 지칭하는 데 사용된다. 사회복지사는 문화적, 인종적 다양성에 민감하며 차별, 억압, 빈곤 및 기타 형태의 사회적 불의를 종식시키기 위해 노력한다. 이러한 활동은 직접 실천, 지역사회 조직화, 슈퍼비전, 상담, 행정, 옹호, 사회적 및 정치적 행동, 정책 개발 및 실행, 교육, 연구 및 평가의 형태로 이루어질 수 있다. 사회복지사는 사람들이 자신의 욕구를 스스로 해결할 수 있는 역량을 강화하기 위해 노력한다. 또한 사회복지사는 개인의 욕구와 사회 문제에 대한 조직, 지역사회 및 기타 사회 기관의 대응력을 증진하기 위해 노력한다.

사회복지 전문직의 사명은 일련의 핵심 가치에 뿌리를 두고 있다. 이러한 핵심 가치는 전문직의 역사를 통해 사회복지사들이 받아들인 것으로, 사회복지의 고유한 목적과 관점의 토대이다.

- 서비스
- 사회적 정의
- 개인의 존엄성과 가치
- 인간관계의 중요성
- 성실성
- 역량

이러한 핵심 가치의 구성은 사회복지 전문직의 고유한 특성을 반영한다. 핵심 가치와 그 가치

---

1) https://www.socialworkers.org/About/Ethics/Code-of-Ethics/Code-of-Ethics-English에서 2024년 1월 인출.

에서 흘러나오는 원칙은 인간 경험의 맥락과 복잡성 속에서 균형을 이루어야 한다.

NASW 윤리강령의 목적

전문직 윤리는 사회복지의 핵심이다. 사회복지사는 기본 가치, 윤리적 원칙, 윤리 기준을 명확히 해야 할 의무가 있다. NASW 윤리 강령은 이러한 가치, 원칙 및 표준을 명시하여 사회복지사의 행동을 안내한다. 이 강령은 전문가적 역할, 실천 현장(setting) 또는 서비스 대상 인구에 관계없이 모든 사회복지사 및 사회복지학과 학생에게 적용된다.

NASW 윤리강령은 다음과 같은 6가지 목적을 가지고 있다.

1. 이 강령은 사회사업의 사명의 기반이 되는 핵심 가치를 정의한다.
2. 강령은 전문직의 핵심 가치를 반영하는 광범위한 윤리 원칙을 요약하고 사회복지 실천을 안내하는 데 사용해야 하는 일련의 구체적인 윤리 기준을 수립한다.
3. 이 강령은 사회복지사가 직업적 의무가 충돌하거나 윤리적 불확실성이 발생할 때 관련 고려 사항을 파악하는 데 도움이 되도록 고안되었다.
4. 이 강령은 일반 대중이 사회복지 전문직에 책임을 물을 수 있는 윤리적 기준을 제공한다.
5. 이 강령은 사회복지 현장에 새로 입문하는 실천가들에게 사회복지의 사명, 가치, 윤리적 원칙, 윤리적 기준을 알리고, 모든 사회복지사가 자기 관리, 지속적인 교육, 기타 활동에 참여하여 전문직의 핵심 특징에 대한 헌신을 보장하도록 장려한다.
6. 이 강령은 사회복지사 스스로가 사회복지사가 비윤리적인 행위를 했는지 평가하는 데 사용할 수 있는 기준을 명시한다. NASW는 회원에 대해 제기된 윤리 불만을 판결하는 공식 절차를 가지고 있다.

* 사회복지사는 본 강령의 이행에 협조하고, NASW 심판 절차에 참여하며, 강령에 근거한 NASW 징계 판결 또는 제재를 준수해야 한다.

이 강령은 윤리적 문제가 발생했을 때 의사 결정과 행동을 안내하는 일련의 가치, 원칙 및 기준을 제공한다. 모든 상황에서 사회복지사가 어떻게 행동해야 하는지를 규정하는 일련의 규칙을 제공하지는 않다. 강령을 구체적으로 적용할 때는 강령이 고려되는 상황과 강령의 가치, 원칙, 기준 간의 충돌 가능성을 고려해야 한다. 윤리적 책임은 개인적, 가족적 관계에서 사회적, 직업적 관계에 이르기까지 모든 인간 관계에서 비롯된다.

* NASW 전문가 검토 절차에 대한 자세한 내용은 NASW 전문가 검토 절차를 참조하세요.

또한, NASW 윤리 강령은 어떤 가치, 원칙, 기준이 가장 중요하며 충돌할 때 다른 것보다 우선해야 하는지를 명시하고 있지 않다. 가치, 윤리 원칙, 윤리 기준이 충돌할 때 순위를 매기는 방식과 관련하여 사회복지사들 사이에 합리적인 의견 차이가 존재할 수 있으며, 실제로도 존재한다. 주어진 상황에서 윤리적 의사 결정은 개별 사회복지사의 정보에 입각한 판단을 적용해야 하며, 전문직의 윤리적 기준이 적용되는 동료 검토 과정에서 해당 문제가 어떻게 판단될 것인지도 고려해야 한다.

윤리적 의사결정은 하나의 과정이다. 의무가 상충되는 상황에서 사회복지사는 간단한 답이 없는 복잡한 윤리적 딜레마에 직면할 수 있다. 사회복지사는 윤리적 판단이 보장되는 모든 상황과 관련된 본 강령의 모든 가치, 원칙 및 표준을 고려해야 한다. 사회복지사의 결정과 행동은 본 강령의 내용뿐만 아니라 정신에도 부합해야 한다.

본 강령 외에도 유용할 수 있는 윤리적 사고에 관한 정보를 얻을 수 있는 다른 출처가 많이 있다. 사회복지사는 일반적으로 윤리 이론과 원칙, 사회복지 이론과 연구, 법률, 규정, 기관 정책 및 기타 관련 윤리 강령을 고려해야 하며, 사회 복지사는 윤리 강령 중에서 NASW 윤리 강령을 주요 출처로 고려해야 한다는 점을 인식해야 한다. 사회복지사는 또한 클라이언트와 자신의 개인적 가치, 문화적, 종교적 신념과 관행이 윤리적 의사 결정에 미치는 영향을 인식해야 한다. 그들은 개인적 가치와 전문적 가치 사이의 충돌을 인식하고 이를 책임감 있게 처리해야 한다. 추가적인 지침을 얻으려면 사회복지사는 직업 윤리 및 윤리적 의사결정에 관한 관련 문헌을 참고하고 윤리적 딜레마에 직면했을 때 적절한 자문을 받아야 한다. 여기에는 기관 기반 또는 사회복지 조직의 윤리 위원회, 규제 기관, 지식이 풍부한 동료, 슈퍼바이저 또는 법률 고문과의 상담이 포함될 수 있다.

사회복지사의 윤리적 의무가 기관 정책이나 관련 법률 또는 규정과 충돌하는 경우가 발생할 수 있다. 그러한 갈등이 발생할 경우 사회복지사는 본 강령에 표현된 가치, 원칙 및 기준과 일치하는 방식으로 갈등을 해결하기 위해 책임 있는 노력을 기울여야 한다. 갈등의 합리적인 해결이 불가능해 보이는 경우, 사회복지사는 결정을 내리기 전에 적절한 자문을 받아야 한다. NASW 윤리 강령은 NASW에 의해, 또는 이 강령을 채택하거나 기준의 틀로 사용하기로 한 개인, 기관, 조직 및 기관(예: 면허 및 규제 위원회, 전문 책임 보험 제공자, 법원, 기관 이사회, 정부 기관 및 기타 전문직 단체)의 의해 이용된다. 본 강령의 위반이 자동으로 법적 책임이나 법률 위반을 의미하지는 않다.

그러한 결정은 법적 및 사법적 절차의 맥락에서만 이루어질 수 있다. 강령 위반 혐의는 동료 검토 과정의 대상이 된다. 이러한 과정은 일반적으로 법적 또는 행정적 절차와 분리되어 있으며 전문직이 그 소속회원에게 상담하고 징계할 수 있도록 법적 검토 또는 절차와 격리된다.

윤리강령은 윤리적 행동을 보장할 수 없다. 더욱이, 윤리 강령은 모든 윤리적 문제나 분쟁을 해결하거나 도덕적 공동체 내에서 책임 있는 선택을 하려는 노력과 관련된 풍부함과 복잡성을 포착할 수 없다. 오히려 윤리 강령은 전문가들이 열망하고 그들의 행동을 판단할 수 있는 가치, 윤리 원칙, 윤리 기준을 명시한다. 사회복지사의 윤리적 행동은 윤리적 실천에 참여하려는 개인적 헌신의 결과여야 한다. NASW 윤리강령은 전문직의 가치를 옹호하고 윤리적으로 행동하려는 모든 사회복지사의 헌신을 반영한다. 원칙과 기준은 도덕적 문제를 분별하고 선의로 신뢰할 수 있는 윤리적 판단을 내리기 위해 노력하는 선량한 성격의 개인에 의해 적용되어야 한다.

사회복지 실천의 다양한 측면에서 통신기술의 사용이 증가함에 따라 사회복지사는 비밀보장, 고지된 동의, 전문적 경계, 전문적 역량, 기록 보관과 기타 윤리적 고려사항과 관련하여 발생할 수 있는 고유한 도전을 인식해야 한다. 일반적으로 본 윤리강령의 모든 윤리적 기준은 직접 대면에서든 통신기술을 사용하였든 상관없이 상호작용, 관계 또는 의사소통에 적용된다. 본 규정의 목적에 따라 "기술 지원 사회 복지 서비스"에는 컴퓨터, 휴대폰 또는 유선 전화, 태블릿, 비디오 기술 또는 기타 전자 또는 디지털 기술을 사용하는 모든 사회복지 서비스가 포함된다. 여기에는 인터넷, 온라인 소셜 미디어, 채팅방, 문자 메시지, 이메일 및 새로운 디지털 애플리케이션과 같은 다양한 전자 또는 디지털 플랫폼의 사용이 포함된다. 기술 지원 사회복지 서비스는 심리 치료, 개인, 가족 또는 집단 상담, 지역사회 조직, 행정, 옹호, 중개, 교육, 슈퍼비전, 연구, 평가 및 기타 사회복지 서비스를 포함한 사회복지 실천의 모든 측면을 포괄한다. 사회복지사는 사회복지 실천에 사용될 수 있는 최신 기술 개발과 다양한 윤리적 기준이 어떻게 적용되는지 계속해서 파악해야 한다.

전문적 자기 관리는 유능하고 윤리적인 사회복지 실천에 가장 중요한다. 직업적 요구, 도전적인 업무 환경, 트라우마에 대한 노출이 있으므로 사회복지사가 개인적 및 직업적 건강, 안전 및 성실성을 유지하도록 해야 한다. 사회복지 조직, 기관 및 교육 기관은 사회 복지사의 자기 관리를 지원하기 위한 조직 정책, 실천 및 자료를 증진하도록 권장된다.

윤리원칙

다음의 광범위한 윤리적 원칙은 사회복지의 핵심 가치인 서비스, 사회 정의, 인간의 존엄성과 가치, 인간 관계의 중요성, 성실성, 역량에 기반을 두고 있다. 이러한 원칙은 모든 사회복지사가 추구해야 할 이상을 제시한다.

가치: 서비스

윤리 원칙: 사회복지사의 주요 목표는 욕구를 가진 개인들을 돕고 사회 문제를 해결하는 것이다.

사회복지사는 자기 이익보다 타인에 대한 서비스를 더 중요하게 생각한다. 사회복지사는 자신의 지식, 가치, 기술을 활용하여 욕구를 가진 사람들을 돕고 사회 문제를 해결한다. 사회복지사는 상당한 금전적 수익을 기대하지 않고 자신의 전문 기술 중 일부를 자원봉사(프로보노 서비스 – 무료봉사)하도록 권장된다.

가치: 사회 정의

윤리 원칙: 사회복지사는 사회적 불의에 도전한다.

사회복지사는 특히 취약하고 억압받는 개인 및 집단과 함께, 그리고 이들을 대신하여 사회 변화를 추구한다. 사회복지사의 사회 변화 노력은 주로 빈곤, 실업, 차별 및 기타 형태의 사회적 불의에 초점을 맞추고 있다. 이러한 활동은 억압 및 문화적이고 민족적인 다양성에 대한 민감성과 지식을 증진하기 위해 노력한다. 사회복지사는 필요한 정보, 서비스, 자원에 대한 접근성, 기회의 평등, 모든 사람의 의사 결정에 의미 있는 참여를 보장하기 위해 노력한다.

가치: 인간의 존엄성과 가치

윤리 원칙: 사회복지사는 인간의 천부적 존엄성과 가치를 존중한다.

사회복지사는 개인의 차이와 문화적, 인종적 다양성을 염두에 두고 각 사람을 배려하고 존중하는 방식으로 대한다. 사회복지사는 클라이언트의 사회적 책임이 있는 자기결정을 촉진한다. 사회복지사는 클라이언트가 변화하고 자기 자신의 욕구를 해결하기 위해 클라이언트의 능력과 기회를 강화하려고 노력한다. 사회복지사는 클라이언트와 더 넓은 사회에 대한 이중 책임을 인식하고 있다. 그들은 직업의 가치, 윤리 원칙, 윤리 기준에 부합하며 사회적으로 책임 있는 방식으로 클라이언트의 이익과 더 넓은 사회의 이익 사이의 갈등을 해결하려고 노력한다.

가치: 인간관계의 중요성

윤리원칙: 사회복지사는 인간관계의 중요성을 인식한다.

사회복지사는 사람들 사이의 관계가 변화를 위한 중요한 수단이라는 것을 이해한다. 사회복지사는 사람들을 원조 과정의 파트너로 참여시킨다. 사회복지사는 개인, 가족, 사회 집단, 조직 및 지역 사회의 복지를 증진, 회복, 유지 및 강화하기 위한 의도적인 노력을 통해 사람들 간의 관계를 강화하려고 노력한다.

가치: 성실성

윤리 원칙: 사회복지사는 신뢰할 수 있는 방식으로 행동한다.

사회복지사는 전문직의 사명, 가치, 윤리적 원칙, 윤리적 기준 및 실천을 그에 부합하는 방식으로 지속적으로 인식하고 있다. 사회복지사는 직업적으로나 개인적으로 자신을 돌볼 수 있는 조치를 취해야 한다. 사회복지사는 정직하고 책임감 있게 행동하며 자신이 소속된 조직의 윤리적 실천을 장려한다.

가치: 역량

윤리 원칙: 사회복지사는 자신의 전문성 영역 내에서 실천하고 전문적 지식·기술을 개발 및 강화한다.

사회복지사는 전문적 지식과 기술을 향상시키고 이를 실천에 적용하기 위해 지속적으로 노력한다. 사회복지사는 전문직의 지식 기반에 기여하고자 노력해야 한다.

윤리기준

다음 윤리 기준은 모든 사회복지사의 전문직 활동과 관련이 있다. 이러한 기준은 (1) 클라이언트에 대한 사회복지사의 윤리적 책임, (2) 동료에 대한 사회복지사의 윤리적 책임, (3) 실천 환경에서의 사회복지사의 윤리적 책임, (4) 전문가로서의 사회복지사의 윤리적 책임, (5) 사회복지 전문직에 대한 사회복지사의 윤리적 책임, (6) 더 넓은 사회에 대한 사회복지사의 윤리적 책임에 관한 것이다. 다음 표준 중 일부는 전문가 행동에 대한 강제적인 지침이며, 일부는 바람직한 지침을 제시한 것이다. 각 기준을 어느 정도까지 강제성을 갖고 적용할지는 윤리 기준 위반 혐의를 검토하는 책임자가 행사할 전문적인 판단의 문제이다.

1. 클라이언트에 대한 사회복지사의 윤리적 책임

NASW 윤리강령: 윤리적 기준

1.01 클라이언트에 대한 헌신

사회복지사의 주된 책임은 클라이언트의 복지를 증진하는 것이다. 일반적으로 클라이언트의 이익을 최우선으로 삼는다. 그러나 사회복지사가 더 큰 사회에 대한 책임이나 특정 법적 의무가 제한된 경우에 클라이언트에 대한 충성심보다 우선할 수 있으며, 이 경우 클라이언트는 그렇게 알려야 한다. (예를 들어, 사회복지사는 법에 따라 클라이언트가 아동을 학대했거나 자신 또는 타인을 해치겠다고 위협한 사실을 신고해야 하는 경우가 이에 해당한다.)

1.02 자기결정

사회복지사는 클라이언트의 자기결정권을 존중하고 증진하며, 클라이언트가 자신의 목표를 확인하고 명확히 하려는 노력을 하도록 지원한다. 사회복지사는 전문적인 판단에 따라 클라이언트의 행동이나 잠재적인 행동이 자신이나 다른 사람에게 심각하고 예측 가능하며 임박한 위험을 초래하는 경우 클라이언트의 자기 결정권을 제한할 수 있다.

1.03 고지된 동의

(a) 사회복지사는 적절한 경우 유효한 사전 동의에 기초한 전문적 관계의 맥락에서만 클라이언트에게 서비스를 제공해야 한다. 사회복지사는 명확하고 이해하기 쉬운 언어를 사용하여 클라이언트에게 서비스의 목적, 서비스와 관련된 위험, 제3자 지급인의 요구 사항으로 인한 서비스 제한, 관련 비용, 합리적인 대안, 거부하거나 동의를 철회할 수 있는 클라이언트의 권리, 동의에 적용되는 일정 기간을 알려야 한다. 사회복지사는 클라이언트에게 질문할 기회를 제공해야 한다.

(b) 클라이언트가 글을 읽을 줄 모르거나 실천 현장에서 사용되는 주요 언어를 이해하는 데 어려움을 겪는 경우, 사회복지사는 클라이언트의 이해를 보장하기 위한 조치를 취해야 한다. 여기에는 클라이언트에게 자세한 구두 설명을 제공하거나 가능할 때마다 자격을 갖춘 통역사 또는 번역가를 주선하는 것이 포함될 수 있다.

(c) 클라이언트가 고지된 동의를 제공할 능력이 부족한 경우, 사회복지사는 적절한 제3자로부터 허가를 구하고 클라이언트의 이해 수준과 일치하도록 정보를 제공함으로써 클라이언트의 이익을 보호해야 한다. 그러한 경우 사회복지사는 제3자가 클라이언트의 소망과 이

익에 부합하는 방식으로 행동하는지 확인하기 위해 노력해야 한다. 사회복지사는 클라이언트의 고지된 동의 능력을 향상시키기 위해 합리적인 조치를 취해야 한다.

(d) 클라이언트가 비자발적으로 서비스를 받는 경우, 사회복지사는 서비스의 성격과 범위, 서비스를 거부할 클라이언트의 권리 범위에 대한 정보를 제공해야 한다.

(e) 사회복지사는 전문 서비스 제공 시 정보통신(처리)기술 사용에 관한 사회복지사의 정책을 클라이언트와 논의해야 한다.

(f) 사회복지 서비스를 제공하기 위해 정보통신(처리)기술을 사용하는 사회복지사는 초기 스크리닝 또는 인터뷰 동안 그리고 서비스를 시작하기 전에 이러한 서비스를 사용하는 개인으로부터 고지된 동의를 얻어야 한다. 사회복지사는 클라이언트가 고지된 동의를 제공할 수 있는 능력을 평가해야 하며, 의사소통을 위해 정보통신(처리)기술을 사용할 때 클라이언트의 신원과 위치를 확인해야 한다.

(g) 사회복지 서비스를 제공하기 위해 정보통신(처리)기술을 사용하는 사회복지사는 클라이언트의 전자 및 원격 서비스에 대한 적합성과 역량을 평가해야 한다. 사회복지사는 서비스를 받기 위해 정보통신(처리)기술을 사용하는 클라이언트의 지적, 정서적, 신체적 능력과 그러한 서비스의 잠재적인 이익, 위험 및 한계를 이해하는 능력을 고려해야 한다. 클라이언트가 정보통신(처리)기술을 통해 제공되는 서비스를 이용하기를 원하지 않는 경우, 사회복지사는 클라이언트가 대체 서비스 방법을 찾도록 도와야 한다.

(h) 사회복지사는 클라이언트의 오디오 또는 비디오 녹화를 하거나 제3자가 서비스 제공을 관찰하도록 허용하기 전에 클라이언트의 고지된 동의를 받아야 한다.

(i) 사회복지사는 클라이언트에 대한 전자 검색을 수행하기 전에 클라이언트의 동의를 얻어야 한다. 검색이 심각하고 예측 가능하며 임박한 피해로부터 클라이언트나 다른 사람을 보호하기 위한 목적이거나 기타 설득력 있는 전문적 이유인 경우에는 예외가 발생할 수 있다.

1.04 역량

(a) 사회복지사는 자신이 받은 교육, 훈련, 면허, 자격증, 상담, 슈퍼비전 경험 또는 기타 관련 전문 경험의 범위 내에서만 서비스를 제공하고 그 범위 내에서 역량이 있음을 표현해야 한다.

(b) 사회복지사는 실질적인 영역에서 서비스를 제공해야 하며, 해당 개입이나 기술에 능숙한 사람들로부터 적절한 연구, 훈련, 상담 및 감독을 받은 후에만 새로운 개입 기술이나 접근 방식을 사용해야 한다.

(c) 새로운 실천 영역과 관련하여 일반적으로 인정되는 표준이 존재하지 않는 경우, 사회복지

사는 신중한 판단을 하고 (적절한 교육, 연구, 훈련, 상담 및 슈퍼비전을 포함한) 책임 있는 조치를 취하여 업무의 역량을 보장하고 클라이언트를 위험으로부터 보호해야 한다.

(d) 사회복지 서비스 제공에 기술을 사용하는 사회복지사는 자신이 그러한 서비스를 유능한 방식으로 제공하는 데 필요한 지식과 기술을 갖추고 있는지 확인해야 한다. 여기에는 기술을 사용할 때 특별한 의사소통 문제에 대한 이해와 이러한 문제를 해결하기 위한 전략을 구현하는 능력이 포함된다.

(e) 사회복지 서비스 제공에 기술을 사용하는 사회복지사는 자신이 규제되고 위치하는 관할권, 그리고 적용 가능한 경우 클라이언트가 위치한 관할권의 기술 및 사회복지 실천에 적용되는 법률을 준수해야 한다.

1.05 문화적 역량

(a) 사회복지사는 모든 문화에 존재하는 강점을 인식하면서 문화와 인간 행동 및 사회에서의 문화의 기능에 대한 이해를 보여야 한다.

(b) 사회복지사는 다양한 문화의 클라이언트에 대한 실천을 안내하는 지식을 보여주어야 하며, 소외된 개인과 집단의 역량을 강화하고, 다양한 문화적 배경을 가진 클라이언트에게 적합한 서비스를 제공하는 기술을 보여줄 수 있어야 한다. 사회복지사는 억압, 인종차별, 차별, 불평등에 맞서 조치를 취해야 하며 개인의 특권을 인정해야 한다.

(c) 사회복지사는 비판적 자기 성찰(자신의 편견을 이해하고 자기 교정에 참여)에 참여하고, 클라이언트를 자기 문화의 전문가로 인정하고, 평생 학습에 전념하고, 기관이 문화적 겸손을 증진할 책임을 지는 등 인식과 문화적 겸손을 보여줘야 한다.

(d) 사회복지사는 인종, 민족, 출신 국가, 피부색, 성별, 성적 지향, 성 정체성 또는 표현, 연령, 결혼 여부, 정치적 신념, 종교, 이민 신분, 정신적 또는 신체적 능력과 관련하여 사회적 다양성과 억압의 본질에 대한 교육을 받고 이를 이해함을 입증해야 한다.

(e) 전자 사회복지 서비스를 제공하는 사회복지사는 클라이언트의 전자 기술 사용 및 접근 간의 문화적, 사회경제적 차이를 인식하고 그러한 잠재적 장벽을 방지하도록 노력해야 한다. 사회복지사는 이러한 서비스의 전달이나 이용에 영향을 미칠 수 있는 문화적, 환경적, 경제적, 정신적 또는 신체적 능력, 언어 및 기타 문제를 평가해야 한다.

1.06 이해상충

(a) 사회복지사는 전문적 재량권과 공정한 판단의 행사를 방해하는 이해상충을 경계하고 피해

야 한다. 사회복지사는 실제 또는 잠재적인 이해상충이 발생할 때 클라이언트에게 이를 알리고 클라이언트의 이익을 최우선으로 하고 클라이언트의 이익을 최대한 보호하는 방식으로 문제를 해결하기 위한 합리적인 조치를 취해야 한다. 어떤 경우에는 클라이언트의 이익을 보호하기 위해 클라이언트를 적절히 의뢰하고 전문적 관계를 종료해야 할 수도 있다.

(b) 사회복지사는 개인적, 종교적, 정치적 또는 사업적 이익을 증진하기 위해 직업적 관계를 부당하게 이용하거나 다른 사람을 착취해서는 안 된다.

(c) 사회복지사는 클라이언트 또는 이전 클라이언트와 착취의 위험이 있거나 클라이언트에게 잠재적인 해를 끼칠 수 있는 이중 또는 다중 관계에 참여해서는 안 된다. 이중 또는 다중 관계가 불가피한 경우, 사회복지사는 클라이언트를 보호하기 위한 조치를 취해야 하며 명확하고 적절하며 문화적으로 민감한 경계를 설정할 책임이 있다. (이중 또는 다중 관계는 사회복지사가 전문적, 사회적 또는 사업적 관계 등 둘 이상의 관계로 클라이언트와 관련될 때 발생한다. 이중 또는 다중 관계는 동시에 또는 연속적으로 발생할 수 있다.)

(d) 사회복지사가 서로 관계를 맺고 있는 둘 이상의 사람(예: 부부, 가족)에게 서비스를 제공할 때 사회복지사는 어떤 개인이 클라이언트로 간주될 것인지와 사회복지사의 서비스를 받는 다양한 개인에 대한 직업적 의무의 특성을 모든 당사자에게 명확히 해야 한다. 서비스를 받는 개인 사이에 이해 상충이 예상되거나 잠재적으로 상충되는 역할을 수행해야 할 것으로 예상되는 사회복지사는(예: 사회복지사가 클라이언트와 관련된 자녀 양육권 분쟁이나 이혼 절차에서 증언을 요청받는 경우) 자신의 역할을 명확히 해야 한다. 관련 당사자들과 협의하고 이해 상충을 최소화하기 위해 적절한 조치를 취한다.

(e) 사회복지사는 개인적 목적이나 업무와 관련되지 않은 목적으로 기술(소셜 네트워킹 사이트, 온라인 채팅, 이메일, 문자 메시지, 전화, 영상 등)을 사용하여 클라이언트와 의사소통하는 것을 피해야 한다.

(f) 사회복지사는 개인 정보를 전문 웹 사이트나 기타 매체에 게시하면 경계 혼란, 부적절한 이중 관계 또는 클라이언트에게 해를 끼칠 수 있다는 점을 인식해야 한다.

(g) 사회복지사는 개인적 단체소속으로 인해 클라이언트가 웹 사이트, 소셜 미디어 및 기타 기술 형태에서 사회복지사의 존재를 발견할 가능성이 높아질 수 있다는 점을 인식해야 한다. 사회복지사는 인종, 민족, 언어, 성적 지향, 성 정체성이나 표현, 정신적 또는 신체적 능력, 종교, 이민 상태 및 기타 개인적 소속을 기반으로 한 집단과 전자 통신에 참여하는 것이 특정 클라이언트들과 효과적으로 일하는 능력에 영향을 미칠 수 있다는 점을 인식해야 한다.

(h) 사회복지사는 경계 혼란, 부적절한 이중 관계 또는 클라이언트에 대한 피해를 방지하기 위해 소셜 네트워킹 사이트나 기타 전자 매체에서 클라이언트의 요청을 수락하거나 클라이언트와 개인적인 관계를 맺는 것을 피해야 한다.

1.07 사생활과 비밀보장

(a) 사회복지사는 클라이언트의 사생활보호의 권리를 존중해야 한다. 사회복지사는 불가피한 직업적 사유를 제외하고는 클라이언트로부터 또는 클라이언트에 관한 개인 정보를 요청해서는 안 된다. 일단 개인정보가 공유되면 비밀 보장 기준이 적용된다.

(b) 사회복지사는 클라이언트 또는 클라이언트를 대신하여 동의할 법적 권한이 있는 사람의 유효한 동의가 있는 경우 비밀정보를 공개할 수 있다.

(c) 사회복지사는 불가피한 직업적 사유를 제외하고는 전문적 서비스 과정에서 얻은 모든 정보의 비밀을 보장해야 한다. 사회복지사가 정보를 비밀로 유지해야 한다는 일반적인 기대는 클라이언트 또는 타인에게 심각하고 예측 가능하며 임박한 피해를 예방하기 위해 공개가 필요한 경우에는 적용되지 않는다. 모든 경우에 사회복지사는 원하는 목적을 달성하는데 필요한 최소한의 비밀정보만 공개해야 하며, 공개하는 목적과 직접적으로 관련된 정보만 공개해야 한다.

(d) 사회복지사는 비밀유지 정보를 공개할 계획이라면 (가능한 경우 그리고 가능한 범위 내에서) 정보를 공개하기 전에 공개 내용과 잠재적인 결과에 대해 클라이언트에게 알려야 한다. 이는 사회복지사가 법적 요구 사항이나 클라이언트 동의에 따라 비밀정보를 공개하는지 여부에 관계없이 적용된다.

(e) 사회복지사는 비밀 보장의 본질과 클라이언트의 비밀 보장 권리의 제한에 대해 클라이언트 및 기타 이해 당사자와 논의해야 한다. 사회복지사는 비밀정보가 요청될 수 있는 상황과 비밀정보의 공개가 법적으로 요구될 수 있는 상황을 클라이언트와 함께 검토해야 한다. 이러한 논의는 사회복지사와 클라이언트의 관계에서 가능한 한 빨리 이루어져야 하며, 관계가 지속되는 동안 필요에 따라 수시로 이루어져야 한다.

(f) 사회복지사가 가족, 커플 또는 집단에 상담 서비스를 제공할 때 사회복지사는 각 개인의 비밀 유지 권리와 다른 사람이 공유한 정보의 비밀 유지 의무에 관해 관련 당사자 간의 합의를 구해야 한다. 이 계약에는 비밀정보가 클라이언트 간 또는 공식 상담 회기 외의 다른 사람과 직접 또는 전자적으로 교환될 수 있는지 여부에 대한 고려가 포함되어야 한다. 사회복지사는 가족, 커플 또는 집단 상담 참여자에게 모든 참여자가 그러한 합의를 존

중할 것이라고 보장할 수 없다는 점을 알려야 한다.

(g) 사회복지사는 가족, 커플, 결혼 또는 집단 상담에 참여하는 클라이언트에게 상담에 참여하는 당사자 사이에서 사회복지사의 비밀정보 공개에 관한 사회복지사, 고용주 및 기관의 정책을 알려야 한다.

(h) 사회복지사는 클라이언트가 공개를 승인하지 않는 한 비밀정보를 제3자 지불자에게 공개해서는 안 된다.

(i) 사회복지사는 사생활보호가 보장되지 않는 한 어떠한 환경에서도 전자적으로나 직접적으로 비밀정보에 대해 논의해서는 안 된다. 사회복지사는 복도, 대기실, 엘리베이터, 레스토랑 등 공공 또는 준공공 장소에서 비밀정보에 대해 논의해서는 안 된다.

(j) 사회복지사는 법적 절차가 진행되는 동안 법이 허용하는 한도 내에서 클라이언트의 비밀보장을 지켜야 한다. 법원이나 기타 법적 권한을 부여받은 기관이 사회복지사에게 클라이언트의 동의 없이 비밀 또는 특권 정보를 공개하도록 명령하고 그러한 공개가 클라이언트에게 해를 끼칠 수 있는 경우, 사회복지사는 법원에 명령을 철회하거나 가능한 적은 정보로 공개명령을 제한하도록 요청해야 한다. 또는 공개열람이 불가능하도록 기록을 봉인하여 보관해야 한다.

(k) 사회복지사는 언론의 요청에 응할 때 클라이언트의 비밀보장을 유지해야 한다.

(l) 사회복지사는 클라이언트의 서면 및 전자 기록과 기타 민감한 정보에 대해서도 비밀보장을 해야 한다. 사회복지사는 클라이언트의 기록이 안전한 장소에 보관되고 접근 권한이 없는 다른 사람이 클라이언트의 기록을 이용할 수 없도록 합리적인 조치를 취해야 한다.

(m) 사회복지사는 클라이언트나 제3자에게 제공되는 정보를 포함하여 전자 통신의 비밀보장을 위해 합리적인 조치를 취해야 한다. 사회복지사는 이메일, 온라인 게시물, 온라인 채팅 세션, 모바일 통신, 문자 메시지 등 전자 통신을 사용할 때 적용 가능한 보호 장치(암호화, 방화벽, 비밀번호 등)를 사용해야 한다.

(n) 사회복지사는 클라이언트에게 비밀정보 위반을 적시에 알리기 위한 정책과 절차를 개발하고 공개해야 한다.

(o) 사회복지사의 전자 통신 또는 저장 시스템에 대한 무단 접근을 포함하여 클라이언트 기록이나 정보에 대한 무단 접근이 있는 경우, 사회복지사는 해당 법률 및 전문적 기준에 따라 클라이언트에게 그러한 공개 사실을 알려야 한다.

(p) 사회복지사는 클라이언트에 대한 정보를 수집하기 위해 인터넷 기반 검색 엔진을 포함한 전자 기술을 사용하는 것에 대한 일반적인 사회복지 윤리 기준에 부합하는 정책을 개발하

고 클라이언트에게 알려야 한다.

(q) 사회복지사는 설득력 있는 전문적 이유가 없고 적절한 경우 클라이언트의 사전 동의가 있는 경우를 제외하고 클라이언트 정보를 전자적으로 검색하거나 수집하는 것을 피해야 한다.

(r) 사회복지사는 클라이언트에 대한 식별 정보나 비밀정보를 전문 웹사이트나 기타 형태의 소셜 미디어에 게시하는 것을 피해야 한다.

(s) 사회복지사는 클라이언트의 비밀을 보호하고 기록 및 사회사업 면허에 적용되는 해당 법률에 부합하는 방식으로 클라이언트의 기록을 이전하거나 폐기해야 한다.

(t) 사회복지사는 사회복지사의 업무 종료, 무능력화 또는 사망 시 클라이언트의 비밀을 보호하기 위해 합리적인 예방 조치를 취해야 한다.

(u) 사회복지사는 클라이언트가 비밀정보 공개에 동의하지 않는 한 교육이나 훈련 목적으로 클라이언트에 대해 논의할 때 식별 정보를 공개해서는 안 된다.

(v) 사회복지사는 클라이언트가 비밀정보 공개에 동의하지 않았거나 그러한 공개에 대한 강력한 필요성이 있는 경우를 제외하고 컨설턴트와 클라이언트를 논의할 때 식별 정보를 공개해서는 안 된다.

(w) 사회복지사는 이전 기준에 따라 사망한 클라이언트의 비밀을 보호해야 한다.

1.08 기록에 대한 접근

(a) 사회복지사는 클라이언트가 클라이언트에 관한 기록에 합리적으로 접근할 수 있도록 해야 한다. 클라이언트가 자신의 기록에 접근하면 클라이언트에게 심각한 오해나 해를 끼칠 수 있다고 우려하는 사회복지사는 기록을 해석하는 데 도움을 주고 기록과 관련하여 클라이언트와 상담해야 한다. 사회복지사는 클라이언트에게 심각한 해를 끼칠 것이라는 설득력 있는 증거가 있는 예외적인 상황에서만 클라이언트의 기록 또는 기록의 일부에 대한 접근을 제한해야 한다. 클라이언트의 요청과 기록의 일부 또는 전부를 보류하는 근거는 모두 클라이언트의 파일에 문서화되어야 한다.

(b) 사회복지사는 클라이언트에게 자신의 기록에 대한 접근을 제공하기 위한 기술 사용에 관한 일반적인 사회복지 윤리 기준에 부합하는 정책을 개발하고 클라이언트에게 알려야 한다.

(c) 클라이언트에게 자신의 기록에 대한 접근권을 제공할 때 사회복지사는 그러한 기록에서 확인되거나 논의된 다른 개인의 비밀을 보호하기 위한 조치를 취해야 한다.

1.09 성적 관계

(a) 사회복지사는 어떠한 경우에도 성행위, 기술을 사용하거나 직접 대면하여 부적절한 성적 의사소통을 하거나 현재 클라이언트와 성적인 접촉을 해서는 안 되며, 그러한 접촉이 합의에 의한 것이든 강제적인 것이든 상관없다.

(b) 사회복지사는 클라이언트에 대한 착취 또는 잠재적 피해의 위험이 있는 경우 클라이언트의 친척 또는 클라이언트와 친밀한 개인적 관계를 유지하는 다른 개인과 성적 활동 또는 성적 접촉을 해서는 안 된다. 클라이언트의 친척 또는 클라이언트와 개인적인 관계를 유지하는 다른 개인과의 성적 활동 또는 성적 접촉은 클라이언트에게 해를 끼칠 가능성이 있으며 사회복지사와 클라이언트가 적절한 직업적 경계를 유지하기 어렵게 만들 수 있다. 명확하고 적절하며 문화적으로 민감한 경계를 설정할 책임은 클라이언트, 클라이언트의 친척 또는 클라이언트와 개인적인 관계를 유지하는 다른 개인이 아닌 사회복지사가 전적으로 부담한다.

(c) 사회복지사는 클라이언트에 해를 끼칠 가능성이 있기 때문에 전 클라이언트와 성적 활동 또는 성적 접촉을 해서는 안 된다. 사회복지사가 이 금지에 위배되는 행위를 하거나 특별한 상황으로 인해 이 금지에 대한 예외가 필요하다고 주장하는 경우, 전 클라이언트가 의도적이든 비의도적이든 착취, 강요 또는 조작을 당하지 않았음을 입증할 모든 책임은 클라이언트가 아닌 사회복지사에게 있다.

(d) 사회복지사는 이전에 성관계를 맺은 적이 있는 개인에게 임상 서비스를 제공해서는 안 된다. 이전의 성적 파트너에게 임상 서비스를 제공하는 것은 개인에게 해로울 수 있으며, 사회복지사와 개인이 적절한 전문적 경계를 유지하기 어렵게 만들 수 있다.

1.10 신체적 접촉

사회복지사는 클라이언트를 안거나 애무하는 등 접촉의 결과로 클라이언트가 심리적 해를 입을 가능성이 있는 경우 클라이언트와 신체적 접촉을 해서는 안 된다. 클라이언트와 적절한 신체 접촉을 하는 사회복지사는 그러한 신체 접촉을 관리하는 명확하고 적절하며 문화적으로 민감한 경계를 설정할 책임이 있다.

1.11 성희롱

사회복지사는 클라이언트를 성희롱해서는 안 된다. 성희롱에는 성적 접근, 성적 권유, 성적 호의 요청, 기타 성적인 성격의 구두, 서면, 전자적 또는 신체적 접촉이 포함된다.

1.12 경멸적인 언어

사회복지사는 클라이언트에 대한 서면, 구두 또는 전자적 의사소통에서 경멸적인 언어를 사용해서는 안 된다. 사회복지사는 클라이언트와 관련된 모든 의사소통에서 정확하고 존중하는 언어를 사용해야 한다.

1.13 서비스에 대한 결제

(a) 사회복지사는 수수료를 책정할 때 공정하고 합리적이며 수행한 서비스에 상응하는 수수료가 책정되도록 해야 한다. 클라이언트의 지불 능력도 고려해야 한다.

(b) 사회복지사는 전문 서비스에 대한 대가로 클라이언트로부터 상품이나 서비스를 받는 것을 피해야 한다. 특히 서비스와 관련된 물물교환 계약은 사회복지사와 클라이언트의 관계에서 이해 상충, 착취, 부적절한 경계 설정의 가능성을 야기한다. 사회복지사는 물물교환이 지역사회의 전문가들 사이에서 인정되는 관행이고, 서비스 제공에 필수적인 것으로 간주되며, 강압 없이 협상되고, 클라이언트의 주도하에 클라이언트의 사전 동의를 얻어 체결된 것으로 입증될 수 있는 매우 제한된 상황에서만 물물교환을 모색하고 참여할 수 있어야 한다. 전문 서비스에 대한 대가로 클라이언트로부터 상품이나 서비스를 받는 사회복지사는 이러한 계약이 클라이언트 또는 전문적 관계에 해롭지 않다는 것을 입증할 전적인 책임을 진다.

(c) 사회복지사는 사회복지사의 고용주 또는 기관을 통해 해당 서비스를 받을 자격이 있는 클라이언트에게 서비스 제공에 대한 개인 비용이나 기타 보수를 요구해서는 안 된다.

1.14 의사결정능력이 부족한 클라이언트

정보에 입각한 결정을 내릴 능력이 부족한 클라이언트를 대신하여 활동하는 사회복지사는 해당 클라이언트의 이익과 권리를 보호하기 위해 합리적인 조치를 취해야 한다.

1.15 서비스 중단

사회복지사는 서비스를 이용할 수 없거나 전자 통신의 중단, 이사, 질병, 정신적 또는 신체적 능력, 사망 등의 요인으로 인해 서비스가 중단되는 경우 서비스의 연속성을 보장하기 위해 합리적인 노력을 기울여야 한다.

1.16 서비스 의뢰

(a) 사회복지사는 클라이언트를 충분히 서비스하기 위해 다른 전문가의 전문 지식이나 전문성이 필요하거나 사회복지사가 클라이언트에 대해 효과적이거나 합리적인 진전을 이루지 못하고 있다고 판단하여 다른 서비스가 필요하다고 판단하는 경우 클라이언트를 다른 전문가에게 의뢰해야 한다.

(b) 클라이언트를 다른 전문가에게 의뢰하는 사회복지사는 책임의 질서 있는 이양을 촉진하기 위해 적절한 조치를 취해야 한다. 클라이언트를 다른 전문가에게 의뢰하는 사회복지사는 클라이언트의 동의를 얻어 모든 관련 정보를 새로운 서비스 제공자에게 공개해야 한다.

(c) 사회복지사는 의뢰한 사회복지사가 전문 서비스를 제공하지 않는 경우 의뢰에 대한 대가를 주거나 받는 것이 금지된다.

1.17 서비스 종결

(a) 사회복지사는 클라이언트에 대한 서비스 및 클라이언트와의 전문적 관계가 더 이상 필요하지 않거나 더 이상 클라이언트의 요구나 이익에 부합하지 않는 경우 이를 종결해야 한다.

(b) 사회복지사는 여전히 서비스가 필요한 클라이언트에게 서비스가 지속되도록 합리적인 조치를 취해야 한다. 사회복지사는 상황의 모든 요인을 신중하게 고려하고 가능한 부작용을 최소화하도록 주의하면서 비정상적인 상황에서만 서비스를 신속하게 철회해야 한다. 사회복지사는 필요한 경우 서비스 지속을 위한 적절한 조치를 취하는 데 도움을 주어야 한다.

(c) 유료 서비스 환경의 사회복지사는 연체 잔액을 지불하지 않는 클라이언트에 대해 재정 계약상 합의가 클라이언트에게 명확히 이루어졌고, 클라이언트가 자신이나 타인에게 임박한 위험을 초래하지 않으며, 현재 미납으로 인한 임상 및 기타 결과가 클라이언트와 논의되고 해결된 경우 서비스를 종결할 수 있다.

(d) 사회복지사는 클라이언트와의 사회적, 재정적, 성적 관계를 추구하기 위해 서비스를 종결해서는 안 된다.

(e) 사회복지사는 클라이언트에 대한 서비스 종결 또는 중단이 예상되는 경우 즉시 클라이언트에게 알리고 클라이언트의 욕구와 선호도에 따라 서비스의 이전, 의뢰 또는 지속을 모색해야 한다.

(f) 직장을 떠나는 사회복지사는 클라이언트에게 서비스 지속을 위한 적절한 선택지와 각각 선택의 이점 및 위험에 대해 알려야 한다.

2. 동료에 대한 사회복지사의 윤리적 책임

NASW 윤리강령: 윤리적 기준

2.01 존중

(a) 사회복지사는 동료를 존중해야 하며, 동료의 자격, 견해, 의무를 정확하고 공정하게 대변해야 한다.

(b) 사회복지사는 클라이언트 또는 다른 전문가와의 구두, 서면, 전자적 의사소통에서 동료에 대한 부당한 부정적 비판을 피해야 한다. 부당한 부정적 비판에는 동료의 역량 수준 또는 인종, 민족, 출신 국가, 피부색, 성별, 성적 지향, 성 정체성 또는 표현, 나이, 결혼 여부, 정치적 신념, 종교, 이민 신분, 정신적 또는 신체적 능력과 같은 개인의 속성을 언급하는 비하 발언이 포함될 수 있다.

(c) 사회복지사는 클라이언트의 복지에 도움이 되는 경우 사회복지 동료 및 다른 직업의 동료와 협력해야 한다.

2.02 비밀보장

사회복지사는 전문적 관계와 업무 과정에서 동료들이 공유하는 비밀정보를 존중해야 한다. 사회복지사는 비밀보장에 대한 사회복지사의 의무와 이와 관련된 예외 사항을 해당 동료가 이해하도록 해야 한다.

2.03 학제간 협력

(a) 학제간 팀의 구성원인 사회복지사는 사회복지 전문직의 관점, 가치 및 경험을 활용하여 클라이언트의 복지에 영향을 미치는 결정에 참여하고 기여해야 한다. 학제간 팀 전체와 개별 구성원의 전문적, 윤리적 의무가 명확하게 확립되어야 한다.

(b) 팀 결정으로 인해 윤리적 우려가 제기되는 사회복지사는 적절한 채널을 통해 불일치를 해결하도록 노력해야 한다. 불일치가 해결될 수 없는 경우, 사회복지사는 클라이언트의 복지에 상응하도록 우려 사항을 해결하기 위해 다른 방법을 모색해야 한다.

2.04 동료들 간의 분쟁

(a) 사회복지사는 지위를 얻거나 사회복지사의 이익을 증진하기 위해 동료와 고용주 사이의 분쟁을 이용해서는 안 된다.

(b) 사회복지사는 동료와의 분쟁에서 클라이언트를 이용하거나 사회복지사와 동료 간의 갈등에 대한 부적절한 논의에 클라이언트를 참여시켜서는 안 된다.

2.05 자문

(a) 사회복지사는 클라이언트에게 최선의 이익이 될 수 있는 자문이라면 언제든지 동료의 조언과 자문을 구해야 한다.

(b) 사회복지사는 동료의 전문 분야와 역량에 대한 정보를 지속적으로 파악해야 한다. 사회복지사는 자문 주제와 관련된 지식, 전문성 및 역량을 입증한 동료에게만 자문을 구해야 한다.

(c) 클라이언트에 관해 동료에게 자문을 구할 때 사회복지사는 자문 목적을 달성하는 데 필요한 최소한의 정보를 공개해야 한다.

2.06 성적 관계

(a) 슈퍼바이저 또는 교육자로 활동하는 사회복지사는 슈퍼바이지, 학생, 수련생 또는 자신이 전문적 권한을 행사하는 다른 동료와 성적 활동이나 접촉(구두, 서면, 전자적 또는 신체적 접촉 포함)을 해서는 안 된다.

(b) 사회복지사는 이해 상충의 가능성이 있는 경우 동료와 성적인 관계를 맺지 않아야 한다. 동료와 성적 관계에 관여하거나 관여할 것으로 예상되는 사회복지사는 이해 상충을 피하기 위해 필요한 경우 전문적 책임을 이양해야 할 의무가 있다.

2.07 성희롱

사회복지사는 슈퍼바이저, 학생, 수련생 또는 동료를 성희롱해서는 안 된다. 성희롱에는 성적 접근, 성적 권유, 성적 호의 요구, 기타 성적인 성격의 구두, 서면, 전자적 또는 신체적 접촉이 포함된다.

2.08 동료의 손상

(a) 개인적 문제, 심리사회적 고통, 약물 남용 또는 정신건강의 어려움으로 인한 사회복지사 동료의 손상을 직접적으로 알고 있고 실천 효과를 방해하는 사회복지사는 가능한 경우 해당 동료와 상담하고 그 동료가 치료 조치를 취할 수 있도록 도와야 한다.

(b) 사회복지사 동료의 손상이 실천 효과를 방해하고 해당 동료가 손상을 해결하기 위한 적절한 조치를 취하지 않았다고 판단하는 사회복지사는 고용주, 기관, NASW, 면허 및 규제

기관, 기타 전문 기관이 마련한 적절한 통로를 통해 조치를 취해야 한다.

2.09 동료의 능력부족

(a) 사회복지 동료의 능력부족을 직접적으로 알고 있는 사회복지사는 가능한 경우 해당 동료와 상담하고 동료가 시정 조치를 취하도록 지원해야 한다.

(b) 사회복지사 동료가 무능하며, 능력부족을 해결하기 위한 적절한 조치를 취하지 않았다고 여겨진다면, 사회복지사는 고용주, 기관, NASW, 면허 및 규제 기관 및 기타 전문 조직이 만들어진 적절한 경로를 통해 조치를 취해야 한다.

2.10 동료의 비윤리적 행위

(a) 사회복지사는 기술을 사용한 비윤리적 행위를 포함하여 동료의 비윤리적 행위를 억제, 예방, 폭로, 시정하기 위한 적절한 조치를 취해야 한다.

(b) 사회복지사는 동료의 비윤리적 행동에 대한 문제를 처리하기 위해 확립된 정책과 절차에 대해 잘 알고 있어야 한다. 사회복지사는 윤리적 불만 사항을 처리하기 위한 국가, 주, 지역 절차를 잘 알고 있어야 한다. 여기에는 NASW, 면허 및 규제 기관, 고용주, 기관 및 기타 전문 조직이 만든 정책 및 절차가 포함된다.

(c) 동료가 비윤리적으로 행동했다고 생각될 때 사회복지사는 그 동료와 자신의 우려 사항을 논의하는 것이 가능한 경우, 그리고 그러한 논의가 생산적인 결과를 가져올 수 있을 때 윤리적 문제에 대한 해결방안을 찾도록 한다.

(d) 필요한 경우, 동료가 비윤리적으로 행동했다고 믿는 사회복지사는 적절한 공식적 경로(예: 주 면허 위원회 또는 규제 기관, NASW 국가 윤리 위원회 또는 기타 전문 윤리 위원회에 문의)을 통해 조치를 취해야 한다.

(e) 사회복지사는 비윤리적 행위로 부당하게 기소된 동료를 변호하고 지원해야 한다.

3. 실천 현장에서 사회복지사의 윤리적 책임

NASW 윤리강령: 윤리적 기준

3.01 슈퍼비전 및 자문

(a) 슈퍼비전이나 자문(대면이든 원격이든)을 제공하는 사회복지사는 적절하게 슈퍼비전하거나 자문하는 데 필요한 지식과 기술을 갖추고 있어야 하며, 자신의 지식과 능력 범위 내

에서만 그렇게 해야 한다.

(b) 슈퍼비전이나 자문을 제공하는 사회복지사는 명확하고 적절하며 문화적으로 민감한 경계를 설정할 책임이 있다.

(c) 사회복지사는 소셜 네트워킹 사이트나 기타 전자 미디어를 사용하는 동안 발생할 수 있는 이중 관계를 포함하여 수련 대상자를 착취하거나 잠재적인 해를 끼칠 위험이 있는 수련 대상자와 이중 또는 다중 관계에 참여해서는 안 된다.

(d) 슈퍼비전을 제공하는 사회복지사는 공정하고 정중한 방식으로 슈퍼비전 대상자의 성과를 평가해야 한다.

3.02 교육 및 훈련

(a) 교육자, 학생을 위한 실습지도자 또는 훈련자의 역할을 수행하는 사회복지사는 자신의 지식과 능력 영역 내에서만 교육을 제공해야 하며 전문직 내에서 이용 가능한 최신 정보와 지식을 바탕으로 교육을 제공해야 한다.

(b) 학생을 위한 교육자 또는 실습지도자역할을 하는 사회복지사는 공정하고 정중한 방식으로 학생의 성과를 평가해야 한다.

(c) 학생을 위한 교육자 또는 실습지도자 역할을 하는 사회복지사는 학생들이 서비스를 제공할 때 클라이언트가 정기적으로 이 정보를 알고 있도록 합리적인 조치를 취해야 한다.

(d) 학생을 위한 교육자 또는 실습지도자 역할을 하는 사회복지사는 소셜 네트워킹 사이트 또는 기타 전자매체를 사용하는 동안 발생할 수 있는 이중 관계를 포함하여 학생에게 착취의 위험이 있거나 학생에게 잠재적인 피해를 줄 수 있는 이중 또는 다중 관계를 학생과 맺어서는 안 된다. 사회복지 교육자와 실습지도자는 명확하고 적절하며 문화적으로 민감한 경계를 설정할 책임이 있다.

3.03 업무성과평가

타인의 성과를 평가할 책임이 있는 사회복지사는 공정하고 사려 깊은 방식으로, 그리고 명확하게 명시된 기준에 따라 그러한 책임을 수행해야 한다.

3.04 클라이언트 기록

(a) 사회복지사는 전자 및 종이 기록의 문서가 정확하고 제공된 서비스를 반영하도록 합리적인 조치를 취해야 한다.

(b) 사회복지사는 서비스 전달을 촉진하고 향후 클라이언트에게 제공되는 서비스의 연속성을 보장하기 위해 기록에 충분하고 시의적절한 문서를 포함해야 한다.
(c) 사회복지사의 문서는 가능하고 적절한 범위 내에서 클라이언트의 개인정보를 보호해야 하며 서비스 제공과 직접적으로 관련된 정보만 포함해야 한다.
(d) 사회복지사는 합리적인 향후 접근을 보장하기 위해 서비스 종결 후 기록을 저장해야 한다. 기록은 관련 법률, 기관 정책, 계약에서 요구하는 기간 동안 보관되어야 한다.

3.05 청구

사회복지사는 제공된 서비스의 성격과 범위를 정확하게 반영하고 실천 현장에서 서비스를 제공한 사람을 식별하는 청구 관행을 확립하고 유지해야 한다.

3.06 클라이언트 이전

(a) 다른 기관이나 동료로부터 서비스를 받고 있는 개인이 사회복지사에게 서비스를 요청하는 경우, 사회복지사는 서비스 제공에 동의하기 전에 클라이언트의 요구 사항을 신중하게 고려해야 한다. 가능한 혼란과 갈등을 최소화하기 위해 사회복지사는 클라이언트와 다른 서비스 제공자 사이의 현재 관계의 성격에 대해 논의하고, 새로운 서비스 제공자와의 관계를 맺는 데 따른 이점이나 위험을 포함하여 그 의미에 대해 잠재적인 클라이언트와 논의해야 한다.
(b) 새로운 클라이언트가 다른 기관이나 동료로부터 서비스를 받은 경우, 사회복지사는 이전 서비스 제공자와의 상담이 클라이언트에게 최선의 이익이 될 수 있을지를 클라이언트와 논의해야 한다.

3.07 행정

(a) 사회복지사는 클라이언트의 요구를 충족시키기 위한 적절한 자원을 기관 내부와 외부에서 옹호해야 한다.
(b) 사회복지사는 개방되고 공정한 자원 할당 절차를 옹호해야 한다. 모든 클라이언트의 요구가 충족될 수 없는 경우, 적절하고 일관되게 적용되는 원칙을 기반으로 비차별적인 배분 절차를 개발해야 한다.
(c) 행정가인 사회복지사는 적절한 직원 슈퍼비전을 제공하기 위해 기관이나 조직의 충분한 자원이 이용 가능하도록 합리적인 조치를 취해야 한다.
(d) 사회복지 행정가는 자신이 담당하는 작업 환경이 NASW 윤리강령과 일관되고 준수를 권

장하도록 합리적인 조치를 취해야 한다. 사회복지 행정가는 조직 내에서 본 강령 준수를 위반, 방해 또는 방해하는 모든 조건을 제거하기 위해 합리적인 조치를 취해야 한다.

3.08 보수교육 및 직원 역량 개발

사회복지 행정가와 슈퍼바이저는 자신이 담당하는 모든 직원에게 보수교육과 직원 역량 개발을 제공하거나 준비하기 위해 합리적인 조치를 취해야 한다. 보수교육과 직원 역량 개발은 사회복지 실천 및 윤리와 관련된 현재 지식과 새로운 발전을 다루어야 한다.

3.09 고용주에 대한 약속

(a) 사회복지사는 일반적으로 고용주와 고용 기관에 대한 약속을 준수해야 한다.

(b) 사회복지사는 고용 기관의 정책과 절차, 그리고 서비스의 효율성과 효과를 개선하기 위해 노력해야 한다.

(c) 사회복지사는 NASW 윤리강령에 명시된 사회복지사의 윤리적 의무와 사회복지실천에 대한 이러한 의무의 의미를 고용주가 인식하도록 보장하기 위해 합리적인 조치를 취해야 한다.

(d) 사회복지사는 고용 조직의 정책, 절차, 규정 또는 행정 명령이 사회복지의 윤리적 실천을 방해하도록 허용해서는 안 된다. 사회복지사는 고용 조직의 관행이 NASW 윤리강령과 일치하는지 확인하기 위해 합리적인 조치를 취해야 한다.

(e) 사회복지사는 고용 조직의 업무 할당과 고용 정책 및 관행에서 차별을 예방하고 제거하기 위해 행동해야 한다.

(f) 사회복지사는 공정한 인사 관행을 실천하는 조직에서만 취업을 수락하거나 학생 현장 실습을 주선해야 한다.

(g) 사회복지사는 고용 조직의 자원을 부지런히 관리해야 하며, 적절한 경우 자금을 현명하게 보존하고 자금을 남용하거나 의도하지 않은 목적으로 사용하지 않아야 한다.

3.10 노사분쟁

(a) 사회복지사는 클라이언트에 대한 서비스와 근로 조건을 개선하기 위해 노동 조합의 결성 및 참여를 포함하여 조직적인 활동에 참여할 수 있다.

(b) 노사 분쟁, 준법 투쟁 또는 노동 파업에 관여하는 사회복지사의 행동은 전문직의 가치, 윤리 원칙 및 윤리 기준에 따라 이루어져야 한다. 실제 또는 위협적인 노동 파업 또는 준법 투쟁 기간 동안 전문가로서의 주요 의무와 관련하여 사회복지사 간에 합리적인 의견

차이가 존재할 수 있다. 사회복지사는 행동 방침을 결정하기 전에 관련 문제와 클라이언트에게 미칠 수 있는 영향을 신중하게 검토해야 한다.

4. 전문가로서 사회복지사의 윤리적 책임

NASW 윤리강령: 윤리적 기준

4.01 역량

(a) 사회복지사는 기존 역량이나 필요한 역량을 획득하려는 의도에 근거해서만 책임이나 채용을 수락해야 한다.

(b) 사회복지사는 전문적 실무와 전문적 기능 수행에 능숙해지고 이를 유지하기 위해 노력해야 한다. 사회복지사는 사회복지와 관련된 새로운 지식을 비판적으로 조사하고 최신 정보를 유지해야 한다. 사회복지사는 정기적으로 전문 문헌을 검토하고 사회복지 실천 및 사회복지 윤리와 관련된 지속적인 교육에 참여해야 한다.

(c) 사회복지사는 사회복지 및 사회복지 윤리와 관련된 경험적 지식을 포함하여 사회복지 영역 내에서 인정된 지식을 바탕으로 실천해야 한다.

4.02 차별

사회복지사는 인종, 민족, 출신 국가, 피부색, 성별, 성적 지향, 성 정체성 또는 표현, 나이, 결혼 여부, 정치적 신념, 종교, 이민 신분, 정신적 또는 신체적 능력에 근거한 모든 형태의 차별을 실행, 묵인, 조장 또는 협력해서는 안 된다.

4.03 사적 행위

사회복지사는 자신의 사적인 행위가 전문적 책임을 수행하는 능력을 방해하도록 허용해서는 안 된다.

4.04 부정, 사기, 기만

사회복지사는 부정, 사기, 기만에 참여하거나 묵인하거나 관련되어서는 안 된다.

4.05 손상

(a) 사회복지사는 자신의 개인적인 문제, 심리사회적 고통, 법적 문제, 약물 남용 또는 정신

건강 문제가 자신의 전문적 판단과 성과를 방해하거나 전문적 책임을 맡은 사람들의 최선의 이익을 위태롭게 하도록 허용해서는 안 된다.

(b) 개인적 문제, 심리사회적 고통, 법적 문제, 약물 남용 또는 정신 건강상의 어려움으로 인해 전문적인 판단과 업무 수행에 지장을 받는 사회복지사는 즉시 상담을 받고 전문가의 도움을 구하거나 업무량을 조정하거나 업무를 중단하거나 클라이언트 및 타인을 보호하기 위해 필요한 기타 조치를 취하는 등 적절한 구제 조치를 취해야 한다.

4.06 허위진술

(a) 사회복지사는 개인으로서 행한 진술 및 행동과 사회복지 전문직, 전문 사회복지 조직 또는 사회복지사의 고용 기관의 대표로서 행한 진술 및 행동을 명확히 구분해야 한다.

(b) 전문적인 사회복지 조직을 대표하는 사회복지사는 해당 조직의 공식적이고 승인된 입장을 정확하게 대표해야 한다.

(c) 사회복지사는 전문 자격, 자격, 교육, 능력, 소속, 제공된 서비스 또는 달성할 결과에 대해 클라이언트, 기관 및 대중에게 자신의 표현이 정확하도록 보장해야 한다. 사회복지사는 자신이 실제로 소유하고 있는 관련 전문 자격증만을 주장해야 하며, 다른 사람이 자신의 자격증에 대해 부정확하거나 허위 진술을 한 경우 이를 수정하기 위한 조치를 취해야 한다.

4.07 권유

(a) 사회복지사는 자신의 상황으로 인해 부당한 영향, 조작 또는 강압에 취약한 잠재 클라이언트에게 사전동의나 요청 없이 권유를 해서는 안 된다.

(b) 사회복지사는 현재 클라이언트나 특정 상황으로 인해 부당한 영향을 받기 쉬운 다른 사람들로부터 추천 보증 요청(클라이언트의 이전 진술을 추천 보증으로 사용하는 것에 대한 동의 요청 포함)에 참여해서는 안 된다.

4.08 공로 인정

(a) 사회복지사는 자신이 실제로 수행하고 기여한 작업에 대해서만 저자 공로를 포함하여 책임과 공로를 인정받아야 한다.

(b) 사회복지사는 다른 사람의 작업과 기여를 정직하게 인정해야 한다.

5. 사회복지직에 대한 사회복지사의 윤리적 책임

NASW 윤리강령: 윤리적 기준

5.01 전문직의 성실성

(a) 사회복지사는 높은 실천 기준을 유지하고 증진하기 위해 노력해야 한다.

(b) 사회복지사는 직업의 가치, 윤리, 지식, 사명을 지지하고 발전시켜야 한다. 사회복지사는 전문직에 대한 적절한 연구와 연구, 적극적인 토론, 책임 있는 비판을 통해 전문직의 성실성을 보호하고 강화하며 향상시켜야 한다.

(c) 사회복지사는 사회복지 전문직의 가치, 진실성, 역량에 대한 존중을 증진하는 활동에 시간과 전문적 전문지식을 제공해야 한다. 이러한 활동에는 교육, 연구, 상담, 서비스, 입법 증언, 지역 사회에서의 프레젠테이션, 전문 조직 참여 등이 포함될 수 있다.

(d) 사회복지사는 사회사업의 지식 기반에 기여해야 하며 실천, 연구 및 윤리와 관련된 지식을 동료와 공유해야 한다. 사회복지사는 해당 전문 분야의 문헌에 기여하고 전문 회의 및 회의에서 자신의 지식을 공유하도록 노력해야 한다.

(e) 사회복지사는 승인되지 않고 부적격한 사회복지 실천을 방지하기 위해 행동해야 한다.

5.02 평가 및 연구

(a) 사회복지사는 정책, 프로그램 실행, 중재 실행을 모니터링하고 평가해야 한다.

(b) 사회복지사는 지식 개발에 기여하기 위해 평가와 연구를 장려하고 촉진해야 한다.

(c) 사회복지사는 사회복지와 관련된 최신 지식을 비판적으로 조사하고 최신 상태로 유지해야 하며, 전문적 실천에서 평가 및 연구 증거를 충분히 활용해야 한다.

(d) 평가나 연구에 종사하는 사회복지사는 발생할 수 있는 결과를 신중하게 고려해야 하며 평가 및 연구 참가자 보호를 위해 개발된 지침을 따라야 한다. 적절한 기관 검토 위원회에 문의해야 한다.

(e) 평가나 연구에 종사하는 사회복지사는 적절한 경우 연구 참여 거부에 대한 묵시적 또는 실질적 박탈이나 처벌 없이 참여자로부터 자발적인 서면 동의를 얻어야 한다. 참여를 부당하게 유도하지 않고, 참여자의 안녕, 개인 정보 보호 및 존엄성을 적절히 고려한다. 고지된 동의에는 요청된 참여의 성격, 범위 및 기간에 대한 정보와 연구 참여의 위험 및 이점에 대한 공개가 포함되어야 한다.

(f) 평가나 연구를 촉진하기 위해 전자 기술을 사용할 때 사회복지사는 참여자가 해당 기술

사용에 대한 고지된 동의를 제공하도록 해야 한다. 사회복지사는 참여자가 기술을 사용할 수 있는지 평가해야 하며, 적절한 경우 평가 또는 연구에 참여할 수 있는 합리적인 대안을 제공해야 한다.

(g) 평가 또는 연구 참여자가 사전 동의를 제공할 수 없는 경우 사회복지사는 참여자에게 적절한 설명을 제공하고 가능한 한 참여자의 동의를 얻어야 하며 적절한 대리인으로부터 서면 동의를 받아야 한다.

(h) 사회복지사는 특정 형태의 자연주의적 관찰 및 기록 연구와 같이 동의 절차를 사용하지 않는 평가 또는 연구를 설계하거나 수행해서는 안 되며, 만약 연구에 대한 엄격하고 책임 있는 검토 결과 장래의 과학적, 교육적 또는 응용적 가치로 인해 정당하다고 판단되고, 동의 절차 면책을 포함하지 않는 동등하게 효과적인 대안적 절차가 실행가능하지 않을 때만 동의 절차를 사용하지 않는 평가 또는 연구를 설계하거나 수행이 정당화된다.

(i) 사회복지사는 참여자들에게 언제든지 불이익 없이 평가 및 연구를 철회할 수 있는 권리가 있음을 알려야 한다.

(j) 사회복지사는 평가 및 연구 참가자가 적절한 지원 서비스에 접근할 수 있도록 적절한 조치를 취해야 한다.

(k) 평가나 연구에 종사하는 사회복지사는 부당한 신체적 또는 정신적 고통, 피해, 위험 또는 박탈로부터 참가자를 보호해야 한다.

(l) 서비스 평가에 참여하는 사회복지사는 수집된 정보를 전문적인 목적으로만 논의해야 하며, 이 정보와 전문적으로 관련된 사람들과만 논의해야 한다.

(m) 평가나 연구에 종사하는 사회복지사는 참가자와 참가자로부터 얻은 데이터의 익명성 또는 비밀유지를 보장해야 한다. 사회복지사는 비밀 유지의 한계, 비밀보장을 위해 취할 조치, 연구 데이터가 포함된 기록이 파기되는 시기 등을 참여자에게 알려야 한다.

(n) 평가 및 연구 결과를 보고하는 사회복지사는 공개를 승인하는 적절한 동의를 얻지 않은 한 식별 정보를 생략하여 참가자의 비밀을 보호해야 한다.

(o) 사회복지사는 평가 및 연구 결과를 정확하게 보고해야 한다. 결과를 조작하거나 위조해서는 안 되며 나중에 표준적인 출판 방법을 사용하여 출판된 데이터에서 발견되는 오류를 수정하기 위한 조치를 취해야 한다.

(p) 평가 또는 연구에 참여하는 사회복지사는 참여자와의 이해 상충 및 이중 관계를 경계하고 피해야 하며, 실제 또는 잠재적 이해 상충이 발생하면 참여자에게 알려야 하고, 참여자의 이익을 우선시하는 방식으로 문제를 해결하기 위한 조치를 취해야 한다.

(q) 사회복지사는 책임감 있는 연구 관행에 대해 자신과 학생, 동료를 교육해야 한다.

6. 더 넓은 사회에 대한 사회복지사의 윤리적 책임

NASW 윤리강령: 윤리적 기준

6.01 사회복지

사회복지사는 지역 수준에서 세계 수준에 이르기까지 사회의 전반적인 복지와 사람, 지역 사회 및 환경의 발전을 촉진해야 한다. 사회복지사는 기본적인 인간의 욕구를 충족시키는 데 도움이 되는 생활 조건을 옹호해야 하며, 사회 정의의 실현과 양립할 수 있는 사회적, 경제적, 정치적, 문화적 가치와 제도를 장려해야 한다.

6.02 공적 참여

사회복지사는 사회 정책과 제도를 형성하는 데 있어 정보제공을 통해 대중의 참여를 촉진해야 한다.

6.03 공공 응급 상황

사회복지사는 공공 응급상황에서 가능한 한 적절한 전문 서비스를 제공해야 한다.

6.04 사회적, 정치적 행동

(a) 사회복지사는 모든 사람이 기본적인 인간 욕구를 충족하고 완전한 발전을 이루는 데 필요한 자원, 고용, 서비스 및 기회에 동등하게 접근할 수 있도록 보장하는 사회적, 정치적 행동에 참여해야 한다. 사회복지사는 정치 분야가 실천에 미치는 영향을 인식해야 하며, 기본적인 인간의 욕구를 충족하고 사회 정의를 증진하기 위해 사회 조건을 개선하기 위한 정책 및 법률의 변경을 옹호해야 한다.

(b) 사회복지사는 취약하고 불이익을 당하고 억압받고 착취당하는 사람들과 집단을 특별히 존중하면서 모든 사람을 위한 선택과 기회를 확대하기 위해 행동해야 한다.

(c) 사회복지사는 미국 내에서 그리고 전 세계적으로 문화적, 사회적 다양성에 대한 존중을 장려하는 조건을 장려해야 한다. 사회복지사는 차이에 대한 존중을 보여주는 정책과 관행을 장려하고, 문화적 지식과 자원의 확장을 지원하고, 문화적 역량을 보여주는 프로그램과 기관을 옹호하며, 모든 사람의 권리를 보호하고 형평성과 사회 정의를 확인하는 정책

을 장려해야 한다.

(d) 사회복지사는 인종, 민족, 출신 국가, 피부색, 성별, 성적 지향, 성 정체성 또는 표현, 연령, 결혼 여부, 정치적 신념, 종교, 이민 신분 또는 정신적 또는 신체적 능력에 근거한 개인, 집단 또는 계층의 지배, 착취 및 차별을 방지하고 없애기 위해 행동해야 한다.

[부록 3] 일본 사회복지사 윤리강령과 행동규범[2)]

일본 사회복지사 윤리강령

2020년 6월 30일 채택

전문

우리 사회복지사는 모든 사람이 인간으로서의 존엄성을 가지고, 가치 있는 존재이며, 평등하다는 것을 깊이 인식한다. 우리는 평화를 옹호하고 사회정의, 인권, 집단적 책임, 다양성 존중 및 전인적 존재의 원칙에 따라 사람들이 연결성을 느낄 수 있는 사회로의 변화와 사회통합의 실현을 목표로 하는 전문직이며, 다양한 사람 및 조직과 협력할 것을 천명한다.

우리는 사회 시스템 및 자연적-지리적 환경과 사람들의 삶이 상호 연관되어 있다는 점에 주목한다. 사회변동이 환경파괴 및 인간소외를 초래하고 있는 상황에서 이 전문직이 사회에 필수적임을 자각하고, 사회복지사의 직책에 대한 일반사회 및 시민의 이해를 깊게 하고, 그 계발에 노력한다.

우리는 우리들이 가입한 국제사회복지사연맹과 국제사회복지교육협의회가 채택한 다음의 「사회복지 전문직의 글로벌 정의」(2014년 7월)를 사회복지실천의 기초가 되는 것으로 인식하고, 그 실천의 근거로 삼는다.

> **사회복지 전문직의 글로벌 정의**
>
> 사회복지학은 사회변혁과 사회개발, 사회적 결속, 그리고 사람들의 권한 부여와 해방을 촉진하는 실천에 기반한 전문직이자 학문이다. 사회정의, 인권, 집단적 책임, 그리고 다양성 존중의 원칙은 사회복지의 핵심을 이룬다. 사회사업 이론, 사회과학, 인문학, 그리고 지역 및 민족 고유의 지식을 바탕으로 사회사업은 삶의 문제를 해결하고 복지를 증진시키기 위해 사람들과 다양한 구조에 작용한다.
>
> 이 정의는 각 국가 및 세계 각 지역에서 전개될 수 있다.
>
> (IFSW;2014.7) ※주1

2) https://www.jacsw.or.jp/citizens/rinrikoryo/documents/rinrikoryo_kodokihan21.3.20.pdf

우리는 사회복지의 지식, 기술의 전문성과 윤리성을 유지, 향상시키는 것이 전문직의 책무임을 인식하고 본 강령을 제정하고 이를 준수할 것을 서약한다.

원리

Ⅰ (인간의 존엄성) 사회복지사는 모든 사람들을 출신, 인종, 민족, 국적, 성별, 성정체성, 성적지향, 연령, 신체적 정신적 상황, 종교적 문화적 배경, 사회적 지위, 경제적 상황 등의 차이에 관계없이 대체할 수 없는 존재로 존중한다.

Ⅱ (인권) 사회복지사는 모든 사람들을 타고난 침해할 수 없는 권리를 가진 존재임을 인식하고, 어떠한 이유로도 그 권리의 억압-침해-약탈을 용납하지 않는다.

Ⅲ (사회정의) 사회복지사는 차별, 빈곤, 억압, 배제, 무관심, 폭력, 환경파괴 등이 없는 자유, 평등, 공생에 기초한 사회정의의 실현을 지향한다.

Ⅳ (집단적 책임) 사회복지사는 집단이 가진 힘과 책임을 인식하고, 사람과 환경의 양쪽에 노력하여 호혜적인 사회 실현에 기여한다.

Ⅴ (다양성 존중) 사회복지사는 개인, 가족, 집단, 지역사회에 존재하는 다양성을 인식하고, 이를 존중하는 사회의 실현을 목표로 한다.

Ⅵ (전인적 존재) 사회복지사는 모든 사람들을 생물학적, 심리적, 사회적, 문화적, 영적 측면으로 구성된 전인적 존재로 인식한다.

윤리 기준

Ⅰ 클라이언트에 대한 윤리 책임

(클라이언트와의 관계) 사회복지사는 클라이언트와의 전문적 원조관계를 가장 소중히 여기며, 이를 자신의 이익을 위해 이용하지 않는다.

(클라이언트 이익의 최우선) 사회복지사는 업무를 수행함에 있어 클라이언트의 이익을 최우선으로 생각한다.

(수용) 사회복지사는 자신의 선입견이나 편견을 배제하고 클라이언트를 있는 그대로 수용한다.

(설명책임) 사회복지사는 클라이언트에게 필요한 정보를 적절한 방법, 알기 쉬운 표현을 사용하여 제공한다.

(클라이언트의 자기결정 존중) 사회복지사는 클라이언트의 자기결정을 존중하고, 클라이언트가 그 권리를 충분히 이해하고 활용할 수 있도록 한다. 또한 사회복지사는 클라이언트의 자기결정이 본인의 생명이나 건강을 크게 해치거나 타인의 권리를 위협하는 경우에는 사람과 환경의

상호작용의 관점에서 클라이언트와 관계된 사람들 간의 웰빙의 조화를 도모하기 위해 노력한다.

(참여 촉진) 사회복지사는 클라이언트가 자신의 삶에 영향을 미치는 결정이나 행동의 모든 국면에서 완전한 참여와 참여를 촉진한다.

(클라이언트 의사결정에 대한 대응) 사회복지사는 의사결정이 어려운 클라이언트에게 항상 최선의 방법을 사용하여 이익과 권리를 옹호한다.

(사생활 존중과 비밀유지) 사회복지사는 클라이언트의 사생활을 존중하고 비밀을 유지한다.

(기록 공개) 사회복지사는 클라이언트의 기록 공개 요청이 있을 경우, 비공개해야 할 정당한 사유가 없는 한 클라이언트에게 기록을 공개한다.

(차별과 학대 금지) 사회복지사는 클라이언트에 대해 어떠한 차별과 학대를 하지 않는다.

(권리옹호) 사회복지사는 클라이언트의 권리를 옹호하고 그 권리행사를 촉진한다.

(정보처리기술의 적절한 사용) 사회복지사는 정보처리기술의 이용이 클라이언트의 권리를 침해할 위험이 있음을 인식하고, 그 적절한 사용을 위해 노력한다.

Ⅱ 조직·직장에 대한 윤리적 책임

(최선의 실천을 할 책임) 사회복지사는 자신이 속한 조직-직장의 기본적 사명과 이념을 인식하고 최선의 업무를 수행한다.

(동료 존중) 사회복지사는 조직-직장 내 어떤 위치에 있더라도 동료 및 다른 전문직 등에 대해 존중한다.

(윤리강령의 이해 촉진) 사회복지사는 조직-직장에서 본 윤리강령이 인식될 수 있도록 노력한다.

(윤리적 실천 촉진) 사회복지사는 조직-직장의 정책, 규칙, 업무명령이 사회복지의 윤리적 실천을 저해하는 경우, 적절하고 합리적인 방법-수단을 통해 제안하고 개선을 도모한다.

(조직 내 옹호활동 촉진) 사회복지사는 조직 및 직장에서의 모든 학대 또는 차별적-억압적 행위의 예방 및 방지를 촉진한다.

(조직 개혁) 사회복지사는 사람들의 욕구와 사회 상황의 변화에 따라 조직과 직장의 기능을 평가하고 필요한 개혁을 도모한다.

Ⅲ 사회에 대한 윤리 책임

(사회통합) 사회복지사는 모든 차별, 빈곤, 억압, 배제, 무관심, 폭력, 환경파괴 등에 맞서 포

용적인 사회를 지향한다.

(사회에 대한 기여) 사회복지사는 인권과 사회정의의 증진에 있어 변화와 발전이 필요하다고 판단될 때, 사람들의 주체성을 살리면서 사회에 기여한다.

(글로벌 사회에 대한 활동) 사회복지사는 인권과 사회정의에 관한 과제를 해결하기 위해 전 세계의 사회복지사와 연대하여 글로벌 사회에 기여한다.

Ⅳ 전문직으로서의 윤리 책임

(전문성 향상) 사회복지사는 최선의 실천을 위해 필요한 자격을 소지하고 전문성 향상을 위해 노력한다.

(전문직 계발) 사회복지사는 클라이언트, 다른 전문직, 시민에게 전문직으로서의 실천을 적절한 수단으로 전달하여 사회적 신뢰를 높이도록 노력한다.

(신용실추행위 금지) 사회복지사는 자신의 권한을 남용하거나 품위를 손상시키는 행위 등 전문직 전체의 신용을 실추시키는 행위를 해서는 안 된다.

(사회적 신뢰 유지) 사회복지사는 다른 사회복지사가 전문직의 사회적 신뢰를 훼손하는 경우 본인에게 그 사실을 알리고 필요한 대응을 촉구한다.

(전문직 옹호) 사회복지사는 부당한 비판을 받을 경우 전문직으로서 연대하여 그 입장을 옹호한다.

(교육·훈련·관리의 책임) 사회복지사는 교육-훈련-관리를 할 때, 교육-훈련-관리를 받는 사람의 인권을 존중하고, 전문성 향상에 기여한다.

(조사·연구) 사회복지사는 모든 조사-연구 과정에서 클라이언트를 포함한 연구대상의 권리를 존중하고, 연구대상과의 관계에 충분한 주의를 기울여 윤리성을 확보한다.

(자기관리) 사회복지사는 어떠한 개인적, 사회적 어려움에 직면하여 그것이 전문적 판단이나 업무수행에 영향을 미칠 경우, 클라이언트나 다른 사람들을 보호하기 위해 필요한 대응을 하고 자기관리를 위해 노력한다.

주1. 본 강령에는 '사회복지 전문직의 글로벌 정의' 본문만 게재되어 있다. 또한, 아시아 태평양(2016년) 및 일본(2017년)에서의 전개가 제정되었다.

주2. 본 강령에서 말하는 '사회복지사'란 본 윤리강령을 준수할 것을 서약하고 사회복지에 종사하는 자를 말한다.

주3. 본 강령에서 말하는 '클라이언트'란 '사회복지 전문직의 글로벌 정의'에 비추어 볼 때, 사

회복지사에게 도움을 요청하는 사람들, 사회복지가 필요한 사람들 및 변화, 개발, 결속이 필요한 사회에 포함된 모든 사람들을 말한다.

일본 사회복지사 행동규범

2021년 3월 20일 채택

행동규범은 윤리강령을 행동 수준으로 구체화한 것으로, 사회복지사가 윤리강령에 따라 실천하기 위한 행동을 제시하고 있다. 행동규범은 윤리강령의 각 항목을 총체적으로 구체화한 것과 개별 행동으로 구체화한 것으로 구성되어 있다.

Ⅰ. 클라이언트에 대한 윤리적 책임

1. 클라이언트와의 관계

사회복지사는 클라이언트와의 전문적 원조관계를 가장 소중히 여기며, 이를 자기 이익을 위해 이용해서는 안 된다.

1-1 사회복지사는 클라이언트에게 상호 관계는 전문적 원조관계에 기초한 것임을 설명해야 한다.

1-2 사회복지사는 클라이언트와 전문적 원조관계를 맺을 때 대등한 협력관계를 존중해야 한다.

1-3 사회복지사는 전문직으로서 클라이언트와 사회통념상 부적절하다고 여겨지는 관계를 가져서는 안 된다.

1-4 사회복지사는 자신의 개인적, 종교적, 정치적 동기나 이익을 위해 전문적 원조관계를 이용해서는 안 된다.

1-5 사회복지사는 클라이언트와 이해상충 관계가 불가피할 때는 클라이언트에게 그 사실을 밝히고 전문적 원조관계를 종료하여야 한다. 이 경우 클라이언트를 보호할 수 있는 수단을 강구하고, 새로운 전문적 원조관계의 구축을 지원해야 한다.

2. 클라이언트의 이익 최우선

사회복지사는 업무를 수행함에 있어 클라이언트의 의사를 존중하고, 그 이익을 최우선으로 하여야 한다.

2-1 사회복지사는 전문직의 지위를 사적으로 이용해서는 안 된다.

2-2 사회복지사는 클라이언트로부터 전문직으로서의 지원의 대가로 정당한 보수 이외의 물품이나 금품을 받아서는 안 된다.

2-3 사회복지사는 지원을 지속할 수 없는 사유가 발생한 경우 필요한 지원이 지속될 수 있도록 최대한의 노력을 기울여야 한다.

3. 수용

사회복지사는 클라이언트에 대한 선입견이나 편견을 배제하고 클라이언트를 있는 그대로 수용해야 한다.

3-1 사회복지사는 클라이언트를 존중하고 있는 그대로 받아들여야 한다.

3-2 사회복지사는 자신의 가치관이나 사회적 규범에 따라 클라이언트를 비난하거나 심판하는 일이 없어야 한다.

4. 설명책임

사회복지사는 클라이언트가 필요로 하는 정보를 적절한 방법과 알기 쉬운 표현을 사용하여 제공해야 한다.

4-1 사회복지사는 클라이언트의 편에 서서 지원을 할 것임을 알려야 한다.

4-2 사회복지사는 클라이언트가 자신의 권리에 대해 이해할 수 있도록 지원해야 한다.

4-3 사회복지사는 클라이언트가 필요로 하는 정보를 충분히 설명하고 이해할 수 있도록 지원해야 한다.

4-4 사회복지사는 자신이 수행하는 실천에 대해 클라이언트뿐만 아니라 제3자에게도 이해할 수 있도록 설명할 수 있어야 한다.

5. 클라이언트의 자기결정 존중

사회복지사는 클라이언트의 자기결정을 존중하고 지원해야 한다.

5-1 사회복지사는 클라이언트가 자기결정권을 가진 존재임을 인식해야 한다.

5-2 사회복지사는 클라이언트가 선택의 폭을 넓힐 수 있도록 필요한 정보를 제공하고 사회자원을 활용해야 한다.

5-3 사회복지사는 클라이언트의 자기 결정에 따른 행동이 자기에게 불이익을 초래하거나 타인의 권리를 침해할 것으로 예상되는 경우, 그 행동을 제한할 수 있음을 미리 알려야 한다. 또한 이 경우 그 이유를 구체적으로 설명해야 한다.

6. 참여의 촉진

사회복지사는 클라이언트가 자신의 삶에 영향을 미치는 결정과 행동의 모든 국면에서 완전한 관여와 참가를 촉진해야 한다.

6-1 사회복지사는 클라이언트가 자신의 삶에 영향을 미치는 결정이나 행동의 국면에 대한 관

여와 참가에서 배제되기 쉬운 현 상황을 인식해야 한다.

6-2 사회복지사는 클라이언트의 관여와 참가를 촉진하기 위해 클라이언트의 자존감과 능력을 향상시키도록 노력해야 한다.

6-3 사회복지사는 클라이언트의 관여와 참가를 위해 필요한 정보와 사회적 자원을 제공하거나 기회와 과정을 형성하는 데 기여해야 한다.

7. 클라이언트의 의사결정에 대한 대응

사회복지사는 클라이언트의 이익과 권리를 옹호하기 위해 최선의 방법을 사용하여 의사결정을 지원해야 한다.

7-1 사회복지사는 클라이언트를 의사결정의 권리를 가진 존재로 인식해야 한다.

7-2 사회복지사는 클라이언트의 의사결정능력을 평가하여야 한다.

7-3 사회복지사는 클라이언트의 의사결정을 위해 클라이언트의 특성과 상황을 이해하고, 그 특성과 상황에 맞는 최선의 방법을 사용해야 한다.

8. 프라이버시 존중과 비밀유지

사회복지사는 클라이언트의 사생활을 존중하고 비밀을 유지해야 한다.

8-1 사회복지사는 클라이언트가 자신의 프라이버시 권리를 인식할 수 있도록 노력해야 한다.

8-2 사회복지사는 클라이언트의 정보를 수집할 경우 클라이언트의 동의를 얻어야 한다. 다만, 합리적인 이유가 있는 경우(생명, 신체 또는 재산의 보호를 위하여 긴급히 필요한 경우 등)에는 그러하지 아니하다.

8-3 사회복지사는 업무수행에 있어서 필요 이상의 정보수집을 하여서는 아니 된다.

8-4 사회복지사는 합리적인 이유가 있는 경우를 제외하고는 클라이언트의 동의 없이 수집한 정보를 사용해서는 안 된다.

8-5 사회복지사는 클라이언트의 사생활과 비밀 취급에 관하여 민감하고 신중해야 한다.

8-6 사회복지사는 업무 중이든 아니든, 그리고 업무에서 물러난 후에도 클라이언트의 사생활을 존중하고 비밀을 유지해야 한다.

8-7 사회복지사는 기록의 취급(수집·활용·보존·폐기)에 있어서 클라이언트의 사생활이나 비밀에 관한 정보가 누설되지 않도록 신중하게 대응해야 한다.

9. 기록의 공개

사회복지사는 클라이언트의 공개 요청이 있을 경우 원칙적으로 기록을 공개하여야 한다.

9-1 사회복지사는 클라이언트가 기록의 열람을 희망할 경우 특별한 이유 없이 이를 거부해서는 안 된다.

9-2 사회복지사는 클라이언트 자신이나 클라이언트를 둘러싼 환경의 안전이 위협받을 것으로 예상되는 경우에는 그러하지 아니하다.

10. 차별과 학대 금지

사회복지사는 클라이언트에게 어떠한 차별이나 학대를 해서는 안 된다.

10-1 사회복지사는 클라이언트에게 신체적·정신적 고통이나 손해를 입혀서는 안 된다.

10-2 사회복지사는 차별이나 학대를 받고 있을 가능성이 있는 클라이언트를 발견한 경우 신속하게 대응하여야 한다.

10-3 사회복지사는 차별과 학대에 대한 올바른 지식을 습득하도록 노력하여야 한다.

10-4 사회복지사는 클라이언트가 차별과 학대 상황을 인식할 수 있도록 노력해야 한다.

11. 권리옹호

사회복지사는 클라이언트의 권리를 옹호하고 그 권리 행사를 촉진해야 한다.

11-1 사회복지사는 클라이언트의 권리에 대해 충분히 인식하고 민감하고 적극적으로 대응해야 한다.

11-2 사회복지사는 클라이언트의 권리가 옹호될 수 있도록 환경에 노력해야 한다.

11-3 사회복지사는 클라이언트의 권리옹호에 대해 적극적으로 계몽해야 한다.

11-4 사회복지사는 클라이언트가 자신의 권리를 자각하고 적절하게 행사할 수 있도록 지원해야 한다.

12. 정보처리 기술의 적절한 사용

사회복지사는 업무를 수행함에 있어 정보처리기술을 적절히 사용해야 한다.

12-1 사회복지사는 클라이언트의 권리를 옹호하기 위해 정보 리터러시를 높일 필요가 있음을 인식해야 한다.

12-2 사회복지사는 정보처리에 관한 원칙과 위험 등 최신 정보에 대해 배워야 한다.

12-3 사회복지사는 각종 정보매체를 적절히 활용하여 필요한 정보를 수집, 정리, 활용해야

한다.

12-4 사회복지사는 정보처리기술(디지털화된 정보, 디지털 네트워크를 활용한 정보 수집 및 확산 포함)이 클라이언트의 권리를 침해하지 않도록 세심한 주의를 기울여야 한다.

12-5 사회복지사는 클라이언트의 정보를 전자매체 등으로 취급할 경우 엄격한 관리체계와 최신의 보안에 유의하여야 한다. 또한 클라이언트의 개인정보 오남용, 분실 기타 모든 위험에 대해 안전보호에 관한 조치를 취해야 한다.

12-6 사회복지사는 클라이언트가 SNS 이용 등으로 권리를 침해당한 경우, 정보처리기술 및 법률 등 전문직과 연계하여 권리회복을 위해 노력해야 한다.

Ⅱ 조직·직장에 대한 윤리적 책임

1. 최선의 실천을 할 의무

사회복지사는 소속된 조직·직장의 기본적 사명과 이념을 인식하고 최선의 실천을 해야 한다.

1-1 사회복지사는 소속된 조직과 직장에서의 전문직으로서의 사명과 직책을 인식해야 한다.

1-2 사회복지사는 본 윤리강령에 따라 소속된 조직과 직장에서 전문직으로서의 직책을 수행하여야 한다.

2. 동료 등에 대한 존중

사회복지사는 동료나 상사·부하의 직책과 전문성의 차이를 존중하고 존중하는 태도로 대해야 한다.

2-1 사회복지사는 동료나 상사·부하의 직책을 이해하고, 소속 조직·직장에서 원활한 의사소통이 이루어질 수 있도록 노력해야 한다.

2-2 사회복지사는 동료와 상사·부하의 전문성을 존중하고 연계·협력을 도모해야 한다.

3. 윤리강령의 이해 촉진

사회복지사는 자신이 속한 조직 및 직장에서 본 윤리강령 및 행동강령이 적절히 이해될 수 있도록 노력해야 한다.

3-1 사회복지사는 소속된 조직 및 직장에서 본 윤리강령에 근거한 실천을 함으로써 전문성을 발휘해야 한다.

4. 윤리적 실천 촉진

사회복지사는 조직·직장에서 본 윤리강령에 근거한 윤리적 실천을 추진해야 한다.

4-1 사회복지사는 소속 조직·직장의 정책, 규칙, 절차, 업무지시 등이 본 윤리강령에 따라 적절한지 여부를 파악하여야 한다.

4-2 사회복지사는 소속 조직·직장의 정책, 규칙, 절차, 업무지시 등이 본 윤리강령에 위배되는 경우, 적절하고 합리적인 방법·수단을 통해 제안하고 개선을 도모하여야 한다.

5. 조직 내 옹호활동 촉진

사회복지사는 조직·직장 내 모든 학대, 차별적·억압적 행위, 괴롭힘을 인정해서는 안 된다.

5-1 사회복지사는 조직·직장에서 모든 학대, 차별적·억압적 행위, 괴롭힘을 인정한 경우, 그 행위가 신속하고 적절하게 해소될 수 있도록 대응해야 한다.

5-2 사회복지사는 조직·직장에서의 모든 학대, 차별적·억압적 행위, 괴롭힘을 예방하기 위한 주지·계몽을 실시하여 동료 등에 대한 권리옹호를 실현해야 한다.

6. 조직 개혁

사회복지사는 사람들의 욕구와 사회 상황의 변화에 따라 조직·직장의 기능을 평가하고 필요한 개혁을 도모해야 한다.

6-1 사회복지사는 사람과 지역사회의 욕구, 사회상황의 변화를 평가해야 한다.

6-2 사회복지사는 사람과 지역사회의 욕구, 사회상황의 변화에 비추어 조직과 직장의 기능을 평가해야 한다.

6-3 사회복지사는 조직·직장의 기능이 사람이나 지역사회의 욕구, 사회상황의 변화에 대응하지 못할 경우 필요한 조직개혁을 해야 한다.

Ⅲ 사회에 대한 윤리적 책임

1. 사회통합

사회복지사는 모든 차별, 빈곤, 억압, 배제, 무관심, 폭력, 환경파괴 등을 인지한 경우 전문적인 관점과 방법으로 해결에 노력해야 한다.

1-1 사회복지사는 모든 차별, 빈곤, 억압, 배제, 무관심, 폭력, 환경파괴 등에 대해 전문적인 관점에서 관심을 가져야 한다.

1-2 사회복지사는 전문적인 관점과 방법으로 클라이언트의 상황과 욕구를 사회에 알리고 사회통합을 실현하기 위해 노력해야 한다.

2. 사회에 대한 기여

사회복지사는 인권과 사회정의가 지켜질 수 있도록 사람들과 함께 사회에 노력해야 한다.

2-1 사회복지사는 사회의 인권과 사회정의 상황에 관심을 가져야 한다.

2-2 사회복지사는 인권과 사회정의 증진에 있어 변화와 발전이 필요하다고 판단될 때, 사람들이 주체적으로 사회의 정책·제도 형성에 참여하여 호혜적인 사회가 실현될 수 있도록 지원해야 한다.

2-3 사회복지사는 집단의 힘을 인식하고 인권과 사회정의의 실현을 위해 사람과 환경 모두에 대해 노력해야 한다.

3. 글로벌 사회에 대한 활동

사회복지사는 인권과 사회정의에 관한 과제에 대해 글로벌 사회에 대해 노력해야 한다.

3-1 사회복지사는 글로벌 사회의 정세에 관심을 가져야 한다.

3-2 사회복지사는 글로벌 사회의 문화적 사회적 차이를 인식하고 다양성을 존중해야 한다.

3-3 사회복지사는 출신, 인종, 민족, 국적, 성별, 성정체성, 성적지향, 연령, 신체적 정신적 상황, 종교적 문화적 배경, 사회적 지위, 경제적 상황 등에 따른 차별, 억압, 지배 등을 없애기 위한 사회복지사의 국제적인 활동에 연대해야 한다.

Ⅳ 전문직으로서의 윤리적 책임

1. 전문성 향상

사회복지사는 최선의 실천을 위해 필요한 자격을 소지하고 전문성 향상을 위해 노력해야 한다.

1-1 사회복지사는 연수, 정보교환, 자율학습회 등의 기회를 활용하여 항상 자기연찬에 힘써야 한다.

1-2 사회복지사는 항상 자신의 전문분야 및 관련 영역의 정보에 정통하도록 노력하여야 한다.

1-3 사회복지사는 자신의 실천력을 밝히기 위해 전문성 향상에 맞춰 필요한 자격증을 취득해야 한다.

2. 전문직 계발

사회복지사는 본 윤리강령을 준수하고 전문직으로서 사회적 신뢰를 높이기 위해 노력해야 한다.

2-1 사회복지사는 클라이언트, 다른 전문직, 시민에게 사회복지사라는 것을 밝히고, 전문직으로서의 자각을 높여야 한다.

2-2 사회복지사는 자신이 획득하고 보유하고 있는 전문역량을 클라이언트, 다른 전문직, 시민에게 적절한 수단을 통해 전달하여 사회적 신뢰를 높이도록 노력해야 한다.

2-3 사회복지사는 개인 및 전문직 집단으로서 책임 있는 행동을 하고, 그 전문직의 역할을 계몽하기 위해 노력해야 한다.

3. 신용 실추 행위 금지

사회복지사는 전문직으로서의 신뢰를 실추시키는 행위를 해서는 안 된다.

3-1 사회복지사는 윤리강령 및 행동강령을 일탈하는 행위를 해서는 안 된다.

3-2 사회복지사는 윤리강령 및 행동강령을 준수하고 사회적 신뢰를 높일 수 있도록 행동하여야 한다.

4. 사회적 신뢰 유지

사회복지사는 전문직으로서의 사회적 신뢰를 유지하기 위해 필요한 노력을 상호간에 해야 한다.

4-1 사회복지사는 다른 사회복지사의 행위가 사회적 신뢰를 훼손할 가능성이 있는 경우, 그 내용과 원인을 밝히고 본인에게 필요한 대응을 촉구해야 한다.

4-2 사회복지사는 다른 사회복지사의 행위가 윤리강령 및 행동강령에 위배된다고 판단되는 경우 본인이 소속된 사회복지사협회 및 관계기관 등에 적절한 대응을 하도록 촉구하여야 한다.

4-3 사회복지사는 사회적 신뢰를 유지하기 위해 다른 사회복지사와 협력하여 서로의 행위를 점검하고 함께 향상시켜야 한다.

5. 전문직 옹호

사회복지사는 전문직으로서 부당한 비판을 받을 경우 연대하여 그 입장을 옹호해야 한다.

5-1 사회복지사는 전문직으로서 평소 높은 윤리관을 가지고 스스로를 다스려야 한다.

5-2 사회복지사는 사회복지사의 전문성에 대한 부당한 비판이나 대우에 대해 정당성을 호소하는 등 적절한 대응을 해야 한다.

6. 교육·훈련·관리의 책임

사회복지사는 전문직으로서 교육·훈련·관리를 할 경우, 이를 받는 사람의 전문성 향상에 기여해야 한다.

6-1 사회복지사는 후진양성에 있어서 대상자의 인권을 존중해야 한다.

6-2 사회복지사는 연수나 사례검토 등의 기획 및 실시에 있어서 그 효과가 극대화될 수 있도록 노력해야 한다.

6-3 사회복지사는 슈퍼비전을 수행할 때 전문직으로서 공정하고 성실한 자세로 임하며, 그 기능을 적극적으로 활용하여 사회복지사의 전문성 향상에 기여하여야 한다.

6-4 사회복지사는 업무의 평가나 인사고과에 있어서는 명확한 기준에 근거하여 실시하고, 평가의 판단을 설명할 수 있도록 해야 한다.

6-5 사회복지사는 조직관리에 있어서 직원의 근무의욕을 향상시키고 클라이언트의 만족도를 높일 수 있도록 해야 한다.

7. 조사·연구

사회복지사는 조사·연구를 할 때에는 그 목적, 내용, 방법 등을 명확히 하고, 클라이언트를 포함한 연구대상자에게 불이익이 발생하지 않도록 최대한의 윤리적 배려를 하여야 한다.

7-1 사회복지사는 조사·연구를 할 때 일본 사회복지사협회가 정한 연구윤리에 관한 규정 등에 제시된 내용을 준수하여야 한다.

7-2 사회복지사는 조사·연구대상자와 그 관계자의 인권을 최대한 배려해야 한다.

7-3 사회복지사는 사례연구 등에 사례를 제공함에 있어 사례를 특정할 수 없도록 배려하고, 그 관계자에게 사전에 양해를 구해야 한다.

8. 자기관리

사회복지사는 자신이 개인적, 사회적 어려움에 직면할 수 있음을 인식하고 평소 심신의 건강 증진을 위해 노력해야 한다.

8-1 사회복지사는 자신의 심신의 상태가 전문적인 판단과 업무수행에 어떻게 영향을 미치는지 인식해야 한다.

8-2 사회복지사는 자신이 직면한 어려움이 전문적인 판단이나 업무수행에 영향을 미칠 수 있는 경우, 클라이언트 등에 대한 지원이 적절히 지속될 수 있도록 동료나 상사에게 상담하고 대응해야 한다.

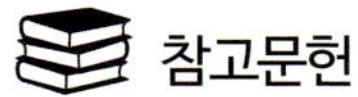

참고문헌

강상경 (2013). 한국 정신보건서비스의 전개과정: 사회서비스의 관점에서. 서울대학교출판문화원.

강상경, 권태연, 김문근, 이용표, 하경희, 홍선미 (2022). **정신건강사회복지론.** 학지사.

강선경 (2010). 이중관계(dual relationship)와 관련된 윤리적 딜레마에 대한 교육. **한국사회복지교육, 12,** 31–49.

강철희, 이종화 (2019). 한국 사회복지사 이직연구에 관한 체계적 문헌고찰. **한국사회복지행정학, 21**(4), 75–112.

교육인적자원부 (2006). 연구윤리소개. 한국학술진흥재단.

권자영, 박향경 (2018). 사회복지사의 실천관계경험에 대한 탐색적 연구. **한국사회복지교육, 44,** 51–75.

권중돈 (2019). **노인복지론(7판).** 학지사.

김광재 (2018). 낙태 문제에 관한 비교법적 연구–세계 각국의 입법례와 판례를 중심으로–. **인권과정의, 473,** 217–473.

김기덕 (2002). **사회복지 윤리학.** 나눔의집.

김기덕, 장은숙 (2008). 클라이언트의 자기결정에 관한 정신보건사회복지사의 실천 경험에 대한 연구. **사회복지연구, 39,** 83–113.

김기덕, 최소연, 권자영 (2012). **사회복지 윤리와 철학.** 양서원.

김기덕, 최소연, 권자영 (2017). **사회복지 윤리와 철학(개정판).** 양서원.

김문근 (2010). 성년후견법률에 나타난 의사결정능력의 개념에 관한 연구: 영국 정신능력법 (Mental Capacity Act, 2005)을 중심으로. **사회복지연구, 41**(3), 241–269.

김미옥, 김경희 (2011). 인권관점에 기초한 사회복지실천 경험에 관한 질적 사례연구: 장애인거주시설의 종사자 경험을 중심으로. **한국사회복지학, 63**(1), 29–55.

김미옥, 김고은 (2023). 발달장애인의 지원의사결정에 대한 좋은 실천은 가능한가. **한국장애인복지학, 60**(60), 173–207.

김미옥, 김미희, 송정원 (2021). 장애인복지관의 지역사회중심실천 경험. **한국지역사회복지학, 77,**

311-346.

김민, 최말숙 (2015). SNS 사용에 따른 사회복지사 전문가 윤리와 윤리결정모형-사례연구를 중심으로. **비판사회정책, 48,** 52-90.

김범수, 서은주, 손병돈, 정재훈, 조석연, 최현미, 신승연, 최승희 (2007). **다문화 사회복지론.** 양서원.

김상균, 오정수, 유채영 (2002). **사회복지 윤리와 철학.** 나남출판.

김소리 (2014). 다문화 사회를 이해하기 위한 예술교육프로그램 연구 – 극단 북새통의 사례를 중심으로. **교육연극학, 6,** 3-29.

김은정 (2015). 다문화가족지원센터 사례관리자의 실천경험에 관한 연구. **사회복지연구, 46**(3), 5-34.

김진숙 (2022). **사회복지조사론(2판).** 도서출판 신정.

김진숙, 장연진 (2012). 사회복지사의 윤리적 신념과 경험에 관한 연구–이중관계(dual relationship)를 중심으로–. **사회복지연구, 43**(2), 235-266.

김천수 (2003). 환자의 알 권리: 의약품의 처방 및 조제와 관련하여. **의료법학, 4**(1), 255-282.

김춘경, 이수연, 이윤주, 정종진, 최웅용 (2016). **상담학사전.** 학지사.

김태성 (2009). 생명윤리에 대한 연구–연명 치료 중단을 중심으로–. **윤리문화연구, 5,** 355-389.

김태성 (2018). **사회복지정책입문.** 청목출판사.

김택현 (1973). 낙태의 합법화 문제: 모자보건법 제 8조를 중심으로. **사법행정, 14**(10), 37.

김현진, 김민 (2017). 청소년상담사와 소셜네트워크 서비스: 전문가 윤리에 대한 논의. **청소년상담연구, 25**(2), 163-183.

김현철·최경석 (2007). 임상시험의 법과 윤리. 이화여자대학교 생명의료법연구소.

김혜정 (2011). 말기돌봄사전의사결정에 대한 노인과 그 가족의 인식 비교. 충주대학교 석사학위논문.

김효정 (2020). 사회복지사의 후견활동 경험에 관한 연구. **사례관리연구, 11**(2), 41-64.

김희선, 최안나 (2021). 임신·출산 위기 상황에 대응하기 위한 낙태상담시스템 구축 방안. **한국모자보건학회지, 25**(4), 239-249.

문영주 (2014). 사회복지시설 종사자의 감정노동 선행요인과 결과요인에 관한 연구: 자원보존이론과 감정규제이론을 중심으로. **한국사회복지행정학, 16**(3), 283-315.

문지영 (2004). '자유'의 자유주의적 맥락: 로크와 로크를 넘어. **정치사상연구, 10,** 171-192.

박경수 (2006). 장애인복지 소비자주의에 대한 사회복지 전문직의 주관적 개념화 분석. **한국사회복지학, 58**(4), 169-196.

박경숙, 서이종, 장세훈 (2012). 세대 간 소통 및 화합방안 마련을 위한 조사 연구. 사회통합위원회.

박규상, 현문길, 박재영, 박일규 (1985). **인구론.** 박영사.

박균열, 홍성훈, 서규선, 한혜민, 김연종 (2011). 청소년 도덕성 진단 검사도구 개발 연구 I: 도덕적 감수성. 한국청소년정책연구원.

박미은, 서미경, 김영란 (2001). 이중관계에 대한 사회복지사들의 신념과 경험에 관한 연구. **한국사회복지학, 47**(11), 178-205.

박인선 (2004). **사회복지 윤리와 철학.** 나눔의집.

박정연 (2023). 치매노인의 자기결정권 보장-의사결정 지원과 돌봄의 연계적 고찰. Institute for Legal Studies, 56, 165-206.

박종원 (2007). 공리주의 윤리설의 존재론적 기초에 대한 연구. **철학, 92,** 113-130.

박향경, 권자영 (2016). 실천관계에 대한 사례관리자와 정신장애인의 인식 연구. **정신보건과 사회사업, 44**(4), 154-183.

배화옥, 심창학, 김미옥, 양영자 (2015). **인권과 사회복지.** 나남출판.

법무부 출입국, 외국인정책본부 (2023). 2022 출입국·외국인정책통계연보.

보건복지부 (2023). 호스피스·완화의료 사업 안내.

보건복지부, 국립정신건강센터 (2022a). 2021 정신질환자 절차보조사업 안내.

보건복지부, 국립정신건강센터 (2022b). 2022 정신건강복지법에 따른 입·퇴원절차 안내.

보건복지부, 사회보장정보원 (2019). 2019년 우수통합사례관리사 공모전 당선작.

보건복지부, 한국보건사회연구원 (2022). 인공임신중절 실태조사.

보건복지부, 한국 사회복지사협회 (2023). 2023 사회복지사 통계연감.

서강훈 (2009). **사회복지사를 위한 사회복지용어사전.** 이담북스.

손승영 (2017). 양육미혼모의 당사자조직 참여 경험과 인식 변화. 여성학연구, 27(1), 35-66.

송근원, 김태성 (1995). **사회복지 정책론.** 나남출판.

송윤진 (2016). 의료적 의사결정에서 자율성 능력 모델의 한계와 그 대안의 필요성. 법철학연구, 19(3), 45-88.

손지훈, 김민주, 서화연, 석정호, 이병철, 정재훈, 최진태, 이해우, 오규환, 우보라, 박성용, 문정윤, 박선영 (2022). 정신질환 중증도 분류기준 및 중증도별 병동 표준운영지침 마련 연구. 서울대학병원·국립정신건강센터.

신유리, 김경미, 유동철, 김동기 (2013). 장애인의 사회적 배제 경험에 관한 질적 연구-포커스 집단면접 활용을 중심으로. **사회복지연구, 44**(2), 141-168.

신진욱 (2022). 그런 세대는 없다: 불평등 시대의 세대와 정치 이야기. 개마고원.

신후경 (2010). 사회복지사의 윤리경영 인식과 윤리적 민감성에 관한 연구. 평택대학교 박사학위논문.

심상용 (2020). **사회복지 윤리와 철학(2판).** 학지사.

안준홍 (2010). 이사야 벌린의 소극적 자유론과 한국헌법 제10조. **법철학연구, 13**(3), 91-112.

양옥경 (2017). **사회복지 윤리와 인권.** 공동체.

엄명용, 김성천, 오혜경, 윤혜미 (2011). **사회복지실천의 이해.** 학지사.

엄명용, 김성천, 윤혜미 (2020). **사회복지실천의 이해(5판).** 학지사.

엄정식, 강영안 (2005). 자유 개념의 구조. **철학논집, 9,** 218-240.

오승민, 김평만 (2018). 자율성 존중 원칙과 선행 원칙의 충돌 상황에서의 인간 이해: 종교적 이유로 인한 수혈 거부를 중심으로. **인간연구,** (36), 101-129.

오정수, 유채영, 김기덕, 홍백의, 황보람 (2022). **사회복지 윤리와 철학.** 학지사.

오혜경 (2006). 사회복지실천에서 자기결정권과 자기결정권의 제한. **인간연구, 11,** 220-249.

오혜경 (2010). 사회복지실천에서의 이중관계에 관한 탐색적 연구-사회복지사와 클라이언트의 관계 중심-. **Social Science Review Kungsung University, 26**(4), 199-222.

우국희, 임세희, 성정현, 최승희 장연진, 좌현숙 (2015). **사회복지 윤리와 철학(2판).** 공동체.

유수란, 정재일, 신정화, 기희경, 박은영, 김선애, 신지유, 김예진 (2023). **터칭: Touching.** 북인사이트.

유수정, 최경석 (2013). 자율성과 공동체주의적 생명윤리. **생명윤리, 14**(1), 49-63.

유승룡 (2008). 생명권과 자기결정권, 그리고 의사의 진료의무. **의료법학, 9**(2), 11-52.

유연숙, 이효선 (2016). 사회복지사가 경험한 윤리적 갈등과 윤리적 의사결정의 의미 재구성. **사회복지 실천과 연구, 13**(1), 73-114.

윤석준·김영은·이해국·정슬기·최명민·하경희 (2019). 중증·정신장애인 의료체계 실태조사. 국가인권위원회.

윤찬영 (2022). 인권·복지론. 도서출판 신정.

이근식 (2009). 상생적 자유주의: 자유, 평등, 상생과 사회 발전. 돌베개.

이동익 (2008). '삶의 질' 윤리에 대한 윤리적 숙고. **제23회 한국모자보건학회 춘계학술대회 자료집, 23,** 42-53.

이명화 (2021). 정신장애인의 국제법적 보호와 유엔장애인권리협약의 국내적 이행에 관한 연구. **국제법평론,** (59), 211-225.

이상엽 김인호, 김현철, 이민호 (2015). 연구윤리 확보를 위한 지침 해설서. 한국연구재단.

이상형 (2023). 자유의 세 개념과 실현조건. **대동철학, 104,** 231-261.

이순민 (2012). **사회복지 윤리와 철학.** 학지사.

이용표, 강상경, 배진영 (2021). **인권과 대안을 위한 정신건강사회복지론.** EM실천

이용표, 배진영 (2020). 대안 정신보건프로그램에 관한 연구: 정신장애인 취업활동 증진을 위한 비약물 접근을 중심으로. **직업재활연구, 30**(3), 21-52.

이용표, 송승연, 배진영 (2018). 핀란드 오픈다이얼로그에 관한 탐색적 연구. **한국장애인복지학,** (40), 291-319.

이용표 (2018). 일본 베델의 집은 정신장애인 대안공동체인가? : 사회복지프로그램의 관점을 중심으로. **한국사회복지교육, 42,** 57–84.

이웅, 손다진 (2022). 장애문제의 주요 개념 비판 및 대안 모색: 인정개념으로의 패러다임 전환을 위하여. 한국사회복지학회 추계학술대회 발표논문집, 124–150.

이은영 (2014). 생명의료윤리에서 자율성의 새로운 이해: 관계적 자율성을 중심으로. **한국의료윤리학회지, 17**(1), 1–13.

이인영 (2009). **생명의 시작과 죽음: 윤리논쟁과 법 현실.** 삼우사.

이인영 (2010). 출산정책과 낙태규제법의 이념과 현실. **페미니즘연구, 10**(1), 35–87.

이인재 (2008). 과학기술의 발전과 연구윤리. 한국윤리학회편, **과학기술과 윤리.** 형설출판사.

이인재 (2012). 연재 1: 연구윤리, 왜 필요한가. **대한피부미용학회지, 10**(2), 195–204.

이인재 (2014). 연재 11: 인간 대상 연구에서의 윤리. **대한피부미용학회지, 12**(2), 141–146.

이종원 (2009). 기독교 생명윤리적 관점에서 본 존엄사. **기독교사회윤리, 17,** 161–188.

이종은 (2011). **평등, 자유, 권리 – 사회정의의 기초를 묻다.** 책세상.

이준일 (2018). **인권법: 사회적 이슈와 인권.** 홍문사.

이지혜 (2005). 도덕민감성 척도 개발 및 특성에 관한 연구, 서울대학교 석사학위논문.

이항아, 윤명숙 (2016). 정신보건사회복지사의 감정노동이 우울과 직무스트레스에 미치는 영향: 사회적 지지의 조절효과. **정신건강과 사회복지, 44**(1), 48–75.

이호건 (2022). **조용한 퇴사.** 월요일의 꿈.

이혜경, 강현숙 (2010). 연명치료중단에 관한 중환자실간호사, 의사 및 중환자가족의 태도 및 인식. **대한응급의학회지, 9**(2), 271–276.

이홍직 (2007). 사회복지사의 전문직업성에 대한 인식 연구. **사회과학연구, 23**(3), 151–172.

임예지, 윤가영, 김혜민, 박선웅 (2023). 기성세대의 권위주의와 MZ 세대에 대한 부정적 태도. **사회과학연구, 62**(3), 105–127.

장애우권익문제연구소 (2022). **감금 없는 정신보건 : 인권기반 법제와 프로그램의 대개혁.** 도서출판 신정.

장연진, 김진숙, 구혜영 (2012). 이중관계에 대한 사회복지사의 신념과 경험의 변화–2001년과 2011년 비교 연구–. **한국사회복지학, 64**(3), 281–308.

장연진, 김진숙 (2023a). 사회복지사의 이중관계에 대한 신념과 경험. **한국사회복지교육, 61,** 23–53.

장연진, 김진숙 (2023b). 이중관계에 관한 사회복지사의 윤리적 신념과 경험: 2001년, 2011년, 2022년 비교 연구. **사회복지연구, 54**(3), 79–111.

장지영, 김용석 (2011). 연명치료 중단에 대한 태도 연구–암환자 가족을 대상으로–. **정신보건과 사**

회사업, 38, 5-30.

전오진, 박선화, 박현식 (2015). 사회복지사의 윤리 요인 인식이 직무태도에 미치는 영향. **한국콘텐츠학회논문지, 15**(8), 236~257.

정규원 (2002). 의료행위에서의 온정적 간섭주의와 자율성 존중. **법철학연구, 5**(1), 231-254.

정순둘, 이수영, 박민선, 신보람, 김지연 (2021). 연령집단간 세대갈등의 영역과 원인-전문가 델파이 조사를 중심으로. **한국사회복지학, 73**(3), 229-253.

정순둘, 이아영, 박민선 (2022). 사기업 직장인들의 조직 내 세대갈등에 대한 탐색적 연구: 노동시장에서의 세대연대 모색. **노인복지연구, 77**(4), 195-226.

정연재 (2007). 프로페셔널리즘과 전문직 윤리 교육. **윤리교육연구,** (14), 131-146.

정재영 (2009). 사회학의 관점에서 본 존엄사. 본질과 현상, 17, 96-108.

정형선, 김주경, 이규식, 신의철 (2004), 건강보험 기본급여의 우선순위. **보건행정학회지, 14**(2), 34-57.

정효성 (2009). 낙태죄와 생명보호, **의료법학, 10**(1), 340-341.

정훈 (2013). 경제학의 입장: 경제학적 도구들과 사고방식은 윤리학에 어떠한 도움을 주는가?. 서울대학교 철학사상연구소 엮음. **처음 읽는 윤리학.** 동녘.

제철웅 (2019). 의사결정지원제도의 도입 방안. 후견, 2(2), 67-100.

제철웅, 강상경, 김문근, 김성수, 장창현, 정성권, 정여진 (2022). 정신장애인 인권친화적 치료환경 구축을 위한 실태조사. 국가인권위원회.

조정은 (2009). 사회복지조직의 윤리경영이 조직몰입에 미치는 영향. 가톨릭대학교 석사학위논문.

조정숙 (2005). 보험급여 확대 항목 선정을 위한 우선순위 설정: AHIP기법 적용. 연세대학교 석사학위논문.

최경석 (2011). 생명의료윤리에서의 "자율성"에 대한 비판적 고찰. **한국의료윤리학회지, 14**(1), 13-27.

최경석, 김은애, 유수정, 김덕언, 장원경, 정덕유 (2023). 인문사회분야 연구자를 위한 IRB 연구윤리 가이드라인. 한국연구재단.

최명민 (2005). 정신보건사회복지사의 윤리적 민감성 훈련프로그램 개발 및 평가. **정신보건과사회사업, 20**, 182-215.

최명민 (2008). 사회복지사 윤리적 민감성 검사도구(SWEST) 개발 및 활용에 관한 연구. **한국사회복지학, 60**(2), 5-28.

최선화, 박광준, 황성철, 안홍순, 홍봉선 (2008). **사회문제와 사회복지.** 양서원.

최소연 (2010). 원조전문직을 위한 문화적 역량 척도 개발 연구. **한국지역사회복지학, 35,** 23-53.

최소원 (2018). 사회복지사가 인식한 조직의 윤리경영이 윤리적 민감성과 직무만족에 미치는 영향. 청주대학교 석사학위논문.

최인화 (2020). 한국과 프랑스의 낙태죄에 관한 비교 연구-입법례와 헌법재판소 결정을 중심으로-. **서강법률논총, 9**(1), 143-175.

최희경 (1992). 낙태에 관한 헌법학적 고찰. 이화여자대학교 석사학위논문.

하경희, 김성용, 김낭희 (2020). 비자의 입원 정신질환자의 의사결정지원에 대한 질적 사례연구: 절차보조 시범사업을 중심으로. **비판사회정책, 67**(67), 299-345.

한국 사회복지사협회 (2022). 사회복지사 윤리강령 개정 공청회 자료집.

한민수 (2003). 안락사 결정에 있어 사회복지사가 고려해야 할 윤리적 원칙들에 대한 연구. 세종대학교 석사학위논문.

허라금 (2014). 관계적 자율성에 대한 철학적 연구: 절차적 자율성과 실질적 자율성 논쟁을 중심으로. **철학, 120**, 103-129.

홍석영 (2006). 인격주의 생명윤리학. 한국학술정보.

황경식 (2008). **개방사회와 사회윤리.** 철학과 현실사.

황병덕 (2011). 호스피스 자원봉사자의 존엄사에 대한 태도요인. **보건의료산업학회지, 5**(2), 1-14.

황성동 (2015). **알기 쉬운 사회복지조사방법론(2판).** 학지사.

황혜인, 김연희, 이희선 (2018). 사회적 배제가 삶의 만족도에 미치는 영향 및 임파워먼트의 매개효과분석. **한국공공관리학보, 32**(2), 105-132.

경향신문 (2023. 8. 13.). 정신장애인 위기쉼터 전국 3곳에 불과… "지역사회 내 치료 인프라 늘려야".

국민일보 (2021. 1. 28.). "날 때린 사람, 왜 보고싶죠?" 아동학대 분리의 딜레마.

내일신문 (2024. 1. 12.). 숨겨진 정인이 찾아라… 한국형 아동사망검토제도 모색.

뉴시스 (2022. 8. 31.). 아동학대 작년 5만3,932건 신고… 1년만에 27% 늘었다.

메디칼타임즈 (2013. 7. 18.). 급여 우선순위 정할 때 가장 중요한 건 비용효과.

아시아경제 (2013. 3. 2.). 영하의 날씨에 바깥에서 낮잠 자는 아기들.

아주경제 (2017. 10. 11.). 괌 판사·변호사 부부…한국에서는?

여성신문 (2021. 9. 28.). 탈성매매 여성의 '미투'"당해도 싼 여성은 없다.

연합뉴스 (2023. 6. 30.). 美대법 "대입 때 소수인종우대 정책 위헌"…62년만 폐기 수순.

연합뉴스 (2012. 12. 18.). 20대 아들 살해혐의 시카고 한인에 무죄평결, "언어소통 문제로 오해 있었다."

한겨레신문 (2017.10.4.). 한국 판사 부부, 괌에서 차량에 아이들 방치했다가 체포돼.

한겨레신문 (2020.3.9.). "코로나19 예방"한다며 일하는 노숙인 쫓아낸 노숙인자활시설.

두산백과. https://www.doopedia.co.kr

서울대학교병원 홈페이지. https://www.snuh.org

서울아산병원 홈페이지. https://www.amc.seoul.kr

아동권리보장원 홈페이지. https://www.ncrc.or.kr

에듀넷-티-클리어 홈페이지. https://www.edunet.net

Banks, S. (2020). *Ethics and Values in Social Work*. Bloomsbury Publishing.

Barsky, A. (2019). *Ethics and Values in Social Work: an Integrated approach for a Comprehensive Curriculum*. Oxford University Press.

Barsky, A. (2020). Ethical Exceptions for Social Workers in Light of the Covid-19 Pandemic and Physical Distancing. The New Social Worker, Retrieved from https://www.socialworker.com/feature-articles/ethics-articles/ ethical-exceptions-social-workers-in-light-of-covid-19-pandemic-physical-distancing/

Beauchamp, T., & Childress, J. (2017). **생명의료윤리의 원칙들**. 박찬구, 최경석, 김수정, 인선호, 조선우, 추정완 공역. 이화여자대학교 생명의료법연구소.

Berlin, I. (2014). **이사야 벌린의 자유론**. 박동천 역. 아카넷.

Bistek, F. (1979). *The Casework Relationship*. George Allen & Unwin.

Borys, D., & K. Pope. (1989). Dual Relationships Between Therapist and Clients: A National Study of Psychologists, Psychiatrists, and Social Workers. *Professional Psychology: Research and Practice*, *20*(5), 283-293.

Chaumba, J., & Locklear, A. (2021). Strategies for promoting client self-determination: A review of the literature. *Journal of Social Work Values and Ethics*, *18*(1), 60-71.

Congress, E. (1992). Ethical Decision-making of Social Work Supervisors. *The Clinical Supervisor*, *10*(1), 157-69.

Congress, E. (1999). *Social Work Values and Ethics: Identifying and Resolving Professional Dilemmas*. Belmont, CA: Wadsworth Publishing Company.

Congress, E. (2017). What social workers should know about ethics: Understanding and resolving practice dilemmas. *Social work ethics*, *1*(1), 1909-1935.

Dolgoff, R., Harrington, D., & Loewenberg, F. (2012). *Ethical Decisions for Social Work Practice*(Brooks/Cole empowerment series). Cengage Learning.

Dworkin, G. (2020). Paternalism. *The Stanford Encyclopedia of Philosophy*(Fall 2020 Edition), Edward N. Zalta(ed.), https://plato.stanford.edu/archives/fall2020/entries/paternalism.

Frankena, W. (1973). *Ethic*. Englewood Cliffs, NJ: Prentice-Hall Inc.

Greene, J. (2006), Psychiatrist Duties: Tarasoff. https://petrus91.tistory.com/13735406.

Healy, T. (2005). Levels of Directiveness: a Contextual Analysis. *Social Work in Health Care*,

40(1), 71-91.

Johnson, M. (2008). **도덕적 상상력: 체험주의 윤리학의 새로운 도전**. 노양진 역. 서광사.

Kagel, J., & Giebelhausen, P. (1994). Dual Relationships and Professional Boundaries. *Social Work, 39*(2), 213-220.

Kong, C. (2017). *Mental Capacity in Relationship: Decision-making, Dialogue, and Autonomy*(Vol. 34). Cambridge University Press.

Levy, C. (1976). *Social Work Ethics*. NY: Human Sciences Press.

Litch, M. (2002). **영화로 철학하기**. 이종인 역. 시공사.

Lowenberg, F., & Dolgoff, R. (2000). **사회복지실천윤리**. 서미경, 김영란, 박미은 역. 양서원.

Luzen, K. (1993). Moral Sensitivity: a Study of Subjective Aspects of the Process of Moral Decision Making in Psychiatric Care, Doctoral dissertation, Karolinska Institute, Huddinge UniversityHospital, Stockholm.

Maingay, S., Thornicroft, G., Huxley, P., Jenkins, R., & Szmukler, G. (2002). Mental health and human rights: the MI Principles—turning rhetoric into action. *International Review of Psychiatry, 14*(1), 19-25.

Marcus, S. (1981). Their Brother's Keeper: An Episode from English History. In Gaylin et al. (Eds.) *Doing Good: The Limit of Benevolence*. NY: Pantheon.

Mill, J. (2018). **자유론**. 박문재 역. 현대지성.

Miller, S., Bowles, W., & Collingridge, M. (2001). Privacy and Confidentiality in Social Work. *Australian Social Work, 54*(2), 3-13.

Mishna, F., Milne, B., Sanders, J. & Greenblatt, A. (2022). Social Work Practice During COVID-19: Client Needs and Boundary Challenges. *Global Social Welfare, 9*, 113-120.

NASW (2015). Standards and Indicators for Cultural Competence in Social Work Practice.

Nielsen, K. (1964). Ethics without Religion. *The Ohio University Review, 6*.

Petchsky, R. (1986). *Abortion and Woman's Choice:: The State, Sexuality, and Reproductive Freedom*. NY, London: Longman.

Pope, K. (1991). Dual Relationships in Psychotherapy. *Ethics and Behavior, 1*, 21-34.

Pope, K., Levenson, H., & Schover, L. (1979). Sexual Intimacy in Psychology Training: Results and Implications of a National Survey. *American Psychologist, 34*(8), 682-689.

Rabouin, E. (1996). Walking the Talk: Transforming Law Students into Ethical Transactional Lawyers. *DePaul Business Law Journal 1*(Fall/Winter), 33-35.

Rachels, J. (1986). *The Elements of Moral Philosophy*. NY: Random House.

Rawls, J. (1971). *A Theory of Justice*. Cambridge. MA: Harvard University Press.

Reamer, F. (1983a). Ethical dilemmas in social work practice. *Social Work, 28*(1), 31–35.

Reamer, F. (1983b). The concept of paternalism in social work. *Social Service Review, 57*(2), 254–271.

Reamer, F. (1993). *The Philosophical Foundations of Social Work*. NY: Columbia University Press.

Reamer, F. (1999). *Social Work Values and Ethics*(2nd ed.). NY: Columbia University Press.

Reamer, F. (2003). Boundary Issues in Social Work: Managing Dual Relationships. *Social Work, 48*(1), 121–133.

Reamer, F. (2018). *Social work values and ethics*(5th ed.). NY: Columbia University Press.

Reichert, E. (2008). **사회복지와 인권**. 국가인권위원회 사회복지연구회 역. 인간과복지.

Rest, J. (1983). Morality. In J. H. Flavell & E. M. Markman, *Handbook of Child Psychology: Cognitive Development, 3*. NY: John Wiley & Sons.

Ringstad, R., (2008). The Ethics of Dual Relationships: Beliefs and Behaviors of Clinical Practitioners. *Families in Society, 89*(1), 69–77.

Rothman, J. (1989). Client Self-determination: Untangling the Knot. *Social Service Review, 63*(4), 598–612.

Rothman, J., Smith, W., Nakashima, J., Paterson, M. A., & Mustin, J. (1996). Client Self-Determination and Professional Intervention: Striking a balance. *Social Work, 41*(4), 396–405.

Sandell, M. (2010). **정의란 무엇인가**. 이창신 역. 김영사.

Sen, A. (2013). **자유로서의 발전**. 김원기 역. 갈라파고스.

Sgreccia, E. (1994). *Manuale di bioetica Ⅰ: Fondamenti ed etica biomedica*. Milano: Vita e Pensiero.

Simson, G. (1964). Euthannasie als Rechtsproblem, Eine rechtsvergleichende Übersicht, Neue Juristische Wochenschrift. S. 1154.

Singer, P. (1979). *Practical ethics*. London: Cambridge University Press.

Singer, T. (1994). Sexual Harassment in Graduate Schools of Social Work: Provocative Dilemmas." In M. Wel, Hughes and N. Hooyman (Eds.), *Sexual Harassment and Schools of Social Work: Issues, Costs, and Strategic Responses*. Alexandria, VA: Council on Social Work Education.

Sue, D. W. (2010). **다문화 사회복지실천**. 이은주 역. 학지사.

Turner, B. (1997). **시민권과 자본주의.** 서용석, 박철현 역., 일신사.

United Nations (1987). *Human Rights: Questions and Answers.* NY: UN.

Walden, T., Wolock, I., & Demone Jr, H. W. (1990). Ethical Decision Making in Human Services: a Comparative Study. *Families in Society, 71*(2), 67–75.

Wendorf, C. A., Sheldon, A., & I. J. Firesone, (2002). Social Justice and Moral Reasoning: an Empirical Integration of Two Paradigms in Psychological Research. *Social Justice Research, 15*(1), 19–39.

WHO (2012). WHO Quality Rights Tool Kit: Assessing and Improving Quality and Human Rights in Mental Health and Social Care Facilities. World Health Organization. Retrieved from https://www.who.int/mental_health/publications/QualityRights_toolkit/en.

WHO (2022). **지역사회 정신건강서비스 가이던스: 사람중심, 권리기반 접근방식.** 배은미, 박희정 역. 태화샘솟는집.

William, E. (2000). Catholic Bioethics and the gift of Human Life. Huntington: Our Sunday Visitor, Inc.

Wittmer, P. (2000). Ethical Sensitivity in Management Decision: Developing and Testing a Perceptual Measure Among Management and Professional Student Group. *Teaching Business Ethics, 4,* 181–205.

Zur, O. (2008). Beyond the office walls: Home visits, Celebarions, Adventure Therapy, Incidental Encounters and other Encounters outside the Office Walls. http://www.zurinstitute.com/outofofficeexperiences.html.

찾아보기

저/자/약/력

서동명

서울대학교를 졸업하고, 서울대학교 사회복지학과에서 박사학위를 받았다. 인권과 사회복지, 그중에서도 장애인 인권에 대해서 관심을 갖고 관련 연구를 진행하였으며, 사회복지사의 근로조건 및 처우개선을 위한 노력도 함께 하고 있다.

논문으로는 「코로나 시대, 장애인의 삶과 장애인 복지 실천의 변화에 대한 고찰」, 「정당한 편의제공 관점에서 살펴본 장애인 수용자의 일상생활실태 및 정책적 함의」 등이 있다. 현재 동덕여자대학교 사회복지학과에서 사회복지 윤리와 철학, 사회복지법제, 장애인복지론 등을 가르치고 있다.

장연진

서울대학교 사회복지학과를 졸업하고, 동 대학원에서 석사, 박사학위를 받았다. 사회복지사의 역량 강화와 지금보다 더 나은 사회복지실천을 위한 방법을 모색하는 데 관심을 갖고, 사회복지실천, 여성 및 가족 복지, 사회복지 윤리 관련 연구를 진행하고 있다.

논문으로는 「이중관계에 관한 사회복지사의 윤리적 신념과 경험: 2001년, 2011년, 2022년 비교 연구」, 「임신, 출산 및 초기 양육기 취약계층 여성의 서비스 이용에 관한 탐색적 연구」 등이 있다. 현재 한양사이버대학교 사회복지학과에서 사회복지 윤리와 철학, 가족복지론, 여성복지론 등을 가르치고 있다.

김성용

서울대학교 사회복지학과를 졸업하고, 동 대학원에서 박사학위(석박사통합과정)를 받았다. 정신장애인이 지역사회에서 보다 나은 서비스를 이용할 수 있는 방법을 모색하는 데 관심을 가지고 주로 정신건강 및 사회복지실천 관련 연구를 수행하고 있다.

논문으로는 「사회적 낙인과 정신요양시설 종사자의 연관낙인에 대한 연구: 시설운영방식의 조절효과를 중심으로」, 「세월호 참사 전후 한국 성인 인구의 우울 궤적 변화: 성장혼합모형을 적용하여」 등이 있다. 현재 선문대학교 사회복지학과에서 사회복지실천론, 사회복지조사론, 인간행동과 사회환경 등을 가르치고 있다.

곽민영

서울대학교 사회복지학과를 졸업하고 미국 미시간대학교(University of Michigan)에서 박사학위를 받았다. 생애주기와 성별에 따라 질병이 가족돌봄에 미치는 영향의 차이에 관심이 있으며, 주로 노년기 질병과 장애와 관련된 가족돌봄에 대해 연구한다.

논문으로는 「Does gender matter in the receipt of informal care among community-dwelling older adults?」, 「Relationships between negative exchanges and depressive symptoms in older couples」 등이 있으며, 현재 대구대학교 사회복지학과에서 사회복지 윤리와 철학과 사회복지실천론 등을 가르치고 있다.

사회복지 윤리와 철학

초판발행 2024년 9월 10일 **1판 1쇄 발행** | 2025년 3월 10일 **1판 2쇄 발행**

지은이 서동명 장연진 김성용 곽민영
펴낸이 최용구 | **펴낸곳 도서출판 신정**
주소 (04316) 서울시 용산구 원효로 89길 19 (원효로1가)
전화 02)3211-4782, 0266(영업부), 3211-4783(편집부), 3211-4784(팩스)
이메일 shinjeong72@naver.com | **홈페이지** www.sjbook.co.kr
등록 2001년 5월 11일 제13-702호
기획마케팅 최용구 장만동 최충구 송대용 | **책임편집** 석기은 황가연

ISBN 978-89-5912-910-2 93330
정가 27,000원

저자와의 협의에 따라 인지는 생략합니다. 파본은 구입하신 곳에서 교환해 드립니다.
이 책을 무단 전재 또는 복제 행위 시 저작권법에 따라 처벌을 받게 됩니다.